国家"双高"建设新形态教材

U0645193

船舶舾装工程

主　编　金　璐
主　审　张　洋

哈尔滨工程大学出版社
Harbin Engineering University Press

内 容 简 介

本书为职业教育船舶与海洋工程类专业精品教材,从企业岗位需求和教学实践出发,将船舶舾装典型工作任务转化为教学项目,从工作任务角度设计综合实践和实训项目,强调学生自主学习、教师引导,实现"教、学、做"一体化教学。本书共分为 13 个项目,内容涵盖舵设备、锚设备、系泊设备、拖带设备、救生设备、起货设备、关闭设备、滚装设备、船舶系固设备、船用梯、栏杆、风暴扶手、舱室设备、舱室内装等。

本书为船舶与海洋工程类专业核心课程教材,既可供高等职业院校船舶工程技术及相关专业教学使用,也可作为船舶与海洋工程行业岗位培训用书,同时可供船舶与海洋工程行业从业人员学习参考。

图书在版编目(CIP)数据

船舶舾装工程/金璐主编. —哈尔滨:哈尔滨工
程大学出版社,2024.1(2025.1 重印)
　　ISBN 978-7-5661-4196-5

　　Ⅰ.①船…　Ⅱ.①金…　Ⅲ.①舾装-高等职业教育-
教材　Ⅳ.①U671.91

中国国家版本馆 CIP 数据核字(2024)第 009865 号

船舶舾装工程
CHUANBO XIZHUANG GONGCHENG

选题策划　雷　霞
责任编辑　秦　悦
封面设计　李海波

出版发行　哈尔滨工程大学出版社
社　　址　哈尔滨市南岗区南通大街 145 号
邮政编码　150001
发行电话　0451-82519328
传　　真　0451-82519699
经　　销　新华书店
印　　刷　哈尔滨市海德利商务印刷有限公司
开　　本　787 mm×1 092 mm　1/16
印　　张　21.75
插　　页　8
字　　数　551 千字
版　　次　2024 年 1 月第 1 版
印　　次　2025 年 1 月第 2 次印刷
书　　号　ISBN 978-7-5661-4196-5
定　　价　69.80 元

http://www.hrbeupress.com
E-mail:heupress@ hrbeu.edu.cn

前　言

为适应船舶制造行业的快速发展,贯彻落实《职业教育教材管理办法》《国家职业教育改革实施方案》(国发〔2019〕4号)及教育部《"十四五"职业教育规划教材建设实施方案》等文件精神,我们通过对船舶工程技术专业群工作岗位进行充分调研、分析和整合,优化了已经取得的教育教学成果,基于过程教学法等多种先进教学方法,结合高等职业教育的特点编写了本教材。本书旨在培养具备船舶舾装方面专业知识、符合就业岗位群的任职标准及要求的高素质应用型人才,在教材编写上引入企业人员,通过校企合作提高了教材的通用性和适用性,且在编写体例及内容上均有所创新,具有如下突出特点:

1. 基于工学结合,深化产教融合

在教材设计上遵循校企合作的理念,在重点讲述基础专业知识的基础上,注重实际应用能力的培养,且层次分明、图文并茂,便于读者掌握和实际运用。

2. 知识的表现和提炼形式多元化

书中设置了展示各项目知识点的思维导图,增强了知识点间的联系,强化了学生的认知能力;讲述项目知识时引入思政元素、知识拓展、案例分析等,增强了教材的课堂适用性。

3. 围绕船舶与海洋工程行业特点,提供相关实例

本书以真实船舶建造项目为基础,提炼出书后技能工作页,贴近工作实际,针对性更强。

另外,本书还配有PPT等资源供教学者参考使用。如有需要,请致电0451-82519328申请索取。

本书由渤海船舶职业学院金璐担任主编,渤海船舶职业学院刘旭、王小亮、刘曼参与联合编写。其具体分工如下:项目一、四、五、八、九、十由金璐编写;项目二、三由王小亮编写;项目六、七由刘曼编写;项目十一、十二、十三由刘旭编写;由金璐负责编写教材提纲和全书的统稿工作。本书由中船集团科教中心、中船舰客教育科技(北京)有限公司张洋担任主审。在本书的编写过程中,参考、引用了很多船舶行业专家、学者的相关著作和成果,在此向他们表示衷心的感谢。同时,也向所有为本书的创作和出版给予支持和帮助的相关人员表示最衷心的感谢。

虽然我们的编写团队对本书的编写力求全面、细致,但受水平和经验所限,书中难免存在疏漏和不足之处,恳请各位专家、读者批评指正,以便修订完善。

编　者

2023年10月

目　　录

绪　　论

船体建造工作的完成仅给船舶提供了一个可以漂浮的壳体,要使其完成预期的使命,还必须将各种船用设备、仪器、装置和设施安装到船上,这一工艺阶段称为船舶舾装。随着造船工艺的不断改进,在"壳舾涂一体化"思想以及成组技术理论的指导下,船舶舾装工程的地位也日益提高,舾装工作的进展顺利与否将直接影响造船周期的长短。下面对船舶舾装工程做简要介绍。

一、舾装作业的内容

船上安装的各种机械、仪器、装置和设施等通常统称为船舶舾装。船舶舾装名目繁多,但按功能可分为以下十大类。

1. 机舱设备

机舱设备是指船上产生动力用的各种设备和附属设施(即动力装置),包括主机、轴系装置,各种辅机、锅炉、箱柜等。

2. 航海设备

航海设备是指船舶航海用的各种设备,包括各种航海仪器,通信设备,以及声、光、旗等信号装置。

3. 舵设备

舵设备是指船舶操纵用的设备,包括舵叶、舵轴、舵柄、舵机和转舵机构等。

4. 锚设备

锚设备是指船舶在锚地停泊时用的设备,包括锚机、锚链、掣链器、导链轮、弃链器、锚链管和锚等。

5. 系泊与拖曳设备

系泊与拖曳设备是指船舶在泊位停泊和在航行中拖带用的设备,包括导缆孔、导缆器、带缆桩、卷车、绞车等系泊设备,以及拖钩、弓架、承梁、拖缆孔、拖柱、拖缆绞车等拖曳设备。

6. 起货设备

起货设备是指船舶装卸货物用的设备,包括起货机、桅杆、吊杆、钢索、滑车、吊钩等。

7. 通道与关闭设备

通道与关闭设备是指船上通行和通孔启闭用的设备,包括梯、栏杆、门窗、人孔盖、舱口盖和货舱盖等。

8. 舱室设备

舱室设备是指船员生活用的各种设备,包括家具、卫生用具、厨房设备、冷库设备和空调装置等。

9. 救生设备

救生设备是指船舶在海难中救生用的设备,包括救生艇、吊艇架、起艇机、救生筏、救生圈和救生衣等。

10.消防设备

消防设备是指船上发生火警时报警和灭火用的设备,包括报警装置、自动喷水灭火系统、消防水龙、灭火器和消防杂件等。

此外还有船舶特种设备,如横向侧推装置、防摇鳍、滚装跳板等。

船舶舾装作业除了需要按要求安装上述各种设备外,还需要用各种材料对船体表面直接进行工程处理,这称作船体表面工程。根据工程处理的目的不同,船体表面工程可分为防腐蚀处理、防火绝缘处理和舱室装饰处理三大类。

二、舾装作业的分工

现代造船将舾装按专业类别分为船装、机装(机舱舾装)和电装(电气舾装)三大类。其中船装指除机舱和电气设备以外所有的安装和处理工作。为了便于舾装作业的组织和管理,通常将其进一步划分为内舾装和外舾装两大类。

内舾装作业包括绝缘、敷料等的敷设,舱室非钢质围壁、天花板、门、窗、家具、卫生设备等的安装,以及厨房、冷库、空调设备的安装等。其作业范围主要是在上层建筑舱室内部,因而称为内舾装,也叫住舱舾装,简称内装。

外舾装作业包括舵设备、锚设备、系泊设备、拖曳设备、救生设备、起货设备、舱口盖和滚装设备、消防杂件、自然通风部件以及各种管路的安装。此外,根据不同用途船舶的需要,外舾装作业还可以包括集装箱绑扎装置、运木装置、活动甲板、延伸跳板、防滑天桥和各种特殊装置的安装。因为这些设备分布在上层建筑以外各层甲板上,所以称为外舾装,也叫甲板舾装,简称外装。

舾装作业不仅包括外场(分段或船上)的安装、调整和试验,还包括内场(车间)的加工与组装。如家具制作、管件弯制、铁舾装件制作、单元组装、电器成套等都由相应的职能车间或工段在内场完成。

三、舾装作业的工艺阶段

现代造船已普遍采用分段建造法建造船体,采用区域舾装法进行船舶舾装。典型的舾装工艺阶段为:舾装件采办—单元组装—分段舾装—船上舾装—动车和船舶试验。

1.舾装件采办

舾装件采办包括订购、外协和自制三种途径。如柴油机、雷达等机电设备可以向专业厂订货;螺旋桨、锚等舾装件可以委托外厂代为加工;管子、风管等则可由本厂自行制作。

2.单元组装

单元是指一个与船体结构脱离的基本舾装区域。在同一舾装区域内的元件预先组装成一个整体,这一工艺过程称为单元组装,或称为单元预舾装。因为单元与船体结构无关,所以单元组装可以在车间内进行,作业条件较好。通常采用的单元有设备单元、管件单元、箱柜单元、阀件单元和配电板单元等。

3.分段舾装

在分段(总段)建造的适当阶段将分段(总段)所属的舾装件或单元安装到分

段(总段)上,这一工艺过程称为分段舾装,或称为分段预舾装。分段舾装的典型实例,如在双层底分段装入各种管子,在甲板分段的顶面安装管子、风管、电缆固定架等,在上层建筑总段内进行内舾装等。

4. 船上舾装

船体在船台(船坞)总装期间的船台预舾装以及下水后在码头安装期间的码头舾装两个阶段的工作统称为船上舾装。一般的船上舾装件仅限于以下几种情况:

(1)过大或过重而不能在分段上安装的舾装件或单元。

(2)容易碰坏和易受天气影响,在舱室遮蔽之前安装可能损坏的舾装件。

(3)分段与分段之间的舾装件、单元之间的舾装连接件。

5. 动车和船舶试验

随着船舶舾装工作接近尾声,各种设备与系统的试验工作接踵而来,主要包括动车(主机码头试车)和船舶试验。

(1)主机码头试车。主机是船舶推进器的动力源,是系泊试验和以后航行试验时考验的主要对象。主机码头试车的目的是检查主机的安装质量,为航行试验奠定基础。

(2)船舶试验就是检查主要设备与系统的安装质量和工作状况,尤其是工作的可靠性,将直接关系到船舶的安全性。船舶试验是由船级社、船东和船厂三方监控的,规定的试验项目必须请验船师和船东代表到场验收,以便签发有关证书作为交船文件。船舶试验通常包括系泊试验、倾斜试验、航行试验(试航)等内容。

项目一　舵　设　备

◆**项目描述**

鱼类能够在水里游动自如,是靠摆动它的尾部。船舶能够按照驾驶者的意图航行,是靠改变装在艉部的舵位置。船的舵起着鱼尾的功用。据史料记载,我国早在一千多年以前,就模仿鱼类的生态动作,在船上安装了舵。

舵通常安装在船的尾部,舵叶浸在水里。当转动舵叶改变其位置时,水压力通过舵叶对船舶产生力矩,这种力矩使船回转达到操纵航向的目的。早期船用舵有采用升降式的,可以根据需要调节舵叶的浸水深度。现在有些航道的木帆船上,还能看到这种装置。

◆**教学目标**

1. 思政目标

通过本项目的学习,学生应了解,无论是舵装置零件尺寸的确定,还是舵系统的选择及布置,都应该遵守职业规范、履行岗位职责、培养职业道德、提升职业素质。

2. 知识目标

学生应充分掌握舵系统的组成及特点;理解舵的工作原理;了解船舶规范设计舵面积、舵设备零件尺寸的方法。通过了解舵与船的运动、舵的作用原理、舵的水动力特性计算、操舵装置的组成等内容,系统掌握舵的类型和几何特性、舵参数和舵装置零件尺寸的确定、舵设备的组成与布置等理论知识。

3. 能力目标

学生应具有根据已知船型条件选择舵叶形式、确定舵系统及舵系布置形式的能力。

4. 素质目标

通过本项目的学习,学生应能够有整体—局部的意识,明白每一个功能的实现都需要不同层级、不同系统之间的相互配合。

【思政课堂】　中国古代技术发明——转轴舵

舵是用来控制航向的船尾操纵工具,它由木桨演变而来,经历了拖桨、拖舵和轴舵等技术进化阶段。早期的桨在舷侧划动,用以推动船舶前进,当两侧桨力不对称时,船舶发生转向,因此桨也具有操纵船舶航向的功能。后来,桨的推进和操纵功能逐渐分离,设在船尾的桨专门用来控制船舶航向,并扩大了桨叶面积,逐渐演变成舵。

中国在东汉时期已经出现舵。1955 年,广州一座东汉墓中出土了一艘陶船模型,船尾中央就有一只拖舵。其特点是舵杆位置在舵面中部,舵面呈不规则的四方形,但还不能沿垂直的舵杆轴线转动,这是一种原始形态的舵。唐代开元年间(713 年—741),郑虔的一幅山水画中展现了转轴舵的形象。它的特点是舵柱垂直入水,舵叶面垂直于水面,可以绕轴转动,这才是真正意义上的船尾舵。这说明最晚到此时,或者在唐之前,中国已经出现舵叶面绕轴转动的船尾舵。

北宋时期,转轴舵得到普遍应用。张择端在《清明上河图》中描绘的船舶尾部,全都使用了转轴舵,并且已经发展成平衡舵。平衡舵的特点是在舵杆朝向船头的方向上也有一部分舵叶,舵力的作用点离转动轴更近,从而使转舵时更为省力。中国古代还有一种开孔舵,其特点是舵面上有许多小孔,这些小孔也可以起到使转舵更省力的作用,并且由于水的表面张力作用,也不会对舵的性能造成影响。

转轴舵

中国古代的船尾舵安装在船尾的封板上,因此被称为舵板舵。大船的尾部还可以修建舵楼,专门用来操纵舵。由于船航行时水域深浅不一,舵后来又演变成升降舵,用辘轳对大型舵进行升降,根据水深调整舵的高低位置。西方的船尾舵安装在艉柱上,被称为艉柱舵,从13世纪时开始使用,比中国晚了5个世纪。船尾舵是中国古代造船技术的重要发明之一,它的发展历程和技术形态表明了我国古代航海技术的高超成就,对世界造船、航海事业也产生了重大影响。

来源:微信公众平台(原文有删改)

任务一　舵与船的运动

船舶良好的操纵性必须依靠操纵设备来保证,舵是船舶的主要操纵设备。

船用舵是平板或机翼形结构,设置于船的尾端。当它转动时,舵上产生的水动力的合力在垂直于船体中心线的方向上的分力相对船体重心取矩形即形成了转船力矩。

舵的形式有很多,除普通舵之外还有襟翼舵、制流板舵、鱼尾舵、转柱舵、主动舵等。主动舵是一种带有小螺旋桨的舵。

除了舵以外,船舶常用的操纵机构还有转动导流管、侧向推进器、Z形推进器(又称全回转导管螺旋桨)等。

一、操舵时船舶的运动

船舶在航行过程中,能够按照驾驶员的意图改变航向或维持航向的性能称为船舶的操纵性。它包含船舶的航向稳定性和回转性两种。航向稳定性,即船舶保持既定航向做直线运动的能力;回转性,即船舶按需要由直线航行进入曲线运动的能力。回转性主要以机敏回转直径来衡量,另外要求应舵快,这样在操小舵角(15°以下)时就有满意的回转性。这些性能对于航行在狭窄拥挤航道的内河船,以及必须经常频繁变换航向的港作船来说是非常重要的,是要优先满足的性能。

机敏回转直径只对运营船舶才有现实意义。然而与它相适应的航道条件,如航道曲率半径、航道宽度等,还受到驾驶技术、水流、船型、舵型及航速等影响,要规定出它们的定量关系比较困难。

★知识拓展 1-1:船舶的性能

航向稳定性的好坏,主要由维持航向须采取的操舵频繁率及舵角大小来决定。对于航行在一般宽广水域,并有水流、风浪干扰的运输船来说,首先要满足航向的稳定性。相对来说,航向稳定性好的船,往往回转性差;反之回转性好的船,往往航向稳定性差;应舵快和小舵角时回转性好的船,又与航向稳定性有矛盾。总之操纵性要根据船舶的不同情况和航行条件来进行选择。

改善船舶操纵性的措施包括以下几个方面。

1. 航向稳定性的改善措施

(1)切去艉鳍或加艉鳍。但艉鳍不要切去太多,以免倒航时维持航向困难。

(2)适当加大舵面积或在舵面积不变的情况下增加舵的数目以代替艉鳍。

(3)布置舵位在螺旋桨尾流有效区内,并使舵的上缘尽量与船尾型吻合。

(4)增大艉纵倾。

(5)改进舵型。

2. 回转性的改善措施

(1)切去艉鳍或把艉鳍设计得小一些,都可以达到缩短机敏回旋直径的目的。

(2)调整吃水,减少艉纵倾,使船体水下部分的水压力中心前移,以加大转船力矩。

(3)适当加大舵面积,或在保持舵面积不变的情况下改进舵型,或在保持舵总面积不变的情况下增加舵高及舵的数目。

(4)布置舵的位置正对并靠近螺旋桨,使舵完全处在螺旋桨尾流有效区内。

(5)选用吻合船尾型的舵的外形,并且使舵的前缘和船尾间距尽量缩小,以减少环流损失。

(6)适当增大操舵功率。

二、舵的作用原理

利用转动舵叶来改变航向时,有一系列水动力作用过程。

当舵以速度 v_0 运动,或者说水以速度 v_0 流经舵时,舵就相当于一个在流场中运动的有限翼展的机翼。当舵角为零,即舵处于正中位置时,舵叶两侧流线对称,舵上并不产生水动力。当舵转过某一舵角 α 时,就相当于机翼以攻角 α、速度 v_0 运动,此时舵叶两侧流线对称性被破坏,如图 1-1 所示。

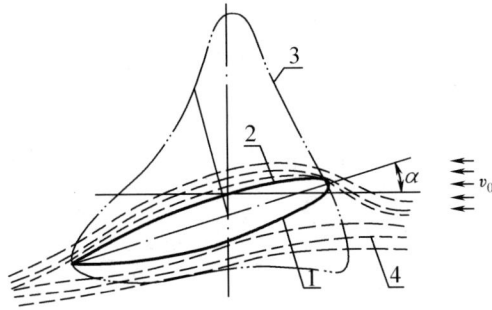

α—攻角;1—叶面;2—叶背;3—水压力分布曲线;4—流线。

图 1-1 舵叶上水的流态

由伯努利方程可知:翼背处流线长、流速高、压强低;翼面处流线短、流速低、压强高,在机翼的两侧形成了压力差。压力分布如图 1-1 中双点画线所示,舵叶上各点压力均取舵叶表面的法线方向。由于流体具有黏性,对舵产生沿舵叶表面切线方向上的摩擦力。二者的合力即为舵上总水压力(动压力),简称舵压力 Z。Z 力的作用线与舵叶对称表面的交点称为舵的压力中心 O,其位置通常以距舵叶导缘的距离来度量。将 Z 力沿流体动力垂直于流体运动的方向分解,得到舵叶的阻力 X 和舵叶的升力 Y,如图 1-2 所示。Y 可用于计算由舵上水压力产生的转船力矩;若将 Z 力沿舵叶中心线方向和垂直于中心线方向分解,则可得舵叶的切向力 T 和舵叶的法向力 N。N 可用于计算水压力产生的舵杆扭矩。根据力的平移定理,力 Y 可用一转船力矩 $YL/2$(L 为船长)和作用于船舶重心 G 的横向力代替。在转船力矩和横向力的作用下,船首向转舵方向转动。此时,船舶还将产生反向横移和轻度的横倾,并且船舶所受的阻力将增加,航速将下降。

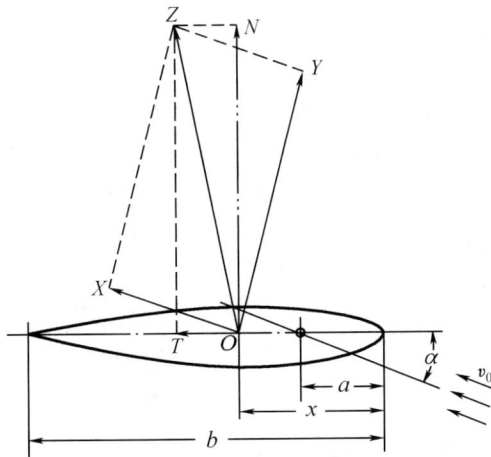

图 1-2 作用在舵叶上的水动力

知识拓展 1-2
伯努利原理

★知识拓展 1-2:伯努利原理

三、舵设备的组成与布置

舵设备中除了舵以外,为在规定时间内,将舵转到所需要的角度并保证其有效工作,还需要有操舵装置、舵机、转舵装置。图 1-3 所示为常见的舵设备组成。

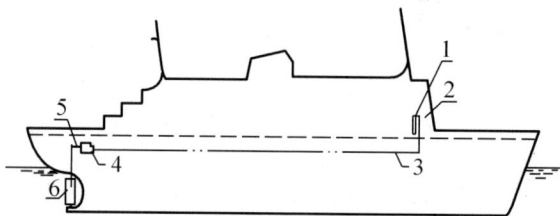

1—操舵器;2—舵角指示器;3—传动装置;4—舵机;5—转舵装置;6—舵。

图 1-3　舵设备组成

舵设备的各组成部分应能在规定的时间内将舵转动,能限制舵的转动角度,能将舵可靠地停止在限制舵角内的任何位置上,能从驾驶室监视舵位,同时还应能迅速地由主要的操舵装置转换为备用的或应急的操舵装置。整套舵设备应坚固、可靠、耐用。在满足使用要求的前提下,应尽量减小各部分的外形尺寸和质量。

图 1-3 中,舵角指示器 2 是反映舵叶转动角度的仪表,装于驾驶室用以了解和监视舵的实际位置。操舵器 1 是供舵工或驾驶人员转舵用的手柄或舵轮。传动装置 3 是将舵机 4 的启动信息由驾驶室传至舵机舱。舵机是带动舵转动的机械,系转舵的原动力,转舵装置(亦称转舵机构)5 的作用是把舵机的动力传递给舵。舵 6 是舵叶、舵杆及其支撑部件的总称。

舵叶在船舶尾部的支撑和布置情况可参见图 1-4。

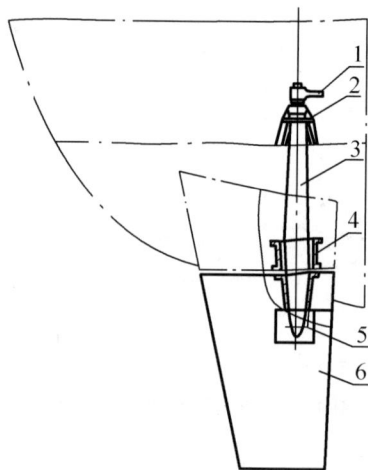

1—舵柄;2—上舵承;3—舵杆;4—下舵承;5—可拆小门;6—舵叶。

图 1-4　舵叶的支撑和布置

采用动力操舵船舶应设置舵机舱,用于安装舵机、应急操舵装置、备用油箱及控制设备等。舵机舱应易于到达,并尽可能同其他机器处所分开。舵机舱应布置适当,以保证如有液体泄漏时仍能具有适宜的工作条件。

舵机舱内应设有下列工作设施:同驾驶室联系的通信设备、供在舵机舱内应急操舵时使用的舵角指示器、指明操舵装置控制系统和转舵系统转换过程的正确程序的永久性框图显示牌等。

任务二 舵的类型及几何特性

船用舵的外形趋向于矩形,以求有较好的工艺性。随着人类对水动力学认识的逐步提高,舵的剖面形式发展很多,但是总的船舵外形,不外乎平板型及机翼型两类。平板舵目前只有内河小型船舶或非机动船上还在使用。

舵的设计是根据不同的船型和使用要求选择一个(或多个)面积适当并与艉部线型和螺旋桨配合良好的舵,以满足船舶操纵性要求。

舵的数目除了与操纵性要求有关外,还与船尾形状和螺旋桨数目有关。增加舵的数目虽然容易满足较高的操纵性要求,但也使舵设备更加复杂和造价更高。因此,在实际使用中除了特殊要求外,总是趋向于取最少数量的舵。

一、舵的分类和选择

1.舵的分类

图1-5所示为舵的主要形式。

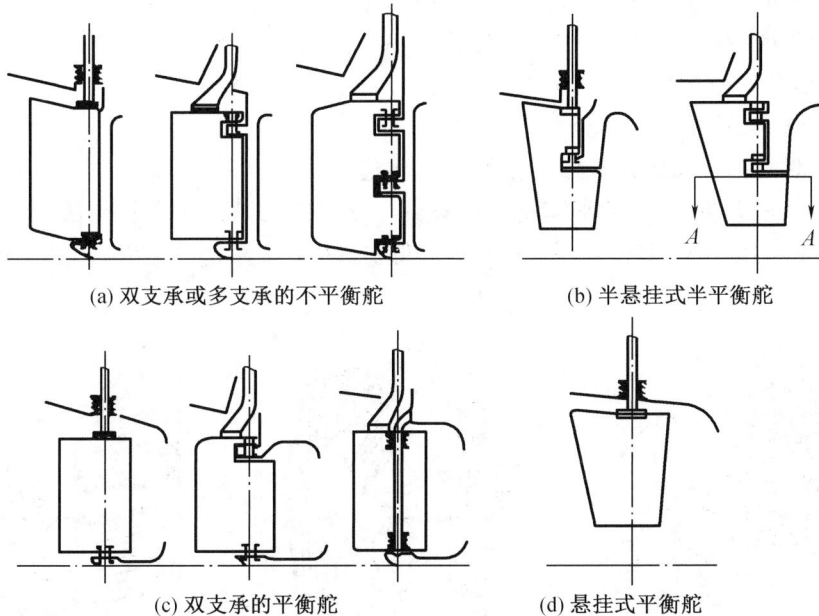

(a) 双支承或多支承的不平衡舵　　　　　(b) 半悬挂式半平衡舵

(c) 双支承的平衡舵　　　　　(d) 悬挂式平衡舵

图1-5 舵的主要形式

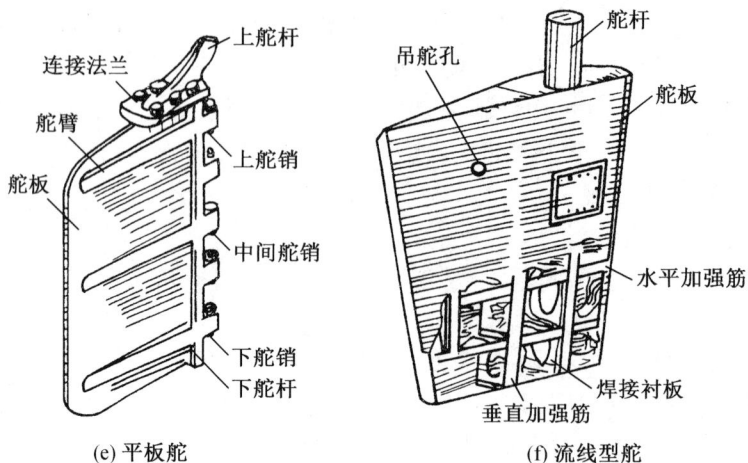

(e) 平板舵　　　　　　　　　(f) 流线型舵

图 1-5(续)

舵的分类如下：

（1）按舵与船体连接方式分

①置于舵柱或呆木后的双支承或多支承的普通舵。

②置于挂舵臂后的单舵销或多舵销的半悬挂舵。

③直接悬挂于螺旋桨后的悬挂舵。

（2）按舵杆轴线在舵弦方向的位置分

①舵杆轴线接近舵前缘的不平衡舵。

②舵杆轴线在离舵前缘某一位置处的平衡舵。

③舵杆轴线在挂舵臂后的半平衡舵。

（3）按舵的剖面形状分

①简单平板形的平板舵。

②由双面钢板构成流线形剖面的流线型舵。

除以上常规舵以外，为了满足船舶操纵上的特殊要求，如增加舵效、提高推进效率、减小旋回圈直径和改善大型船舶在低速时操纵性能等，常采用一些特种舵（图 1-6）。

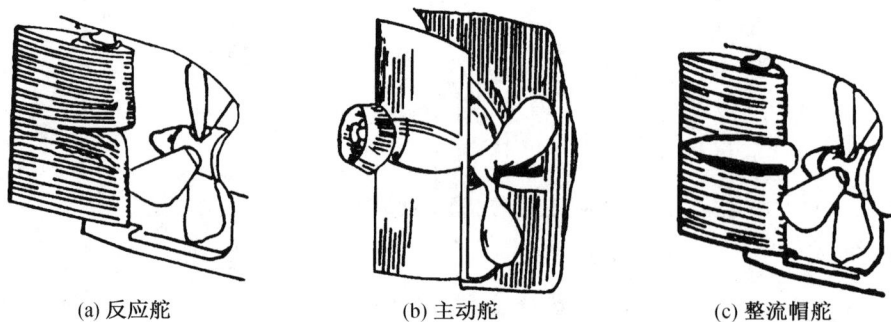

(a) 反应舵　　　　　　　(b) 主动舵　　　　　　　(c) 整流帽舵

图 1-6　特种舵

1—主舵叶；2—襟翼；
3—太阳齿轮；4—行星齿轮。
(d) 襟翼舵

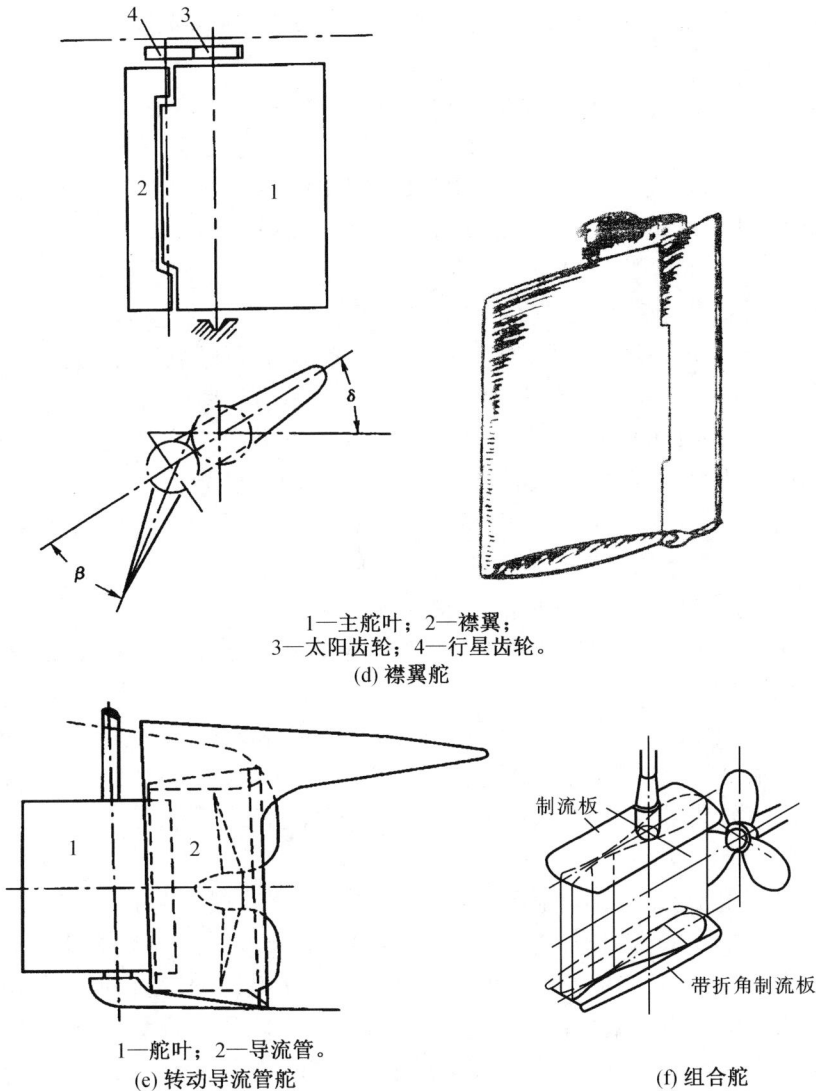

1—舵叶；2—导流管。
(e) 转动导流管舵

(f) 组合舵

图 1-6(续)

其中,较为常用的有以下几种:

①反应舵。在舵叶前缘的上下分别向左右舷相反方向扭曲一个角度,使其迎着螺旋桨排出两股旋状水流。因此,这种舵也称迎流舵。其作用相当于一个导流叶,使尾流中的轴向诱导速度增大,以减小阻力,增大推力。

②主动舵。在舵叶的后端装有一个导管,导管内装设一个由设置在叶内的电动机驱动的小螺旋桨。转舵时,螺旋桨随之转动并发出推力,同时也增加了转船力矩。因此,即使在船舶低速甚至主机停车的情况下,操作这种舵也能获得转船力矩,从而大大提高了船舶的操纵性。特别是对回转性要求高和离靠码头频繁的小船(例如巡逻艇、领港船、渡船等)多有采用。由于舵上的螺旋桨也可以用作微速推进器,在有些科学考察船上也有应用。

③整流帽舵。在流线型舵的正对螺旋桨轴线部位,装设一个圆锥形的流线型体,俗称整流帽。其作用是改善螺旋桨排出流的乱流状态,从而提高螺旋桨的推力,改善船尾的振动情况。

④襟翼舵。这种舵由主舵和副舵组成,即在普通主舵叶后缘装上一个称为襟翼的副叶,当主舵叶转动一个 δ 角时,副舵叶绕主舵叶的后缘向相同一舷转出一个角度,二者转动的方向是一致的,但副舵的转动角度比主舵的大。这样就相当于增加了舵剖面的拱度,从而产生更大的流体动力,提高了转船力矩和舵效。由于其流体动力特性在小舵角时特佳,与飞机上的襟翼作用一样,故称之为襟翼舵。这种舵的转舵力矩较小,因而所需的舵机功率也较小,但其结构比较复杂。

⑤转动导流管舵。拖船等船舶为了增加推进效率,在其螺旋桨外围套装导流管并在其后端处装一舵叶。这类舵有两种形式:一种是用焊接法将导流管固定在船尾骨架上,导流管不动而舵叶可以转动;另一种是导流管与舵叶可在允许角度内一起转动。这种舵除增加推进效率外,还可以起到保护螺旋桨、防止绳索缠入等作用。

⑥组合舵。为了减少舵叶上下两端的绕流损失,进一步改善舵的流体性能,在流线型舵叶的上下两端各安装一块制流板或工字形舵。

此外,为了在靠离码头时增加船舶的操纵性,许多大型集装箱船等船舶在其艏部水线下安装了艏侧推器;有些拖船还安装了舵和螺旋桨功能合二为一的螺旋桨舵等。

2. 舵的数目及形式的确定

舵的数目除了与操纵性要求有关外,还与船尾形状和螺旋桨数目有关。增加舵的数目虽然容易满足较高的操纵性要求,但也使舵设备更加复杂和造价更高。因此,在实际使用中除特殊要求外,总是趋向于取最少数量的舵。

(1)总体原则

各类舵型应根据船的大小、用途、螺旋桨直径和船尾线型来选定。一般而言,悬挂式平衡舵适用于中小型船舶,尤其适用于双桨双舵船;双支承平衡舵常用于大型运输船;直接处在舵柱后的双支承或多支承不平衡舵常用于破冰船;与挂舵臂构成组合体的半平衡舵常用于中高速集装箱船、双桨油船和货船。除了部分非自航驳船外,绝大多数机动船都采用流线型舵。一般情况下,为了提高舵效,总是将舵设在螺旋桨后面,使其处于螺旋桨尾流之中。因此在海船上,单桨单舵和双桨双舵得到广泛应用,而且绝大多数海洋运输船都是单桨单舵的。

(2)特殊要求

①冰区及浅吃水区域的船。鉴于某些特殊考虑,有些船舶设置的舵与螺旋桨数目不等。冰区航行的船舶为了防止舵受到严重损害、某些巨型客船为了简化舵设备等,会设置双桨单舵。在这种情况下,其操纵性比那些把舵设置在螺旋桨后面的船舶要稍差些。在浅吃水船上,通过增加舵的数目来保证足够的舵面积和合适的展弦比,因而出现了单桨三舵和双桨三舵的船舶。

②不平衡舵。不平衡舵通常设置在单桨船的舵柱后面。也有某些双桨船舶或非自航船在中纵剖面的呆木后面设置不平衡舵。这些舵用一个或多个舵销支承,常用在密实或大块碎冰区航行的船舶上。

③半悬挂舵。半悬挂舵[图1-5(b)],即马林那(Mariner)舵,在双桨单舵船舶、无艉柱的单桨舵船舶及多桨多舵船舶上使用甚多,且采用舵销将舵支承在呆木或挂舵臂

上。图1-5(b)中,第一种形式的舵与舵杆大多采用锥体连接,第二种形式的舵大多与舵杆采用法兰连接(因其在连接处的弯矩较小)。呆木或挂舵臂可提高船舶的航向稳定性,且能弥补半悬挂舵水动力特性较差的缺点。这是因为包括部分呆木或挂舵臂面积在内的舵与具有同样面积和展弦比的普通舵比较,两者的水动力特性几乎相同。

④特殊平衡舵。在设有导框底骨的无舵柱单桨船上,为了减小转舵力矩,设置舵托支承的平衡舵,如图1-5(c)所示。其中,第一种大多用于中小型船,第二、三种大多用于大中型船。考虑到舵结构的简化和拆装方便,目前第二种用得较多,而第三种形式(带舵轴的舵)已很少采用。

⑤悬挂舵。悬挂舵如图1-5(d)所示,其在无艉柱的单桨或多桨船舶上均有使用,且应尽可能设置在螺旋桨后面。由于其舵杆承受较大的弯矩(襟翼舵更为如此),为使舵杆直径减小,下舵承应尽量安装在接近船底处。

二、舵的结构

舵由以下几个主要部分组成。

1. 舵叶

舵叶是产生舵作用力的本体,由木材或钢材制成。现在除了木质帆船的舵叶外,都是由钢材制成的,而且多数焊成空心的机翼形。舵叶的面板称为舵板,平板舵的舵叶也就是其舵板。

2. 舵臂

连接舵叶和下舵杆的加强筋称为舵臂,舵臂[图1-5(e)]仅在平板舵中有。

3. 挂舵臂

挂舵臂,即支承半悬挂舵的臂状构件,属于船体结构的一部分。

4. 舵杆

舵杆连接在舵叶上,并且通过舵柄连接舵机,它是促使舵转动的垂直杆件。舵叶的转动轴线往往是舵杆的中心线。

舵杆是舵的重要组成部件,它分上舵杆和下舵杆两个部分。上下舵杆可以分开制造,以法兰连接。在机翼形空心舵中,往往下舵杆插入舵叶很浅,而另外以舵叶及它的竖、横扶强材(垂直隔板、水平隔板等)来代替承受弯矩。

5. 舵头

舵头在上舵杆顶端,用来与转舵装置连接。舵头上往往有青铜的衬套,起到耐磨防蚀的作用。

6. 舵承与舵套筒

舵承按其安装的位置不同,可分为上舵承和下舵承两种。上舵承一般安装在操舵设备所在的甲板上;下舵承一般安装在舵套筒下口,它的作用是支承舵杆和舵叶,承受舵杆的径向与轴向负荷。舵承的衬垫材质有铜和白合金。航行在清洁水域的船舶(如海船),舵承还可以采用硬质木料(如铁梨木等)。上下舵承都有套筒作为舵杆穿通船体的水密护套。舵套筒除了小型船外都是浇铸成型的。舵套筒的上口与甲板连接在一起,它的下口与艉壳连接。对于不用海水作润滑剂的舵承,在艉壳处的套筒置有密封装置,防止润滑油外渗。

7. 舵钮

对于流线型舵,舵钮通常是指艉框挂舵臂的突出部分。对于平板舵,舵钮是指在舵柱上或舵臂上供贯穿舵销的突出部分。在舵柱上的舵钮多称为舵托,以便和舵钮区别开来。舵钮上的舵销孔应略呈锥形,如此便可使连接螺栓旋紧。

8. 舵销

舵销是用以将舵连在舵柱或挂舵臂上的销轴或螺柱,一般制成锥状体,按其部位和作用不同,分为上舵销、下舵销。

9. 舵轴

嵌在舵叶内的下舵杆称为舵轴。舵叶用滑动轴承支承在舵轴上,使舵在转动时能绕着轴旋转。舵轴的两端固结或铰接在舵柱上。

舵轴双支点流线型舵叶结构图如1-7所示。

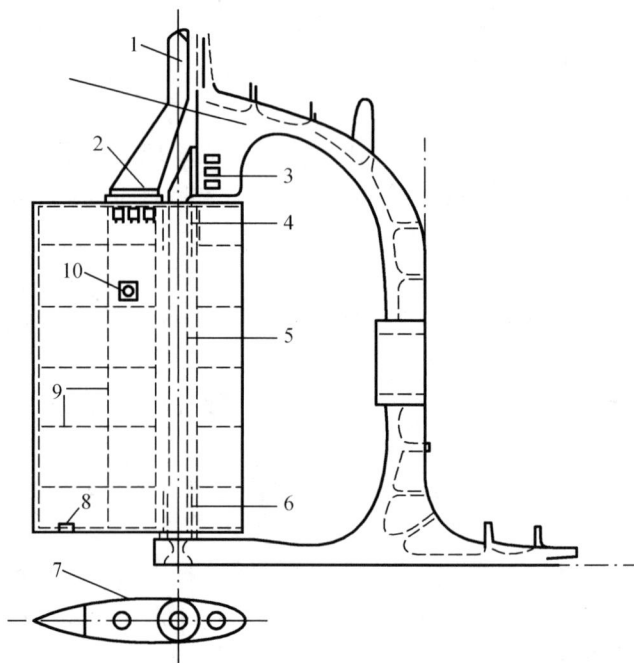

1—舵杆;2—水平法兰连接;3—垂直法兰连接;4—上舵承;5—舵轴;
6—下舵承;7—舵板;8—舵底塞;9—骨架肋板;10—吊舵孔。

图 1-7　舵轴双支点流线型舵叶结构图

三、舵叶的剖面选择

适用于舵叶的剖面翼型有:对称的NACA(美国航空咨询委员会)翼型(图1-8)、对称的儒可夫斯基翼型、苏联空气动力学中央试验室翼型、哥廷根翼型、HEK翼型、JFS翼型和TMB07507515翼型等。NACA翼型坐标如表1-1所示。

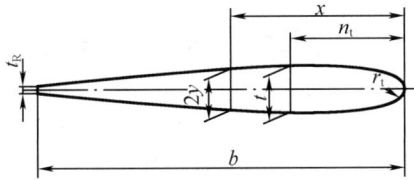

图 1-8 NACA 型舵翼型剖面

表 1-1 NACA 翼型坐标

距舵导边的距离 (以舷长的%计)	0	1.25	2.5	5	10	20	30	40	50	60	70	80	90	100
厚度 (以最大厚度的%计)	0	31.6	43.6	59	78	95.6	100	97	88	76	61	44	24.1	2.1

　　NACA00、HEK 和 JFS 3 种翼型比较适用于平衡舵;TMB 翼型适用于呆木后的不平衡舵。从工艺上来说,NACA 翼型较易施工;HEK 翼型随边厚度为零且略呈凹形,强度较差又不便施工;JFS 翼型弦长中后部较薄,结构上需要特别加强。从流体动力特性上来看,JFS 翼型较好,NACA00 次之。但是总体说来,在常用舵角范围内因翼型所致的流体动力差别并不大,所以目前多数仍采用强度较好便于施工的 NACA00 翼型。

任务三　舵参数的确定

一、舵的几何参数的确定

1. 舵面积

舵面积 A——舵叶的侧投影面积。

2. 舵的平衡面积

舵的平衡面积 A_f——位于舵杆轴线之前的舵叶面积。

3. 舵的平衡比

舵的平衡比 A_f/A——舵的平衡面积与舵面积之比。

4. 舵柱面积

舵柱面积 A_p——舵的高度范围内,舵柱对称面的面积。

5. 挂舵臂面积

挂舵臂面积 A_h——在舵的高度范围内,挂舵臂对称面的面积。

6. 组合面积

组合面积 A_t——舵及舵柱(或挂舵臂)组合面积,$A_t = A + A_p$(或 $A_t = A + A_h$)。

7. 舵高(又称翼展)

舵高 h——对于矩形舵和梯形舵,为舵叶上边缘与下边缘之间的距离;对于其他形状的舵,应取上、下边缘之间的平均距离,即平均高度 h_m。

8. 舵宽(又称舷长)

舵宽 b——在垂直于舵杆轴线的舵叶剖面上,导缘(前缘)与随缘(后缘)之间的距离。对于非矩形舵,应取平均宽度 b_m。

9. 舵的展弦比

舵的展弦比 λ——舵高度(翼展)h 与舵宽之比值,即 $\lambda = h/b$。对于非矩形舵 $\lambda = h_m/b_m = h_m^2/A$。

10. 舵的厚度比

舵的厚度比 $\bar{t}$——$\bar{t} = \dfrac{t}{b}$,其中 t 为舵叶的最大厚度。

11. 后掠角

后掠角 Λ——舵叶上、下边缘距舵导缘 1/4 弦长的点的连线与舵杆轴线之间的夹角。

图 1-9 所示为舵叶剖面几何参数图。

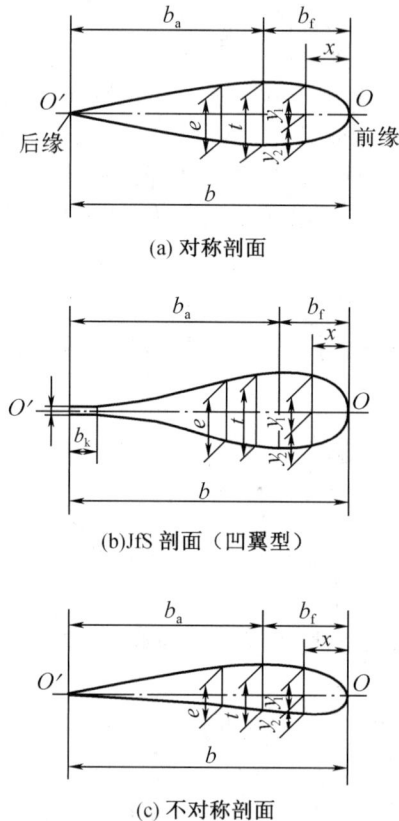

(a) 对称剖面

(b)JfS 剖面(凹翼型)

(c) 不对称剖面

图 1-9 舵叶剖面几何参数图

二、舵面积的确定

船型一旦确定以后,舵面积的选择将直接影响船舶的操纵性。对于大中型船舶来说,操纵性已成为考核船舶性能的重要指标。《船舶操纵性临时标准》以及中国船级社(CCS)制定的指导性文件《海船操纵性》,对于具有舵和推进器的以下海船:船长为100 m 及以上的船舶以及化学品船和气体运输船,均要求在设计阶段对这些船舶做出操纵性预报(经验预报、模拟计算预报或模型试验预报),并在船舶完工后进行实船试验,试验结果应符合标准规定的操纵性指标。

在舵面积选择中经常采用的参数为舵面积比 μ:

$$\mu = \frac{A}{LT} \times 100\% \tag{1-1}$$

式中 L——船长;

T——夏季载重线的吃水;

A——舵面积。

表 1-2 所列为各种船舶配置舵的形式及舵面积比。

表 1-2 各种船舶配置舵的形式及舵面积比

船型		舵设备形式(图 1-5)	舵面积(总和)比/%	辅助操纵设备
单桨海洋船和油船		(b)和(c)	1.3~1.9	—
小型单桨客船		(b)和(d)	1.8~4.0	—
巨型双桨客船		(b)双舵在螺旋桨后面	1.4~2.0	采用侧向推进装置
		(b)单舵在呆木后面	2.0~2.5	最好采用侧向推进装置
限制吃水的巨型双桨干货船和油船		(b)双舵(在螺旋桨后面设挂舵臂)	2.0~2.5	—
双桨江-海联运船舶(计算速度时 $\sigma_p^①$<2.0)		(b)型双舵(在螺旋桨后面设挂舵臂)	2.0~3.5	如果 L/B>8.0,则设侧向推进装置
江-海联运船舶(计算速度时 σ_p<2.0)		转动导流管	—	
冰区航行的干货船和油船	密实的冰区	(c)第三种,在舵柱后面	1.6~2.0(组合体面积比为 A_t/LT=1.9%~2.4%)	—
	大块的碎冰区	(a)第二种,在舵柱后面;或(b)第二种,在挂舵臂后面		
	稀疏的碎冰区	(a)在舵柱后面		
破冰船		(a)第三种,在呆木后面	1.6~2.3	
海洋火车或汽车渡轮		(b)在螺旋桨后面	2.0~2.4	设侧向推进器或艏舵
拖轮		转动导流管	—	
推轮		转动导流管	—	

注:①σ_p——推进器有效推力载荷系数。

目前,在船舶设计中确定舵面积的方法主要有以下几种:

1. 按母型船选择舵面积

对于船舶操纵性指标没有明确定量要求,而仅仅是希望有较好的操纵性的情况下,可以找一艘操纵性较好且与所设计的船舶的船型及主尺度接近的母型船,按该船的舵面积 A_{R0} 确定所设计船舶的舵面积 A_R。

$$A_R = \frac{A_{R0}LT}{L_0 T_0} \qquad (1-2)$$

式中 L_0、T_0——母型船的船长及吃水;

L、T——所设计船舶的船长及吃水。

2. 按船型统计资料选择舵面积

表1-2中提供了某些船型的舵面积比的资料,表1-3也列出类似的资料,均可在选择舵面积时作为参考。采用这种方法选择舵面积的难点在于,统计资料中舵面积比的上下限范围较大,很难做出正确的选择,通常只能在船舶设计的初期使用。

表1-3 各种船舶的舵面积比

船型	$\mu/\%$	船型	$\mu/\%$
单桨船	1.6~1.9	机动性较高的船舶	2.0~4.0
双桨单舵船	1.5~2.5	拖网渔船和有限航区船舶	2.5~5.5
双桨双舵船(总面积)	1.7~2.1	海洋拖船	3.0~6.0
油船	1.3~1.9	引水船和渡船	2.5~4.0
大型高速客船	1.2~1.7	巨型货船和客船	1.4~2.0
运河快速客船	1.8~2.0	小型货船和客船	1.7~2.3
沿海航行船舶	2.3~3.3	近海船舶	2.0~3.3

3. 按船级社规范确定舵面积

(1)挪威船级社(DNV)《船舶入级规范》关于舵面积的规定

直接在推进器后面工作的舵叶(单舵或多舵)的面积 $A(\mathrm{m}^2)$ 应不小于按下式计算所得值:

$$A = \frac{TL}{100}\left[1 + 50C_B^2\left(\frac{B}{L}\right)^2\right] \qquad (1-3)$$

式中 L——船长,m;

T——吃水,m;

B——船宽,m;

C_B——方形系数,$C_B = \dfrac{\Delta}{1.025LBT}$;

Δ——排水量,t。

对于在港湾、运河或其他狭窄水道内频繁机动航行的船舶,按上述公式确定的舵面积应予以增加。对于设有流线型舵柱的船舶,舵柱侧面积的一半可计入舵面积。设有挂舵臂的船舶,位于舵顶部水平线以下挂舵臂的面积,可计入舵面积。

对于不直接在推进器后面工作的舵,按上述公式计算所得出的舵面积应至少增加 30%。

对于具有特殊剖面或形状可提高效率的舵(如襟翼舵或导流管),可具有较小的总面积。

对于具有大的干舷以及高的连续上层建筑的船舶,必须考虑增加舵面积。

(2)德国劳埃德船级社(GL)《钢质海船入级和建造规范》关于舵面积的规定

为达到足够的操纵性能,建议可动舵面积 $A(\mathrm{m}^2)$ 应不小于按下式计算所得值:

$$A = C_1 C_2 C_3 C_4 \frac{1.75LT}{100} \tag{1-4}$$

式中 C_1——船型系数。一般情况,$C_1 = 1.0$;对于排水量超过 50 000 t 的散装货船和液货船,$C_1 = 0.9$;对于拖船和拖网渔船,$C_1 = 1.7$。

C_2——舵型系数。一般情况,$C_2 = 1.0$;对于半悬挂舵,$C_2 = 0.9$;对于双舵(每个),$C_2 = 0.8$;对于高升力舵,$C_2 = 0.7$。

C_3——舵剖面形状系数。$C_3 = 1.0$,对于 NACA 剖面舵和平板舵,$C_2 = 0.7$;对于凹翼形剖面舵,$C_3 = 0.8$。

C_4——舵系布置系数。对于舵位于螺旋桨尾流之内,$C_4 = 1.0$;对于舵位于螺旋桨尾流之外,$C_4 = 1.5$。

对于半悬挂舵,挂舵臂的投影面积的 50% 可计入舵面积 A 中。

4. 按图谱确定舵面积

《船舶操纵性临时标准》以及 CCS 指导性文件《海船操纵性》均提出了关于海船操纵性衡准的要求。为满足这一要求,舵面积可按图 1-10 和图 1-11 确定。其适用范围为除双体船、高速船及特种作业船以外的机动海船,以及舵剖面 NACA00 的常用舵型。

图 1-10 及图 1-11 中的符号含义如下:

L——船舶垂线间长,m;

B——型宽,m;

T——夏季载重线吃水,m;

C_B——方形系数;

A_R——舵的可动部分面积,m^2;

$\dfrac{LT}{A_R}$——舵面积系数;

A_W——吃水 T'(给定航行状态的平均吃水,m)时的船舶水上部分侧向受风面积,m^2;

$\overline{\alpha}_{90}$——舯部至水线以上侧面积形心的距离/L。

图 1-10 和图 1-11 的使用方法说明如下。

(1)舵的可动部分面积 A_R 不必大于按图 1-10 中相应曲线所给定的舵面积系数确定的舵面图积,但是仍有如下要求:

①不在螺旋桨尾流中的舵,其面积应按图 1-10 所确定的值再增加 50%;

②在港区、运河或其他狭窄水域内频繁操纵的船舶,其舵面积应按图 1-10 所确定的值适当增大;

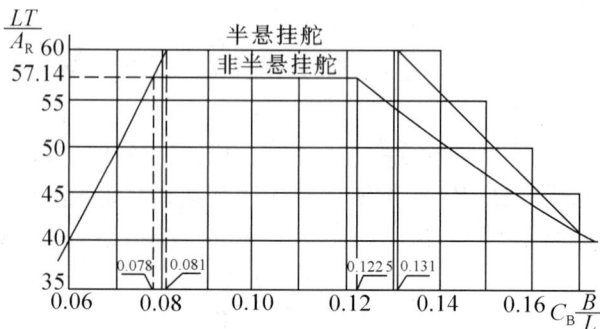

图 1-10　按一般要求确定舵面积的图谱

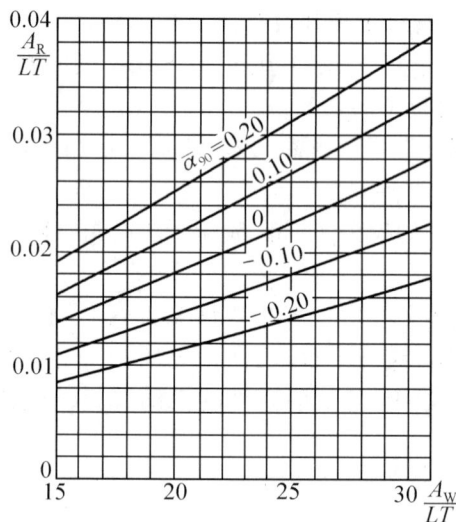

图 1-11　按抗风要求确定舵面积的图谱

　　③拖船或拖网渔船的舵面积应按图 1-10 所确定的值再加 70%；

　　④高升力舵(如襟翼舵、导流管舵)或特殊剖面的舵,其面积应按图 1-11 所确定的值适当减小；

　　⑤舵面积大的客船、渡船和滚装船等,回转时可能产生过大的横倾角,应用估算。

　　(2)客船、渡船和滚装船等侧向受风面积较大的船舶,其舵面积应按图 1-11 校核。校核时应注意以下三个方面：

　　①舯部至水线以上侧面积形心的距离。

　　②图 1-11 适用于单桨单舵或双桨双舵船。对于双桨单舵船,其舵面积应增大 50%。

　　③舵的可动部分面积 A_R 应取按图 1-10 和图 1-11 所确定的数值中的大者。

三、舵+螺旋桨组合体的设计

　　舵+螺旋桨组合体的设计是为了确定舵的外形及与船体尾部型线和螺旋桨的配

合。同时还应考虑轴包架、轴支架及艉框架的形状,应注意以下几个方面:

(1)尽可能增加舵的高度 h 和展弦比,以提高舵性能。

(2)尽可能减小舵的上缘同船体之间的间隙。

(3)为了避免引起船体尾部振动,对于设在螺旋桨尾流中的舵,其导缘至螺旋桨叶梢之间的距离不宜太小。对于中低速和小功率船舶,该距离可取为 $(0.15 \sim 0.20)D$ (D 为螺旋桨直径);对于高速船或大功率船舶,该距离可取为螺旋桨直径 D;对于双桨单舵船,由于舵不在螺旋桨尾流中,则该距离应取为不小于 $(0.75 \sim 1.00)D$。

(4)双桨双舵船的螺旋桨宜采用外旋型,很少采用内旋型。且舵位于通过螺旋桨轴线的垂直平面的外侧。两者之间的距离以保证在不拆卸舵的情况下,能够拆装艉轴即可,对于舵效几乎没有影响。同时双舵船舶还应校核舵转到最大舵角时的可能性,舵向内转动时应保证舵与船体之间一定的间隙;舵向外转动时,应尽量不超过水线面的轮廓。

(5)平衡舵的平衡系数直接影响舵机功率的确定。虽然较大的平衡系数可使舵机功率减小,但平衡系数过大可能会造成不利后果,因为在最大舵角时将使舵处于过平衡状态,舵的转动加快。对于液压舵机来说,液压缸因其液压来不及补充而造成真空,对于手动舵机来说,会导致舵轮失控危及操舵人员。为了防止这种情况发生,规范要求最小舵力臂 $R_{min} = 0.1b$(b 为舵叶平均宽度)。实际使用中,船后舵的平衡系数通常为 $0.2 \sim 0.3$(DNV 规范规定为不大于 0.23)。半悬挂舵包括挂舵臂在内的平衡系数可按平衡舵确定,但挂舵臂以上部分舵面积的平衡系数约为 0.35。

(6)冰区航行船舶应设舵的保护装置。CCS 规范规定,B1 * 及 B1 冰级(见本项目任务五)船舶的舵杆和舵的上方应设置冰刀或与其等效的防冰装置。

(7)某些直线航行稳定性较差的船舶,如肥大型船、浅吃水船等,设置稳定鳍或增加呆木面积有利于改善航向稳定性。

任务四 舵的水动力特性计算

一、舵叶水动力的一般概念

1. 基本定义

图 1-12 中水动力参数定义如下:

攻角 α——水流方向同舵叶的对称平面(ox_1)之间的夹角。

几何攻角 α_g——在舵叶前面无限远处的水流速度的方向同舵叶的对称平面之间的夹角。

剖面有效攻角或局部攻角 α_e——局部的水流速度方向与剖面的弦之间的夹角,即计及斜流角时的攻角。

舵的压力中心 o——舵叶水动力合力与包含该合力的剖面的弦线的交点,通常压力中心的位置由该剖面前端量起的横坐标值 x_p 确定,压力中心系数 $C_p = x_p/b$。

水动力的合力 Z 可由其分力(升力 Y 和阻力 X,或是法向力 N 和切向力 T)得到,如图 1-12 所示,且按下述关系式确定:

$$
\left.
\begin{aligned}
Z &= \sqrt{Y^2+X^2} = \sqrt{N^2+T^2} \\
N &= Y\cos \alpha + X\sin \alpha \\
T &= X\cos\alpha - T\sin \alpha \\
Y &= N\cos \alpha - T\sin \alpha \\
X &= N\sin \alpha + T\cos \alpha
\end{aligned}
\right\}
\tag{1-5}
$$

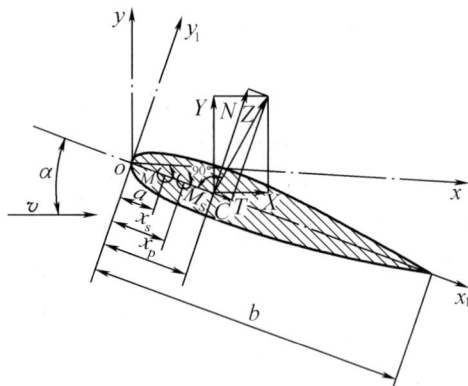

图 1-12 舵叶水动力及坐标系

合力 Z 相对于 ox_1 轴上与原点的距离为 a 的点水动力矩：

$$
M = N(x_p - a) \tag{1-6}
$$

舵杆的水动力矩按下式计算：

$$
M_s = N(x_p - x_s) \tag{1-7}
$$

式中，x_s 为在舵叶上包含合力 Z 的剖面上，自坐标原点到舵杆轴线之间的距离。

通常把阻挠舵向舷侧方向转动的力矩作为正值；反之，把帮助舵向舷侧方向转动的力矩作为负值。

舵的水动力分量 N、T、Y、X 及力矩 M 还可用无因次形式表示：

$$
\left.
\begin{aligned}
\text{法向力系数} \quad C_n &= \frac{N}{\frac{\rho v^2}{2}A} \\[2mm]
\text{切向力系数} \quad C_t &= \frac{T}{\frac{\rho v^2}{2}A} \\[2mm]
\text{升力系数} \quad C_y &= \frac{Y}{\frac{\rho v^2}{2}A} \\[2mm]
\text{阻力系数} \quad C_x &= \frac{X}{\frac{\rho v^2}{2}A} \\[2mm]
\text{力矩系数} \quad C_m &= \frac{M}{\frac{\rho v^2}{2}Ab}
\end{aligned}
\right\}
\tag{1-8}
$$

式中 ρ——水的密度,淡水为 1 000 kg/m³,海水为 1 025 kg/m³;

v——水流速度,m/s。

上述无因次水动力系数之间的关系如下:

$$\left.\begin{array}{l} \sqrt{C_n^2+C_t^2}=\sqrt{C_y^2+C_x^2} \\ C_n=C_y\cos\,\alpha+C_x\sin\,\alpha \\ C_t=C_x\cos\,\alpha+C_y\sin\,\alpha \\ C_y=C_n\cos\,\alpha+C_t t\sin\,\alpha \\ C_x=C_t\cos\,\alpha+C_n\sin\,\alpha \\ C_m=C_nC_p \end{array}\right\} \qquad (1-9)$$

2. 单独舵的水动力特性

船后舵在实际使用中受到船体和螺旋桨尾流的影响。但是舵的水动力试验通常是在没有船体和螺旋桨的条件下进行的,即所谓的单独舵水动力试验,船体和螺旋桨尾流的影响另行分别考虑。通常舵的水动力试验的结果以无因次形式表达,以便于实际使用。

图 1-13 所示为不同展弦比的 NACA00 剖面的舵的水动力无因次系数与攻角的关系曲线图。由图可见,攻角 α 小于 $10°\sim16°$ 时,C_y 的变化与 α 之间呈线性关系。当 α 值大于上述数值时,舵叶表面的水流开始与舵分离,C_y 值的增加趋缓,直到 α 值增加到某一值时(不同的展弦比有不同的值),C_y 值达到最大值 C_{ymax}。此时的攻角称为临界攻角(或失举角)α_c。随后,尽管 α 值再继续增大,C_y 值仍急剧下降。

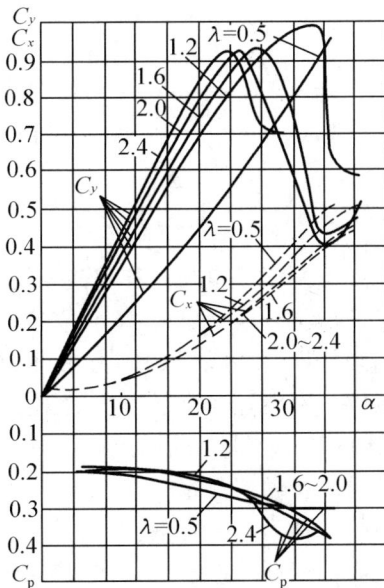

图 1-13 NACA00 剖面的水动力特性曲线

从图 1-13 中还可看出一种现象,即随着 λ 的减小,C_y 曲线的斜率也在减小,而临界攻角 α_c 则增大,以至于当 $\lambda \leqslant 0.5$ 时,曲线 $C_y=f(\alpha)$ 在小攻角时,$C_y=f(\alpha)$ 将不能保持线性关系,直线段已不复存在。

通常舵的展弦比为 0.5~2.5,在这个范围内舵的外形对 C_y 值的影响不大。因此,计算 C_y 值时,舵的形状可不予考虑。但是,这一点对半悬挂舵不适用。因为这种舵在挂舵臂或呆木的底边处剖面宽度急剧地改变,而且挂舵臂和呆木对舵水动力的影响使其有效展弦比大于实际展弦比。因此,对于半悬挂舵不应该采用由具有相同展弦比的矩形舵试验所得到的 $C_y = f(\alpha)$ 数值。

在 $\alpha < \alpha_c$ 的区域内,除了 $\alpha = 0°$ 的附近区域外,C_x 值都远小于 C_y 值。由式(1-5)这组计算式可知,同 $Y\cos\alpha$ 相比,$X\sin\alpha$ 值显得很小,而且法向力 N 与升力 Y 在数值上相差无几。因此,在缺乏 C_x 值的试验资料的情况下,$0.8 < \lambda < 2.5$ 的舵 C_n 可按下式近似确定:

$$C_n \approx C_y\left(1 + \frac{\alpha^3}{2}\right) \qquad (1-10)$$

式中,α 的单位为弧度。

单独舵的模型试验资料通常给出的力矩系数 C_m 是相对于舵的前端的数值 C_{m0} 或相对于离开舵的前端 1/4 弦长处的轴线的数值 $C_{m0.25}$。如果已知 C_n 和 C_{m0},则距前端为 a 的轴线处的力矩系数 C_{ma} 可按下式计算:

$$C_{ma} = C_{m0} - C_n\frac{a}{b} \qquad (1-11)$$

式中,b 为弦长。

同样,

$$C_{m0.25} = C_{m0} - 0.25C_n \qquad (1-12)$$

对于采用对称剖面的单独舵,当 $\alpha = 0°$ 时,$C_m = C_{m0} = C_{m0.25} = 0$。

压力中心系数为

$$C_p = \frac{C_{m0}}{C_n} = \frac{C_{m0}}{C_y\cos\alpha + C_x\sin\alpha} \approx \frac{C_{m0}}{C_y\left(1 + \frac{\alpha^3}{2}\right)} \qquad (1-13)$$

二、按模型试验资料计算舵的水动力特性

舵的水动力特性计算采用模型试验资料是最接近实际的方法,这些资料通常有自航模型试验资料、舵的模型试验资料和单独舵的图谱资料。

自航模型试验要求实船与船模之间满足的相似条件为:几何相似、运动相似和动力相似。事实上这些相似条件都不可能完全满足,尤其是螺旋桨的形状相似和转速相似很难实现,舵上的力和力矩的精确测量更是困难。而且自航模型试验成本较高,在一般情况下只能同操纵性试验结合做些测量。

为了得到比较精确的舵的水动力特性参数,对于某一个具体的舵可能利用风筒做模型试验,通常也只做单独舵的模型试验,然后由试验结果确定 $C_n(\alpha)$ 和 $C_t(\alpha)$ 或 $C_y(\alpha)$ 和 $C_x(\alpha)$,用于实际的单独舵计算,再加上船体及螺旋桨尾流的影响得到实际舵的水动力值。需要注意的是风筒试验时应保持足够高的雷诺数 Re,并在试验结果中注明。

在舵的设计中,经常采用的是各个研究机构发表的舵的图谱。目前,这一类图谱主要有 NACA 系列、HEж 系列、ЛЛАГИ 系列、JfS 系列、Gö 系列和 TMB 系列等。

表 1-4 所示为 NACA 对称机翼($\lambda = 1$)正倒航时的水动力特性表。

表 1-4　NACA 对称机翼($\lambda = 1$)正倒航时的水动力特性表

型号	系数	α/(°)								最大值
		5	10	15	20	25	30	35	40	34
NACA 0015	C_y	0.141	0.289	0.441	0.622	0.775	0.926	0.713	0.686	1.052
	C_x	0.026	0.042	0.069	0.135	0.217	0.320	0.528	0.605	0.505
	C_n	0.143	0.292	0.444	0.630	0.795	0.962	0.887	0.914	
	$C_{m0.25}$	-0.014	-0.021	-0.019	-0.006	0.004	0.026	0.126	0.137	
NACA 0015	C_p	0.152	0.178	0.207	0.240	0.255	0.277	0.392	0.400	
	$C_p-0.25$	-0.098	-0.072	-0.043	-0.010	0.005	0.027	0.142	0.150	
NACA 0021	C_y	0.165	0.340	0.525	0.700	0.840	0.950	0.980	0.585	
	C_x	0.020	0.040	0.090	0.160	0.230	0.330	0.430	0.510	
	C_n	0.167	0.342	0.530	0.713	0.858	0.988	1.050	0.776	
	$C_{m0.25}$	-0.007	-0.021	-0.035	-0.029	0.009	0.059	0.126	0.134	
	C_p	0.210	0.190	0.185	0.210	0.260	0.310	0.370	0.425	
	$C_p-0.25$	-0.040	-0.060	-0.065	-0.040	0.010	0.060	0.120	0.175	
NACA 0025	C_y	0.132	0.270	0.419	0.586	0.732	0.883	1.033	1.192	1.336
	C_x	0.036	0.052	0.089	0.145	0.217	0.319	0.446	0.595	0.805
	C_n	0.134	0.275	0.428	0.599	0.756	0.916	1.102	1.294	
	$C_{m0.25}$	-0.010	-0.015	-0.015	-0.008	0.004	0.026	0.058	0.099	$\alpha_c = 46°$
	C_p	0.174	0.195	0.215	0.237	0.255	0.278	0.303	0.326	
	$C_{p-0.25}$	-0.075	-0.055	-0.035	-0.013	0.005	0.028	0.053	0.076	
NACA 0015 倒航	C_y	0.241	0.385	0.532	0.643	0.771	0.918	1.022	1.059	1.059
	C_x	0.069	0.102	0.180	0.258	0.376	0.532	0.619	0.885	0.885
	C_p 自后缘	0.437	0.354	0.354	0.335	0.354	0.356	0.384	0.395	0.395

表中型号的含义:第一个数字表示拱度比,即拱度与弦长之比,是针对不对称机翼剖面而言的;第二个数字表示拱度所在位置占弦长的百分数;最后两位数字表示厚度比 $\bar{t}$,如 0015,表示无拱度对称型机翼剖面,厚度比 $\bar{t} = 15\%$。

在计算实舵的水动力系数时,应尽量选择 λ 相近的资料。当实舵的 λ、t/b、剖面形状与模型舵相同时,可直接采用试验结果。当实船舵的 t/b 和剖面形状与模型舵相同但展弦比不同时,必须进行展弦比换算,否则将会产生误差。

当舵的实际展弦比与所用图谱的展弦比不同时,可按普兰特(Prandtl)公式进行换算：

$$\alpha_2 = \alpha_1 + 57.3\frac{C_{y1}}{\pi}\left(\frac{1}{\lambda_1} - \frac{1}{\lambda_1}\right) \tag{1-14}$$

$$C_{x2} = C_{x1} + \frac{C_{y1}^2}{\pi}\left(\frac{1}{\lambda_2} - \frac{1}{\lambda_1}\right) \tag{1-15}$$

$$C_{y2} = C_{y1} \tag{1-16}$$

式中 下标 1——模型舵；

下标 2——实船舵。

α_1、α_2 的单位均为度(°)。

在流经舵叶的水流发生分离之前，可取

$$C_{p1} \approx C_{p2} \tag{1-17}$$

三、按近似公式计算舵的水动力特性

由于舵的结构尺寸是按照船级社规范的要求确定的,因此舵的水动力特性计算的主要用途是确定舵机扭矩及功率。

在缺乏单独舵水动力特性试验资料的情况下,可按近似公式进行计算,常用的计算公式有乔赛尔(Jössel)公式、易格(Jaeger)公式、孟德尔(Mendel)近似公式。这里只介绍乔赛尔公式。

乔赛尔公式是最常用的计算舵力的公式,它忽略了船体及螺旋桨的影响,也忽略了展弦比的影响。然而,由于其十分简便,且偏于安全,因此仍然得到使用。

$$N = 9.81 \times \frac{41.35\sin\alpha}{0.195+0.305\sin\alpha}Av^2 \tag{1-18}$$

$$x_p = (0.195+0.305\sin\alpha)b \tag{1-19}$$

式中 N——作用在舵上的法向力,N;

x_p——压力中心距舵的导缘的距离,m;

A——舵面积,m²;

v——航速,m/s;

b——舵的平均宽度,m;

α——转舵角,(°)。

经修正的乔赛尔公式为

$$N = 9.81 \times K\frac{\sin\alpha}{0.2+0.3\sin\alpha}Av^2 \tag{1-20}$$

式中,K 为修正系数,按表 1-5 查取。

表 1-5 修正系数 K

$\alpha/(°)$	5	10	15	20	25	30	35
K(尾流影响显著时)	31	33	35	36	37	38	40
K(伴流影响显著时)	10	12	15	17	18	21	22

据试验,压力中心位置与作用在舵上的流速无关,且展弦比对其影响也甚微。而且据统计,按式(1-19)计算压力中心位置有一事实上的准确性,因此在采用其他经验公式计算舵力时,也常常采用该式计算压力中心位置。

任务五　舵装置零件尺寸的确定

一、规范及材料

1. 规范

舵设备中的重要零件,诸如舵叶、舵杆、舵销及螺母、舵轴、连接螺栓、轴承、舵扇、舵柄、舵链等,均应按照入级的船级社规范确定其结构尺寸。

本书主要介绍 CCS《钢质海船入级与建造规范》(以下简称《海船规范》)关于舵设备的规定,适当引述其他国家船级社规范的规定作为补充。

2. 舵系零部件的材料

舵系零部件,除轴承外,采用的材料均为碳素钢,包括钢板、锻钢件。

(1)制作舵叶、舵柱及挂舵臂的钢板,通常为一般强度船体结构用钢,按其脱氧方法分为 A、B、D、E 四个等级。各种等级钢材的化学成分及力学性能详见各船级社有关规范。

按 CCS《海船规范》的规定,船体各部分的结构按其所承受的应力情况分为 5 个材料级别,其中挂舵臂的外包板属于Ⅲ级,舵柱、挂舵臂的内衬板及舵叶属于Ⅱ级。因而,这些构件应根据其所对应的材料级别及其厚度选择钢材等级,如表 1-6 所示。

表 1-6　舵叶、舵柱及挂舵臂的钢材等级

钢板厚度 t/mm	$t \leq 15$	$15 < t \leq 20$	$20 < t \leq 25$	$25 < t \leq 30$	$30 < t \leq 35$	$35 < t \leq 40$	$40 < t \leq 50$	$t > 50$
一般强度船体结构用钢	材料级别							
Ⅱ	A	A	A	A	B	B	D	D
Ⅲ	A	A	B	D	D	D	E	E

冰区航行的船舶应考虑环境温度的影响,具有 B1 *、B1 和 B2 冰级的船舶,其冰带区域(舵位于艉部冰带区域)应采用高一级钢材等级的钢板。对于 B3 和 B 级的船舶,其冰带区域一般应采用高一级钢材等级的钢板。

CCS《海船规范》对于冰区航行船舶的冰级标志及其最大营运航速列于表 1-7。

表 1-7　冰区航行船舶的冰级标志及其最大营运航速

冰级情况	冰况	对等的冰级标志	航速/kn
B1 *	最严重	ⅠA super	20
B1	严重	ⅠA	18

表 1-7(续)

冰级情况	冰况	对等的冰级标志	航速/kn
B2	中等	ⅠB	16
B3	轻度	ⅠC	14
B	除大块固定冰以外的河流浮冰,如中国沿海情况		

表 1-7 中,对等的冰级标志系按 2017 年《芬兰-瑞典冰级规则》附件Ⅰ中的有关规定,主要适用于在冬季航行于北波罗的海的船舶。

(2)舵件、舵销及其螺母、舵轴、连接螺栓和键等零部件,通常采用船体结构用锻钢件,其含碳量对于焊接类 $w(C) \leq 0.23\%$,对于非焊接类 $w(C) \leq 0.40\%$;硫(S)和磷(P)的含量均小于或等于 0.04%。锻钢件应经热处理,其方法为:完全退火,或正火,或正火加回火,回火温度不低于 550 ℃。经热处理后的锻钢件力学性能为:抗拉强度 $\sigma_b \geq 430$ N/mm^2;屈服强度 $\sigma_s \geq 215$ N/mm^2;伸长率:纵向 $\delta_s \geq 24\%$,横向 $\delta_s \geq 18\%$。

当使用屈服强度超过 235 N/mm^2 的钢材制造舵杆时,如发现舵杆直径明显减小,应对舵杆的变形进行评估。为防止舵轴承处产生过大的边缘应力,应避免舵杆有较大的变形。对于冰区航行的船舶,如其冰级标志为 B1 * 或 B1,则该船的舵杆的舵轴或舵销所采用的锻钢件除了应满足上述力学性能的要求外,还应做 -10 ℃ 的夏比 V 型缺口冲击试验。试样一组 3 个,平均冲击功应不低于 27 J,单个试样的冲击功应不低于 19 J。

舵结构系统中的铸钢件应进行超声波检测,对法兰和锥度部分应进行表面裂纹检测。

(3)舵结构系统中的铸钢零部件通常采用船体结构专用铸钢件,其含碳量 $w(C) \leq$ 0.23%,硫(S)和磷(P)的含量均小于或等于 0.04%。铸钢件应经热处理,其方法为:完全退火,或正火,或正火加回火,回火温度不低于 550 ℃。经热处理后的铸钢件力学性能为:抗拉强度 $\sigma_s \geq 400$ N/mm^2;屈服强度 $\sigma_s \geq 200$ N/mm^2;伸长率 $\delta_s \geq 25\%$;断面收缩率 $\Psi \geq 40\%$。舵结构中的铸钢件应做超声波检测和磁粉检测。

3. 舵杆、舵销、连接螺栓和键的材料换算系数

这些零件所使用的材料的最小屈服强度 σ_s 应不小于 200 N/mm^2。在计算这些零件的尺寸时,所使用的材料系数 K_s 应按下列各式计算:

当 $\sigma_s > 235$ N/mm^2 时,$K_s = (\sigma_s/235)^{0.75}$

当 $\sigma_s \leq 235$ N/mm^2 时,$K_s = \sigma_s/235$

式中 σ_s 取值应不大于 $0.70\sigma_b$ 或 450 N/mm^2,取其小者,其中 σ_b 是材料的抗拉强度(N/mm^2)。

二、舵杆

舵杆上部常用带键、紧配或无键连接等方法同舵柄连接,并支承在舵承处。舵杆下部常用水平法兰、锥体带键或无键连接等方法与舵叶连接。下部弯曲的舵杆,其端部结构构成水平法兰[图 1-14(a)]或垂直法兰,下部竖直的舵杆,其端部构成水平法

兰[图 1-14(b)]或圆锥体。

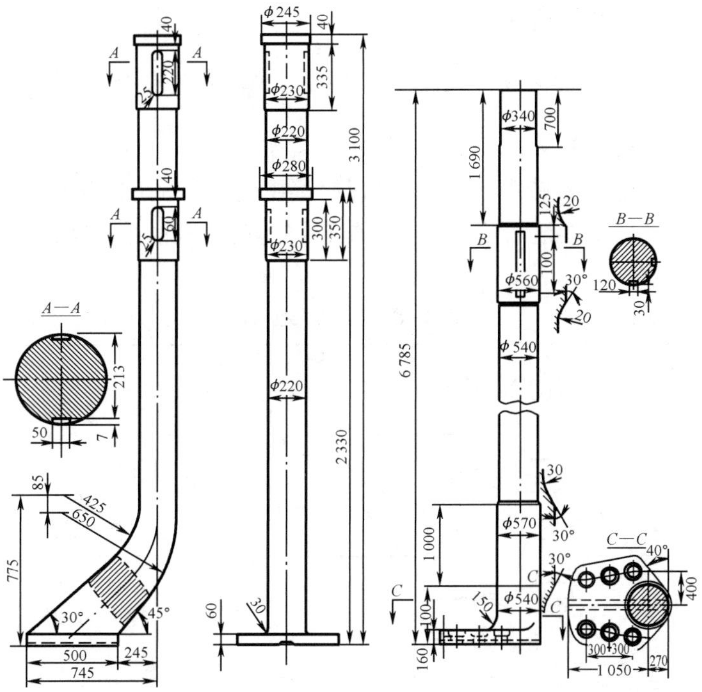

(a) 下部弯曲的舵杆　　　(b) 下部竖直的舵杆

图 1-14　下端部为水平法兰的舵杆

舵杆一般为锻钢件。舵杆下端的法兰通常同舵杆一起锻造,但有时为简化舵杆的制造,法兰同舵杆本体分别锻造,然后用电焊连接,这就要求采用高质量的焊接程序予以保障。下部弯曲的舵杆可采用铸、锻、焊结合的方式进行制造,即直杆部分采用锻造,弯曲部分同法兰采用铸造,经热处理后把这两部分用电渣焊连接,焊后再做热处理及探伤检查。

为了保护舵杆避免海水的腐蚀,应对舵杆采取适当的保护措施,诸如合适的密封装置、在舵杆表面涂刷专用涂料,以及在舵杆工作的轴颈处加设保护衬套等。

CCS《海船规范》对于舵杆各部分结构尺寸的规定如下:

1. 舵柄处传递舵扭矩的舵杆直径 D_t(mm) 应不小于按下式计算所得之值:

$$D_t = 4.2\sqrt[3]{\frac{T}{K_s}} \tag{1-21}$$

式中,T 为舵杆扭矩,单位为 N·m,按下式计算:

$$T = FR \tag{1-22}$$

式中　F——舵力,N;
　　　R——力臂,m。

(1)舵力 F

按式(1-23)计算:

$$F = 132K_1K_2K_3AV_d^2 \tag{1-23}$$

式中　A——舵叶面积，m^2；

V_d——设计航速，kn；

K_1——展弦比系数，按 $K_1 = \dfrac{1}{3}(\lambda + 2)$ 计算，λ 为展弦比，取值不大于 2；

K_2——翼型系数，如表 1-8 所示；

K_3——尾流影响系数，对位于螺旋桨尾流之外的舵，取 0.8，对位于固定螺旋桨导流管之后的舵，取 1.15，其他情况，取 1.0。

表 1-8　翼型系数 K_2

翼型（舵剖面形状）	K_2	
	正车时	倒车时
NACA00、哥汀根翼型	1.10	0.80
凹翼型	1.35	0.90
平边翼型	1.10	0.90

（2）力臂 R

①无缺口舵叶的力臂按图 1-15 和式（1-24）计算：

$$R = b_\text{m}(\alpha - \beta) \tag{1-24}$$

式中，b_m 为舵叶平均宽度，单位为 m，按式（1-25）计算：

$$b_\text{m} = \frac{1}{2}(x_2 + x_3 - x_1) \tag{1-25}$$

α——压力中心系数，正车时取 0.33，倒车时取 0.66。

β——平衡系数，$\beta = \dfrac{A_\text{f}}{A}$，其中 A_f 为舵杆中心线前方的面积，A 为舵叶面积，如图 1-15 所示，正车时力臂 R 的值应不小于 0.16 b_m。

②有缺口舵叶（半悬挂舵）的力臂按图 1-16 和式（1-26）计算：

$$R = b_1(\alpha_1 - \beta_1)\frac{A_1}{A} + b_2(\alpha_2 - \beta_2)\frac{A_2}{A} \tag{1-26}$$

式中　A——舵叶面积，m^2。

A_1、A_2——舵叶缺口下部及上部的面积，m^2，见图 1-16。

b_1、b_2——A_1 和 A_2 部分面积的平均宽度，m，按式（1-25）计算。

β_1——舵叶缺口下部平衡系数，$\beta_1 = \dfrac{A_{1\text{f}}}{A_1}$，其中 $A_{1\text{f}}$ 见图 1-16。

β_2——舵叶缺口上部平衡系数,$\beta_2 = \dfrac{A_{2f}}{A_2}$,其中 A_{2f} 见图 1-16。

α_1、α_2——系数,正车时取 0.33,倒车时取 0.66。对于固定结构(如挂舵臂)之后的部分舵,正车时取 0.25,倒车时取 0.55。

正车时,力臂 R 的取值应不小于 $\dfrac{1}{10A}(A_1 b_1 + A_2 b_2)$。

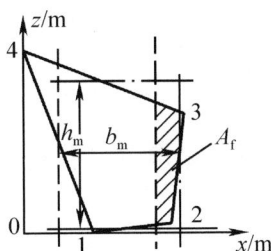

图 1-15 舵的平均高度和平均宽度计算图

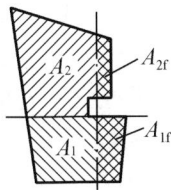

图 1-16 有缺口的舵叶示意图

(3)舵杆材料系数 K_s

这些零件所使用的材料的最小屈服强度 σ_s 应不小于 200 N/mm^2。在计算这些零件的尺寸时,所使用的材料系数 K_s 应按下列各式计算:

当 $\sigma_s > 235$ N/mm^2 时,$K_s = (\sigma_s/235)^{0.75}$

当 $\sigma_s \leq 235$ N/mm^2 时,$K_s = \sigma_s/235$

式中,σ_s 取值应不大于 $0.7\sigma_b$ 或 450 N/mm^2,取其小者,其中 σ_b 是材料的抗拉强度(N/mm^2)。

式(1-21)适用于上舵承处舵杆无弯矩的情况。若舵机通过舵柄或舵扇对上舵承处的舵杆产生附加弯矩,则舵柄的舵杆直径应按式(1-27)计算,其中的弯矩 M_b 用附加弯矩代替。

2. 对于双支点平衡舵(图 1-17)及半悬挂双舵销舵(图 1-18)的舵杆,其上舵承以下的舵杆直径应不小于上舵承处的舵杆直径。

3. 对于单舵销双支点平衡舵(图 1-19)及单舵销半悬挂舵(图 1-20)、悬挂舵(图 1-21),其下舵承以下的舵杆直径 D_c(mm)应不小于按下式计算所得值:

$$D_c = D_t \sqrt{1 + \frac{4}{3}\left(\frac{M_b}{T}\right)^2} \qquad (1-27)$$

式中 D_t——舵柄处的舵杆直径,mm,按式(1-21)计算;

　　　T——舵杆扭矩,N·m,按式(1-22)计算;

　　　M_b——下舵承至舵叶顶部间舵杆的最大弯矩,N·m,按下式计算:

$$M_b = F\left[l_2 + \frac{l_1(2C_1 + C_2)}{3(C_1 + C_2)}\right] \qquad (1-28)$$

式中 l_1、l_2、C_1、C_2——见图 1-21;

　　　F——舵力,N,按式(1-23)计算。

单舵销半悬挂舵按图 1-20 所示的计算模型用直接计算法确定。

负荷 P_1 及 P_2 按下式计算：

$$P_1 = \frac{FA_1}{l_2 A} \qquad\qquad (1-29)$$

$$P_2 = \frac{FA_2}{l_2 A} \qquad\qquad (1-30)$$

式中　l_1、l_2——见图 1-21；

　　　　F——舵力，按式（1-23）计算；

　　　　A——舵叶面积，m^2；

　　　　A_1——舵叶下部的面积，m^2，在 l_1 范围内的舵叶面积；

　　　　A_2——舵叶上部的面积，m^2，除 A_1 以外的舵叶面积。

上舵承处支承力的取值应不小于 $0.1F$，下舵承处支承力的取值应小于 $0.3F$。

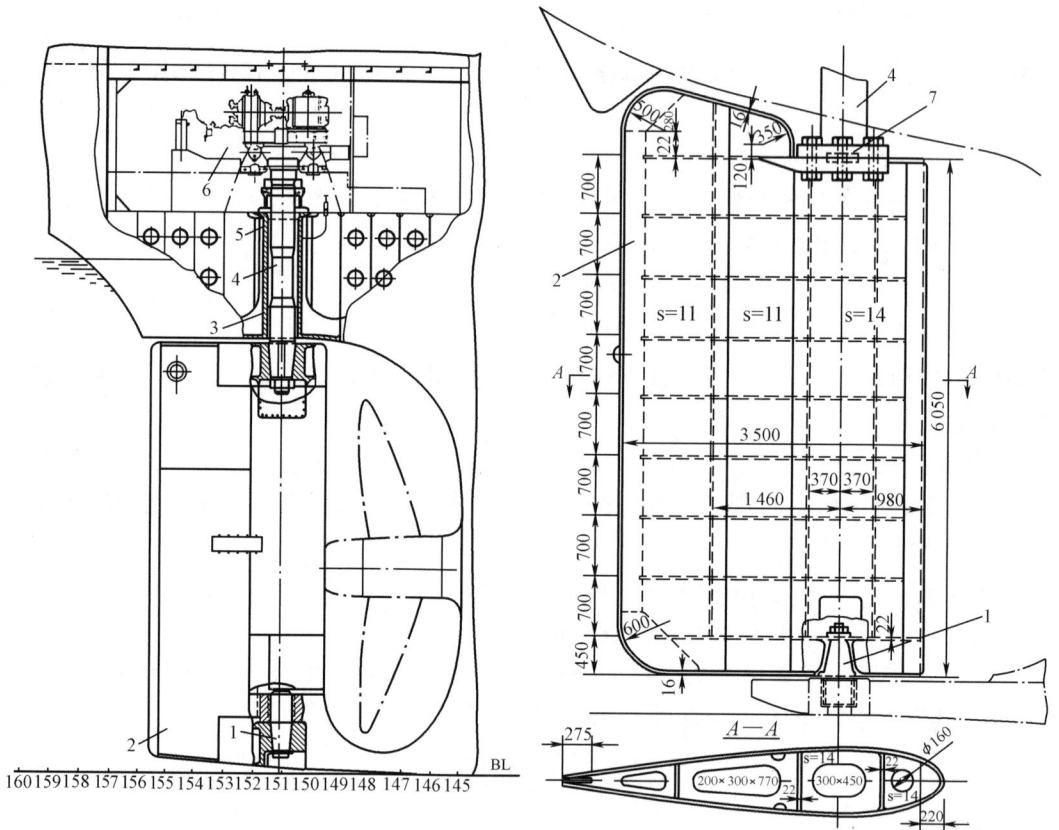

(a) 舵叶与舵杆用锥体连接　　　　　　(b) 舵叶与舵杆用法兰连接

1—下舵销；2—舵叶；3—下舵承；4—舵杆；5—上舵承；6—舵机；7—连接法兰。

图 1-17　双支点平衡舵

第一次近似确定舵销直径时，舵销的支承力 P 可按下式估算：

$$P = \frac{Fa}{l_2 + l_3} \qquad\qquad (1-31)$$

式中　l_2、l_3——见图1-21；

　　　　F——舵力，按式(1-23)计算；

　　　　a——舵叶形心至下舵承的距离，m。

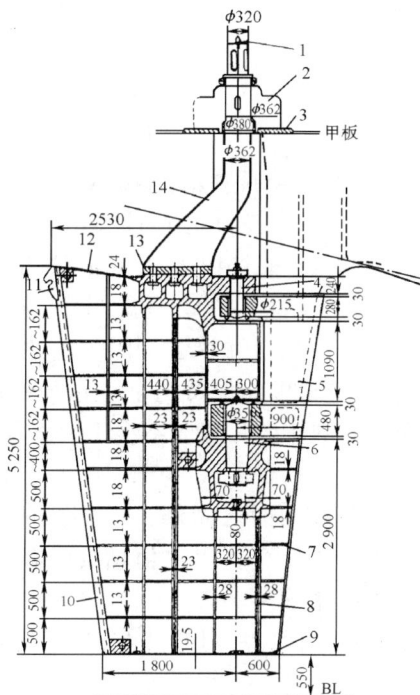

1—吊环螺钉；2—上舵承；3—舵承支承板；4—上舵销；5—挂舵臂；

6—下舵销；7—水平隔板；8—垂直隔板；9—舵叶底板；

10—舵叶后边缘型材；11—吊钩；12—舵叶顶板；13—连接法兰；14—舵杆。

图1-18　设置两个舵销和法兰连接的半悬挂舵

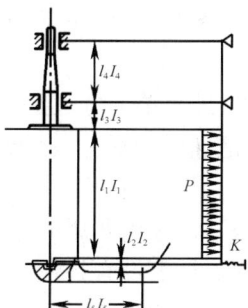

图1-19　一个舵销的双
支点平衡舵

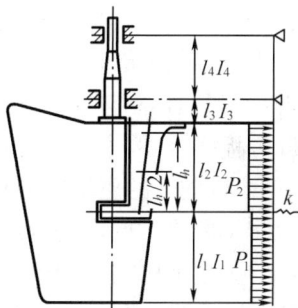

图1-20　单舵销半悬挂舵

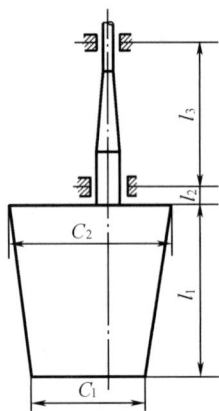

图 1-21　悬挂舵

4. 当用直接计算法校核下舵承处和下舵承以下的舵杆强度时,舵杆的等效应力 σ_t（N/mm²）应不超过 $118 K_s$（K_s 为舵杆材料系数）。

$$\sigma_t = \sqrt{\sigma^2 + 3\tau_e^2} \qquad (1-32)$$

$$\sigma = \frac{10.2 M_b}{D_e^3} \times 10^3 \qquad (1-33)$$

$$\tau_e = \frac{5.1 T}{D_e^3} \times 10^3 \qquad (1-34)$$

式中　D_e——下舵承处和下舵承以下的舵杆直径,mm,按式（1-27）计算;

　　　T——舵杆扭矩,N·m,按式（1-22）计算;

　　　M_b——下舵承至舵叶顶部间舵杆的最大弯矩,与式（1-27）中的 M_b 相同。

5. 下舵承以上的舵杆直径,应尽可能保持与下舵承处的舵杆直径一致,然后逐渐减小至上舵承处的舵杆直径。但锥体的长度应不小于两直径差的 3 倍,锥体以上至上舵承间不应有任何凹槽。

冰区航行的船舶由于在计算舵力时已做修正,因此可按上述计算式确定舵杆直径。拖船的舵杆直径应按上述公式计算所得之值增加 5%,但对于具有 B1*、B1、B2 和 B3 级冰区加强的拖船,可不必增加。

单板舵的舵杆直径按以上各式计算。对悬挂舵,其下段的 1/3 可向下过渡至下舵杆直径的 0.75 倍。

三、舵叶

大多数现代海船采用焊接结构的流线型剖面舵叶,主要由舵叶旁板、垂直隔板、水平隔板以及连接舵杆或舵销的铸钢件等组成。

流线型舵的下舵杆通常以箱形结构代替,该箱形结构由设在铸钢件下方的两块连续垂向隔板和有效舵旁板组成。其余的垂直隔板可连续,也可在水平隔板处切断（图1-22、图1-23）。除了组成箱形结构的垂直隔板不应开孔外,其余的垂直隔板和水平隔板可以开孔,孔的大小应不超过隔板宽度的一半。

舵叶的导缘通常用钢板弯制。舵叶的尾端（随缘）形式较多,最简单的方法是将两侧的舵叶旁板搭接,但这种形式较易产生裂纹,因此通常的做法是加设型材,如扁钢、圆钢、半圆钢或按舵叶的尾端线型加工的专用型材,如图1-24所示。

在人员不能进入舵内进行焊接时,舵叶的旁板同隔板的连接常常采用塞焊的方式,即在一侧的旁板上用间断的填角焊缝将隔板焊在旁板上;另一侧隔板上设有垫板,沿着该垫板在舵叶旁板上开长条形塞焊缝孔进行焊接,焊后将焊缝磨平,如图1-25所示。塞焊缝孔的最小长度为 75 mm,最小宽度为舵板厚度的 2 倍,塞焊缝孔两端为半圆,塞焊缝孔的间距不超过 150 mm。

为了便于舵叶的安装和拆卸,在舵叶的适当位置处开孔安装钢管,供穿过吊索用。钢管的内径为 70~100 mm,钢管两端不应突出在舵叶旁板外面。

设置舵销的舵和采用锥形端舵杆与舵叶连接的舵,在舵叶上设有可拆盖板,该盖板与舵叶采用螺钉或焊接固定。

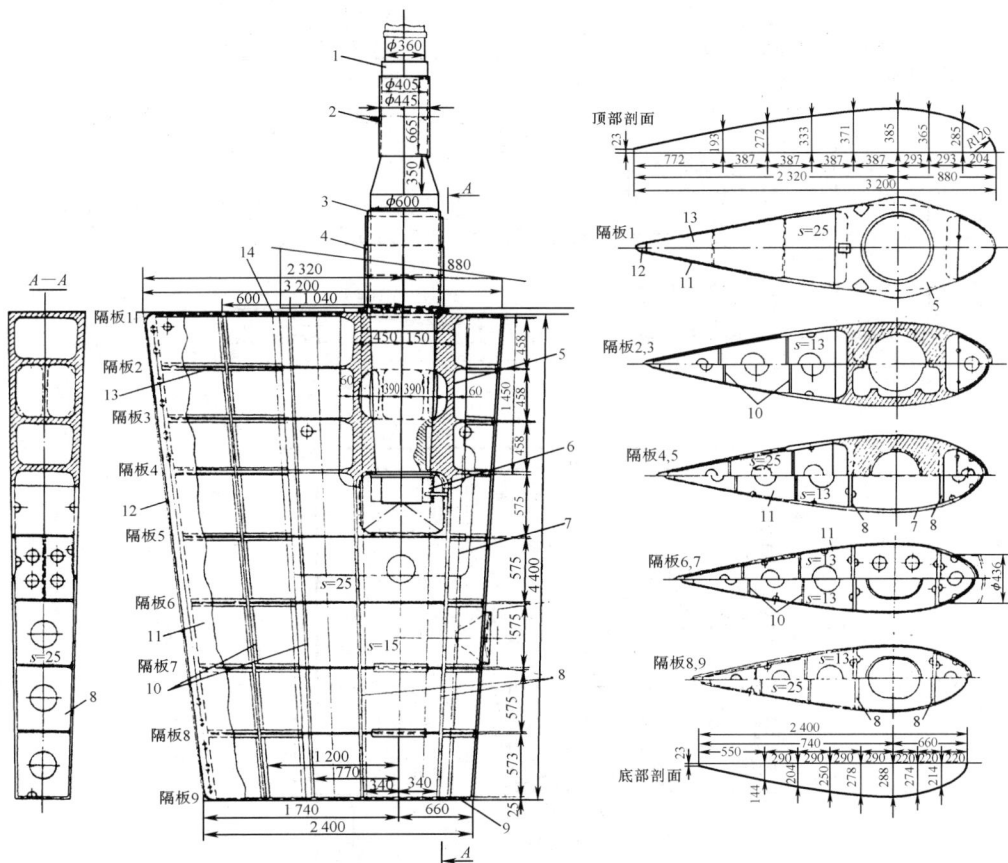

1—舵杆;2—上舵承处轴套;3—下舵承处轴套;4—下舵承衬套;5—铸钢体;6—锁紧螺母;
7—加厚板;8—垂直隔板;9—舵叶底板;10—舵叶垂直隔板;11—舵叶旁板;
12—舵叶后边缘型材;13—舵叶水平隔板;14—舵叶顶板。

图 1-22　锥体连接的悬挂舵

舵叶顶板及底板应设有泄放孔,配置用黄铜或不锈钢制作的泄放螺塞。

★知识拓展 1-3:流线型剖面舵叶结构的具体要求

四、舵杆与舵叶的连接

目前,舵杆与舵叶常用的连接方式有法兰连接和锥体连接。

1. 法兰连接

舵杆与舵叶的法兰连接中最常用的是水平法兰连接,很少采用垂直法兰连接。

连接法兰的形状和尺寸取决于连接的强度要求、法兰所在处的舵剖面的形状及螺栓布置的要求等因素。连接螺母应采用开口销或焊接的制动板紧固以防止螺母脱落。螺栓和螺母的外露部分应填敷水泥或其他填充物予以保护。水平法兰的连接面处,最好设置紧配键,以减少螺栓受力。

知识拓展 1-3
流线型剖面舵
叶结构的具体
要求

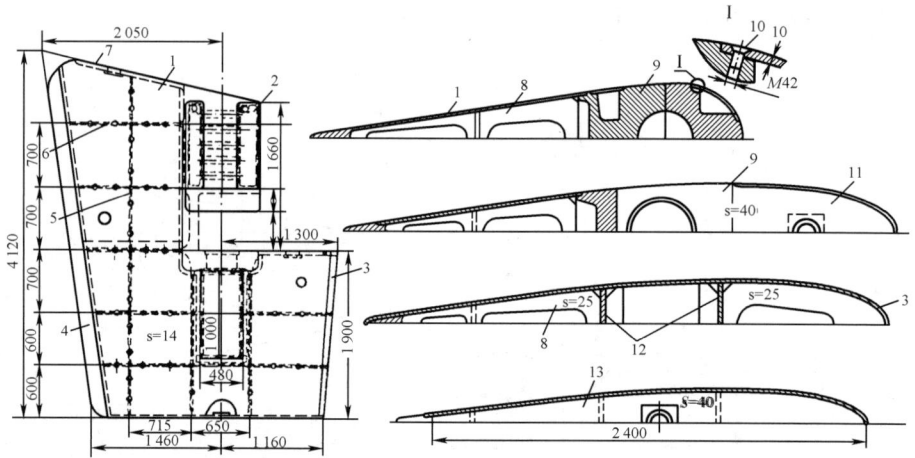

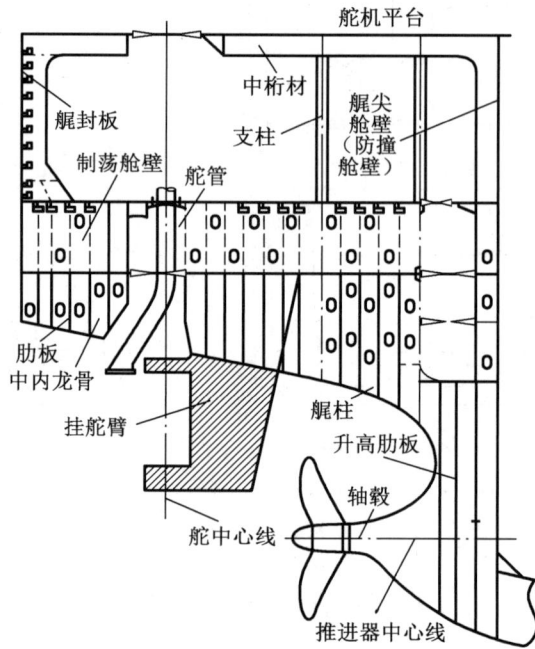

1—舵叶旁板;2—可拆板;3—导缘端旁板;4—尾端型材;5—垂直的间断隔板;
6—长圆形塞焊缝;7—舵叶顶板;8—水平隔板;9—舵杆承座;10—固定螺钉;
11—端板;12—垂直的连续隔板;13—舵叶底板。

图 1-23　半悬挂舵的舵叶

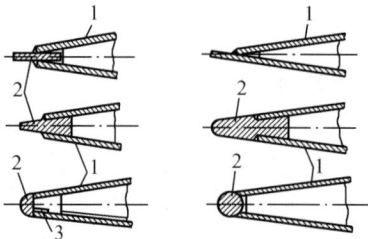

1—舵叶旁板;2—尾端型材;3—安装板。

图 1-24　舵叶尾端的型材

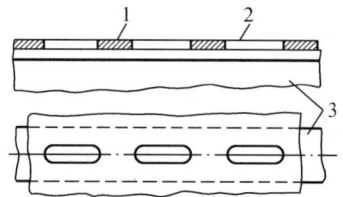

1—舵叶旁板;2—长圆形塞焊孔;3—隔板。

图 1-25　舵叶旁板与隔板的连接

水平法兰连接按 CCS《海船规范》的要求如下:

(1)连接法兰的螺栓直径 d_b(mm)应不小于按下式计算所得之值:

$$d_b = 0.62\sqrt{\frac{D_c^3 K_s}{n E_b K_b}} \tag{1-35}$$

式中　D_c——下舵承处舵杆直径,mm。

　　　n——螺栓总数,至少有 6 个。

　　　E_b——螺栓中心与螺栓系中心的平均距离,应不小于 0.9 倍的下舵承处的舵杆直径 D_c。如果连接法兰承受弯曲应力(如悬挂舵),则螺栓中心到法兰纵向中心线间的平均距离应不小于 $0.6D_c$。

　　　K_s、K_b——分别为舵杆材料系数和螺栓材料系数。

(2)连接法兰的厚度 t(mm)应不小于按下式计算所得之值,且不小于 $0.9d_b$:

$$t = d_b\sqrt{\frac{K_b}{K_f}} \tag{1-36}$$

式中　d_b——按不超过 8 个螺栓数计算所得之螺栓直径,mm;

　　　K_b、K_f——分别为螺栓材料系数和法兰材料系数。

(3)螺栓外侧的宽度应不小于 0.67 倍的螺栓直径。

(4)连接法兰的螺栓应为铰孔螺栓,螺母应有可靠的制动装置。

(5)连接法兰应配有紧配键,以减轻螺栓的负荷。如果螺栓直径按式(1-36)计算所得值再增加 10%,则可不装紧配键。

(6)如果舵杆与法兰分别锻制以焊接连接时,则应将整个结合面内焊透,并应符合船级社对于焊接的要求规范。

法国船级社(BV)《海船规范》规定,当舵杆直径不超过 350 mm 时,连接法兰和舵杆可以焊接,但法兰厚度应增加 10%。

GL《海船规范》规定,悬挂舵只有连接法兰的规定厚度小于 50 mm 时,才允许使用水平法兰。

2. 锥体连接

舵杆与舵叶的锥体连接可分为有键连接和无键连接,其锥体长度一般应不小于 1.5 倍下舵承处的舵杆直径,且锥形部分应无阶梯地过渡到圆柱部分。

(1)有键锥体连接

采用键连接时,键沿着锥体的母线安装。键的材料总是比舵杆或承座(舵叶上部的铸钢件)的材料强度高。键的尺寸根据其受剪和侧面受挤压的情况确定,对于传递大扭矩的锥体连接应设置两个键,但在计算时只考虑一个半键起作用,因为键与键槽不可能制作得绝对精确配合。

有键锥体连接按 CCS《海船规范》的要求如下:

①锥体连接应具有 1:8~1:12 的锥度,锥体长度应不小于 1.5 倍的下舵承处的舵杆直径。舵杆下端应用螺母紧固,螺母应有可靠的止动装置。

②锥体连接应装有键,该键应安装在舵的前后方向上,键的剪切面积 A_s(cm^2)应不小于按下式计算所得之值:

$$A_s = \frac{16T_f}{D_k \sigma_s} \tag{1-37}$$

式中 T_f——舵杆的设计屈服扭矩,N·m,按式(1-39)计算;

D_k——舵杆锥体装键处的平均直径,mm;

σ_s——键、舵杆或承座材料的屈服强度,N/mm²,取其中较小者。

键的受挤压面积 A_k(cm²)(不计圆边部分)应不小于按下式计算所得之值:

$$A_k = \frac{5T_f}{D_k \sigma_s} \qquad (1-38)$$

舵杆的设计屈服扭矩 T_f(N·m)应按下式计算:

$$T_f = 0.026\,64 D_t^3 K_s \qquad (1-39)$$

式中 D_t——按式(1-21)计算的舵杆直径,如果实际直径大于 D_t,应取实际直径,但不必大于 $1.15D_t$;

K_s——舵杆材料系数。

③螺母的尺寸如图 1-26 所示,并应符合下列要求:

螺纹外径: $d_g \geqslant 0.65 D_c$;

螺母长度: $h_n \geqslant 0.6 d_g$

螺母外径: $d_n \geqslant 1.2 D_u$ 或 $1.5 d_g$,取较大者。

④舵叶内的承座在其长度中点(不计及键槽)处

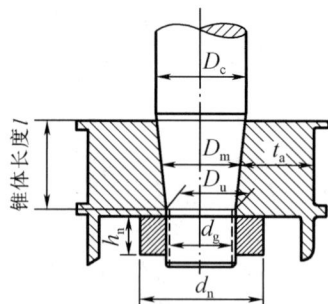

图 1-26 锥体连接螺母

的厚度应不小于舵柄处舵杆直径的 0.5 倍或下舵承处舵杆直径的 0.3 倍,取其较大者。承座与垂直隔板应有良好的连接,以保证能承受承座受到的载荷。

(2)无键锥体连接

无键锥体连接利用舵杆同舵叶上部的铸钢件的锥形表面之间的摩擦力传递扭矩。为使这两个锥体表面之间有足够的摩擦力,需施加较高的压力。目前,常用的施力的方法是液压螺母装配法,如图 1-27 所示。

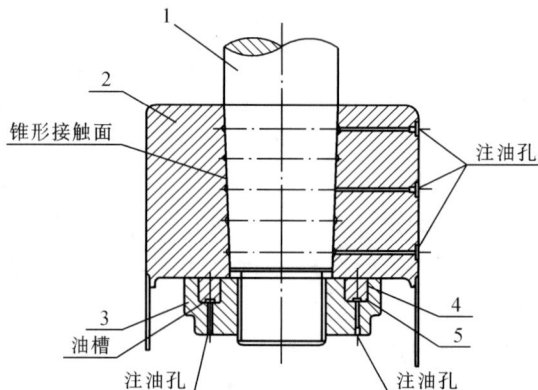

1—舵杆;2—舵叶上部铸钢体(承座);3—液压螺母本体;4—O 形密封圈;5—压紧环。

图 1-27 采用液压螺母装配的无键锥体连接

★知识拓展 1-4：CCS《海船规范》对于无键锥体连接的要求

五、舵销和舵钮

舵叶与舵柱或挂舵臂之间采用舵销连接时，舵叶及舵柱或挂舵臂上相应设置数个有孔的凸出物，即为舵钮。舵销插入舵钮孔中，使舵叶与舵柱或挂舵臂可靠地连接。图 1-28 所示为双舵销半悬挂舵的连接。

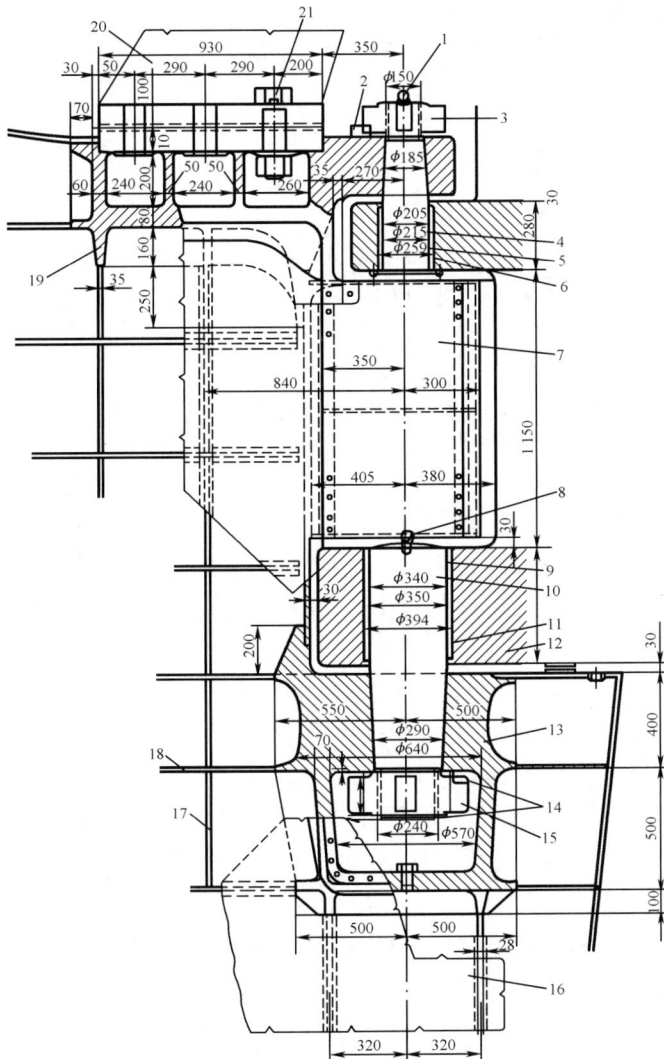

1—吊环螺钉；2—止动块；3—上舵销螺母；4—上舵销；5—上舵销轴套；6—上舵销衬套；
7—可拆板；8—下舵销吊环螺钉；9—下舵销轴套；10—下舵销；11—下舵销衬套；12—挂舵臂；
13—舵叶铸钢件；14—下舵销螺母；15—舵叶旁板；16—垂直隔板；17—水平隔板；
18—连接法兰铸钢件；19—带法兰的舵杆；20—法兰连接；21—螺栓。

图 1-28 双舵销半悬挂舵的连接

舵销通常用锥体连接方式固定,如同锥体连接的舵与舵杆,但很少用键。因为由舵销轴承产生的摩擦力矩不大,但由于锥体承受一定的弯矩,所以应按锥体连接的要求进行设计。

舵销的工作部位用耐磨和耐腐蚀的材料制成的轴套包覆,轴套的材料可以是青铜、黄铜和不锈钢。舵销与轴套采用过盈配合,轴套两端与舵销接触处,有时开槽并充填密封填料,如泥子、橡胶绳或环氧树脂,以防水进入它们的接触表面。

与轴套配合的轴承衬套材料有铁梨木、白合金、合成材料(如酚醛树脂热塑材料)以及钢(不锈钢、耐磨钢)、青铜和热压青铜–石墨材料等。铁梨木由于资源匮乏,目前已很少采用。白合金必须用油润滑,合成材料通常用水润滑,金属衬套可用水润滑,也可用油润滑。一般合成材料的使用寿命为 10 年,且更换方便,因而获得广泛采用。轴套与轴承衬套匹配方式如下:

(1)铁梨木对青铜或黄铜;

(2)青铜对不锈钢;

(3)合成材料对青铜或不锈钢。

衬套同舵钮孔采用紧配合,轴承端部用止动垫圈固定或制成凸肩。

舵销锥体部分应无阶梯地过渡到圆柱部分,锥体端部有螺纹端,用螺母固紧,螺母应装设止动装置或开口销。

★ 知识拓展 1–5:CCS《海船规范》对舵销及舵钮连接的要求

知识拓展 1–5
CCS《海船规范》对舵销及舵钮连接的要求

六、舵承

舵承按受力状态可分为支承舵承和支承推力舵承;按安装位置可分为上舵承、中间舵承和下舵承;按密性可分为水密舵承和非水密舵承。舵承的摩擦副可采用滑动轴承或滚动轴承。

上舵承通常为支承推力舵承,它不仅承受由作用在舵上的水动力引起的径向负荷,还承受由舵杆和舵叶的重力引起的轴向力。某些船舶的上舵承已成为某种柱塞式舵机或转叶式舵机的一个组成部分时,可以不必设上舵承。

图 1–29 所示为非水密滚子上舵承,这种上舵承采用双列向心球面滚子轴承。

中间舵承和下舵承均为支承舵承,仅能承受径向负荷。中间舵承很少使用,设置两个以上舵销的舵有时不设下舵承(图 1–18)。图 1–30 所示为滑动水密下舵承,其本体为铸钢件,同船体结构焊接固定,舵承下端设有密封圈和压盖,适用于浅水泥砂较多的水域。

通海的舵杆套筒,应在最大载重水线之上安装密封填料函,以防止海水进入舵机舱,冲走舵承上的润滑剂。如果上舵承安装位置低于最深载重水线,还需另设一道密封填料函。

知识拓展 1–6
CCS《海船规范》对舵杆、舵销及舵轴的滑动轴承的要求

★ 知识拓展 1–6:CCS《海船规范》对舵杆、舵销及舵轴的滑动轴承的要求

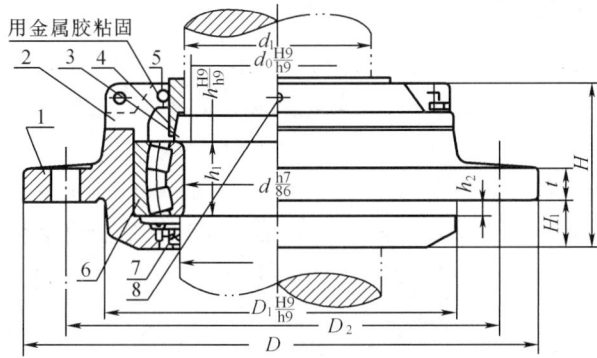

1—舵承本体；2—压盖；3—挡圈；4—套圈；5—O 形密封圈；6—滚子舵承；7—毡封油圈；8—油杯。

图 1-29　非水密滚子上舵承

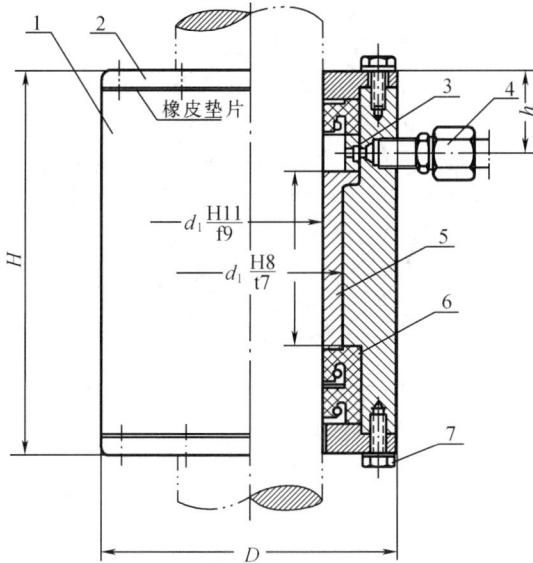

1—舵承本体；2—压盖；3—分油圈；4—旋入螺纹接头；5—衬套；6—胶质密封环；7—六角头螺栓。

图 1-30　滑动水密下舵承

★知识拓展 1-7：舵轴承采用滚动轴承时的安全系数的确定

知识拓展 1-7
舵轴承采用滚
动轴承时的安
全系数的确定

七、止跳装置

　　船舶在航行时，舵叶因受到波浪冲击和其他因素的影响，可能会发生垂向移动。为防止舵被抬升，应配有适当的防止舵上抬的止跳装置。

　　止跳装置根据舵的结构形式可以采取不同的方式。悬挂舵可在下舵承的下端面与舵叶上端面之间设置专用的止跳环，其构造如图 1-31 所示。止跳环或挡圈套制成对称形状，用螺栓连接成整圈，空套在舵杆上。

八、舵角机械止动装置

动力转舵的操舵装置,除了装设限位开关或类似设备以限制最大的操舵角外,还应设置机械止动装置,以便限位开关失效时,能限制转舵角度。该角度应比最大操舵角大 1.5°~2.0°。

液压舵机通常在液压缸内部设有机械止动装置,因此不必另行设置机械止动装置。电动舵机常在舵扇两侧设置机械止动装置。舵角机械止动装置设置于舵柄两侧,止动装置应有坚固的结构,并同船体结构牢固地连接。

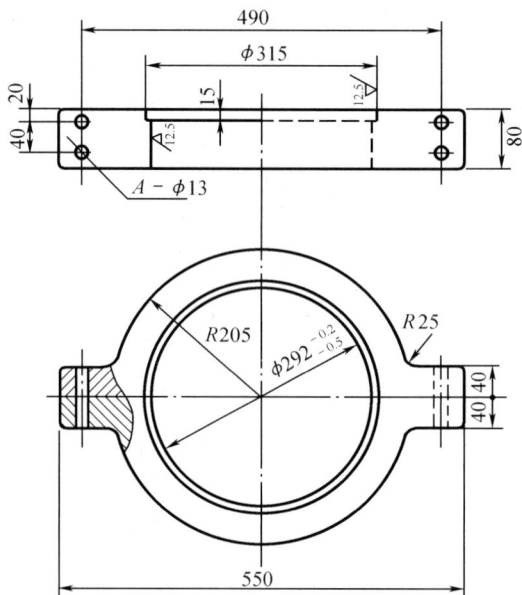

图 1-31 止跳环

任 务 六 　 操 舵 装 置

操舵装置是转动舵的装置,严格地讲,舵机是转舵的动力设备(例如电动液压舵机是指电动机及其所驱动的液压泵和辅助设备),但船上习惯笼统地将整个操舵装置简称为舵机。

一、操舵装置的基本组成

操舵装置包括操纵器、舵机、传动装置、舵角指示器、转舵机构等。

操舵器——操纵舵的机构,设于驾驶室内,供驾驶人员操纵以控制舵的运动。操纵器分为操舵轮和操纵柄两种。对于液压舵机和部分电动舵机,通常用操纵柄;对于人力舵机和部分电动舵机,通常用操舵轮,内河小型船舶几乎全用操舵轮。

舵机——转舵的动力。舵机有人力舵机、电动舵机、气动舵机和液压舵机,老式船上还有蒸汽舵机。舵机通常设在艉部舵机舱内,内河船上人力舵机往往设在驾驶室内,与操舵轮连成一体。

传动装置——传递操舵动力,使舵转动的装置,包括传动链条或钢索、导向轮、舵柄或舵扇等零部件。

舵角指示器——反映舵转动角度的设备。它有机械式舵角指示器和电动式舵角指示器两种,内河小型船舶上多采用机械式舵角指示器。舵角指示器设在舵杆端头上或舵杆近旁,为使驾驶人员能直接知道舵的转动后位置,在驾驶室或舵机上也设有舵角指示器。

转舵机构——限制舵最大转动角度的机构。

二、操舵装置的基本要求

操舵装置是保证舰船水上(或水下)安全航行的重要设备之一。它由舵机、舵传动装置、操纵台和附属设备组成。

操舵装置一般可分为手动操舵装置、电动操舵装置和液压操舵装置。按其使用要求可分为主操舵装置和辅助操舵装置。

主操舵装置是指在正常航行情况下,为驾驶船舶而使舵产生动作所需的机械、转舵机构、舵机装置动力设备及其附属设备和向舵杆施加转矩的部分(如舵杆及舵扇)。主操舵装置能在船舶最大航海吃水和最大营运前进航速时进行操舵,使舵自任意一舷的35°转至另一舷的35°,并且于相同条件下自一舷的35°转至另一舷的30°所需时间不超过28 s。为此,舵柄处的舵杆直径(不包括冰区航行加强)大于120 mm时,主操舵装置应为动力操作。同时,主操舵装置和舵杆应设计成在船舶最大后退速度时不致损坏。

辅助操舵装置是在主操舵装置失效时,驾驶船舶所必需的设备。这些设备不应属于主操舵装置的任何部分,但可以共用其中的舵柄、舵扇或作同样用途的部件。辅助操舵装置应具有足够的强度并足以在可驾驶的航速下操纵船舶,应能在应急情况下迅速投入工作。具体来说,应能在船舶最大航海吃水和最大营运前进航速的一半但不小于7 kn时进行操舵,舵自一舷的15°转至另一舷的15°所需时间不超过60 s。为此,在任何情况下,当舵柄处的舵杆直径(不包括航行冰区加强)大于230 mm时,辅助操舵装置应为动力操作。

人力操舵装置只需当其操作力在正常情况下不超过160 N,且确保其结构不致对操舵手轮产生破坏的反冲作用时,方允许装船使用。

此外,操舵装置还应当工作平稳、结构紧凑、噪声小、寿命长、便于维护管理、经济性好。

三、操舵装置的基本类型

1. 按动力源分类

根据操舵装置动力源的不同,可以将其分为以下四种类型。

(1)人力操舵装置

人力操舵装置依靠人力作为推舵机构的动力源。它结构简单,但功率有限,输出力矩一般小于 10 kN·m,仅用于小型机动船、驳船或某些机动船的应急操舵装置。

(2)蒸汽操舵装置

蒸汽操舵装置以蒸汽作为推舵机构的动力源。它的输出力矩一般为 1.6~30 kN·m。蒸汽操舵装置能长时间在满负荷下工作,便于管理,坚固耐用并且使用历史悠久。但由于蒸汽密封困难、装置体积大、管路复杂,以及在内燃动力装置船舶上蒸汽能源有限等原因,应用逐渐减少,仅用于少数蒸汽动力装置船舶上。

(3)电动操舵装置

电动操舵装置以电动机作为推舵机构动力源。它的输出力矩一般为 10~160 kN·m。电动操舵装置具有控制容易、动作迅速准确的优点,但它质量和尺寸大、部件加工困难、功率有限,仅用于中小型船舶上,并逐渐被电液操舵装置所替代。

(4)电液操舵装置

电液操舵装置以电动机带动油泵,利用高压油液产生的推力推动推舵机构。它具有工作平稳、结构紧凑、质量和体积小、控制容易、易于实现自动化、零件寿命长、推舵力矩范围广等众多优点。它的输出力矩可达 10 000 kN·m 以上。

2. 按操舵方式

(1)自动操舵装置

这是一种全自动操舵方式。对于远洋或近海船舶来说,常常要做长时间的定向直线航行,自动舵能自动维持既定航向。操舵人员在给出一定的航向信号后,全部操舵过程自动完成。这样不仅可以大大减轻操舵人员的劳动强度,而且可以及时纠正航向,缩短航行时间,减少操舵装置的工作时间并延长其使用寿命。远洋和近海船舶主要采用自动操舵方式。

(2)随动操舵装置

在随动操舵方式中,舵角是自动调节的,航向是人工调节的。其闭环调节系统的调节对象是舵叶,被调节量是舵角。当操舵人员将手轮转向某一舵角时,舵叶按所要求方向偏转,舵角反馈装置则不断发出反馈信号。如反馈信号与控制信号有偏差,舵叶继续转动,当转到所需舵角时,舵叶停止转动。由于作为被调节量的舵角的给定值的变化情况事先不能确定,因而称为随动系统。随动操舵方式由此而来。

(3)应急操舵装置

应急操舵是在自动操舵和随动操舵发生故障时等应急情况下使用的一种操舵方式。应急操舵一般设有两套装置,一套设在驾驶台,一套设在舵机舱。由于这种操舵方式通常用手柄操纵,有时又称为手柄操舵。

四、海船操舵装置的配置

每艘船舶均应配置一套主操舵装置和一套辅助操舵装置。主、辅操舵装置应满足当其中一套发生故障时不致引起另一套也失效。

当船舶配备的主操舵装置具有两台或几台相同的动力设备时,可不设置辅助操舵装置。但是对客船来说,任一台动力设备不工作时,主操舵装置仍能按规定进行操舵;对货船来说,则在所有动力设备都工作时,主操舵装置能按规定进行操舵。

10 000 总吨及以上的油船、化学品船、液化气体运输船和 70 000 总吨以上的其他船舶,其主操舵装置应设有两台或几台相同的动力设备,并能达到上述操舵要求。

五、操舵控制系统

主操舵装置应在驾驶室和舵机舱两处都设有控制器(操舵器)。当主操舵装置设有两台或几台相同的动力设备时,应设置两套独立的控制系统,且每套系统均应在驾驶室控制。但这并不要求设双套操舵手轮或手柄。若控制系统由液压遥控传动装置组成,除了 10 000 总吨及以上的油船、化学品船、液化气体运输船外,不必设置第二套独立控制系统。

10 000 总吨及以上的油船、化学品船、液化气体运输船,每艘的主操舵装置应包括两个相同的动力转舵系统,在正常运行中同时工作能满足正常操作的要求。当一个动力转舵系统的任何部分(除了舵柄、舵扇或为同样目的服务的部件因转舵机构卡住外)发生单向故障以致丧失操作能力时,应能够在 45 s 内重新获得操作能力。

辅助操作装置应在舵机舱进行控制,若辅助操作装置是用动力操纵,则应能在驾驶室实行控制,并应独立于主操舵装置的控制系统。

六、船用舵机的类型及扭矩确定

舵机按其动力源可分为液压舵机、电动舵机及人力舵机。液压舵机又可分为手动、机动及电-液驱动。现代船舶上广泛使用电-液驱动的液压舵机。人力舵机仅在小艇、非自航驳船及小型船舶上使用,电动舵机已逐渐被液压舵机取代。

操舵装置的选择实质上是舵机的选择,以及对舵机形式及其扭矩的确定。在确定舵机扭矩时除了舵上的水动力造成的舵杆扭矩外,还应计及舵系统各支撑处的摩擦力矩,而其中最重要的是舵杆轴承的摩擦力矩。

操舵装置总的计算扭矩 $T_c(\text{N} \cdot \text{m})$ 可按下式计算:

$$T_c = T + \sum T_{f_i} \tag{1-40}$$

式中 T——作用于舵上的水动力引起的舵杆扭矩,N·m,按本项目任务五中所述计算;

   $\sum T_{f_i}$——诸舵承处摩擦力矩之和,N·m,按下式计算:

$$\sum T_{f_i} = 0.5\mu \sum d_i P_i \tag{1-41}$$

式中 μ——舵承处摩擦系数(表1-9);

   d_i——舵轴承处舵杆直径,m;

   P_i——舵轴承处的支撑反力,N,按作用在舵上的水动力直接计算。

表 1-9 舵承处摩擦系数

滑动轴承摩擦系数		滚动轴承摩擦系数	
钢对青铜	0.06~0.10	滚动球轴承	0.15
青铜对青铜	0.04~0.14	滚珠轴承	0.03
压层胶布对青铜	0.12~0.14 润滑油		
	0.15 海水润滑		

在设计初始阶段,舵的总摩擦力矩 T_f 可按水动力引起的舵杆扭矩 T 估算:

$$T_f = (0.10 \sim 0.15) T \tag{1-42}$$

$$T_f = (0.15 \sim 0.20) T \tag{1-43}$$

$$T_f = (0.20 \sim 0.30) T \tag{1-44}$$

★知识拓展 1-8:人力操舵装置

★知识拓展 1-9:电动操舵装置

★知识拓展 1-10:电液驱动操舵装置

知识拓展 1-8
人力操舵装置

知识拓展 1-9
电动操舵装置

知识拓展 1-10
电液驱动操
舵装置

项目二　锚　设　备

◆ **项目描述**

锚泊又称抛锚系留,是船舶的一种停泊方式。

根据船舶使用要求,锚设备主要有 3 种,即临时锚泊设备、定位锚泊设备及深水锚泊设备。

临时锚泊设备通常称为航行锚泊设备,供船舶在锚地、港内或遮蔽水域内等待泊位或潮水时临时停泊之用,而并非设计成供船舶在恶劣天气中处于完全开敞的远离海岸的水域中或在行进或漂移中系住之用。因为在后者情况下,锚泊设备所承受的巨大负荷,特别是大型船舶,会使设备的某些部件造成损坏甚至丢失。临时锚泊设备通常按船级社规范配置。

定位锚泊设备是指在作业时需要控制船位,或在有限范围内改变船位的船舶所配置的锚泊设备。通常以船舶本身为中心,向四周抛出若干个锚及锚索系住船舶。因此,又称为多点锚泊设备系统或辐射状锚泊系统。这种锚泊设备通常用于起重船、打捞船、潜水作业船、各种非自航挖泥船、钻探船等需要定位作业的船舶。定位锚泊设备根据作业水域的水深及作业要求的环境条件配置。如果定位锚泊设备中有两套满足临时锚泊设备的要求,则此定位锚泊设备可以代替规范要求的临时锚泊设备。

深水锚泊设备系指某些需要在深水进行系留作业的船舶,诸如海洋调查船、海洋测量船等,根据作业水域的水深和环境条件配备的专用的锚泊设备。

◆ **教学目标**

1. 思政目标

通过本项目的学习,学生应了解,就像船用锚有不同的种类和适用范围一样,每个人都有各自的长处和特点,只要充分发挥自身的优势,积极向上,树立正确的人生观、价值观,就都会成为一个对社会、对国家有用的人。

2. 知识目标

学生应充分了解规范设计锚的质量及锚链直径的方法;理解锚泊的工作原理;掌握锚设备安装检验方法。

3. 能力目标

学生应了解锚设备规范设计,掌握锚设备组成与布置,实现通过计算舾装数 N 确定锚设备的初步能力,为解决实际生产问题打下基础。

4. 素质目标

通过本项目的学习,培养学生追求卓越和刻苦务实的精神;立足学科与行业领域,从而成为具有国际视野、家国情怀、使命担当的社会主义接班人。

【思政课堂】　誓言无声铸重器:中国核潜艇之父——黄旭华

时代到处是惊涛骇浪,你埋下头,甘心做沉默的砥柱;一穷二白的年代,你挺起胸,成为国家最大的财富。你的人生,正如深海中的潜艇,无声,但有无穷的力量。

黄旭华,中国第一代核动力潜艇研制创始人之一,被誉为"中国核潜艇之父"。

中国核潜艇之父——黄旭华

1958年，我国批准核潜艇工程立项。那时中苏关系尚处于蜜月期，依靠苏联提供部分技术资料，是当初考虑的措施之一。1959年，苏联提出中断对中国若干重要项目的援助。毛泽东听后发誓："核潜艇——一万年也要搞出来。"曾有过几年仿制苏式常规潜艇经历又毕业于上海交大造船系的黄旭华被选中参研。

30多年中，8个兄弟姐妹都不知道黄旭华搞核潜艇，父亲临终时也不知他是干什么的，母亲从63岁盼到93岁才见到儿子一面。

核潜艇是集核电站、导弹发射场和海底城市于一体的尖端工程。中国的核潜艇研制工作是从一个核潜艇玩具模型一步一步开始的。

为研制核潜艇，新婚不久的黄旭华告别妻子来到试验基地，后来他把家安在了小岛上。为了艇上千万台设备，上百千米长的电缆、管道，他要联络全国24个省市的2 000多家科研单位，工程复杂。那时没有计算机，他与同事用算盘和计算尺演算出成千上万个数据。

1964年，黄旭华终于带领团队研制出我国第一艘核潜艇，使中国成为世界上第五个拥有核潜艇的国家。

1988年，核潜艇按设计极限在南海做深潜试验。黄旭华亲自下潜300 m，是世界上核潜艇总设计师亲自下水做深潜试验的第一人。

黄旭华曾先后多次获得国家科学技术进步特等奖、全国科学大会奖等，为国防事业、为我国核潜艇事业的发展做出了重要贡献。

来源：中国科学家博物馆（网络版）、搜狐网、百度百科等（原文有删改）

任务一 锚设备的组成与布置

一、锚设备的组成

锚设备是船舶在水上抛锚停泊的"系留"装置。根据船舶使命任务要求,其通常布置在艏部,艉锚一般很少用。

锚设备由下列主要部分组成:锚、锚索、锚链筒、掣锚器、掣链器、导链滚轮、导索(链)器、锚机、锚链管、锚链舱和弃锚器等(图2-1)。

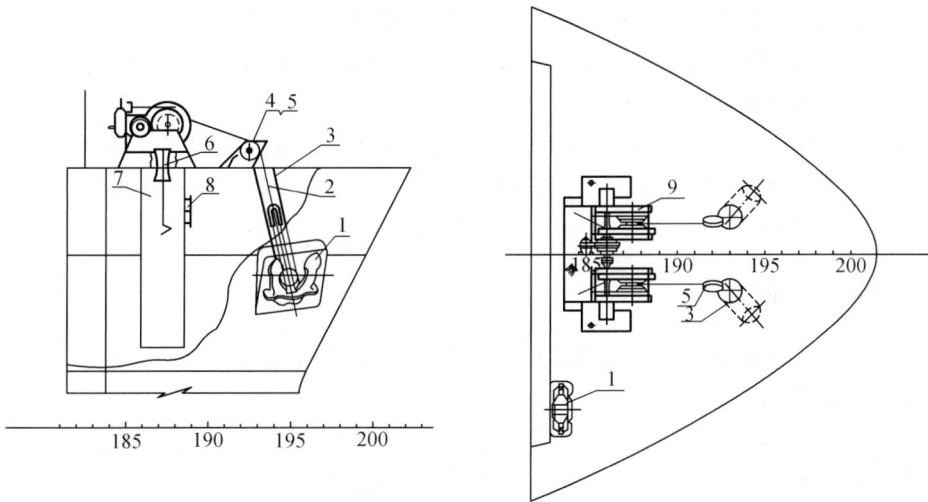

1—锚;2—锚索;3—锚链筒;4—导链滚轮;5—掣链器;6—锚链管;7—锚链舱;8—弃锚器;9—锚机。

图2-1 锚设备的组成

锚:啮入水底泥土产生抓力,平衡船舶所受的外力。

锚索(链):连接锚与船体的绳索(或链条),用于系锚并传递锚的抓力。

锚链筒:从舷外引导锚链至甲板,收锚后贮存锚杆及部分锚链。

掣锚器:当起锚后掣锚链条或链钩可借松紧螺旋扣使锚紧贴船体。

掣链器:止住锚链并将力传递给船体,使锚机不处于受力状态。

导链滚轮、导索(链)器:导引锚链,减少锚链与锚链筒之间的摩擦,防止锚链翻滚。

锚机:抛锚与收锚用的动力机械。

锚链管:引导锚链进出锚链舱。

锚链舱:贮存锚链。

弃锚器:船舶遇突发性险情紧急弃锚的装置。

锚设备的特性取决于装置在船舶上的布置位置、锚的数量和质量、锚链直径和长度以及锚和锚机的形式。其中,锚的布置位置决定了船舶的锚泊方式;锚的形式决定了船舶对锚的要求;锚的数量和质量以及锚链直径和长度决定了船舶在不同的水深和海床地质的锚泊性能。

二、艏部锚设备

艏部锚设备系指航行锚设备,通常采用无杆转爪锚和电焊有档锚链。锚的质量和数量以及锚链的规格和长度均按照船级社规范确定。中小型船舶一般设置双链轮卧式锚机;大型船舶,尤其是艏部甲板宽度较大的船舶配置单侧式(单链轮)卧式锚机较为合适。运输船舶很少使用立式起锚绞盘,但是某些船舶由于能用于布置锚设备的甲板面积很小,或是由于其他原因不适合采用卧式锚机时,可使用立式绞盘。

布置艏部锚设备很重要的一点是正确地确定锚链筒的位置。锚链筒或导链滚轮与卧式锚机的链轮轴式锚绞盘轴线之间应有足够的距离,以设置掣链器和掣锚器,但距离不应太大。锚链围绕锚机的链轮应有足够的包角(110°~130°)。当不设置导链滚轮时,锚链在锚链筒的甲板锚眼圈处不应有强烈的弯折。甲板锚眼圈与掣链器之间应有足够的距离,使得抛锚时锚链有舒展的余地;收锚时转环不应通过导链滚轮(有导链滚轮时),也不得落在掣链器上(无导链滚轮时)。

图2-1所示为一艘中型货船典型的设置双链轮卧式锚机的锚设备的布置图。它的优点是布置较紧凑,缺点是锚机占据甲板中央位置,两个锚链筒的角度不易调整,且导链滚轮也要调整到一个合适的角度,给设计和施工带来一定的困难。

三、艉部锚设备

海洋民用船舶极少设置艉部锚设备,尤其是运输船舶一般不设艉部锚设备,需要设置艉部锚设备的船舶通常有下列几种情况:

(1)由于停泊场所狭窄,不允许船舶在抛锚系留时绕锚泊点回转,此时,抛艏、艉锚以限制船舶的位置。如江海直达船舶、通过各类运河的船舶等。

(2)某些作业船舶由于作业需要,同时抛艏、艉锚使船舶相对稳定。如救生船、潜水作业船、航道测量船等。

(3)登陆舰艇抛艉锚供绞滩使用。艉部锚设备可同艏部锚设备一样配置,采用无杆转爪锚和锚链,设置锚链筒、掣链器、锚机和锚链舱等,如图2-2所示。但也有些船舶采用钢丝绳代替锚链,配置锚绞车或用绞盘收放锚。还有的船甚至不设锚链筒,仅配置导缆器和锚吊杆,不用时将锚吊起放在甲板上。

四、辐射状锚泊系统

辐射状锚泊系统又称为多点锚泊系统,是海洋工程作业船舶常用的定位设施。锚泊的数目及设备的配置主要取决于船型、环境条件及作业要求。图2-3所示为常用的辐射状锚泊布置示意图。

一般来说,任何一艘特定的船舶,都能按两种要求布设锚位。一种是"全向迎浪"形式,即锚点布设考虑能够承受从任一方向来的最大环境力;另一种是"单向迎浪"形式,也即考虑锚点的布设对于承受有一个方向环境力较其他方向强时更为有利。因此,将艏方向对准来风方向,以减小外力对其影响。迎风方向锚索面对这一方向的夹角也较小,以期能有较多的锚索承受环境力的作用。因此,合理的锚布置方式是降低锚索负荷和保持水平偏移较小的重要因素。

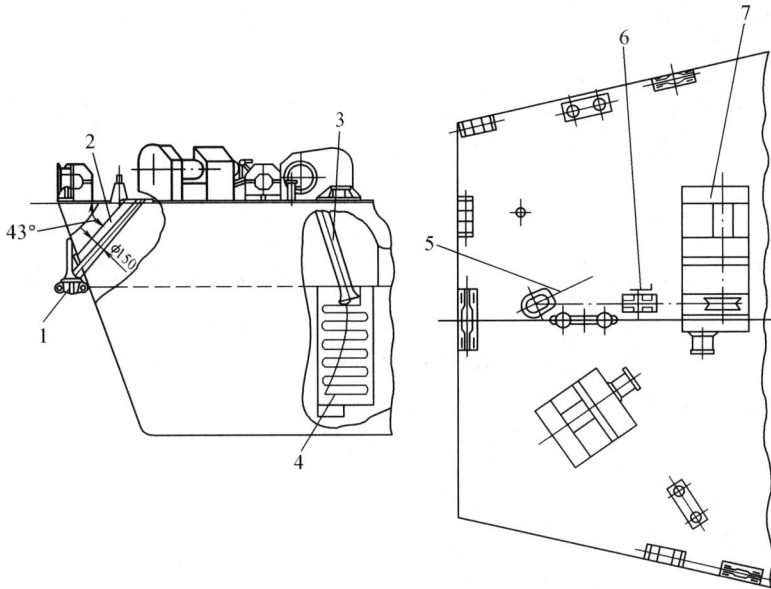

1—锚;2—锚链筒;3—锚链管;4—锚链;
5—掣链器;6—螺旋掣链器;7—起锚系缆组合锚机。

图 2-2　配置锚链的艉部锚设备

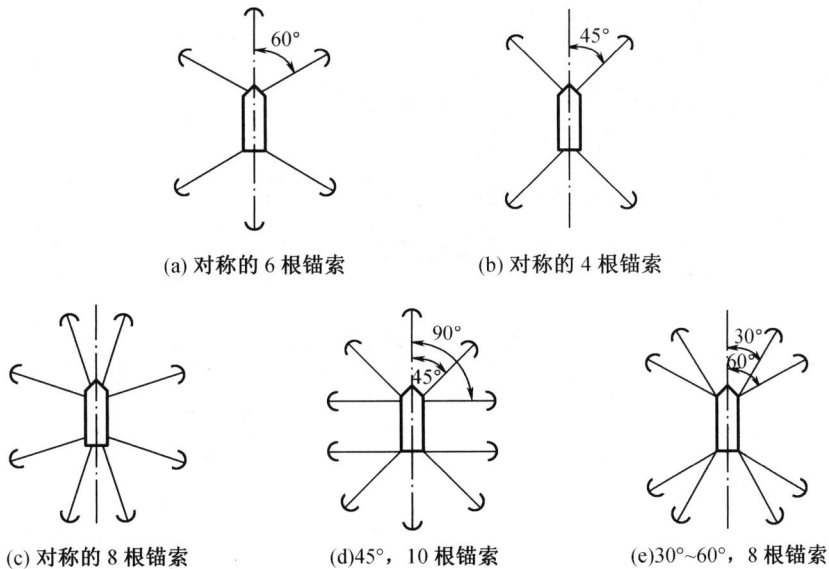

(a) 对称的 6 根锚索　　　　(b) 对称的 4 根锚索

(c) 对称的 8 根锚索　　(d)45°，10 根锚索　　(e)30°~60°，8 根锚索

图 2-3　常用的辐射状锚泊布置示意图

　　船舶在作业过程中受到环境力的作用,引起船舶的偏移。同时,锚泊系统产生了抵抗这一环境力的反作用力,这种反作用力竭力要使船舶恢复原位,这就是通常所说的"复原力"。复原力随偏移量的增大而增大,复原力越大说明锚泊系统抵抗环境力的能力越大。复原力显示了锚泊系统承受环境力作用的能力。

任务二　抛锚时作用于船舶的环境力

船舶在锚泊时受到风、海流及波浪等环境力的作用。这些力按其不同的作用方向组合构成作用于船舶的外力,由锚泊系统承受。

一、风力

风力作用于船舶水线以上部分,风力的大小可通过风筒试验获取,也可用代替风筒试验的下式计算:

$$F_w = 0.613 \sum (C_s C_h A_i) V_w^2 \qquad (2-1)$$

式中　F_w——风力,N;

　　　C_s——形状系数,按所计算的构件的形状查表2-1;

　　　C_h——高度系数,按所计算的构件中心至设计水线的垂直距离 h 查表2-2;

　　　A_i——受风构件的正投影面积,m^2;

　　　V_w——有效风速,m/s,按式(2-2)计算。

表2-1　风力系数C_s

构件形状	C_s
圆柱形	0.5
船体(水线以上表面)、甲板室	1.0
甲板室群	1.1
孤立的结构(起重机、角钢、槽钢、梁等)	1.5
甲板下光滑表面	1.0
甲板下有裸露的梁及桁材等表面	1.3
桁架结构(起重机吊臂、桅杆等)	1.25

表2-2　风力高度系数C_h

高度/m		C_h
大于	不大于	
0	15.3	1.00
15.3	30.5	1.10
30.5	46.0	1.20
46.0	61.0	1.30
61.0	71.0	1.37

在计算受风面积时应遵循下列原则:

(1)可以用甲板室总的投影面积取代对于每个甲板室面积的计算,但形状系数 C_s

取为 1.1;

（2）孤立的结构,如起重机应单独计算;

（3）桅杆起重吊臂等开式桁架结构,可近似地取一侧投影面积的 60%。

有效风速 V_w(m/s)应考虑平均持续风速和突风,按下式计算:

$$V_w = 0.6V_{10} + 0.4V_1 \qquad (2-2)$$

式中　V_{10}——10 min 平均风速,可按蒲福氏风级表查取,通常可取该风级的中值;

　　　V_1——1 min 平均风速,在缺乏资料的情况下可取为 $1.2V_{10}$。

二、海流力

海流力作用于船体水下部分,海流力的大小可通过模型拖曳试验获取,试验的模型应包括推进器、舭龙骨、轴支架及其他附属体。

船舶所受的海流力可采用计算方法确定,目前这类计算方法很多,这里介绍两种方法。

1.《美国石油协会浮式钻井装置辐射状锚泊系统分析》(API RP2P)推荐的公式

计算船首或船尾朝向海流的海流力 F_{cx}(N)按下式计算:

$$F_{cx} = 2.89SV_c^2 \qquad (2-3)$$

式中　S——包括附属体在内的船体湿表面积,m^2;

　　　V_c——设计流速,m/s。

舷侧朝向海流的海流力 F_{cy}(N)按下式计算:

$$F_{cy} = 72.37SV_c^2 \qquad (2-4)$$

2. 按经验公式计算海流力

（1）艏向海流力 R_f(N)

$$R_f = (\eta\varepsilon_f + \varepsilon_B + \varepsilon_T)\frac{\rho V_c^2}{2}S + \Delta R_D \qquad (2-5)$$

式中　ε_f——摩擦阻力系数,按式(2-6)计算;

　　　η——系数,按表2-3查取;

　　　ε_B——突出体阻力系数,对于单螺旋桨船可取$(0.1\sim0.3)\times10^{-3}$,对于双螺旋桨船可取$(0.2\sim0.6)\times10^{-3}$;

　　　ε_T——船外板粗糙度系数,对于新油漆的船可取$(0.2\sim0.3)\times10^{-3}$,对于坞修后 6~8 个月,船外板已有锈蚀的船可取$(0.5\sim0.6)\times10^{-3}$;

　　　ρ——水的密度,淡水为 1 000 kg/m^3,海水为 1 020~1 070 kg/m^3;

　　　V_c——设计流速,m/s;

　　　S——船体湿面积 m^2;

　　　ΔR_D——螺旋桨阻力,N,按式(2-7)计算。

摩擦阻力系数按柏兰特-许立汀公式计算:

$$\varepsilon_f = 0.455(\lg Re)^{-2.58} \qquad (2-6)$$

式中,Re 为雷诺数,$Re = \rho\dfrac{V_c d}{\mu}$。

★知识拓展 2-1:雷诺数 *Re*

螺旋桨阻力按下式计算:

$$\Delta R_{\mathrm{D}} = 490\theta D^2 V_{\mathrm{c}} \qquad (2-7)$$

式中　θ——螺旋桨盘面比;

　　　D——螺旋桨直径,m;

　　　V_{c}——设计流速,m/s。

表 2-3　系数 η

L/B	η
6.0	1.04
8.0	1.03
10.0	1.02
12.0	1.01

注:L 为设计汽水线长;B 为型宽。

(2)侧向海流力 $R_{\mathrm{B}}(\mathrm{N})$

$$R_{\mathrm{B}} = \frac{1}{2}C_{\mathrm{v}}\rho V_{\mathrm{c}}^2 A \qquad (2-8)$$

式中　C_{v}——侧向海流力系数,可取 0.6~0.8;

　　　ρ——海水密度,kg/m³;

　　　A——船体水下部分侧投影面积,$A=LT$,m²;

　　　V_{c}——设计流速,m/s。

(3)湿表面积 $S(\mathrm{m}^2)$

按谢米克(В. Н. Семек)公式计算:

$$S = LT\left[2 + 1.37(C_{\mathrm{B}} - 0.274)\frac{B}{T}\right] \qquad (2-9)$$

按穆勒根(С. П. Мураяин)公式计算:

$$S = LT\left[1.36 + 1.13C_{\mathrm{B}}\frac{B}{T}\right] \qquad (2-10)$$

式中　L——设计水线长,m;

　　　T——吃水,m;

　　　B——船宽,m;

　　　C_{B}——方形系数。

(4)海流速度 $V_{\mathrm{c}}(\mathrm{m/s})$

海流速度 V_{c} 应为潮汐流及风生流之和,虽然海流速度随着水深的增加而减小,但对于水面船舶可不计水深的影响。

$$V_{\mathrm{c}} = V_{\mathrm{w}} + V_{\mathrm{T}} \qquad (2-11)$$

式中　V_w——海面上的风海流的流速,按式(2-12)计算;

　　V_T——海面上的潮生海流的流速,m/s。

对于敞开海面,在缺乏统计资料的情况下,静水面的风生海流的流速 V_w(m/s)可按下式确定:

$$V_w = 0.01V_{10} \tag{2-12}$$

式中,V_{10} 为 10 min 平均速度,见式(2-2)。

三、波浪力

船舶在波浪作用下引起一个平均偏移,并在平均偏移的范围内摆动,包括纵荡、横荡及摇艏等。使船舶产生平均偏移的波浪力即为波浪平均漂移力,可视其作定常环境力,按 API RP2P 推荐的方法确定。

由艏向或艉向波浪引起的平均漂移力 F_{mdx}(N)按下式计算:

$$F_{mdx} = 0.13C_{mdh}B^2LH_s^2 \tag{2-13}$$

由侧向波浪引起的平均漂移力 F_{mdy}(N)按下式计算:

$$F_{mdy} = C_{mdh}B^2LH_s^2 \tag{2-14}$$

式中　C_{mdh}——平均波浪漂移力系数,N/m^5;

　　B——船宽,m;

　　L——船舶水线长,m;

　　H_s——设计波高,m。

C_{mdh} 可按 T_s 及 T_h 查图 2-4 获得,该图中,T_s 为有义波浪周期。当 T_s 值无法从海洋统计资料中取得时,可由图 2-5 确定。T_h 为表征波浪周期。

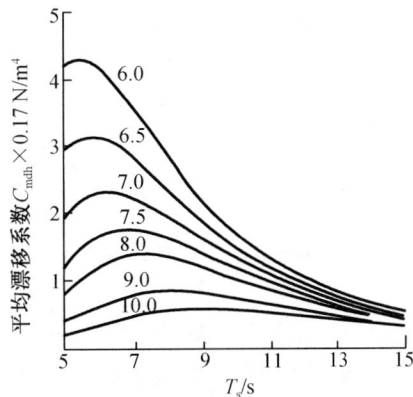

图 2-4　船体波浪漂移力系数

对于艏向或艉向波浪:

$$T_h = 0.33\sqrt{L/0.3048} \tag{2-15}$$

对于侧向波浪:

$$T_h = 0.64\sqrt{(B+2D_h)/0.3048} \tag{2-16}$$

式中　　L——设计水线长，m；

　　　　B——型宽，m；

　　　　D_h——船舶吃水，m。

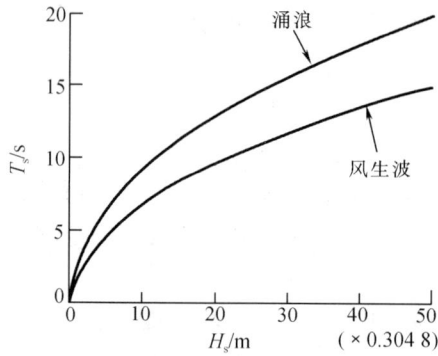

图 2-5　波高与波浪周期曲线

任务三　锚索悬链状态特性分析

船舶在抛锚系留时，锚索呈悬链状态。无论是锚链还是钢丝绳都有良好的柔性和均匀的质量，因此采用单一的锚链或钢丝绳的锚索可视作简单悬链线，如图 2-6 所示。

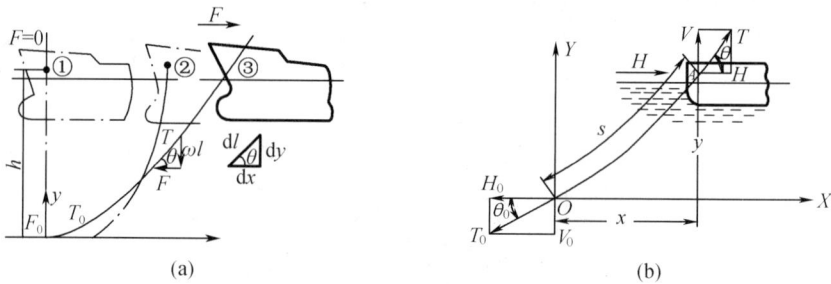

图 2-6　锚索悬链状态受力图

作用于船舶的环境力合力 H 为水平方向力，该力通过锚索作用于锚。在不发生走锚时，锚的水平抓力 H_0 与环境力 H 平衡，即 $H_0=H$。

根据简单悬链线方程的推导可得出下列方程式。锚点 O 处的垂向力 V_0 及锚索张力 T_0 为

$$V_0=H_0\tan\theta_0=H\tan\theta_0 \tag{2-17}$$

$$T_0=\sqrt{H_0^2+V_0^2}=H\sec\theta_0 \tag{2-18}$$

且可得出下列方程式：

$$\frac{w}{H}s=\tan\theta-\tan\theta_0 \tag{2-19}$$

$$\frac{w}{H}y = \sec\theta - \sec\theta_0 \tag{2-20}$$

$$\frac{w}{H}x = \ln\left(\frac{\sec\theta + \tan\theta}{\sec\theta_0 + \tan\theta_0}\right) \tag{2-21}$$

或

$$\frac{w}{H}x = \ln\left(\frac{\sec\theta_0 - \tan\theta_0}{\sec\theta - \tan\theta}\right) \tag{2-22}$$

式中 w——锚索在海水中的单位长度质量负荷,锚链为其空气中质量负荷的 0.87,
钢丝绳为其空气中质量负荷的 0.83;

s、y、x、θ_0、θ——见图 2-6。

锚链筒出口处 A 点的锚索张力 T 及其垂向分力 V 为

$$T = \sqrt{H^2 + V^2} = H\sec\theta = H\left(\sec\theta_0 + \frac{wy}{H}\right) \tag{2-23}$$

$$V = T\sin\theta \tag{2-24}$$

一般情况下,锚索应有足够的长度,使得悬链线在锚点处与海底相切($\theta_0 = \theta$)。在这种情况下,锚仅仅受到水平力 H_0 的作用($V_0 = 0$)。由此,上述式(2-19)~式(2-22)可简化为

$$\frac{w}{H}s = \tan\theta \tag{2-25}$$

$$\frac{w}{H}y = \sec\theta - 1 \tag{2-26}$$

$$\frac{w}{H}x = \ln(\sec\theta + \tan\theta) = \ln\left[1 + \frac{w}{H}(s+y)\right] \tag{2-27}$$

或

$$\frac{w}{H}x = \ln\left(\frac{1}{\sec\theta - \tan\theta}\right) = \ln\left[1 + \frac{1}{\frac{w}{H}(y-s)}\right] \tag{2-28}$$

由式(2-27)和式(2-28)可得

$$e^{\frac{wx}{H}} = \sec\theta + \tan\theta = 1 + \frac{w}{H}(y+s) \tag{2-29}$$

$$e^{-\frac{wx}{H}} = \sec\theta - \tan\theta = 1 + \frac{w}{H}(y-s) \tag{2-30}$$

由此可得

$$\frac{w}{H}y = \frac{e^{\frac{wx}{H}} + e^{-\frac{wx}{H}}}{2} - 1 \tag{2-31}$$

或以习惯的方式表示为

$$\frac{w}{H}y = \cos h\frac{wx}{H} - 1 \tag{2-32}$$

$$\frac{w}{H}s = \sin h\frac{wx}{H} \tag{2-33}$$

由于 $\sec^2\theta = 1+\tan^2\theta$，则可得到

$$\left(\frac{w}{H}y+1\right)^2 = 1+\left(\frac{ws}{H}\right)^2 \tag{2-34}$$

$$s = \sqrt{y^2+2\frac{Hy}{w}} \tag{2-35}$$

锚链筒出口处 A 点的锚索张力 T 为

$$T = \sqrt{H^2+V^2} = H+wy \tag{2-36}$$

任务四　船　用　锚

一、船用锚的基本要求

船用锚是系住船舶的主要装置，它的性能直接影响船舶能否可靠系留，因此对其性能提出了很高的要求。

1. 抓力大

这是最基本的性能要求，衡量船用锚抓持性能的表征值通常称为抓力系数。锚的抓力系数等于锚在底土中产生的抓力与锚在空气中质量的比值。尽管按常理锚的质量越大，其抓力也越大，但是大多数锚随着质量的增加，其抓力系数呈下降的趋势，在确定锚抓力时应充分注意这一特点。

2. 能适应各种不同底质

一般船舶由于航行区域广阔，底质情况变化很大，因此所配置的锚型要求能适应多种底质。

3. 结构坚固

船舶在抛起锚及系留过程中可能承受各种复杂的载荷，因此锚的结构应足够坚固以保证其安全使用。

4. 稳定性好，入土容易

船舶在抛锚系留过程中，由于风向和流向的变化使船舶绕抛锚点回转，不均匀的底质使锚爪受力不均，导致锚翻身并被拔出底土。因此良好的稳定性对锚来说十分重要，通常带横杆的锚稳定性较好，但也造成锚的收藏不便。在某些情况下，如船舶转向或负荷突然增加，锚仍有可能从底土中被拉出来，因此要求锚具有再次啮入底土的特性。

5. 入土距离短

锚被抛入水中后，在锚索的牵动下锚爪逐步啮入底土，从开始到全部啮入底土发挥出最大抓力的这段距离越短越好。

6. 拔锚力小

起锚时，将锚从底土中拔出来的力越小越好，有利于减轻锚机的负担。

7. 自洁性好

锚在起锚离开底土时，不应带有很多泥土，否则会增加锚机的负担。同时锚在水中收的过程中，所带的泥土应基本清除干净。

8.收藏方便

一般船舶锚收藏在锚链筒内,通常无杆转爪锚比较容易被收进锚链筒内,有杆锚及固定爪锚收存在锚架上。

二、船用锚的形式及基本性能

船用锚的形式繁多,通常按其结构特征可分为转爪锚、固定爪锚和特种爪锚。转爪锚及固定爪锚又可分为无杆锚和有杆锚,特种锚的结构形式各不相同。

1.无杆转爪锚

无杆转爪锚的形式最多,大多数船舶的艏锚采用无杆转爪锚。

无杆转爪锚主要由锚头(锚爪)、锚柄、锚卸扣以及连接锚头和锚柄的小轴与横销等零件组成。目前常用的无杆转爪锚形式如下:

(1)霍尔锚

霍尔锚通常用作艏锚,这种锚对于各种泥、砂底质均有较好的适应能力,且收藏方便。常用的霍尔锚如图2-7所示,锚柄截面为矩形或圆形,折角(锚爪与锚柄之间的最大夹角)为42°。此外,另有一种短杆霍尔锚,其锚柄长度较短,折角为38°。我国造船行业已制定了霍尔锚标准。

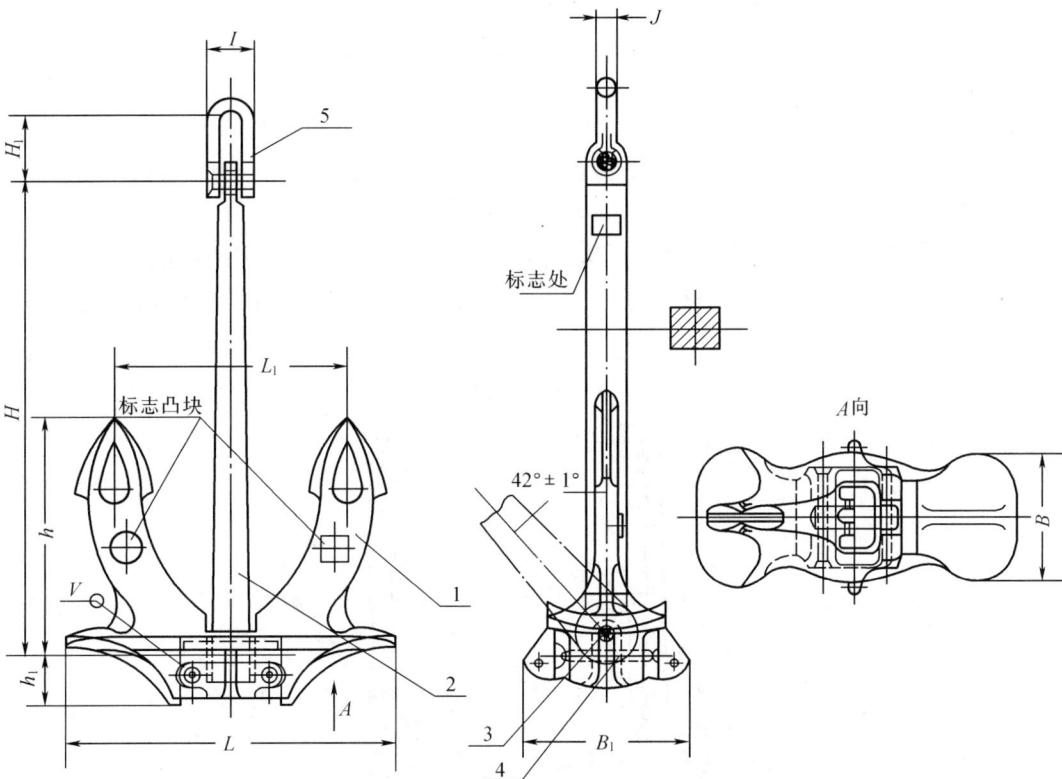

1—锚爪;2—锚柄;3—小轴;4—横销;5—a型锚卸扣。

图2-7 霍尔锚

霍尔锚的锚头(锚爪)及锚柄为铸钢件,锚卸扣、小轴及横销为锻钢件。

（2）斯贝克锚

斯贝克锚通常用作艏锚,如图2-8所示,折角为40°。它的基本性能同霍尔锚相似,斯贝克锚的最大特点是锚头重心略低于转轴(小轴)。因此,锚吊起时,锚爪竖直与锚柄在同一平面上,特别适用于艏部线型较肥大的船舶,尤其适用于带球艏的船舶。我国造船行业已制定斯贝克锚标准。

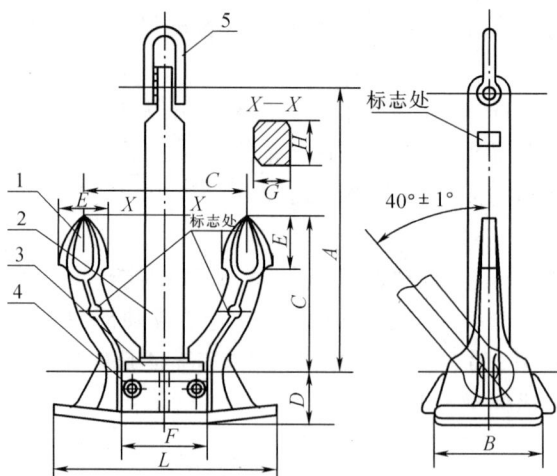

1—锚头;2—锚柄;3—小轴;4—横销;5—a型锚卸扣。

图2-8 斯贝克锚

斯贝克锚的锚头(锚爪)及锚柄为铸钢件,锚卸扣、小轴及横销为锻钢件。

（3）AC-14锚

AC-14锚是大抓力锚(图2-9),折角为35°,通常用作艏锚。它的性能十分优良,抓力大,能适应各种泥、砂底质,稳定性好,收藏方便。在国内外各种大型运输船舶和舰船上得到广泛使用。

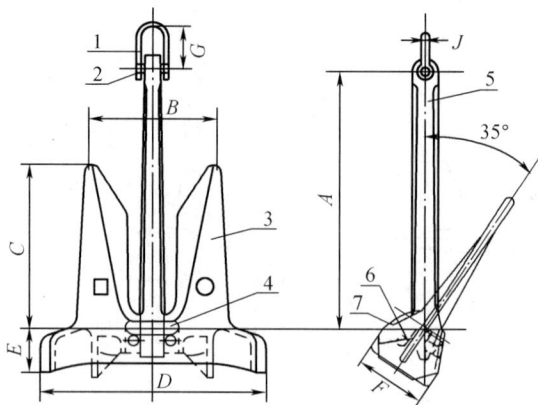

1—锚卸扣本体;2—锚卸扣横销;3—锚头;4—小轴;5—锚柄;6—横销;7—封头。

图2-9 AC-14锚

AC-14 锚的锚头和锚柄为铸钢件,锚卸扣为铸钢件,小轴、横销和封头为锻钢件。

(4)波尔(POOL)锚

波尔锚是大抓力锚(图 2-10),折角为 42°,通常用作艏锚,也常用作工程作业船舶的工作锚。这种锚对于各种泥、砂底质均有较好的适应性,收藏也较方便。我国造船行业已制定波尔锚标准。

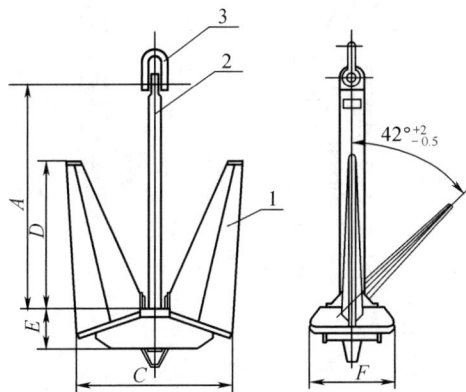

1—锚爪;2—锚柄;3—锚卸扣。

图 2-10 波尔锚

波尔锚的锚爪为钢板焊接结构,锚柄为铸钢件,锚卸扣及小轴等零件为锻钢件。

2. 有杆转爪锚

有杆转爪锚主要由锚头(锚爪)、锚柄、锚横杆、锚卸扣以及其他连接零件组成。有杆转爪锚通常锚爪较长且面积较大、折角较小(30°~34°),因此在砂及硬泥中抓力较大,在淤泥中抓力较小。为了解决这一问题,某些有杆转爪锚采用改变折角的方法,在遇到淤泥的情况下将折角加大到 50°,以提高抓力。

目前,国内外常用的有杆转爪锚有下列几种:

(1)轻量型锚(LWT 锚)

轻量型锚是大抓力锚,锚头处带有锚横杆以保持锚的稳定。图 2-11(a)所示为折角为 30°的轻量型锚,适用于砂及硬泥底质,在淤泥中抓力较小。图 2-11(b)所示为另一种轻量型锚,其锚柄端部带有可拆楔块,拆去楔块后可将折角改变为 50°,适用于淤泥底质。轻量型锚的锚爪很尖,容易啮入底土,收起后通常存放在锚架上。轻量型锚的锚爪、锚柄及锚横杆均为铸钢件,锚卸扣可为铸钢件或锻钢件,其余零件均为锻钢件。

(2)其他有杆转爪锚

图 2-12 所示为目前国内外常用的几种有杆转爪锚。

丹福斯锚(Danforth anchor)是铸钢大抓力锚,锚头处设锚横杆,折角为 30°,其性能与轻量型锚相似。

斯达托锚(Stato anchor)是铸钢锚,锚头处设锚横杆,折角可改变为 34°或 50°,以适应不同的底质。

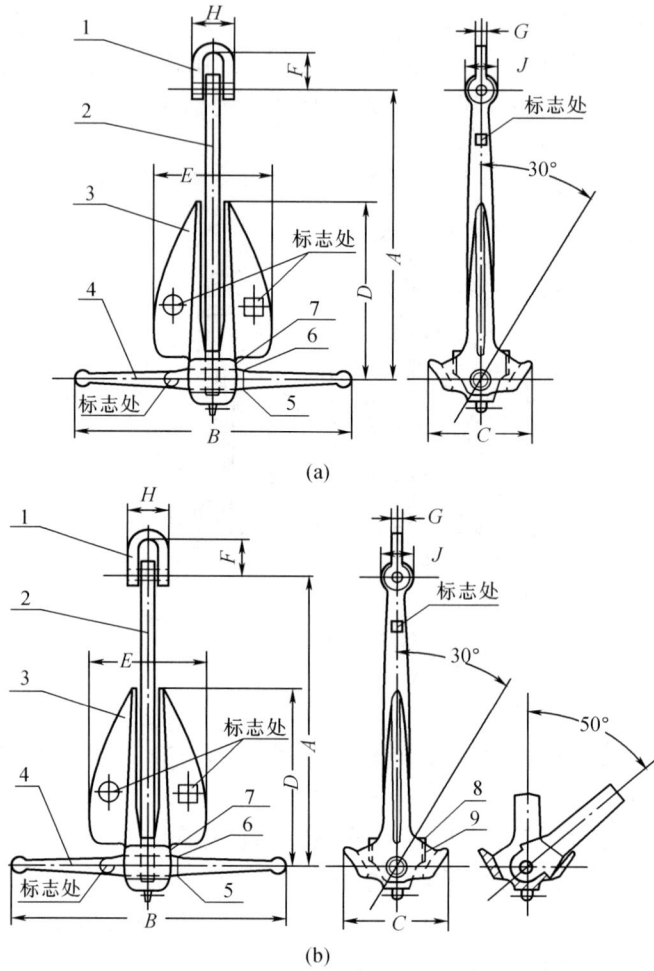

(a)

(b)

1—锚卸扣;2—锚柄;3—锚爪;4—锚横杆;5—垫圈;6—插销;7—小链;8—楔块;9—螺栓。

图 2-11　轻量型锚

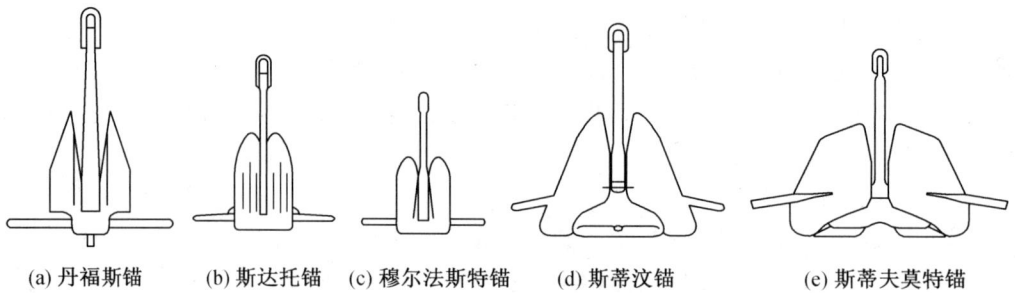

(a) 丹福斯锚　　(b) 斯达托锚　　(c) 穆尔法斯特锚　　(d) 斯蒂汶锚　　(e) 斯蒂夫莫特锚

图 2-12　常用有杆转爪锚

　　穆尔法斯特锚(Moorfast anchor)是铸钢锚,锚头处设锚横杆,折角可改变为 34°~50°,以适应不同的底质。

斯蒂汶锚(Stevin anchor)是大抓力锚,锚头为钢板焊接结构,横杆焊在锚爪上连成一体,折角为32°或50°,以适应不同的底质。

斯蒂夫莫特锚(Stevmud anchor)是大抓力锚,锚头为钢板焊接结构,横杆焊在锚爪上,折角为50°,由于其锚爪面积很大,特别适用于淤泥底质。

3. 固定爪锚

固定爪锚的锚爪和锚柄制成一体,称为锚体,目前常见的固定爪锚有下列几种。

(1)海军锚

海军锚(图2-13)是有杆锚,其横杆设在靠近锚卸扣处同锚爪呈交叉状。锚落下之后,一旦受力,依靠横杆的支撑可使锚爪啮入底土。海军锚的锚体和横杆均为铸钢件。我国造船行业已制定海军锚标准。

海军锚特别适用于砂、硬泥及砾石等底质,也可用于礁石底质。其缺点是始终有一个锚爪露在底质外,容易造成锚索的纠缠,甚至危及在其上通过的船舶,造成船底破损,且收放很不方便。因此,除非特别需要,目前已很少采用海军锚。

(2)单爪锚

单爪锚(图2-14),其形状如同切去一只锚爪的海军锚,性能亦同海军锚相似,锚体和横杆均为铸钢件。单爪锚抛锚时,必须吊住锚头,使锚爪向下,缓慢地放到水底。

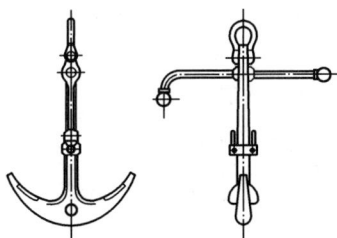

图 2-13 海军锚

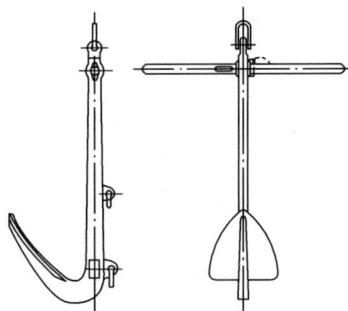

图 2-14 单爪锚

(3)四爪锚

四爪锚(图2-15)是没有横杆的小船用锚,一般质量较小,锚体为锻钢件。这种锚特别适用于砂、硬泥、砾石以及礁石等底质。

(4)布鲁斯(Bruce)铸钢锚

布鲁斯铸钢锚(图2-16)的锚爪有3个齿,不设横杆,锚体为合金铸钢件,能适应砂、硬泥及淤泥等各种底质。其抓力可达40倍锚重,且不随锚重的增加而有所降低。

4. 特种锚

特种锚是一些形状及结构较为特殊的锚,如菌形锚、半球形水泥锚、蛙式锚、飞箭埋式锚等,其制作材料有铸钢、锻钢、混凝土等,主要用于系留物永久性固停之用。

近年来,新出现的吸力锚又称负压锚,作为永久性系留用锚发展很快。

5. 船用锚的抓持特性

由于船用锚形式不同,其抓持特性也不尽相同。表2-4列出了各类锚的抓持特性,可供选择时参考。

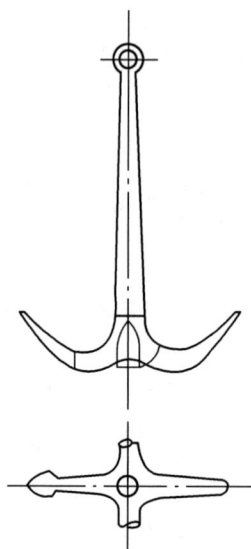

图 2-15 四爪锚

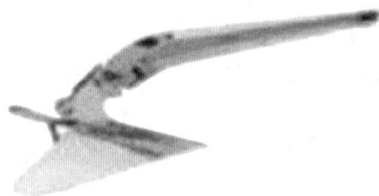

图 2-16 布鲁斯铸钢锚

表 2-4 各类锚的抓持特性

序号	锚型	抓重比		适用底质
		砂、黏土	淤泥	
1	海军锚	6~8	6~8	各种底质
2	标准无杆锚	3~4	3~4	各种底质
3	轻量型锚	10~12	10~12	折角30°用于砂及黏土,折角50°用于淤泥
4	波尔锚	6	6	各种底质
5	丹福斯锚	10~12	5	砂及黏土
6	AC-14锚	8~10	8~10	各种底质
7	史蒂汶锚	28(砂) 17~32(硬泥)	18	各种底质
8	史蒂夫莫特锚	—	35	淤泥
9	斯达托锚	13	13	折角34°适用于砂及黏土,折角50°适用于淤泥
10	穆尔法斯特锚	13	13	淤泥
11	德尔泰锚	25	15	各种底质
12	布鲁斯铸钢锚	40	40	各种底质

事实上,各种不同的锚型,适应的底质性能不尽相同,多数锚型在砂及硬泥中抓力较大,而在淤泥中抓力明显减小。但是,几乎大多数转爪锚都不适用于礁石底质,只有

海军锚和四爪锚对于这类底质有较好的适应能力。

抛锚延续时间的长短也影响锚的抓力,抛锚时间越长意味着锚上的土堆积越多,锚的埋入也较深,抓力就大。从这个意义上讲,好似挖一个坑,把一个重物埋入土中,就得到一个很好的锚。某些特种锚,如菌形锚,正是利用了这个特点。此外,某些需要在海上长期系留作业的船舶,采用打桩(桩锚)拴住船舶也是十分可靠的。

6. 大抓力锚

"大抓力锚"是一个具有特定含义的概念,根据国际船级社协会(IACS)所提出的并为各国船级社所接受的要求,凡新设计的锚申请认可作为大抓力锚,应在海上进行试验,以证实该锚的抓力是其质量相同的无杆锚抓力的两倍以上。试验应在软泥或淤泥、砂子或砾石、坚实的黏土或类似坚实的底质中进行。

目前,国际上获得认可的大抓力锚主要有 AC-14 锚、波尔锚、斯蒂汶锚、丹福斯锚、穆尔法斯特锚、轻量型锚、布鲁斯铸钢锚、布鲁斯 TS 锚及德尔泰锚等。

三、船用锚的材料和试验

1. 船用锚的材料

船用锚的所有零件应采用镇静钢制作,但可以采用不同的制造方法。锚的零件可分为铸钢件、锻钢件和钢板焊接件,它们的质量应符合各船级社规定要求。

(1)铸钢件

锚的铸钢零件通常采用船体结构用铸钢件,其抽样化学成分为:$w(C) \leqslant 0.23\%$;$w(Si) \leqslant 0.60\%$;$w(Mn) \leqslant 1.60\%$(应不小于实际含碳量的 3 倍);$w(P) \leqslant 0.04\%$;$w(S) \leqslant 0.04\%$;残余元素 $w(Ni,Cr,Mo,Cu) \leqslant 0.08\%$。铸钢件的力学性能为:抗拉强度 $\sigma_b \geqslant 400 \ N/mm^2$;屈服强度 $\sigma_s \geqslant 200 \ N/mm^2$;伸长率 $\delta_5 \geqslant 25\%$;断面收缩率 $\psi \geqslant 40\%$。

此外,美国船级社(ABS)船级社还规定,铸钢件应做弯曲试验,应至少取一个标准弯曲试样,做弯心半径为 25 mm、弯曲角度为 120°的冷弯试验,试样不得有任何断裂现象发生。

(2)锻钢件

锚的锻钢零件通常采用船体结构用锻钢件,其抽样化学成分应符合表 2-5 的规定。

表 2-5 船体结构用锻钢件的化学成分

连接方式	化学成分/%								
	C	Si	Mn	S	P	残余元素			
						Cu	Mo	Cr	Ni
焊接①	≤0.32②	≤0.45	0.30~1.70③	≤0.040	≤0.40	—	—	—	—
非焊接	≤0.40	≤0.45	0.30~1.50	≤0.040	≤0.040	≤0.30	≤0.15	≤0.30	≤0.40

①残余元素总含量应不超过 0.80%;
②从锻钢件上取样时,含碳量不超过 0.26%;
③焊后进行热处理时,含锰量应不小于实际含碳量的 3 倍。

锻钢件的力学性能为:抗拉强度 $\sigma_b \geq 430$ N/mm²;屈服强度 $\sigma_s \geq 215$ N/mm²;伸长率 $\delta_s \geq 24\%$(纵向)或 $\geq 18\%$(横向)。

(3)铸钢件和锻钢件的热处理

锚的铸钢件全部进行热处理,锻钢件质量超过 3 t 时应做热处理。热处理按下述方法之一进行:完全退火(加热至临界点以上,然后缓慢冷却);或正火加回火(回火温度不低于 550 ℃)。

(4)钢板焊接件

锚的零件采用钢板焊接结构时,钢板材料可采用 B 级或 A32 级船体结构用钢板,而且应在拉力试验后,对焊缝做磁粉探伤。

2. 船用锚的试验

船用锚制造完成后应进行试验,各国船级社对锚的试验要求不尽相同,现引述如下。

(1)坠落试验和锤击试验

ABS 及日本船级社(NK)等船级社对于锚的铸钢零件要求在验证之前做坠落试验和锤击试验,其方法如下。

①坠落试验

每个铸钢零件应提升到规定高度(ABS 规定为 3.7 m,NK 规定为 4 m),并投落到设在硬水泥地上的厚钢板上(钢板厚度不小于 100 mm),而无任何裂纹和其他缺陷。

对于转爪和锚柄铸成一体的海军锚,应先将锚体提升到规定高度,使锚爪和锚柄处于水平位置,投落到厚钢板上。然后,再次将锚体提升到规定高度,使锚冠朝下,投落到钢板上的两个钢块上。钢块的布置应使锚在两爪中点受到冲击,而锚冠不接触钢板。试验后应无裂纹变形和其他缺陷。如钢板撞破,应在更换后再做试验。

②锤击试验

在坠落试验后,将锚吊离地面,用 3~7 kg 的钢锤遍击,应无裂纹或其他缺陷。

(2)拉力试验

拉力试验又称验证试验,所有质量(包括横杆在内)为 75 kg 及以上的锚(大抓力锚为 56 kg 及以上)均应做拉力试验。

对于拉力试验的负荷、试验方法以及试验后的检验,各国船级社均做了明确规定,而且内容基本一致。拉力作用点,一端在锚卸扣处,另一端在距锚爪尖 $L/3$ 处。对海军锚 L 为锚冠顶点至锚爪尖的距离,对转爪锚 L 为轴心至锚爪尖的距离。试验前每个锚应在锚卸扣处的锚杆上及锚爪牙每一尖端处,各做一标志,做试验时测量距离用。霍尔锚、斯贝克锚等转爪锚应把锚爪转到一边,做同样的试验。然后把锚爪转到另一边,同时拉其两爪进行试验。拉力试验负荷按标准由锚质量确定,霍尔锚、斯贝克锚以锚的总质量计算,海军锚不包括横杆的锚的质量。锚的质量为中值时,其拉力试验负荷由内插法决定。霍尔锚、斯贝克锚进行接力试验时,应先承受等于试验负荷50%的拉力,保持 5 min,将拉力降到试验负荷的10%时,测量两标志间的距离,两标志间距离的增加不得超过 0.5%

拉力试验后应检查锚爪转动至最大角度的灵活性,如锚爪转动不灵活或不能转至最大角度时,应消除缺陷,并重做拉力试验,如仍不合格,则该锚应作为废品。

海军锚应将每一锚爪依次做拉力试验。试验前测量两标志间距离,试验时逐渐施加拉力至试验负荷,保持 5 min,除去负荷后,再测量两标志间的距离。如发现有永久变形,则该锚应作为废品。

任务五 锚 索

一、锚链

船用锚链按类型可分为有档锚链和无档短环锚链(简称无档锚链);按链环的制造方法又可分为电焊锚链、铸造锚链和锻造锚链。

在现代造船中,使用最多的是电焊锚链,而铸造锚链已很少使用,锻造锚链几乎已经绝迹。本书着重介绍电焊锚链的规格及技术要求,以及锚链的配套方式。

1.电焊锚链的类型及等级

CCS《材料与焊接规范》规定,有档锚链根据抗拉强度可分为 CCS AM1、CCS AM2 和 CCS AM3 三个等级。

目前,我国造船行业使用的标准电焊锚链分为两种:A 型,有档锚链;B 型,无档锚链。三种级别的材料为 M1 级、M2 级和 M3 级,分别对应一级、二级、三级锚链钢。表 2-6 所列为标准锚链等级及相应各国船级社的锚链等级。

表 2-6 标准锚链等级表

锚链名称	等级	各国船级社相应锚链等级						
		CCS	LR	ABS	DNV	GL	BV	NK
一级有档电焊锚链	AM1	CCS AM1	U1	Grade1	NVK1	GL-K1	BV-Q1	Grade1
二级有档电焊锚链	AM2	CCS AM2	U2	Grade2	NVK2	GL-K2	BV-Q2a	Grade2
三级有档电焊锚链	AM3	CCS AM3	U3	Grade3	NVK3	GL-K3	BV-Q3a	Grade3
一级无档电焊锚链	BM1	—	—	—	—	—	—	Grade1
二级无档电焊锚链	BM2	—	—	—	—	—	—	—

2.电焊锚链的链环及附件的形式

组成锚链的链环及附件的种类及其代号为:有档普通链环——C;加大链环——EL;末端链环——E;肯特卸扣——KS;连接卸扣——JS;末端卸扣——AS;转环——SW;无档普通链环——L。上述零件的形式和尺寸如图 2-17 所示。

在锚和锚链的配套中,现在常采用一种新型的连接附件连接,即转环卸扣。它的结构有两种形式:其一为 A 型转环卸扣[图 2-18(a)],它可直接取代锚卸扣,在锚的制造中配置;其二为 B 型转环卸扣[图 2-18(b)],配置于锚端链节端部,同锚卸扣连接。设置转环卸扣后,锚端链节中可不必再设置转环及末端卸扣。

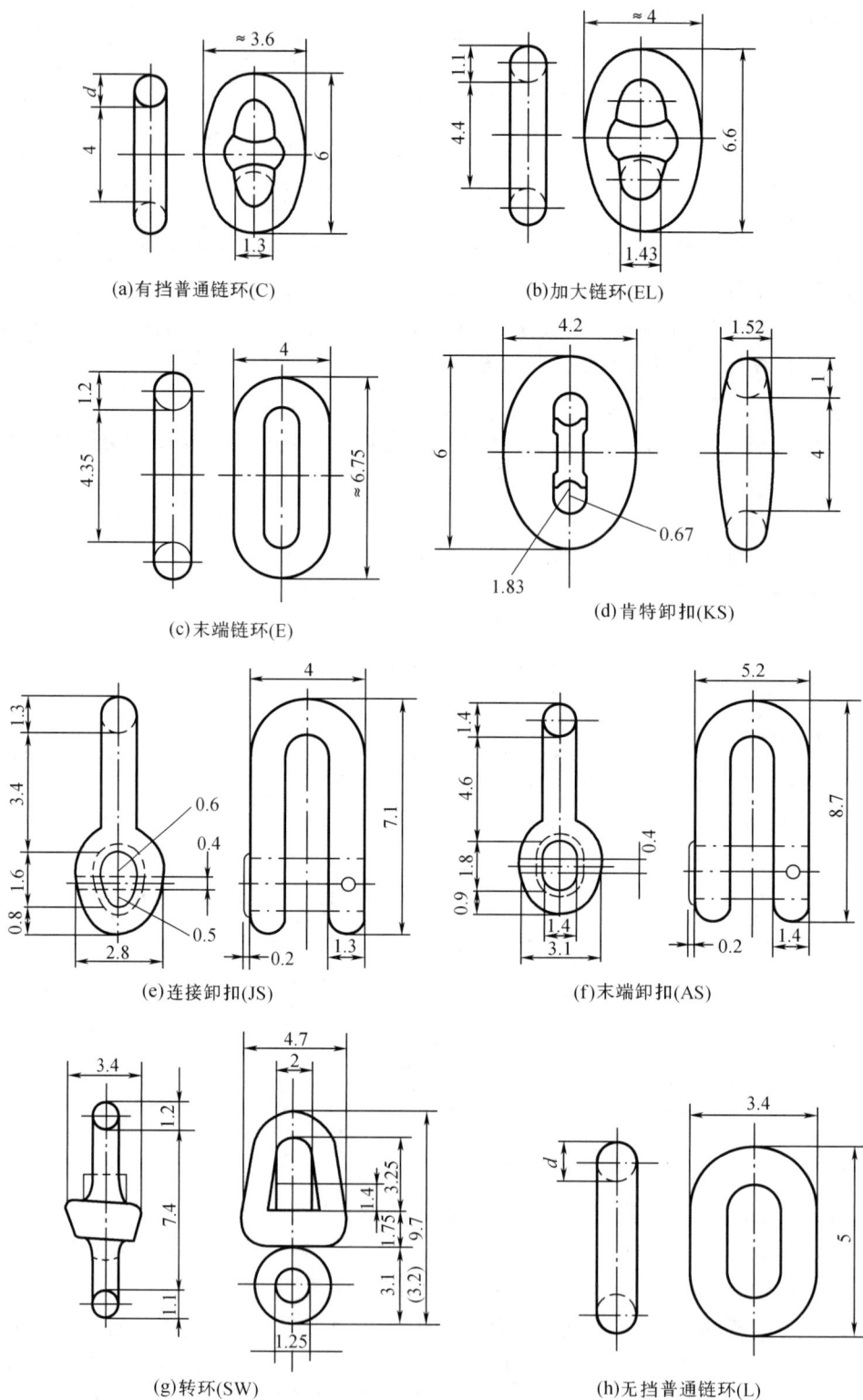

(a)有挡普通链环(C)　(b)加大链环(EL)

(c)末端链环(E)　(d)肯特卸扣(KS)

(e)连接卸扣(JS)　(f)末端卸扣(AS)

(g)转环(SW)　(h)无挡普通链环(L)

图 2-17　链环及附件的形式和尺寸

注:图中所有数值均表示普通链环公称直径 d 的倍数。

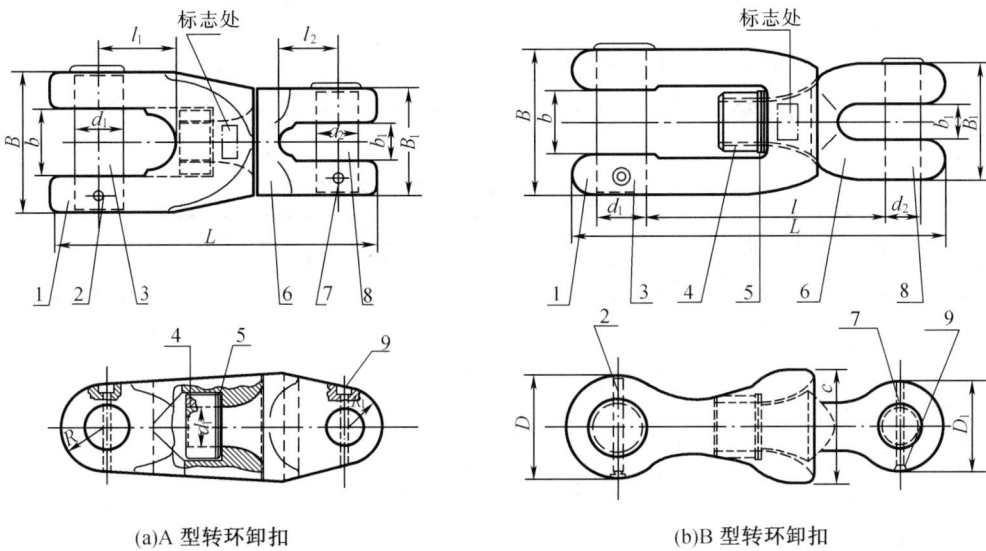

(a)A 型转环卸扣　　　　　　　　(b)B 型转环卸扣

1—锚端转床;2—圆锥销;3—横销;4—螺母;5—垫圈;6—转环;7—销;8—转环横销;9—填料。

图 2-18　转环卸扣

3. 电焊锚链的材料

电焊锚链的链环及附件可采用焊接、锻造或铸造等方法制造,但所采用的材料均应为镇静钢。

链环的环体应采用轧制圆钢制作,其化学成分应符合表 2-7 的规定。有档锚链的链环应尽量采用闪光对接焊制造,直径≤26 mm 的无档锚链的链环,根据要求可采用电阻对接焊。

表 2-7　锚链圆钢的脱氧方法和抽样化学成分

锚链等级	锚链圆钢等级	脱氧方法	化学成分/%					
			C	Si	Mn	P	S	Al[②]
CCS AM1	一级锚链钢	镇静	≤0.20	0.15~0.35	≥0.40	≤0.040	≤0.040	—
CCS AM2[①]	二级锚链钢	镇静细晶处理	≤0.24	0.15~0.55	≤1.60	≤0.035	≤0.035	≥0.015
CCS AM3	三级锚链钢	镇静细晶处理	应符合 CCS 认可的标准					

注:①经 CCS 同意,可添加合金元素。

②系指酸溶 Al 含量,如果要测定 Al 的总含量,则总的含量应不小于 0.020%;Al 可部分由其他细晶粒元素代替。

有档锚链的链档(横档),应采用相当于锚链钢的材料制成,如轧制钢、铸钢或锻钢。其含碳量不应超过 0.23%,力学性能的试验可省略。

卸扣、转环和转环卸扣等锚链附件,应至少采用不低于 CCS AM2 级锚链所用的钢材,用锻造的方法制成。

所有制造链环和附件的轧制圆钢、锻钢件及铸钢件的制造质量和试验要求应符合船级社规范的规定。这些材料经热处理后的力学性能应符合表 2-8 的规定。

表 2-8 链环和附件材料的力学性能

锚链或附件等	锚链材料类等级或种类	屈服强度 σ_s /(N·mm²)	抗拉强度 σ_b /(N·mm²)	伸长率 δ_5/%	断面收缩 ψ/%	夏比 V 型缺口冲击试验	
						试验温度/℃	平均冲击功/J
CCS AMI	一级锚链锻钢	—	≤490[①]	≥25	—	—	—
CCS AM2	二级锚链锻钢	≥295	490~690	≥22	—	0	≥27[②]
CCS AM3	三级锚链锻钢、铸钢	≥410	≥690	≥17	≥40	0(-20)	≥60(35)[③]

注:①当 $305<\sigma_b\leq400$ 时,δ_5 应大于 30。

②若 CCS AM2 级锚链或附件以热处理状态交货,其冲击试验可予免除。

③CCS 可根据情况,选择 CCS AM3 级锚链用材的冲击试验温度为-20 ℃。

4. 锚链的配套及试验

一根完整的锚链通常分为若干节,其中一端是同锚连接的锚端链节,另一端是固定在锚链舱内的末端链节,两者之间则是若干中间链节。链节与链节之间用肯特卸扣或连接卸扣连接。采用肯特卸扣连接的锚链在通过锚链筒、掣链器及链轮时阻力较小,而采用连接卸扣连接的锚链则相对阻力较大,但后者比前者在使用上更加可靠。

由于现代船舶按船级社规范配置的锚链长度均为 27.5 m 的整数倍,因此,在锚链配套时,除了中间链节长度(包括肯特卸扣或连接卸扣在内)通常为 27.5 m 外,锚端链节和末端链节的长度最好也是 27.5 m。

通常情况下,锚端链节有转环,其典型的配套方式如图 2-19 和图 2-20 所示。其中图 2-19(a)所示的配套方式,在肯特卸扣的后面连接一段普通链环,构成整个锚端链节。图 2-20(a)所示的配套方式,在连接卸扣后配末端链环、加大链节及若干普通链环,同样构成整个锚端链节。锚端链节在 27.5 m 的长度内不包括末端卸扣。

中间链节在整个长度范围内除了同其他链节连接处设置肯特卸扣或连接卸扣外,其余均为普通链环,如图 2-19(b)和图 2-20(b)所示。中间链节的普通链环数目为单数,27.5m 的长度中包括一个肯特卸扣或一个连接卸扣。

一般情况下末端链节不配置转环,其典型配置方式如图 2-19(c)和图 2-20(c)所示。这几种形式的末端链节都同锚链舱内的弃锚器连接。若是需要同眼板连接,可加装连接卸扣。

无档锚链的配套方式与上述有档锚链相同,但无档锚链的链节之间通常采用连接卸扣连接。

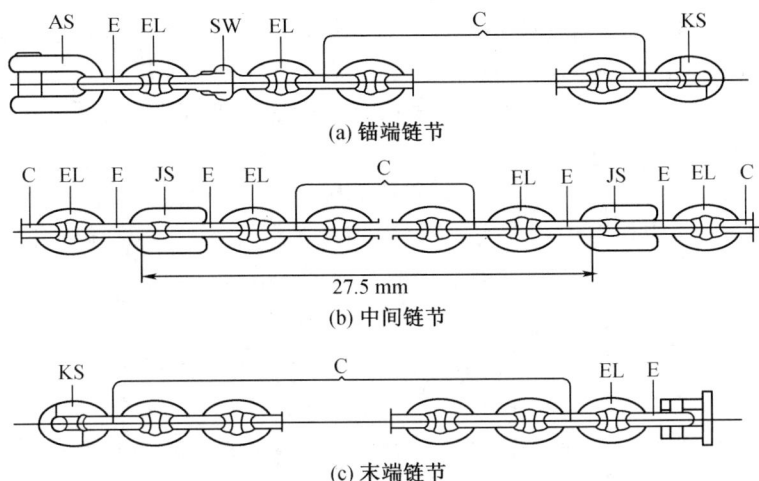

(a) 锚端链节

(b) 中间链节

27.5 mm

(c) 末端链节

图 2-19　肯特卸扣连接链节配套方式

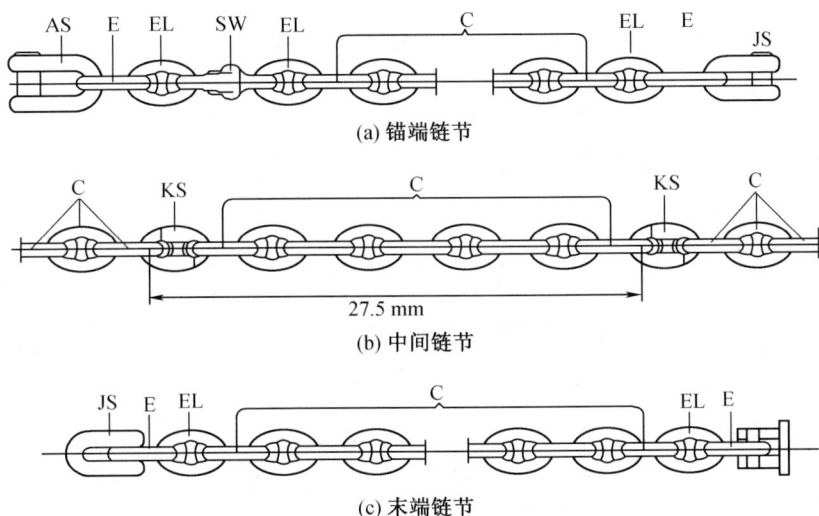

(a) 锚端链节

(b) 中间链节

27.5 mm

(c) 末端链节

图 2-20　连接卸扣连接链节配套方式

电焊锚链及锚链附件经拉断试验合格后方可做拉力试验。每根链节均应做拉断试验。同一材料、同一生产工艺及链径相同的各种附件,可以单个或几个串联在一起,也可同链节一起做拉力试验。

二、钢丝绳

在工程作业船舶(如起重船、打捞船、非自航挖泥船)上,定位锚泊设备中经常采用钢丝绳作为锚索。如果仅仅在作业时使用,则钢丝绳应根据作业要求配置。但若是兼作临时锚泊设备使用,则应符合船级社规范的规定。

CCS《海船规范》规定,若起重船作业用锚中,有两只满足按舾装数选定的艏锚的要求,则可代替艏锚。若用钢丝绳代替锚链时,其破断负荷和长度应不小于1.5倍相应锚链值。锚与钢丝绳之间应有适当的锚链段,且在钢丝绳与锚链衔接处应加转环。

DNV《海船规范》规定,如用钢丝绳代替有档锚链,则至少应具有锚链同样的破断力。在锚与钢丝绳之间应配一段锚链,其长度为 12.5 m 或锚收藏位置到绞车之间的距离,两者取小者。锚的质量应比按舾装数确定的质量增加 25%,钢丝绳应比按舾装数确定的锚链长度增加 50%。

用作锚索的钢丝绳应采用 6 股镀锌钢丝绳,股芯为钢丝,绳芯为纤维或 7×7 钢丝(即金属绳芯)。当设置锚绞车时,建议采用金属绳芯钢丝绳,钢丝抗拉强度不小于 1 370 N/mm。钢丝绳同锚连接端可配置索节或钢索套环。

任务六　按船级社规范配置锚设备

锚泊设备中,艏锚通常采用无杆锚,艏锚锚链采用有档链条,锚的质量和数量及锚链的规格和长度通常按照船级社规范确定。目前,各国船级社的规范统一采用 IACS 提出的舾装数计算方法及艏锚和艏锚链的配置要求。这些要求适用于无限航区船舶。对于有限航区船舶,各国船级社的规定不尽相同。

1. 舾装数计算

IACS 提出的并为各国船级社采用的海船舾装数 N 按下式计算:

$$N = \Delta^{2/3} + 2Bh + \frac{A}{10} \tag{2-37}$$

式中　Δ——夏季载重水线下的型排水量,t;

　　　B——型宽,m;

　　　h——从夏季载重水线到最上层舱室顶部的有效高度,m,按式(2-38)计算;

　　　A——船长 L 的范围内夏季载重水线以上船体部分和上层建筑以及各层宽度大于 $B/4$ 的甲板室侧投影面积的总和,m²。

$$h = a + \sum h_i \tag{2-38}$$

式中　a——从舯部夏季载重水线至上甲板的距离,m;

　　　h——各层甲板宽度大于 $B/4$ 的舱室,在其中心线处量取的高度(图 2-21),m。

在计算 h 和 A 时,不必计及舷弧和纵倾,凡是超过 1.5 m 高度的挡风板和舷墙,均应视为上层建筑和甲板室的一部分。图 2-22 所示的面积 A_1,应计入 A 中,舱口围板及诸如集装箱等甲板货物高度,在确定 h 和 A 时可不计入,FP 为艏垂线。

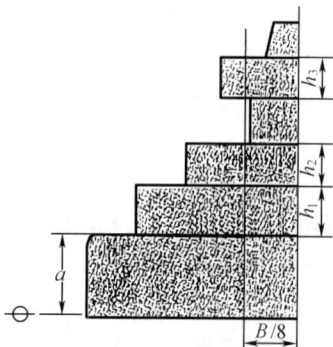

图 2-21　高度 h 的计算图　　　　　图 2-22　超过 1.5 m 高度的舷墙计入图

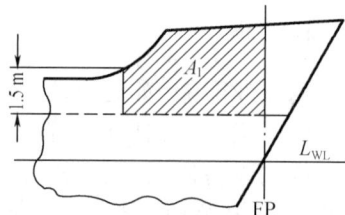

船长 L 为垂线间长,但应不小于夏季载重水线最大长度(量自水线前端)的96%,也不必大于97%。

CCS《海船规范》规定,海洋拖船的舾装数 N 按下式计算:

$$N = \Delta^{2/3} + 2(ab + \sum b_i h_i) + \frac{A}{10} \qquad (2-39)$$

式中, b_i 为上层建筑宽度或各层宽度超过 $B/4$ 的甲板室的宽度,单位为 m。

需要指出的是,上述舾装数公式的基础是:假定水流速度为 2.5 m/s,风速为 25 m/s。相应抛出的锚链长度与水深之比为 6~10,而且假定在正常情况下锚泊时仅用一只艏锚及锚链。所配置的锚泊设备能使船舶在良好的锚地底质上系留而防止走锚现象。在不良的锚地底质上锚的抓力将会明显降低。

2. 锚及锚链的配置

(1)CCS《海船规范》规定,海船应根据以上舾装公式计算所得的数值,并根据船舶种类及航行水域按表2-9和表2-10配置艏锚及艏锚链。

表 2-9 各类船舶按舾装数 N 选取锚泊及系泊设备的说明

船型	要求配置的设备
货船、散装货船、油船、耙吸式挖泥船、渡船等	按 N 选取
拖船	按 N 选取,拖索应足以承受最大系柱拉力,其安全系数≥2.1
近海供应船	按 N 选取,但锚链按 N 增大2档选取,艏锚可仅配2只
有人驳船	按 N 选取,但艏锚可仅配2只,拖索可免配
无人驳船	按 N 选取,但艏锚可仅配1只,锚链可仅配一半长度,系船索可仅配2根
起重船	按 N 选取,但起重机的侧投影面积应计入 N,艏锚可仅配2只。若起重船作业用锚中有2只满足本表的要求,可代替艏锚。若用钢索代替锚链时,其破断负荷和长度应不小于1.5倍相应锚链值,锚与钢索间应有适当锚链段,在索链的衔接处应加转环

表 2-10 海船的锚泊和系泊设备

序号	舾装数 N		艏锚		有档艏锚链					拖索		系船索	
	超过	不超过	数量	每个质量/kg	总长度/m	直径/mm AM1	AM2	AM3	长度/m	破断负荷/kN	数量	每根长度/m	破断负荷/kN
1	50	70	2	180	220	14	12.5	—	180	98.1	3	80	34.3
2	70	90	2	240	220	16	14	—	180	98.1	3	100	36.8
3	90	110	2	300	247.5	17.5	16	—	180	98.1	3	110	39.2
4	110	130	2	360	247.5	19	17.5	—	180	98.1	3	110	44.1

表 2-10(续 1)

序号	舾装数 N		艏锚		有档艏锚链					拖索		系船索	
	超过	不超过	数量	每个质量/kg	总长度/m	直径/mm			长度/m	破断负荷/kN	数量	每根长度/m	破断负荷/kN
						AM1	AM2	AM3					
5	130	150	2	420	275	20.5	17.5	—	180	98.1	3	120	49.0
6	150	175	2	480	275	22	19	—	180	98.1	3	120	54.0
7	175	205	2	570	302.5	24	20.5	—	180	111.8	3	120	58.8
8	205	240	3	660	302.5	26	22	20.5	180	129.4	4	120	63.7
9	240	280	3	780	330	28	24	22	180	150	4	120	68.6
10	280	320	3	900	357.5	30	26	24	180	173.6	4	140	73.6
11	320	360	3	1 020	357.5	32	28	24	180	206.9	4	140	78.5
12	360	400	3	1 140	385	34	30	26	180	223.6	4	140	88.3
13	400	450	3	1 290	385	36	32	28	180	250.1	4	140	98.1
14	450	500	3	1 440	412.5	38	34	30	180	276.5	4	140	107.9
15	500	550	3	1 590	412.5	40	34	30	190	306.0	4	160	122.6
16	550	600	3	1 740	440	42	36	32	190	338.3	4	160	132.4
17	600	660	3	1 920	440	44	38	34	190	370.7	4	160	147.1
18	660	720	3	2 100	440	46	40	36	190	406.0	4	160	156.9
19	720	780	3	2 280	467.5	48	42	36	190	441.3	4	170	171.6
20	780	840	3	2 460	467.5	50	44	38	190	480.0	4	170	186.3
21	840	910	3	2 640	467.5	52	46	40	190	517.8	4	170	201.0
22	910	980	3	2 850	495	54	48	42	190	559.0	4	170	215.7
23	980	1 060	3	3 060	495	56	50	44	200	603.1	4	180	230.5
24	1 060	1 140	3	3 300	495	58	50	46	200	647.2	4	180	250.1
25	1 140	1 220	3	3 540	522.5	60	52	46	200	691.4	4	180	269.7
26	1 220	1 300	3	3 780	522.5	62	54	48	200	738.4	4	180	284.4
27	1 300	1 390	3	4 050	522.5	64	56	50	200	785.5	4	180	308.9
28	1 390	1 480	3	4 320	550	66	58	50	200	835.5	4	180	323.6
29	1 480	1 570	3	4 590	550	68	60	52	220	888.5	5	190	323.6
30	1 570	1 670	3	4 890	550	70	62	54	220	941.4	5	190	333.4
31	1 670	1 790	3	5 250	577.5	73	64	56	220	1 002	5	190	353.0
32	1 790	1 930	3	5 610	577.5	76	66	58	220	1 109	5	190	377.6
33	1 930	2 080	3	6 000	577.5	78	68	60	220	1 168	5	190	402.1
34	2 080	2 230	3	6 450	605	81	70	62	240	1 259	5	200	421.7
35	2 230	2 380	3	6 900	605	84	73	64	240	1 356	5	200	451.1
36	2 380	2 530	3	7 350	605	87	76	66	240	1 453	5	200	480.5

表 2-10(续 2)

序号	舾装数 N		艏锚		有档艏锚链					拖索		系船索	
	超过	不超过	数量	每个质量/kg	总长度/m	直径/mm			长度/m	破断负荷/kN	数量	每根长度/m	破断负荷/kN
						AM1	AM2	AM3					
37	2 530	2 700	3	7 800	632.5	90	78	68	260	1 471	6	200	480.5
38	2 700	2 870	3	8 300	632.5	92	81	70	260	1 471	6	200	490.3
39	2 870	3 040	3	8 700	632.5	95	84	73	260	1 471	6	200	500.1
40	3 040	3 210	3	9 300	660	97	84	76	280	1 471	6	200	519.8
41	3 210	3 400	3	9 900	660	100	87	78	280	1 471	6	200	554.1
42	3 400	3 600	3	10 500	660	102	90	78	280	1 471	6	200	588.4
43	3 600	3 800	3	11 100	687.5	105	92	81	300	1 471	6	200	617.8
44	3 800	4 000	3	11 700	687.5	107	95	84	300	1 471	6	200	647.2
45	4 000	4 200	3	12 300	687.5	111	97	87	300	1 471	7	200	647.2
46	4 200	4 400	3	12 900	715	114	110	87	300	1 471	7	200	657.1
47	4 400	4 600	3	13 500	715	117	112	90	300	1 471	7	200	666.9
48	4 600	4 800	3	14 100	715	120	105	92	300	1 471	7	200	676.7
49	4 800	5 000	3	14 700	742.5	122	107	95	300	1 471	7	200	686.5
50	5 000	5 200	3	15 400	742.5	124	111	97	300	1 471	8	200	686.5
51	5 200	5 500	3	16 100	742.5	127	111	97	300	1 471	8	200	696.3
52	5 500	5 800	3	16 900	742.5	130	114	100	300	1 471	8	200	706.1
53	5 800	6 100	3	17 800	742.5	132	117	102	300	1 471	9	200	706.1
54	6 100	6 500	3	18 800	742.5	—	120	107	—	—	9	200	715.9
55	6 500	6 900	3	20 000	770	—	124	111	—	—	9	200	725.7
56	6 900	7 400	3	21 500	770	—	127	114	—	—	10	200	725.7
57	7 400	7 900	3	23 000	770	—	132	117	—	—	11	200	725.7
58	7 900	8 400	3	24 500	770	—	137	122	—	—	11	200	735.5
59	8 400	8 900	3	26 000	770	—	144	127	—	—	12	200	735.5
60	8 900	9 400	3	27 500	770	—	147	132	—	—	13	200	735.5
61	9 400	10 000	3	29 000	770	—	152	132	—	—	14	200	735.5
62	10 000	10 700	3	31 000	770	—	—	137	—	—	15	200	735.5
63	10 700	11 500	3	33 000	770	—	—	142	—	—	16	200	735.5
64	11 500	12 400	3	35 500	770	—	—	147	—	—	17	200	735.5
65	12 400	13 400	3	38 500	770	—	—	152	—	—	18	200	735.5
66	13 400	14 600	3	42 000	770	—	—	157	—	—	19	200	735.5
67	14 600	16 000	3	46 000	770	—	—	162	—	—	21	200	735.5

注:1. 舾装数不超过 50 时,用外补法。

  2. 艏锚为备用。

（2）关于艏锚的若干规定

①每个艏锚的质量可以与表2-10中所列锚质量相差±7%，但艏锚的质量应不小于表列锚质量的总和。

②普通无杆锚的锚头质量，包括销子与转轴在内，应不小于该锚总质量的60%。

③可以采用有杆的艏锚，但其质量（不包括横杆）应不小于表2-10中所规定的无杆艏锚质量的80%。

④当采用大抓力锚作为艏锚时，每只锚的质量可以为表2-10中规定的普通无杆艏锚质量的75%。

（3）对锚链的有关规定

①表2-10中所列锚链直径如≤17 mm时，可用试验负荷相等的无档锚链或破断负荷相等的钢丝绳或纤维绳代替。

②锚链在连接锚的一端应装设一个转环。

③锚链的内端应系固在船体结构上，并能在锚链舱外易于到达的地方迅速解脱。

④船上应至少储备1个锚卸扣（系指锚链末端的卸扣）和4个连接卸扣或连接链环（肯特卸扣）。

⑤拉伸应力小于400 N/mm^{2}的 CCS AM1 级锚链不能用于大抓力锚。CCS AM3 级锚链仅适用于链径20.5 mm 或以上的锚链。

除此之外，应指出的是，表2-10中规定的锚链总长均为27.5 m 的整倍数。因此，当该数值为偶数时，左右锚链长度应相等；而当该数值为奇数时，右锚链应比左锚链长1节。

3. 有限航区航行船舶锚及锚链配备

CCS《海船规范》规定，有限航区航行的船舶的锚设备，可按上述无限航区航行的船舶要求进行减免配备，规定如下：

（1）在沿海航区内航行的起重船和耙吸式挖泥船，其锚泊设备可按舾装数 N 降低2档选取。艏锚仅配两只。

（2）除第（1）条规定之外，在沿海航区内航行的船舶，其锚泊设备可按舾装数 N 降低1档选取。船长小于30 m 的交通艇或专线渡船，艏锚可仅配1只，锚链可配一半长度。

（3）在遮蔽航区内航行的船舶，锚泊设备可按舾装数 N 降低2档选取。船长小于30 m 的交通艇或专线渡船，艏锚可仅配1只，锚链可配一半的长度。

（4）在具有防波堤的港口水域作业的船舶，其锚泊设备可按舾装数 N 的一半选取，锚链可配一半的长度。

船舶锚重和锚链长度的确定根据舾装数，按船舶规范规定查表选取。锚与锚链配置表列于船体规范中，表中对应舾装数列有锚的配置数量和质量，以及对应锚重的配链长度和链径，使用很方便。

任务七 掣链器、掣锚器、弃锚器及锚索导向装置

一、掣链器

掣链器是用来控制锚链的主要装置。常用的掣链器有闸刀式和螺旋式两种,其中闸刀式的结构简单,使用更为方便。掣链器可根据链径和锚链的试验负荷选取。

掣链器是船舶在航行或抛锚时夹住锚链的装置。按 CCS 规范要求,掣链器应能承受相当于锚链的试验负荷,且其应力应不大于其材料屈服强度下值的90%。GL、LR及 DNV 等船级社的规范要求,掣链器应能承受所通过锚链的最小破断负荷的80%,在此情况下其受力构件应不产生永久变形。

掣链器有闸刀掣链器、螺旋掣链器、滚轮闸刀掣链器和导轨滚轮舌形掣链器等。

闸刀掣链器是利用闸刀卡住通过导槽的垂直链环止住锚链,构造简单,使用方便。目前,我国造船行业使用的闸刀掣链器适用于直径为 12.5~68 mm 的锚链,其形式如图 2-23 所示。

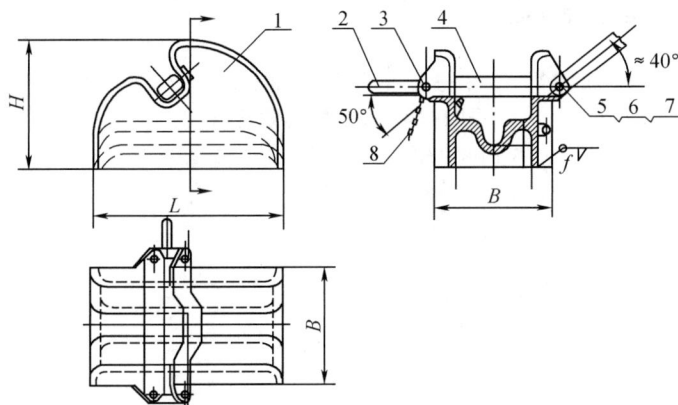

1—本体;2—把手;3—销子;4—闸刀;5—轴;6—垫圈;7—开口销;8—小链条。

图 2-23 闸刀式掣链器

注:图示为右开闸刀掣链器,左开与之对称。

螺旋掣链器设有一对夹紧锚链用的夹块,并配有操纵螺杆,可使夹块同时收紧或放开,结构较复杂,但使用可靠。图 2-24 所示为 A 型螺旋掣链器,适用于链径为 22~66 mm 的一级或二级锚链。

二、掣锚器

掣锚器为船舶航行时紧固锚的装置。目前,我国造船行业常用的掣锚器有三种形式,即掣锚索、掣锚链条和掣链钩。可根据锚重和使用情况选用。

掣锚索如图 2-25 所示。其使用时钢丝绳穿过链环拴在系绳柱上,然后收紧螺旋扣将锚拴住,适用锚重为 500~12 300 kg。

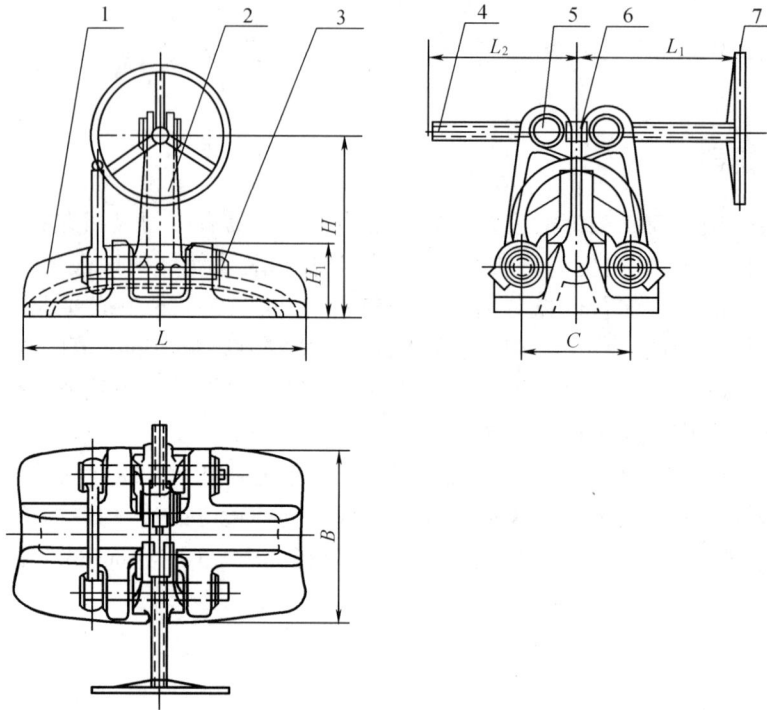

1—底盘;2—夹块;3—销;4—螺杆;5—销轴;6—档环;7—手轮。

图 2-24　A 型螺旋掣链器

注:图示为右掣链器,左掣链器与之对称。

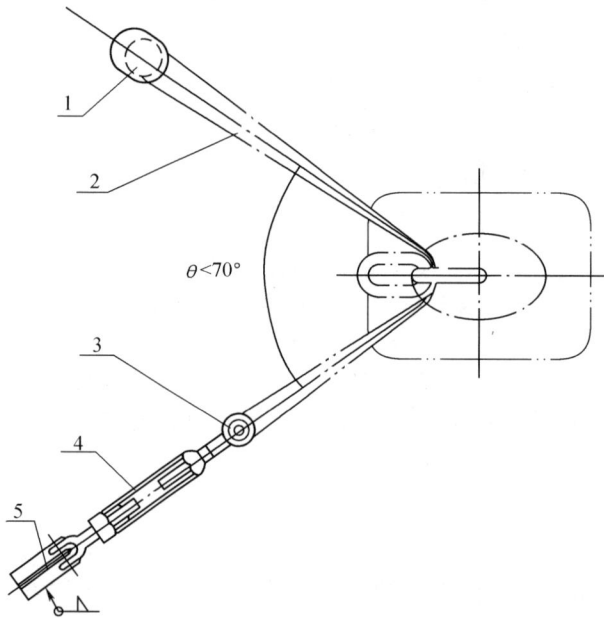

1—系绳柱;2—钢丝绳;3—小滚轮;4—开式索具螺旋扣;5—眼板。

图 2-25　掣锚索

掣锚链条使用时链条从锚卸扣或末端链环处穿过,同脱钩连接,然后收紧索具螺旋扣将锚拴住,适用锚重为 100~2 850 kg。

掣链钩如图 2-26 所示。其使用时叉钩扣住锚链,然后收紧索具螺旋扣将锚拴住,适用的锚链直径为 13~67 mm。

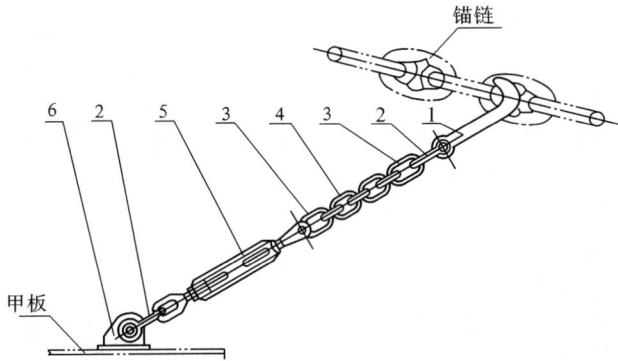

1—叉钩;2—卸扣;3—末端链环;4—普通链环;5—开式索具螺旋扣;6—眼板。

图 2-26 掣链钩

三、弃锚器

收存在锚链舱内的锚链,其根部应系固在船体结构上,并能在锚链舱外易于到达的处所予以迅速解脱。通常设置专用的弃锚器(或称弃链器),可以方便地在锚链舱外将锚链解脱,如图 2-27 所示。

我国造船行业目前常用的弃锚器有三种,即简易弃锚器、螺旋弃锚器和插闩式弃锚器。

简易弃锚器如图 2-28 所示。其安装在锚链舱壁上,锚链根部的末端链环套入弃锚器的横闩中,使用时打开横闩,锚链脱出。这种弃锚器结构简单,适用于直径较小的锚链(17~37 mm)。

螺旋弃锚器如图 2-29 所示。其通过手轮操纵螺杆,使制动卡绕销轴旋转,锁住(系固锚链)或打开(解脱锚链)滑钩。如果需要实施远距离操纵,可将手轮操纵改为小轴传动装置遥控操纵。螺旋弃锚器可垂直安装在舱壁上,也可水平安装在甲板上,性能可靠,操纵方便,适用的锚链直径范围大(25~122 mm)。

插闩式弃锚器如图 2-30 所示。其锚链的末端链环套在插闩内,弃锚时打开插闩将锚链弃出。这种插闩式弃锚器为水密结构,使用可靠,操纵方便,适用于较大直径(52~120 mm)的锚链。

四、锚索导向装置

1. 锚链管

锚链管是锚链出入锚链舱的通道。其上端伸出甲板与锚机的链轮衔接,下端从锚链舱顶部中间伸进锚链舱内,中间部分为钢板焊接的管状结构,根据具体位置可布置成垂直或略有倾斜的形式。

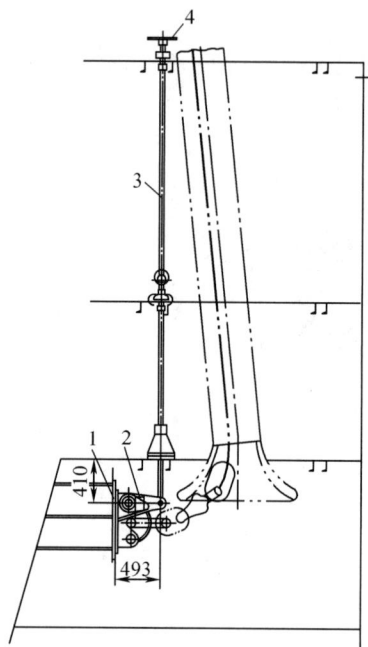

1—弃锚器底座;2—弃锚器;3—传动杆;4—操纵手轮。

图 2-27 遥控操纵的弃锚装置

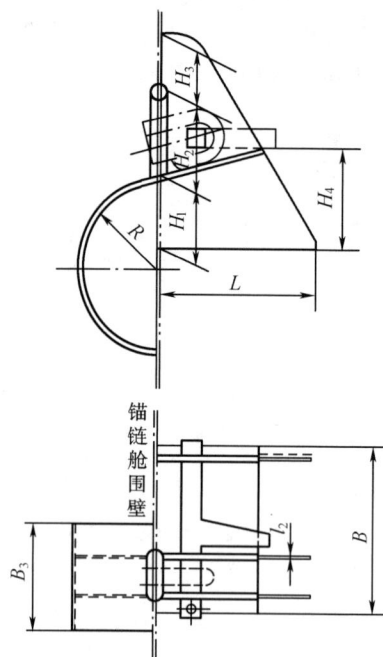

图 2-28 简易弃锚器

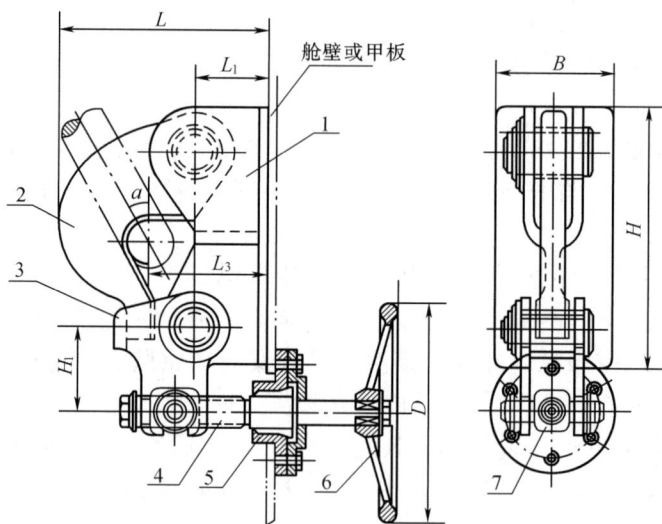

1—底座;2—滑钩;3—制动卡;4—螺杆;5—法兰;6—手轮;7—滑块。

图 2-29 螺旋弃锚器

设置卧式锚机时,锚链管伸出甲板的上端部与锚机的导链口套接[图 2-31(a)],伸进锚链舱的下端部设有铸钢或钢板焊接的喇叭口[图 2-31(b)]。

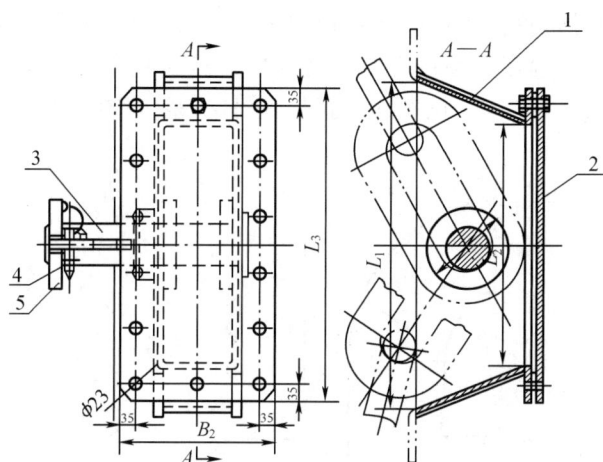

1—座架;2—盖板;3—插闩;4—插销;5—支架板。

图 2-30 插闩式弃锚器

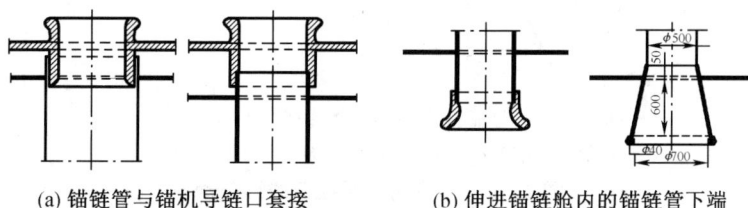

(a) 锚链管与锚机导链口套接　　　(b) 伸进锚链舱内的锚链管下端

图 2-31 与卧式锚机配合的锚链管端部结构

设置起锚绞盘时,通常配置锚链导槽同锚链管衔接,锚链管主体由伸出甲板的弯状导链口及伸进锚链舱内的直管和端部喇叭口组成。导链口端设有防浪盖,锚链管伸出甲板部分用肘板加固。

带有铸钢导链口的锚链管如图 2-32 所示。其直管部分用钢管或钢板制作,喇叭口用钢板制作,并在口端加设防磨圆钢。这种锚链管适用于各种直径的锚链。对于直径较小的锚链管,其导链口可同直管连成一体,采用钢管或钢板制作。

锚链管的主要参数可按锚链直径(d)确定,锚链管的内径 $D=(7\sim8)d$;锚链管的壁厚 t_1 应不小于 $0.4d$。倾斜的锚链管的管壁与锚链摩擦较多的半圆部分应适当加厚。

2. 导链滚轮

导链滚轮设置于锚链筒甲板出口处,用于限制锚链的运动方向,使得锚链在同链轮轴线垂直的情况下通过链轮。其大小按锚链直径选取。导链滚轮的安装应使锚链通过锚链筒时不会同伸出甲板的锚链筒口发生摩擦。图 2-33 所示为我国造船行业常用的导链滚轮,适用的锚链直径为 $12.5\sim68$ mm。

3. 转动导索器

设置多点锚泊定位系统的海洋工程作业船舶,如起重船、打捞船、挖泥船等,其锚索的导向装置已越来越多地采用转动导索器。它的特点是导向滑轮直径大,通常用于钢丝绳锚索的导向滑轮直径为钢丝绳直径的16~20倍。导向滑轮可随锚索方向的变化而摆动,从而提高了锚索的使用寿命。转动导索器的形式根据锚索的配置方式可分为导链器、导缆器及组合锚索(钢丝绳-锚链)导索器等,如图2-34所示。

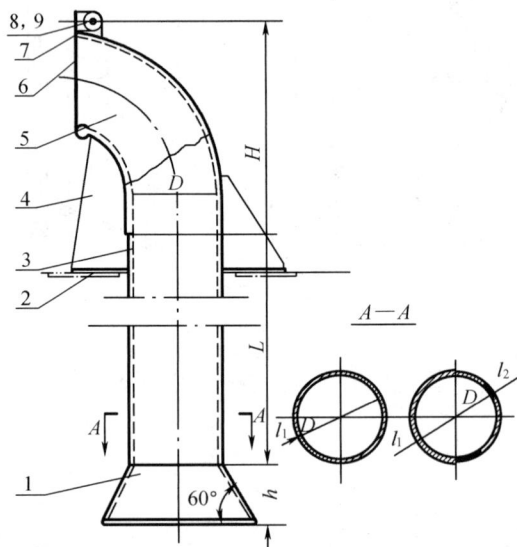

1—喇叭口;2—垫板;3—锚链管本体(直管部分);4—肘板;
5—铸钢导链口;6—盖板;7—眼板;8—销轴;9—开口销。

图2-32 带有铸钢导链口的锚链管

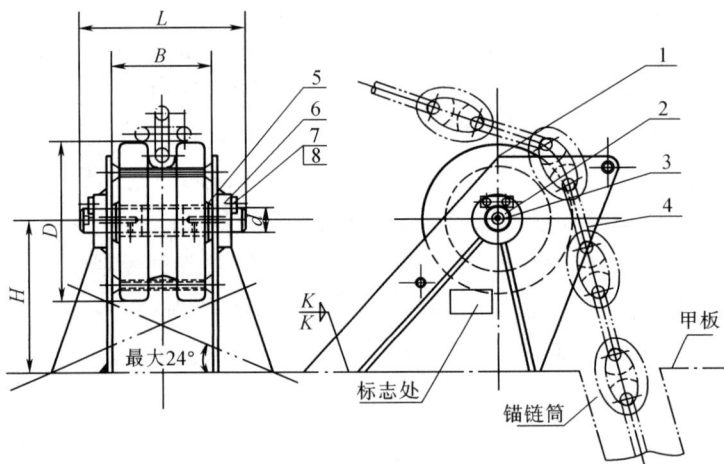

1—滚轮;2—销轴;3—直通式油杯;4—支架;5—衬套;6—止动板;7—螺钉;8—弹簧垫圈。

图2-33 导链滚轮

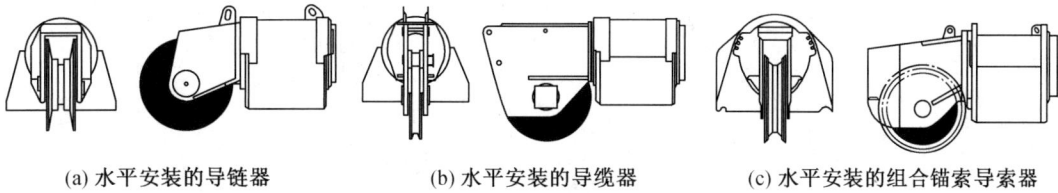

(a) 水平安装的导链器　　　(b) 水平安装的导缆器　　　(c) 水平安装的组合锚索导索器

图 2-34　转动导索器

任务八　锚的收存

一、锚链筒

锚链筒在船舶起、抛锚时作为锚链的通道,而在船舶航行时用于收存锚。通常只有无杆转爪锚(霍尔锚、斯贝克锚等)才能收存于锚链筒中。

在一般船舶上,艏锚的锚链筒设于船舶首部的两舷。其上端出口位于主甲板或艏楼甲板上,下端出口位于船外板上,呈倾斜状态,因而称之为倾斜式锚链筒。船舶设有艉锚时,其锚链筒通常设在艉部船体中心线处,形式同艏部锚链筒相似。

锚链筒的结构形式同船型、船舶用途以及配置的锚机形式有密切的关系,但所有锚链筒按其对水面倾斜的程度基本上可分为陡削式和平斜式两种。

陡削式锚链筒适用于干舷较大或有艏楼的航速不高的民用船舶,锚链筒轴线同垂线的夹角为30°~35°。陡削式锚链筒在收锚时能顺利地将锚拉进锚链筒,因此使用广泛。

对于无艏楼的干舷较小且航速较高的船舶,由于航行时船舶掀起的波浪以及船舶纵摇等原因,舷侧的锚如果位于较低处,则很可能浸入水中,从而导致船舶阻力的增加。为了避免这种情况,不得不把锚链筒在外板处的出口位置提高,使得锚链筒轴线与垂线间的夹角加大,形成平斜式锚链筒。平斜式锚链筒与陡削式锚链筒比较,锚链筒的内径应适当加大,尤其是在舷侧出口处锚唇的型线应予特殊考虑。

客船、油船、港口船、拖船、供应船以及渔船等,由于工作性质经常用艏部靠其他船舶或码头,突出在船外的锚容易造成其他船舶或码头的损坏。因此,这类船舶设置锚穴,使锚不突出在船外板外。锚穴的形式有明式和暗式,前者可看到整个锚爪,如图2-35 所示;后者只能看到锚头的端面,如图2-36 所示。

球艏船舶为了防止起抛锚时与球鼻艏碰撞,在舷侧锚链筒出口处加装凸台(即锚唇),把锚链筒出口外移,如图2-1 所示。

1. 锚链筒的基本要求

任何形式的锚链筒应符合下述要求:

(1)船舶向任何一舷倾斜5°时,任何一个艏锚在收起时不应卡住艏柱和船底;

(2)不论锚爪处于何种状态,锚应能被拉进锚链筒,且其锚爪应贴紧船外板(或锚穴后板),锚冠贴紧锚唇;

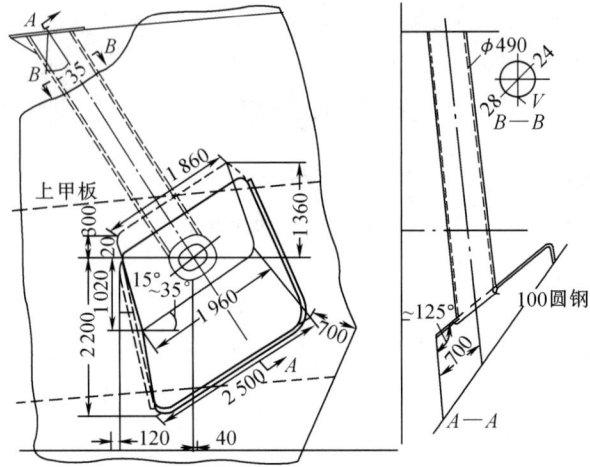

图 2-35　明式锚穴

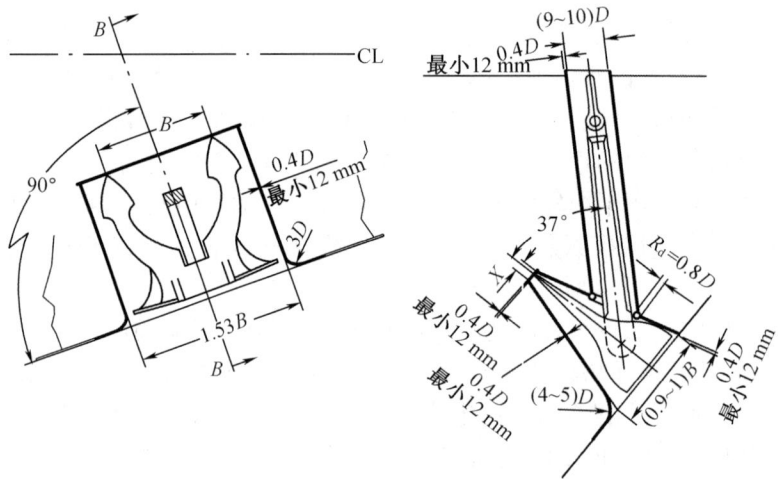

D—锚链直径；B—锚爪尖的距离；

X—锚重为 210～1 740 kg 时为 150 mm，大于 1 920 kg 的锚按锚结构尺寸确定。

图 2-36　暗式锚穴

（3）被拖进锚链筒的锚，在航行时不会没入水中或掀起浪花及增加船舶阻力；

（4）锚应只需依靠其自重即能无阻碍地从锚链筒中抛出；

（5）锚链筒的筒身长度应能足以安置锚柄；

（6）舷侧和甲板的锚唇（如有）在锚链通过部分有足够大的圆弧，使得链环受的弯折为最小；

（7）在多层甲板船上，锚链筒在舷侧处出口中心的位置应使得锚链筒的筒身不穿过下层甲板。

2. 锚链筒的位置

在设置双链轮卧式锚机时，两根锚链导出的方向的水平投影与船体中心线平行，锚链筒的布置如图2-37所示。

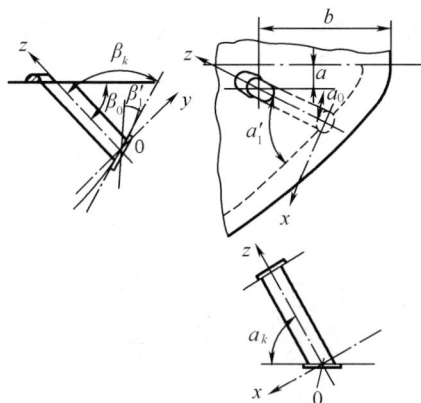

图2-37　设置双链轮卧式锚机的锚链筒位置

从船体中心线到锚链筒轴线同甲板交点之间的距离 a 按下式确定：

$$\begin{cases} a = 0.5c & \alpha_0 < 15° \\ a = 0.5c - (1.0 \sim 2.0)d & \alpha_0 \geqslant 15° \end{cases} \quad (2\text{-}40)$$

式中　α_0——通过锚链筒轴线的垂直平面同船体中心线之间的夹角；

c——卧式锚机两链轮之间的距离；

d——锚链公称直径。

从艏端到锚链筒轴线同甲板交点之间的距离 b 按下式确定：

$$\begin{cases} b = (80 \sim 90)d & \text{艏部型线丰满的船舶} \\ b = (90 \sim 110)d & \text{艏部型线一般的船舶} \end{cases} \quad (2\text{-}41)$$

设置单侧式（单链轮）卧式锚机或起锚绞盘时，锚链筒的位置应使其轴线尽可能垂直于通过其舷侧出口处的水线。这样可大大简化锚链筒的设计，特别是在设置锚穴时。

设置双链轮卧式锚机，α_0 应不小于30°，否则在起锚时锚链容易形成麻花状。无论设置何种形式的锚机或绞盘，在通过锚链筒轴线的垂直平面上，锚链筒的倾角 β_0 应在30°~60°的范围内。接近60°时为陡削式锚链筒，接近30°时为平斜式锚链筒。为了保证锚依靠其自重从锚链筒中抛出，β_0 应不小于30°，β_0 如果小于30°，则锚链筒直径应予加大。

3. 锚链筒的主要尺寸

锚链筒的内径 $D(\text{mm})$ 应按式（2-42）或式（2-43）确定：

$$D = 33\sqrt[3]{G} \quad (2\text{-}42)$$

$$D = (0.85 \sim 10.5)d \quad (2\text{-}43)$$

式中　G——锚重，kg；

d——锚链公称直径，mm。

使用式（2-43）进行计算较为方便，但该式适用于大直径锚链。

在初次确定锚链筒身长度 $L(\text{mm})$ 时，可按下式计算：

$$L = 185 \sqrt[3]{G} \tag{2-44}$$

式中，G 为锚重，单位为 kg。

当设置导链滚轮时，锚链筒的长度应使锚在拉进锚链筒后，锚链转环位于导链滚轮之前。

4. 锚链筒及锚穴的构造

普通的锚链筒通常由筒身、甲板锚链筒口及舷侧锚链筒口组成。图 2-38 所示为普通焊接锚链筒。

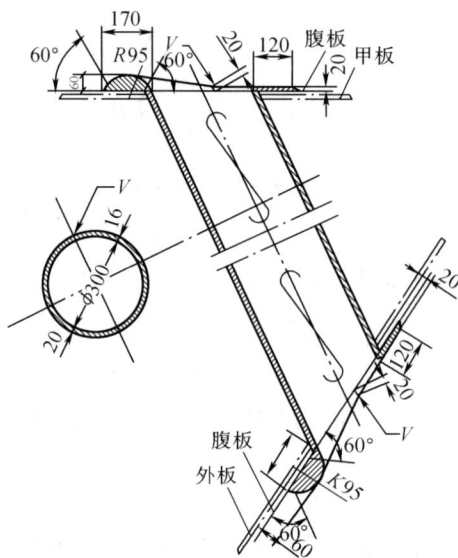

图 2-38 普通焊接锚链筒

直径较小的锚链筒，筒身可采用钢管；直径较大的锚链筒，筒身通常由两个壁厚不同的半圆筒体合成。其中，筒身下半体壁厚 $t_1 \geq 0.4d$，d 为锚链直径；筒身上半体壁厚 $t_2 \geq 0.65t_1$。

甲板锚链筒口与舷侧锚链筒口通常有两种形式。

一种是将锚唇与部分筒身合为一体，采用铸钢件（图 2-39），锚链通过处的锚唇圆弧半径 R 为

$$R = (8 \sim 10)d \tag{2-45}$$

式中，d 为锚链直径。

另一种锚链筒口的形式为筒身伸到甲板及外板处，围绕筒口设置锚唇。锚唇可为铸钢件，也可采用半圆钢弯制。锚链通过处的锚唇圆弧半径应不小于 3 倍锚链公称直径。

锚链筒设置锚穴时，应使得被拉入的锚的对称平面位于锚链筒轴线同船外板之间的夹角为 θ 的平面内，如图 2-40 所示。在锚处于初始位置 I 时，锚爪对称平面（见图 2-40 中 R 的方向）同船外板法线 N 之间的夹角 ξ 应不小于摩擦角 ρ，相应的锚柄与船外板间的夹角应为

$$\beta_0 \geq 90° - x_{max} - \rho \tag{2-46}$$

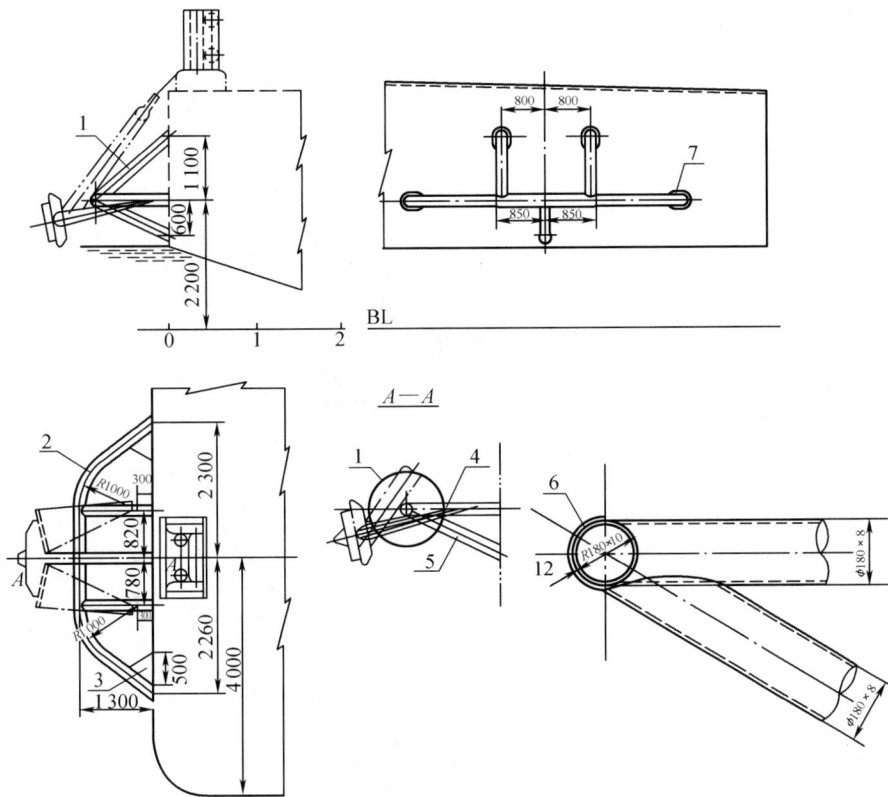

1—上斜撑;2—横档;3—肘板;4—水平撑;5—下斜撑;6—防磨覆板;7—垫板。

图 2-39 单锚锚架结构图

式中 x_{max}——锚爪最大折角;

ρ——摩擦角。

若以霍尔锚为例,$x_{max}=45°$,取 $\rho=15°$,则 $\beta_0\leq30°$ 时拉锚最为有利。随着锚的提升,锚爪将绕其旋转轴心向外转动,当 $\beta_0>30°$ 时,锚爪将不能转动。随着锚的提升,锚爪尖端贴着船外板滑动直到锚处于位置 Ⅱ,一旦锚爪尖越过 A 点时,锚爪向外翻转,锚冠连同锚柄的一端下落并撞在锚穴的下缘处,使锚处于位置 Ⅲ。锚链筒筒身下缘与锚穴下缘之间的垂直距离 C 越大,则撞击的力越小。当 C 值很小时,在锚处于位置 Ⅱ 的情况下,锚卸扣可以顶住锚链筒。锚进入锚穴后,为了使其顺利滑行,锚穴下部板与锚穴后板之间应用足够大的圆弧半径 r 连接。锚处在位置 Ⅳ 时,锚爪尖端同锚穴后板接触点 B 的法线 N 同锚爪对称平面(图中 R 方向)的夹角 ξ 应大于摩擦角 ρ,锚穴后板同锚链筒轴线之间的夹角 θ_H 应不大于 64°(这个角度仅适用于折角为 45°的霍尔锚),以保证锚爪及锚冠贴紧锚穴后板。

5. 锚链筒的附件

为防止航行时海浪通过锚链筒冲到甲板上,海船的锚链筒在锚链筒甲板出口处应设置防浪盖。

锚及锚链起锚出土时带有泥砂等污物,因此在锚链筒内应设有同消防水管连接的喷嘴,用于起锚时清洗锚和锚链。

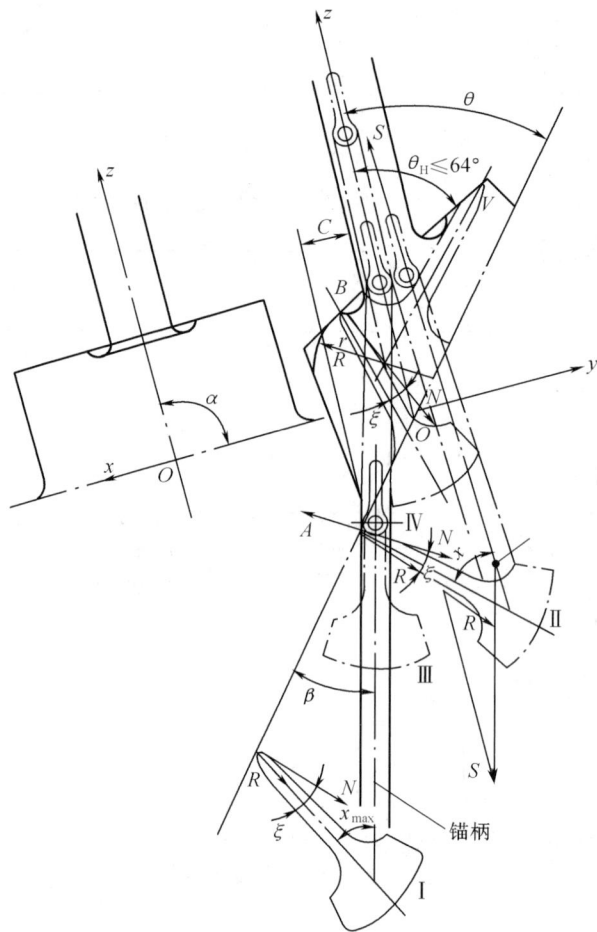

图 2-40　锚拉进锚链筒及锚穴示意图

由于船舶的首部型线较复杂，依靠作图方法很难设计出合乎理想的锚链筒，因此除了某些型线简单的船舶(如起重船)可直接用作图法设计锚链筒外，大多数情况应通过制作模型及进行拉锚试验以确定锚链筒的正确位置，并由此确定锚链筒上下出口部分的详细结构尺寸。设置锚穴时，更是如此。

二、锚架

锚架也是存放锚的装置，在工程作业船舶上用得较多，尤其是带有横杆的锚不适合用锚链筒收存，钢丝绳锚索在通过锚链筒时磨损严重，因此采用锚架。

锚架的结构应符合以下要求：

(1)锚架应突出船体以外必需的宽度，使得起锚时锚爪不会钩住船底；

(2)锚架应该离开水面有足够的高度，使得收存的锚在航行(或拖航)时，不会接触水面，以致增加船舶阻力；

(3)锚架的形状应能保证，起锚时处于任何位置的锚索，均能顺着锚架移动到将锚拉起后存放于规定的位置；

（4）通过锚索并卡住锚柄和锚爪的锚架横档应有足够的直径,以保锚索(锚链或钢丝绳)通过时不会产生严重的弯折,收存的锚保持稳定;

（5）锚架应有足够的强度,能承受起锚时及锚拉紧后作用在锚架上的负荷。

锚架结构的主要构件为一水平的钢管架,其向两侧的延伸宽度足以保证通过导缆器的锚索,在起锚时能自动顺着弓形边缘移动到锚架中间,弓形锚架的中间部分设置防磨覆板,弓形锚架上下设钢管斜撑。

三、锚链舱

锚链舱是收藏锚链的地方,通常应位于艏部防撞舱壁的前后,其合适的位置应视甲板上起锚设备的布置情况而定。由于锚的设置一般为两只、双链,因此一般情况下,锚链舱应分隔为二,以便于收藏左右两根锚链。

艉部锚链舱应设在艉尖舱隔壁之后。设置在艏、艉尖舱以外的锚链舱应为封闭式的水密结构。由于锚链的质量很大,会影响到船的中心高度,因此应尽可能将锚链舱设在较低的位置,这一点对于中小型船舶尤为重要。锚链舱的容积应足以存放收入舱内的全部锚链,并依靠自重自行堆放,不需要由人工整理。

锚链舱的形式很多,基本上可分为圆形、矩形(包括正方形)、梯形和组合形。通常圆形锚链舱为独立结构,梯形锚链舱按船体首部形状由船体外板、舱壁及底部结构构成。矩形和组合形锚链舱或为独立结构,或是依托舱壁设置。图 2-41 所示为一个面依托舱壁设置的锚链舱。

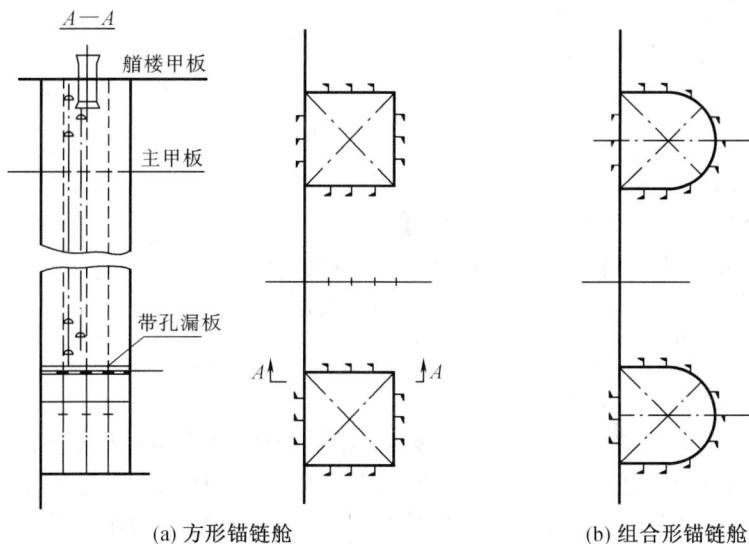

图 2-41 依托舱壁设置的锚链舱

1. 圆形锚链舱尺寸的确定

圆形锚链舱通常为封闭式水密结构,舱壁的构架设于锚链舱外。舱壁的厚度应考虑严重的腐蚀,但舱的内面不必铺设木材。舱的下部应设有钢格栅,底部设有污水井供舱底水管抽污水用。锚链舱应在锚链堆放高度以上的位置开设人孔并加设水密盖。人孔下部的舱壁设置为踏步的切口,如图 2-42 所示。

圆形锚链舱的内径 D_c 建议取为 $(30 \sim 35)d$（d 为锚链直径）。对于型深较小的小型船舶，锚链舱的直径可适当放大，但不应超过 $40d$。

圆形锚链舱的高度 H_c（m）（图 2-43）可按下式计算：

$$H_c = 1.27 \frac{V}{D_c^2} + h_1 + h_2 \tag{2-47}$$

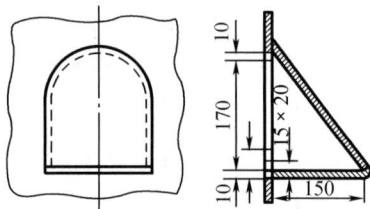

图 2-42 锚链舱踏步

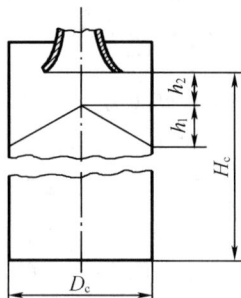

图 2-43 圆形锚链舱示意图

式中 V——除锥形堆放部分外，锚链舱必需的容积，按式（2-48）计算；

D_c——锚链舱的内径，m；

h_1——锚链自动堆放时，在上部形成的锥形部分高度，$h_1 = (0.5 \sim 0.6)D_c$，m；

h_2——锚链舱储备高度，$h_2 \geqslant 2.5l$，m；

l——普通链环的长度，m。

圆形锚链舱的容积 V（m³）按下式计算：

$$V = 0.0009d^2 \frac{l_n - l_k}{100} \tag{2-48}$$

式中 d——锚链公称直径，mm；

l_n——收存在锚链舱内的锚链长度，m；

l_k——形成锥形部分的锚链长度，m，按下式计算。

$$l_k = \frac{1.6 \times 10^4 D_c^3}{d^2} \tag{2-49}$$

2. 矩形锚链舱尺寸的确定

矩形、方形或组合形锚链舱的基本要求同圆形锚链舱相同。开敞式的矩形锚链舱只能设在防撞舱壁之前，锚链舱壁可不伸到上部甲板，或在锚链舱壁上部设置进入锚链舱的开口。设置双链轮卧式锚机时，两个锚链舱可并联，中间用不伸到顶的隔壁分隔，且在该隔壁上设置踏脚孔。

矩形锚链舱的有效容积 V（m²）可按下式计算：

$$V = k_1 \frac{l_n d^2}{100} \tag{2-50}$$

式中 k_1——系数，取为 $0.00085 \sim 0.001$，其下限用于锚链舱下部容积较小的情况；

l_n——收存在锚链舱内的锚链长度，m；

d——锚链直径，mm。

矩形锚链舱的有效容积 $V(m^3)$ 也可按下式计算：

$$V=k_2l_nq \qquad (2-51)$$

式中　k_2——系数,对于堆放时需要整理的锚链,取为 $0.40\sim0.43\ m^3/t$,对于堆放时不需要整理的锚链,取为 $0.45\ m^3/t$;

　　　l_n——同式(2-50);

　　　q——每米锚链的质量,t/m。

按上述计算得到的所需锚链舱容积值确定锚链堆放高度,并在其上方留有一定的空间,对于大中型船舶,该空间高度应至少为 $1.2\ m$。

3. 梯形锚链舱

艏部尖削的中小型船舶,由于空间的限制,在不可能设置圆形或矩形锚链舱时,只能按具体情况利用船体结构的外板、舱壁及底部结构构成梯形锚链舱,左、右锚链舱之间设置半高的隔壁。构成锚链舱的船壳板及舱壁均应加厚 $1\sim2\ mm$。当构架在舱内时(如肋骨)应设置木板保护,底部应敷水泥,并在其上设置钢或木格栅。

梯形锚链舱所需要的有效容积 $V(m^3)$ 可按式(2-50)或式(2-51)计算,并据此确定锚链堆放高度,再在该高度以上留有一定的空间。

任务九　锚　　机

一、锚机的要求

锚机是放出或收进锚索(锚链或钢丝绳)以及锚的甲板机械,同时也是抛锚时系住船舶的装置。起锚时,只要开动起锚机,则锚链通过锚链筒和掣链器,经锚机管进入锚链舱。这时锚即随着锚链的收起先出土,后离水面,直至最后在航行期间锚杆被收藏在锚链筒,锚爪被紧靠在锚链筒口。抛锚停泊时则相反。

锚机根据动力的不同,可分为手动、气动、电动、液压和内燃机驱动几种,其中以电动锚机和缆机联合装置应用最为广泛。

1. 锚机的种类

锚机按其主轴(安装链轮或滚轮的轴)的方向可分为两大类,即卧式锚机和立式锚机,后者又称为起锚(系缆)绞盘。

卧式锚机通常是指配置链轮的锚机,又可分为双链轮和单链轮锚机,后者又称为单侧式锚机。卧式锚机可配置系缆筒(又称绞缆筒或副卷筒)供系船索使用。将起锚机械同系泊绞车组合成一体的锚机称为起锚-系泊组合机,或称多用途锚机。

用于钢丝绳锚索的卧式锚机通常称为锚绞车,钢丝绳贮存在滚筒上,也可配置供系船索使用的系缆卷筒。

抛、起锚用的绞盘通常总是设有链轮和系船索用的绞盘头,因而称为起锚系缆绞盘。

锚机按其驱动方式可分为手动(人力)锚机、蒸汽锚机、机动(柴油机)锚机、电动锚机及液压锚机,目前最常用的是电动和液压锚机。

2. 锚机的基本要求

锚机是保证船舶起锚作业安全的装置,因此各国船级社的规范对于锚机的结构均提出了要求,这些要求大体一致,但也有某些不同之处。

(1)锚机的一般要求

各国船级社规范对于锚机工作负载、过载拉力和起锚速度的规定基本相同。这里引述 CCS《海船规范》的规定如下:

①起锚机应由独立的原动机或电动机驱动。对于液压锚机,其液压管路如果和其他甲板机械管路相连接时,应保持起锚机的正常工作不受影响。

锚质量不超过 250 kg 的船舶,也可以配置手动起锚机,手动起锚机应有防止手柄打伤人的措施。

②所有动力操纵的起锚机都应能倒转。

③在船上试验时,起锚机应有能力以平均速度不小于 9 m/min,将一只锚从水深 82.5 m 处拉起至水深 27.5 m 处。当试验区域水深不能满足时,对采用等效模拟的替代条件将予以考虑。

④起锚机应具有足够的功率,且应能连续工作,其工作负荷和过载拉力应满足下列要求。

a. 在满足③规定的平均速度时,起锚机应有连续工作 30 min 的能力,其工作负荷为:

A1 级有档锚链:$37.5d^2(N)$;

A2 级有档锚链:$42.5d^2(N)$;

A3 级有档法锚链:$47.5d^2(N)$。

其中,d 为锚链直径,单位为 mm。

b. 起锚机应能在过载拉力作用下(不要求速度)连续工作 2 min,过载拉力应不小于工作负荷的 1.5 倍。

(2)锚机制动装置的要求

锚机的传动轴与链轮(或滚筒)之间用离合器连接。船舶在抛锚系留时离合器脱开,由制动装置(刹车)刹住链轮(或滚筒)。因此作用在链轮或滚筒上的支持负荷通过制动装置传递给锚机的其他零部件。在通常情况下,卧式锚机或起锚系缆绞盘与锚链筒之间设有掣链器,船舶抛锚系留时,外力(支持负荷)由掣链器承受,如果不设掣链器则外力由锚机直接承受。锚绞车通常不设掣索装置,直接承受外力。因此,锚机的支持负荷应根据系留时的情况确定。综合 CCS、LR、GL、DNV 以及 ABS 等船级社规范的规定,锚机制动装置应符合下列要求:

①锚机制动器应能在抛锚时足以安全地掣住锚。

②锚机与掣链器同时使用时,锚机制动器刹紧后应能承受的静拉力为所通过锚链的最小断裂负荷的 45%。在这种情况下,锚机的受力构件不应产生永久变形,刹车不发生打滑。相应的掣链器的设计负荷为锚链断裂负荷的 80%。

③不设置掣链器的锚机的制动器,在刹紧后应能承受的静拉力为所通过的锚链(或钢丝绳)最小断裂负荷的 80%。在这种情况下,锚机的受力构件不应产生永久变形,刹车不发生打滑。

(3)锚机在船上的布置

船舶设置卧式锚机时,从锚链筒在甲板出口处的中心到锚机链轮轴线之间的距离应不小于 12~18 倍链环长度(或 48~27 倍锚链直径)。锚链通过链轮时的包角(锚链围绕链轮的弧长所对应的圆心角)应不小于 115°。通常在确定锚机位置时,从链轮引出的锚链方向与水平面的夹角(向下)不小于 15°。

在设置起锚系缆绞盘时,甲板锚链筒出口中心到绞盘轴线之间的距离应不大 12~16 倍链环长度(或 48~72 倍锚链直径)。

锚绞车不设置排绳装置时,绞车滚筒轴线到导缆器之间的距离应不小于 10 倍滚筒长度。

二、锚机的类型

1. 手动起锚机

手动起锚机是依靠人力收放锚链及锚的机械,又称为人力起锚机。这种锚机通常用于内河小型船舶以及无动力的驳船上,在海船上很少使用。手动起锚机可分为单链轮和双链轮手动锚机。海船规范规定,锚重不超过 250 kg 时,才允许使用手动起锚机,相应的有档锚链直径应不大于 16 mm(AM1 级)或无档锚链直径不大于 17.5 mm(BM1 级)。

图 2-44 所示为锚链直径为 15/17/19 mm 的双链轮手动起锚机,其允许的最大锚重为 250 kg,额定起锚负荷为 12.5 kN,系缆筒负荷为 10 kN,工作人数 2 人,每人出力 240 kN。

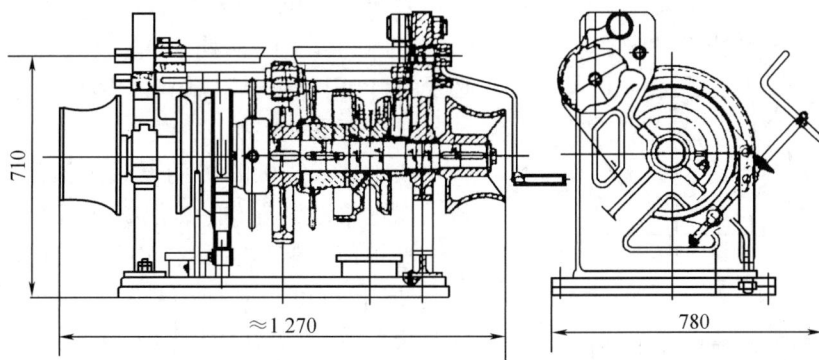

图 2-44 锚链直径为 15/17/19 mm 的双链轮手动起锚机

2. 电动卧式锚机

电动卧式锚机是船舶使用最广泛的锚机。其传动方式为电动机通过减速装置驱动链轮轴,链轮与传动轴之间设有离合器,抛锚时脱开离合器,用刹车控制链轮。设置系缆滚筒时,也设有单独的刹车和离合器。图 2-45 所示为配置弧形蜗杆减速箱的电动卧式锚机。

电动锚机按其电制可分为直流和交流,前者可实施无级调速,后者为分级调速。目前由于大多数船舶设置交流电站,因此交流锚机用得很多。小型锚机(如锚链直径 26 mm 以下)通常采用双速电动机,在过载时自动由高速挡转换到低速挡。较大功率的锚机均采用三速电动机,其速成比为 1:2:4,以中速挡为额定级(负荷及起锚速度)。通常起锚时,一开始使用高速挡,当负荷增加达到过载时,自动地由高速挡转换到中速挡,锚出土后可转换到高速挡,锚离开水面收进锚链筒时,采用低速挡。

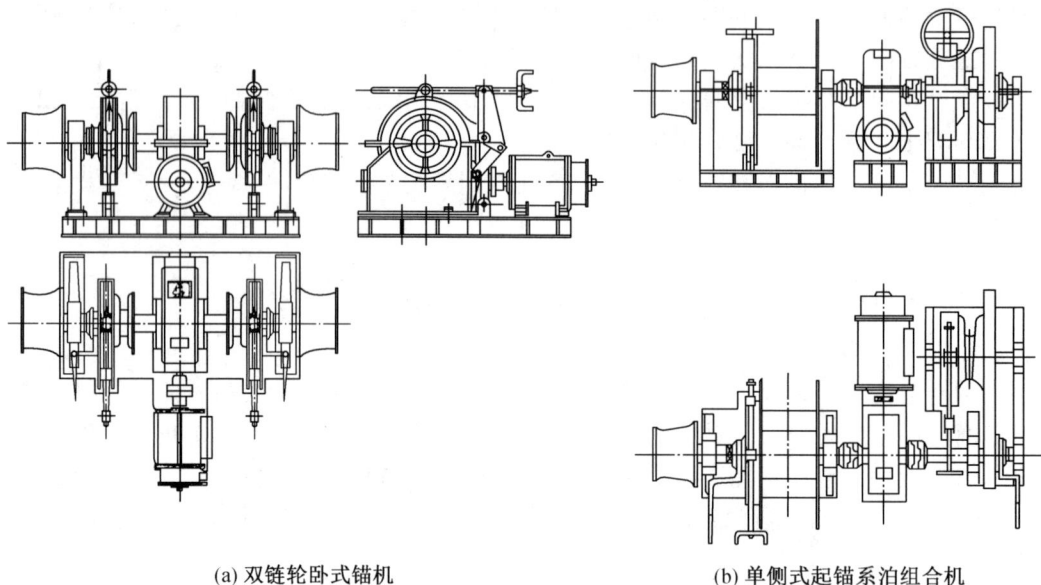

(a) 双链轮卧式锚机

(b) 单侧式起锚系泊组合机

图 2-45　配置弧形蜗杆减速箱的电动卧式锚机

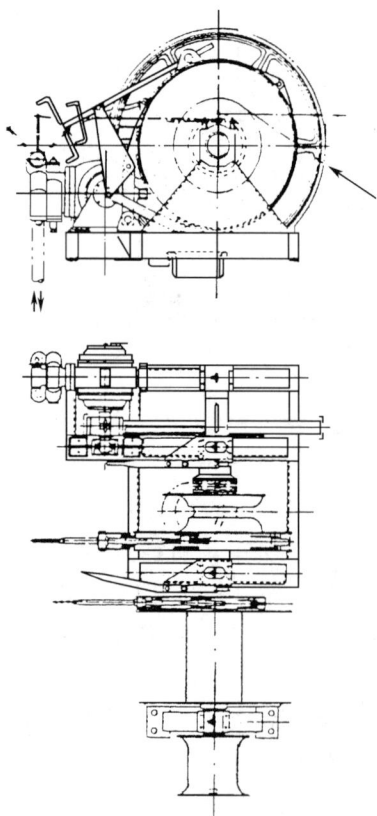

图 2-46　液压单侧式起锚系泊组合机

电动锚机的优点是安装简单,使用方便。但是大功率的电动锚机启动时,对于电网影响较大。因此设置电动锚机时,应考虑电站容量。必要时,使用锚机时限制其他设备的使用。

3. 液压卧式锚机

液压卧式锚机的传动方式为液压马达通过开式齿轮驱动链轮轴,其他机械部件与电动卧式锚机相似。液压锚机需设置液压泵站,它可独立使用,也可与其他甲板机械(如起货绞车、系泊绞车、货舱盖开闭机构等设备)兼用。图 2-46 所示为典型的液压单侧式起锚系泊组合机。

由于液压锚机省去了电动机和减速箱,机械部分体积和质量小。液压锚机启动平稳,调速方便,可实现无级调速。由于采用控制阀直接操纵液压马达,特别适合于油船、液化气船等有防爆要求的船舶使用。

4. 起锚系缆绞盘

起锚系缆绞盘按其动力源可分为人力、电动和液压绞盘。其最大的优点是直接用于起抛锚和系缆作业的链轮、绞盘头及刹车装置安装在甲板上,其余驱动机械及传动机构均安装在甲板以下。所以在甲板上占用的面积小,特别适用于舰艇和某些甲板布置较困难的船舶。

图 2-47 所示为倒挂式电动起锚系缆绞盘(锚链直径 24~26 mm),用于中小型电动绞盘。

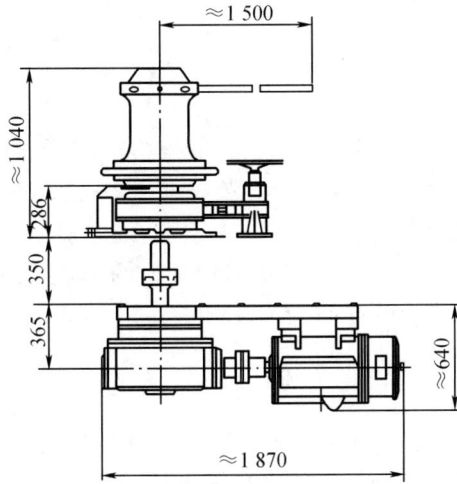

图 2-47　倒挂式电动起锚系缆绞盘(锚链直径 24~26 mm)

项目三 系 泊 设 备

◆ **项目描述**

船舶停泊除用抛锚方式外,凡停靠码头、船坞、系留浮筒均要用缆绳将船系住。保证船舶能安全可靠地进行系缆作业的所有装置和机械统称为系泊设备。

系泊有多种方式,最常见的方式是码头系泊,还包括连接到相邻船旁的旁靠系泊(ship to ship,STS)、连接到单浮筒或者结构架上的单点系泊(single point moorings,SPM)以及连接到多个浮筒上的浮筒系泊(multi-buoy moorings,MBM)。

◆ **教学目标**

1. 思政目标

通过本项目的学习,学生应了解,就像系泊索由多股绞拧或编织而成,且有股芯,并非像外表看到的那么简单一样,做人做事应该透过现象看本质,深挖事物的本质。

2. 知识目标

以船舶系泊方式为线索,区辨不同船舶系泊方式的特征,加强系泊索、系泊属具核心知识的学习,掌握系泊设备布置的重点问题,拓宽学生视野,增长学生的跨学科知识。

3. 能力目标

学生应能正确编写系泊设备安装检验工艺;能根据生产资料安装各种系泊设备。

4. 素质目标

通过本项目的学习,剖析系泊设备布置的影响因素,评价其对系泊设备发展的影响,培养学生的沟通与学做能力、批判性思维、实践与创新能力、深度学习与自主学习能力。

【思政课堂】 求是网评论员:建设海洋强国是实现中华民族伟大复兴的重大战略任务

"建设海洋强国是实现中华民族伟大复兴的重大战略任务。"2022 年 4 月 10 日,习近平总书记在中国海洋大学三亚海洋研究院调研考察时,对建设海洋强国做出重要指示,强调要推动海洋科技实现高水平自立自强,加强原创性、引领性科技攻关,把装备制造牢牢抓在自己手里,努力用我们自己的装备开发油气资源,提高能源自给率,保障国家能源安全。

建设海洋强国,对于推动我国高质量发展、全面建设社会主义现代化国家、实现中华民族伟大复兴,具有重大而深远的意义。21 世纪,人类进入开发海洋资源和利用海洋战略空间的新阶段,海洋在保障国家总体安全、促进经济社会发展等方面的战略地位更加突出,以海洋为载体和纽带的市场、文化等合作日益紧密,世界各海洋大国和周边邻国纷纷制定新形势下的海洋战略和规划,加速向海洋布局。海洋已经成为全球合作与发展的重要领域。我国既是陆地大国,也是海洋大国,拥有广泛的海洋战略利益。虽然我国在建设海洋强国方面取得了显著成绩,但也面临海洋开发利用层次总体不高、涉海科技创新自主能力不强等问题。建设海洋强国,必须着眼于中国特色社会主义事业发展全局,统筹国内国际两个大局,坚持陆海统筹,坚持走依海富国、以海强国、人海和谐、合作共赢的发展道路,通过和平、发展、合作、共赢方式,扎实推进海洋强国建设。

发达的海洋经济是建设海洋强国的重要支撑。发展壮大海洋经济,不仅能满足我国破除资源瓶颈、加快新旧动能转换的迫切需要,也是扩大内部有效需求、拉动国民经济持续增长的重要途径。《2021年中国海洋经济统计公报》显示,2021年全国海洋生产总值首次突破9万亿元,对国民经济增长的贡献率为8.0%,海洋经济已成为国民经济新的增长点。习近平总书记强调,要提高海洋资源开发能力,着力推动海洋经济向质量效益型转变。这就要求进一步深化供给侧结构性改革,培育壮大海洋战略性新兴产业,推进自由贸易港建设,构建支撑高质量发展的陆海统筹开发保护格局。

建设海洋强国必须大力发展海洋高新技术。创新是引领发展的第一动力。党的十八大以来,我国的海洋科学和技术取得了巨大进步,在深水、绿色、安全的海洋高新技术领域不断取得突破,一批海洋"国之重器"创造多项世界之最,但战略性、基础性、颠覆性的海洋科技创新能力还不足,部分关键技术存在"卡脖子"问题。必须坚持把实现海洋科技高水平自立自强作为战略目标,努力突破制约海洋事业发展的技术瓶颈,形成加快建设海洋强国的强劲动能。

保护海洋生态环境,实现人海和谐是海洋强国建设的内在要求。在此次海南考察时,习近平总书记叮嘱当地负责同志加强陆海统筹,把生态保护工作作为一项重要任务抓紧抓好。在习近平生态文明思想指引下,我国海洋生态文明建设取得突破性进展,海洋资源开发保护制度基本健全,海洋环境污染防治力度不断加大,蓝色碳汇融入碳达峰、碳中和行动,我国海洋生态环境有了明显改观。实践证明,只要坚定不移走人海和谐的发展道路,就能让海更蓝、滩更净、岸更绿、湾更美,让人民群众吃上绿色、安全、放心的海产品,为子孙后代留下一片碧海蓝天。

习近平总书记指出:"我们人类居住的这个蓝色星球,不是被海洋分割成了各个孤岛,而是被海洋连接成了命运共同体,各国人民安危与共。"海洋的和平安宁关乎世界各国安危和利益,需要共同维护,与各国携手构建海洋命运共同体、促进合作共赢是建设海洋强国的必由之路。作为发展中的海洋大国,海洋日益成为中国走近世界舞台中央的重要主题,中国与各国携手发展将为世界提供更多机遇、注入强劲动力。

来源:求是网(原文有删改)

★知识拓展3-1:船舶系泊方式

知识拓展3-1
船舶系泊方式

任务一　系泊索的配置

一、系泊索

系泊索是指系泊时使用的柔韧绳索。系泊索可以是钢索、植物纤维索或合成纤维索。

1. 钢索系泊索

（1）材料

推荐采用镀锌冷拔钢丝绳，最小抗拉强度为 1 370 N/mm²（140 kg/mm²）。在大型船舶上，为了减轻质量，最小抗拉强度可为 1 770 N/mm²（180 kg/mm²）。

（2）结构（图 3-1）

当破断负荷小于或等于 500 kN 时，推荐采用 6×24 和 7 根纤维芯；对于破断负荷大于 500 kN 时，推荐采用 6×37 和 1 根纤维芯；对于储存在系泊绞车卷筒上的钢丝绳，可采用金属丝绳芯的钢丝绳，如西鲁（Seale）式 6×（19）+7×7、瓦林吞－西鲁（Warrington-Seale）式 6×W（36）+7×7 等。在大型船舶上现在都推荐采用钢丝绳式绳芯（IWRC）结构，不主张采用纤维绳芯，因为前者有较大的抗压能力，且能在一定的弯曲比下保持较高的强度性能。

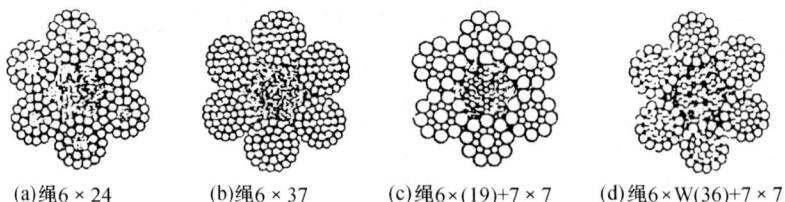

(a)绳6×24　　(b)绳6×37　　(c)绳6×（19）+7×7　　(d)绳6×W（36）+7×7

图 3-1　钢丝绳结构

（3）弯曲半径

钢索的弯曲半径过小时，其强度会受到很大损失，因此在设计和选用绞车卷筒和导缆器等设备时，必须有适当的直径或表面弯曲半径。钢索建议的最小弯曲半径比为12，但目前常用的一些标准采用 6~6.5。

2. 纤维系泊索

（1）材料

目前，实际使用的纤维系泊索都是合成纤维索，最常用的材料是聚酯、尼龙、聚丙烯和聚乙烯。有些缆索则采用这些材料的混合物，例如 Jetkore 索是由尼龙、聚酯和聚丙烯组合的 6 股结构合成纤维索；Atlas Perlon 索是由单丝和多丝两种结构组成的 6 股结构；Karat 索是由聚酯和聚丙烯熔化的纤维组成的缆索，它能漂浮于海面上。由于聚丙烯能浮于水面，且价格低，目前仍广泛用作系泊索。表 3-1 列举了合成纤维索的特性，表 3-2 列出了合成纤维索的使用要求和建议。

表 3-1　合成纤维索的特性

材料	构造	特点	缺点	备注
聚酯 （Dacron） （Terylene）	3 股 8 股 双层编织	高的干态和湿态强度 中等价格 中等伸长率	—	—

表 3-1(续)

材料	构造	特点	缺点	备注
尼龙 (聚烯)	3 股 8 股 双层编织	高的干态强度 中等价格 中等伸长率	低的湿态强度 低的疲劳寿命	湿态强度约为干态强度的 80%
聚丙烯	3 股 8 股	质量小 价格低 中等伸长率	低强度 低熔点 蠕变	有特殊的中等强度的聚丙烯类索
聚乙烯	3 股 8 股	质量小 价格低 中等伸长率	低强度 低熔点 蠕变	有特殊的中等强度的聚乙烯类索
芳族聚胺 (Kevlar) (Twarlon)	多种特殊构造	强度很高 伸长率很低	价格很高 低耐磨性 插接困难	经验少
尼龙/聚酯/聚丙烯 (Jetkore)	6 股	高的干态强度 耐磨性好 中等伸长率	低的湿态强度 低的疲劳寿命	—
聚酯/聚丙烯 纤维混合物 (Deltaflex)	6 股 8 股	高的干态和湿态强度 中等价格 中等伸长率	—	—
聚酯/聚丙烯 熔融混合物 (Karat)	3 股 8 股	中高的干态和湿态强度 中等价格 中等伸长率		—

表 3-2 合成纤维索的使用要求和建议

用途	负荷大致范围[①]/kN	其他要求	建议的缆索
卷于绞车上的系泊索	200~700	中等伸长率 耐磨	聚酯 8 股 组合索 6 股
辅助系泊索	200~500	中等伸长率耐磨	聚酯 8 股
钢索端部的缆尾索	200~700	高伸长率	尼龙 双层编织 组合索 6 股
撇缆索	0.5	质量小 易于输送	聚酯 8 股 芳族聚胺 各类
引索	20	质量小 易于输送 (浮于水面)	聚酯 8 股 聚丙烯 8 股

表 3-2（续）

用途	负荷大致范围①/kN	其他要求	建议的缆索
拣索绳	20	质量小 低伸长率 耐磨	聚酯　8 股
止索绳子和掣链索	50	易于操纵 耐磨	聚酯　8 股 （短纤维）
提长索	50	低伸长率	聚酯　8 股

注：①负荷为近似的工作或作用负荷，当选购缆索时，必须考虑适当的安全系数。

（2）结构

合成纤维索常用的结构形式有 3 股、6 股、8 股和双编结构。

3 股索是绞制索中最常见的形式，适于承担某些作业，但易于产生扭结致使强度明显降低，从而不利于选择它作为系泊索。

6 股索是类似于普通钢索的绞制索，它不像 3 股索那样产生扭结，因此有时被用作系泊索。

8 股索又称四扭编组索，是由成对扭合的股绳构成，基本上与同样规格的 3 股索强度相同。它不会产生扭结，并且要比绞制索耐用，这种索常用作系泊索和船上其他用途的缆索。

双编索即双层多股编织索，内部由许多小股编织的股绳组成，外层同样由许多小股编织的包覆结构构成。由于结构细密，这种索的强度一般要高于同样直径的其他缆索，一般用于钢索上的缆尾索。

（3）弯曲半径

合成纤维索由于弯曲所造成的强度损失显然不像钢索那样严重。一般对固定表面的弯曲半径比取 8，对滚动表面的弯曲半径比取 4。

3. 系泊索的选型

任何一个系泊系统的设计，首先必须确定系泊索的材料、数量和尺寸，为此系泊索的选择可归纳为如下几点：

（1）根据强度、弹性、耐用性和操作特性选择最合适的材料。缆索的材料类型会影响系泊绞车卷筒的尺寸、导缆器的形式、导缆器弯曲半径及需占用的甲板空间等要素。建议在大型船舶上采用钢索，而在中小型船舶上优先采用合成纤维索。

（2）选用船上和码头操作人员都能安全操作且直径适当的缆索。一般认为钢索的最大直径是 48 mm，而合成纤维索适合实际使用的最大直径为 80 mm。

（3）全部系泊索尽可能选用相同的尺寸和材料，但某些船上采用钢索倒缆和合成纤维索横缆的系统，可减少船舶的前后漂移，有效地限制了刚性输油臂或输油软管相对于船的移动。

4. 缆尾索的应用

为了获得附加的弹性，一些大型油船的系泊钢缆在靠岸的一端配置了一段合成纤维索，称作缆尾索。这一附加的弹性使船舶能对风浪等的联合作用做出更迅速的反应,从而降低了系泊钢索的动力负荷。在同样的作业情况下,缆尾索使得系泊索中的负荷更均匀。同时,由于缆尾索提供的系泊索伸长,也降低了因潮差和吃水变化带来的潜在危险。

如果设置缆尾索,应优先采用尼龙索(不采用3股结构索),总长约11 m,其破断强度至少比与其连接的钢索高25%。

二、按船级社规范配置系泊索

各国船级社规范除了按舾装数配置锚和锚链外,对系泊索的数量、长度和破断强度也提出了要求或建议。

CCS对系泊索的要求见表2-9和表2-10,其补充规定如下:如果船舶的 A/N 大于0.9(A 为侧投影面积, N 为舾装数),表2-10中系船索的数量建议按表3-3要求增加。

表3-3 系船索的数量增加规则

A/N 的比值	系船索增加数
0.9< A/N ≤1.1	1
1.1< A/N ≤1.2	2
1.2< A/N	3

任务二 系泊属具的选择

一、带缆桩

缆桩又称系缆桩或带缆桩,系指固定在甲板上或码头边用以系揽缆绳的桩柱,一般由金属铸造或焊接而成。因为使用时其受力很大,所以要求其基座十分牢固。为使缆绳不易从缆桩上滑脱,一般在缆桩顶部覆有比桩身略大的桩帽。在船上,缆桩通常安装在船首、船尾和船中左右甲板上。

1.带缆桩的作用

为在靠泊和拖带作业时固定缆绳的一端,在艏、艉楼甲板和舯部甲板等部位设有挽缆用的缆桩。缆桩的受力很大,因此要求基座必须十分牢固,缆桩附近的甲板均需加强。

缆桩有铸造的,也有用钢板围焊而成的。其类型很多,有单柱系缆桩、双柱系缆桩、单十字系缆桩、双十字系缆桩、斜式双柱系缆桩和羊角桩等。大中型船舶多采用双柱系缆桩。

一般船舶采用铜质焊接带缆桩,油船为避免碰擦时产生火花而使用铸铁带缆桩,游艇上的带缆桩可用青铜、不锈钢或其他合金材料制成。带缆桩的规格按缆绳直径选用,其配备量据根据舰船类型和吨位决定。

2. 带缆桩的种类

带缆桩按柱体的数量可分为双柱带缆桩和单柱带缆桩,按外形样式还可分为单十字缆桩、双十字缆桩、直立式缆桩、斜立式缆桩和羊角形缆桩等。

如图 3-2 所示为 A 型带缆桩。

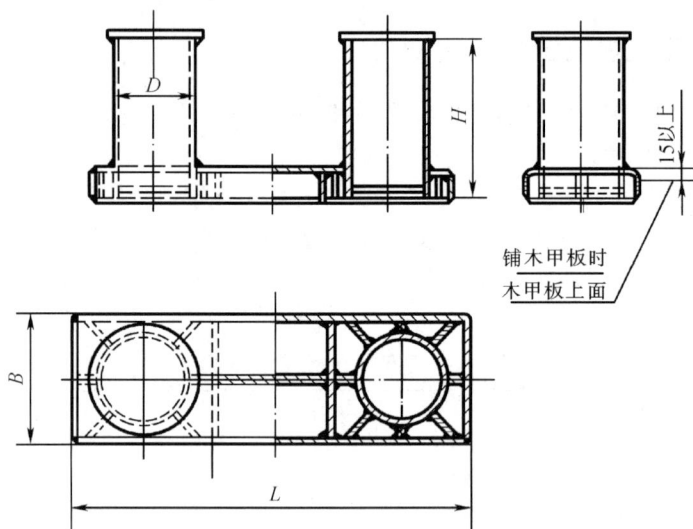

图 3-2　A 型带缆桩

在带缆桩标准中,一般都标明了按系泊索的强度选用带缆桩。必须注意的是在 ISO 标准和 GB 标准中,带缆桩的缆索最大许用负荷设计成两种工况,即按缆桩上可承受 2 根缆索以 8 字形绕在靠近底座处,或将单根缆索的索环套于底座上方 1.2D(D 为带缆桩公称直径)处,后者的最大许用负荷值为前者的两倍。

3. 带缆桩的安装要求与检验方法

目前,带缆桩等系泊设备大都采用钢板焊接结构或将铸钢件焊接固定,其焊缝应符合焊接质量要求。如用铸件制作系泊设备,铸件表面应经过修整,铸件型箱连接处的缝隙须修平到表面,铸件表面不应有尖角、砂眼、裂缝等缺陷。

设备的安装形式,有直接与甲板焊接的,有在甲板上安装加强复板后再焊接的,也有安装在基座上,基座与主甲板焊接的。对于上述几种安装方法,尽管方法不同,但焊接要求是相同的,即焊缝的尺寸应符合图样规定,焊缝应无裂缝、漏焊、焊瘤、弧坑等缺陷。对于少量采用铸钢件的系泊设备,安装时应直接将铸钢件与船体结构焊接,其焊接要求同上。上述系泊设备安装后,应检查其安装位置与安装质量。

4. 带缆桩的布置要求

供拖索用的带缆桩在船首和船尾各配置两个,带缆桩的方向与缆索曳引方向应一致。带缆桩和舷侧导缆孔或导缆器之间须保持一定的距离,在大船上应不小于带缆桩直径的 6 倍,在小船上应不小于带缆桩直径的 10 倍,一般应在 1.5~2.5 m 的范围内,以便提供足够的甲板面使用带缆辅助索。带缆桩周围 1m 以内不得有任何障碍,带缆桩的外边缘与舷边的距离应不小于带缆桩直径的 1.5 倍。如果带缆桩和导缆孔中间有舷墙肘板,则带缆桩位置应考虑到缆索不会擦着肘板。

二、导缆孔

导缆孔是设于舷墙或甲板上,用于限制缆绳导出位置的闭孔状导缆器,为一圆形或椭圆形的环形铸件。导缆孔通常由铸铁或铸钢制成,安装在船体上,引导缆索穿过船体,并可防止缆索损坏船体。

1. 导缆孔的作用

导缆孔又称巴拿马孔,为圆形或椭圆形的铸钢件,它是船舶停航过程中必不可少的导缆装置。导缆孔一般嵌在舷墙上(多见于船中),系缆经过导缆孔时,接触面呈圆弧形,以避免舷墙对系缆的切割作用,也便于系缆琵琶头顺利通过。但导缆孔对系缆装置的磨损比较严重,尤其是对系泊缆绳的磨损极其严重。某公司平均每艘船每年报废 3 条缆绳,据该公司 1990 年不完全统计,系泊缆绳更换费用达 200 多万人民币,其中导缆孔对缆绳的磨损消耗占有很大因素,是不容忽视的一部分。由此可见,对导缆孔的研究与改进是必要的。

2. 导缆孔的种类

导缆孔按其安装位置分为舷墙式和甲板式;按材料分为铸钢和铸铁;按类型分为普通型(图 3-3 和图 3-4)和巴拿马型(图 3-5 和图 3-6)。

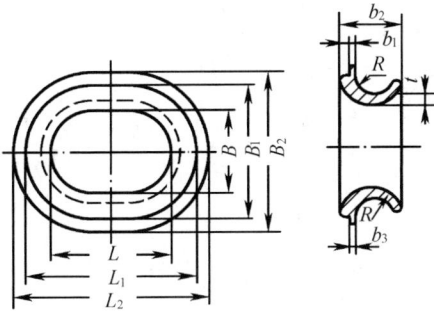

图 3-3 舷墙式普通导缆孔

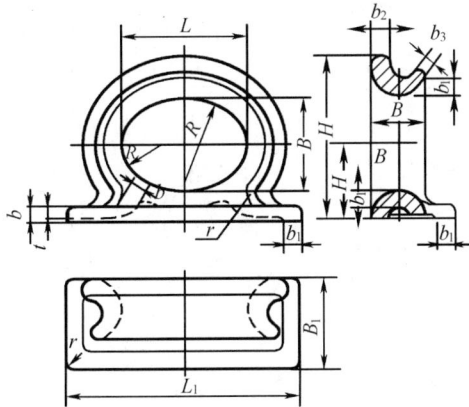

图 3-4 甲板式普通导缆孔

三、导缆器

1. 导缆器的作用

导缆器是引导或限制系船缆索导出方向与位置的各种装置的总称,设于船舶甲板两舷或舷墙下部,一般为铸件或用钢板焊制。根据其结构形式可分为导缆钳、滚轮导缆器、滚柱导缆器、导向滚轮和导缆孔等。带有滚轮或滚柱的导缆器可避免缆索严重磨损

2. 导缆器的种类

根据导缆器的结构形式可分为导缆钳、滚轮导缆器、滚柱导缆器、导向滚轮、导向滚柱等。

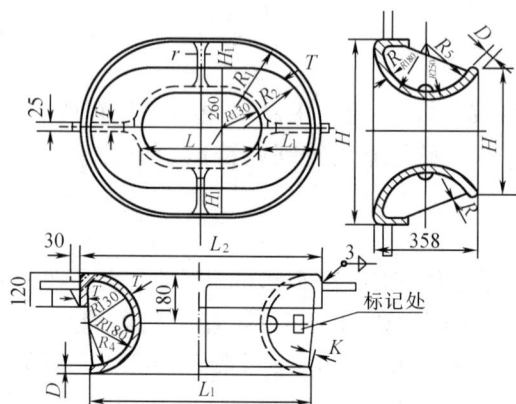

图 3-5　舷墙式巴拿马导缆孔

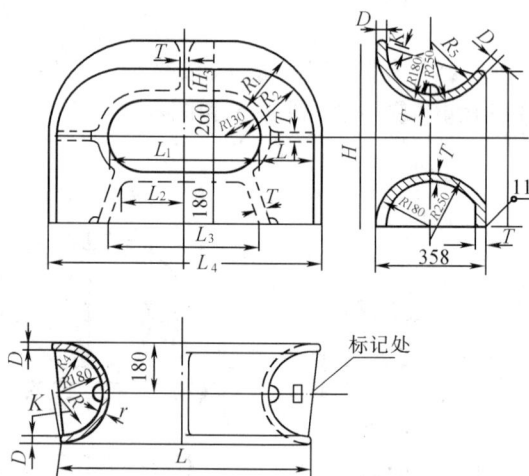

图 3-6　甲板式巴拿马导缆孔

（1）导缆钳

导缆钳是装在舷边没有栏杆的区域、舷墙顶面上的钳状导缆器。系缚在带缆桩上的缆绳，通过导缆钳引导到码头或浮筒上，以免当船舶在外力作用下发生移动时损坏栏杆或船上其他设备。

导缆钳可分为无滚轮和有滚轮两类。无滚轮导缆钳通常都在小型船舶上采用，有斜式和直式两种。斜式导缆钳会防止绞索向上跳出，如小艇系于大船旁时，要采用斜式导缆钳。一般大中型船舶都采用有滚轮的导缆钳，它又分为单滚轮、双滚轮及多滚轮三种。有滚轮导缆钳可减小系缆的磨损。多滚轮导缆钳可同时导出几根缆索。导缆钳都是铸造的，以铸铁、铸钢为主。图 3-7 所示为几种常见的有滚轮导缆钳。

（2）滚轮导缆器

滚轮导缆器（图 3-8）一般安装于甲板舷边，用于系船索导向，如双滚轮、三滚轮导缆器，也有安装于甲板任何地方的单滚轮导缆器，以便将缆索导向绞车卷筒或绞盘。

因为滚轮导缆器制造工艺简单,节省材料,多用于大型船舶上。

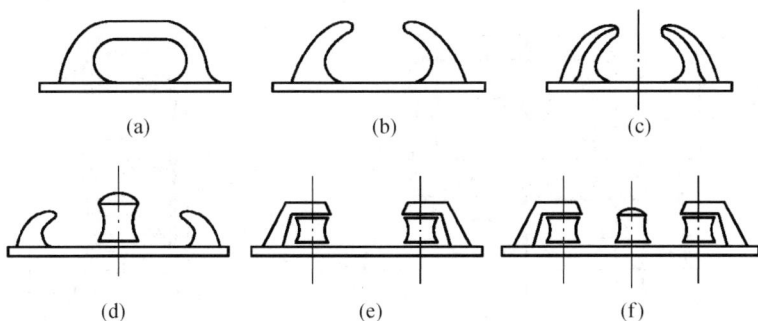

图 3-7 有滚轮导缆钳

（3）滚柱导缆器

滚柱导缆器是设置在舷边,由直立和水平滚柱组成的导缆器。它可以引导来自任意方向的缆绳。

滚柱导缆器可由若干个圆柱形滚柱组成,或者是由几个带曲度表面的滚柱组成。滚柱导缆器安装在倾斜的舷墙旁时,必须注意避免缆索与舷边结构上缘产生摩擦。

由于滚柱导缆器与缆索之间的摩擦较小,缆索磨损较少,同时也增加了绞车的牵引力。但是滚柱导缆器尺寸大,产生的维护工作量大。因此,在船员日益减少的情况下,即使使用合成纤维索,也往往优先采用闭式导缆孔。

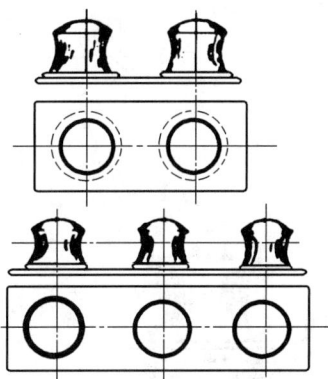

图 3-8 滚轮导缆器

航行于圣劳伦斯航道的船舶专用的圣劳伦斯滚轮导缆器如图 3-9 所示。

（4）导向滚轮

如图 3-10 所示,导向滚轮安装在甲板上的圆形基座上,位于舷边导缆器与绞缆机之间,用来改变缆绳方向,以便引至卷筒。滚轮旁的羊角可以防止系缆松弛时滚落到甲板上。

（5）导向滚柱

如图 3-11 所示,导向滚柱装在甲板端部,是带有柱状滚筒的导缆器。其常用于上、下两层甲板间导缆或引导升降救生艇、工作艇的缆绳。

四、系泊机械

系泊机械用于收放(有的还兼储存)系泊索,分为系缆绞车和绞盘。绞盘使用较少,尤其是大型船舶基本都使用绞车。

系泊绞车具有多种功能:将系泊索的一端固定在船上;调整系泊索长度以适应每个港口的系泊模式并补偿吃水和潮水的变化;储存系泊索。同时,还起到安全装置的作用,一旦缆索上的力接近破断负荷时,可控制绞车释放缆索上的负荷。

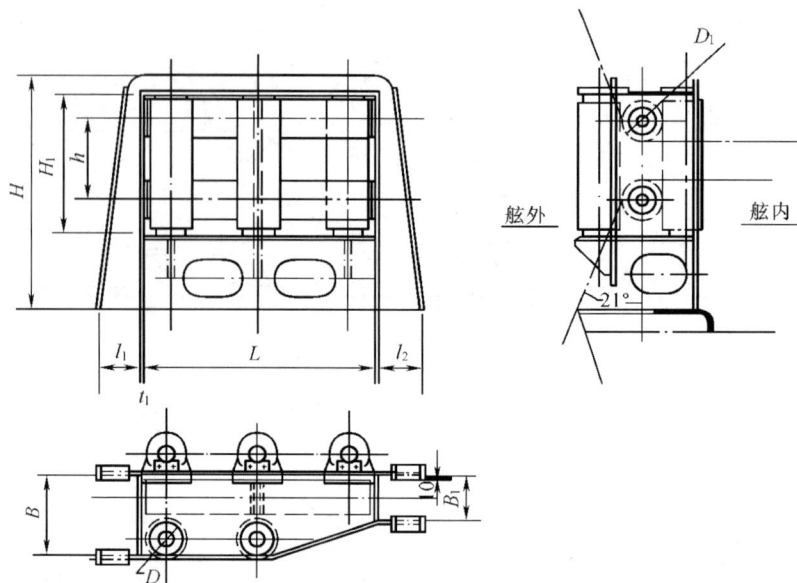

图 3-9 圣劳伦斯导缆器

图 3-10 导向滚轮

图 3-11 导向滚柱

　　绞车根据其控制方式(自动或手动)、驱动类型(蒸汽、液压或电动)、与每个驱动装置相连的卷筒数(单卷筒、双卷筒或三卷筒)、卷筒的形式(分隔式、整体式)以及刹车类型和制动作用方式(带式、盘式、机械螺旋、弹簧作用)进行分类。图 3-12 为电动系缆绞车的外形图。

　　绞车卷筒可分为分隔式和整体式。分隔式卷筒由牵引部分和缆索储存部分组成,处于拉伸状态的合成缆索在卷筒上不应超过一层,以免降低使用寿命,因此宜用分隔式卷筒。由于系泊索由卷筒的第一层拉出,因此能保持恒定的收缆力和刹车制动力。钢索卷筒也往往采用分隔式。

　　对任何一种卷筒,其直径应不小于钢索直径的 16 倍。分隔式卷筒的工作部分应允许卷绕 10 圈缆索。

　　手动绞车由人工操纵其收缆和放缆。自动张力绞车则应设计成当缆索松弛到预先设定值以下时能自动收缆,当缆索上张力超过预先设定值时又能自动放缆。

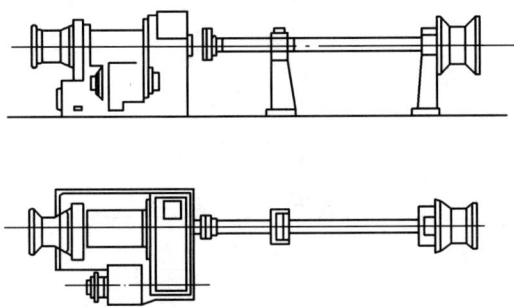

图 3-12 电动系缆绞车

自动张力绞车用于与船中心线成 90°设置的横缆较理想,除此之外并不推荐使用自动张力绞车。例如,倒缆不应采用自动张力绞车,应用这种绞车会引起船只沿码头滑移。这是因为前后倒缆上的力互相抵消,仅剩下绞车收缆和放缆间力的差值来抵御纵向外界力。鉴于这个原因,许多码头不允许使用自动工况而要求绞车置于手动刹车状态。

任务三　系泊设备的布置

一个系泊系统是否有效、合理,对船舶、船员、码头和环境的安全是很重要的。如何以最佳系泊方式去抵抗各种力,这是系泊设备布置中要解决的问题。

一、系泊模式

"系泊模式"这一术语是指船与码头间系泊缆索的几何布置方式。一般应用的系泊模式即系泊索的布置应能抵抗从任何方向来的外力。由于这些外力最终可以分解成纵向和横向分力,因此把系泊索的布置归结为纵向(倒缆)和横向(横缆)两类。这就是通常所说的一个有效的系泊模式的指导原则。

倒缆和横缆的功能各有不同。倒缆在两个方向约束船舶(船向前和向后);横缆仅在一个方向约束船舶(船离开码头),对着码头方向的约束依靠碰垫和防撞桩。在一个推离码头的外力作用下,所有横缆将受力。按外力的方向,向后或向前的倒缆只有单向受力。如果诸倒缆中有预拉力,则只有前后倒缆所受力的差用于约束船只的纵向运动。

在某些系泊模式中,除了横缆和倒缆外还有艏艉缆,其典型模式如图 3-13 所示。其中,艏艉缆抵抗纵向力的作用像倒缆,抵抗横向力的作用像横缆。艏艉缆在张紧状态下,其纵向分力方向相反,且互相抵消,因此对船舶纵向约束所起的作用不大。

艏艉缆的布置方式对船舶的约束能力产生的影响如图 3-14 所示。该图所示的系泊模式中艏艉缆的允许工作负荷为 A,倒缆的允许工作负荷为 B。

图 3-14(a)所示模式中,艏艉缆按正横向布置,对船舶的约束能力为:

横向约束能力 $=2A$;

纵向约束能力 $=1B$。

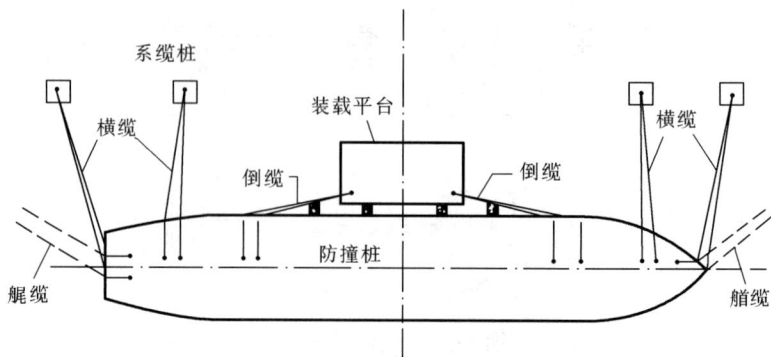

图 3-13 典型系泊模式

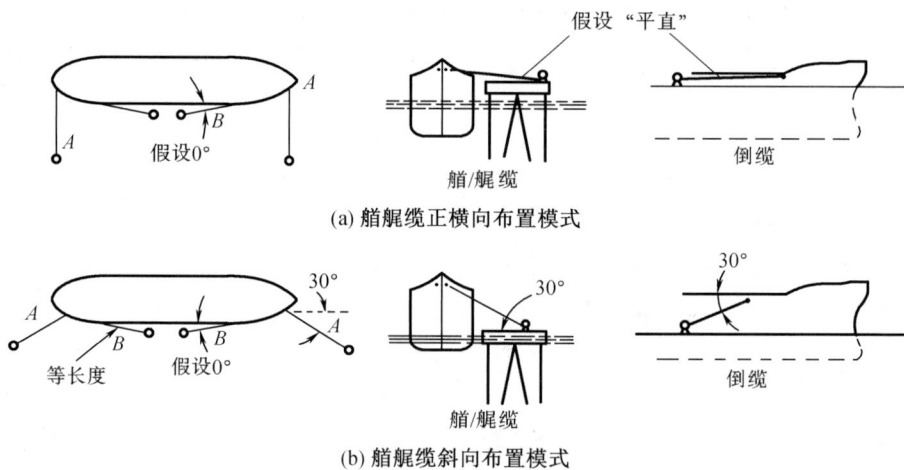

(a) 艏艉缆正横向布置模式

(b) 艏艉缆斜向布置模式

图 3-14 布缆方向对约束能力的影响

图 3-14(b) 所示模式中, 艏艉缆按斜向布置, 在仅有纵向力时对船舶的约束能力为:

横向约束能力 = $2A\sin 30°\cos 30° = 0.87A$

纵向约束能力 = $1B\cos 30° + 1A\cos 30°\cos 30° = 0.87B + 0.75A$

在图 3-14(b) 所示模式中如果存在横向力, 艏艉缆将产生抵抗力, 使得纵向约束能力进一步下降。

如果采用艏艉缆和横缆混合布置的系泊模式, 则由于艏艉缆比横缆长, 艏缆因其弹性伸长而导致横向约束作用进一步降低。

一般来说, 系泊模式应能够抵抗来自任何方向来的外力, 并把这些力分解为纵向和横向分力, 然后考虑如何最有效地承受这些力。但是码头上实际的系缆装置不可能完全符合各种受力情况的要求, 致使系泊效果降低。图 3-15 所示为一艘 25 000 DWT 船舶的系泊模式分析, 系船用钢缆直径为 42 mm(最大断裂负荷 1 127 kN)。其中, 图 3-15(a) 所示模式为状态 1(理想的全部钢缆系泊)和状态 2(理想的钢缆和聚丙烯索混合系泊), 图 3-15(b) 所示模式为状态 3(不理想的全部钢缆系泊)。各种状态的系泊索受力情况如表3-4至表3-6所示。从表中可看出,不同的系泊模式将导致各根系泊索负荷分配发生严重变化,而且如果风向改变,原来无负荷的系泊索将承担若干负荷。

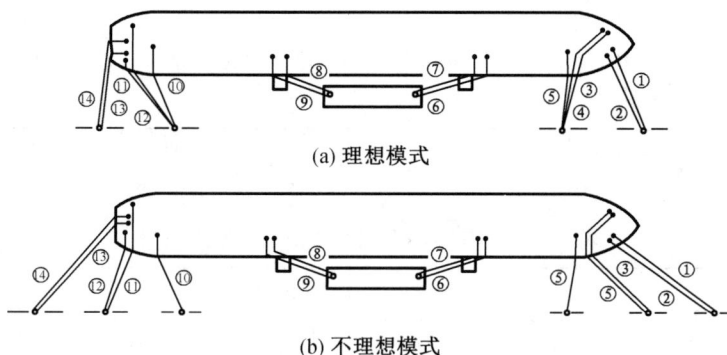

(a) 理想模式

(b) 不理想模式

图 3-15　系泊模式分析

表 3-4　状态 1:理想的全部钢缆系泊布置

负荷	缆索号													
/kN	1	2	3	4	5	6	7	8	9	10	11	12	13	14
风速 60 kn 艏向风	84.28	110.7	0	0	0	0	0	382.2	387.1	0	0	0	0	0
风速 60 kn 偏离艏向 45°风	555.7	559.6	338.1	342	382.2	57.82	57.82	106.8	110.7	253.8	248.9	333.2	244	231.3
风速 60 kn 横向风	555.7	555.7	387.1	391	440	129.4	129.4	61.7	61.7	132.3	417.5	559.6	501.8	466.5

表 3-5　状态 2:理想的混合系泊布置

负荷	缆索号													
/kN	1	2	3	4	5	6	7	8	9	10	11	12	13	14
风速 60 kn 艏向风	155.8	49	0	40.2	0	0	0	386.1	386.1	0	352.8	0	26.5	0
风速 60 kn 偏离艏向 45°风	897.7	66.6	533.1	57.8	613.5	75.5	71.5	142.1	147	268.5	53	492.9	53	329.3

表 3-5（续）

负荷 /kN	缆索号													
	1	2	3	4	5	6	7	8	9	10	11	12	13	14
风速 60 kn 横向风	893.8	66.6	599.8	57.8	684	168.6	164.6	93.1	93.1	657.6	57.8	862.4	61.7	715.4

注：仅 2、4、11、13 为聚丙烯索。

表 3-6 状态 3：不理想的全部钢缆系泊布置

负荷 /kN	缆索号													
	1	2	3	4	5	6	7	8	9	10	11	12	13	14
风速 60 kn 艏向风	101.9	115.6	53	80.4	0	0	0	280.3	280.3	8.8	0	0	0	0
风速 60 kn 偏离艏向 45°风	515.5	489	475.3	426.3	822.2	191.1	186.2	49	49	359.7	297.9	399.8	244	235.2
风速 60 kn 横向风	550.8	529.2	519.4	471.4	866.3	173.5	168.6	115.6	119.6	688.9	489	688.9	453.7	448.8

　　船舶系泊设备必须能抵御诸多外力因素，如风、水流、潮汐、波浪和吃水变化等。通常，如果系泊设备的布置能承受最大的风力和水流力时，其储备强度也足够抵抗可能出现的其他较为缓和的力。而船舶由于潮汐涨落或装卸货引起的与码头相对高度的变化所产生的系泊力，可采取调整缆索的长度加以补偿。

二、系泊设备布置的一般要求

　　本节所述主要是对船舶在直码头和岛式码头系泊时的要求。

　　1. 系泊索

　　（1）系泊索尽可能对称于艏部布置，这样能更可靠地保证负荷的良好分配。倒缆和横缆的数量一般是偶数，如果使用的横缆数不是偶数，多余的缆索一般用在艉部，这是因为艉部的受力比艏部受力约高 10%。

　　（2）横缆尽量垂直于船体中心线，并尽可能靠近船首和船尾。

　　（3）缆索尽可能直接从绞车卷筒引向舷侧导缆器，尽量避免使用中间导向滚轮，即使采用导向滚轮，也应使缆索方向的改变保持最小，以降低导向滚轮上的负荷。当甲板空间受到限制时，采用绞车斜放或横放也能获得较好的布置。

(4)所有缆索应尽可能允许从任一舷引出,并将导向滚轮的数量减少到最低限度。

(5)倒缆尽可能平行于船体中心线,其引出点应尽量靠近船首和船尾。但是为了避免缆索在外板上摩擦,引出点又必须在平行于中体部分的甲板上。

(6)应急状态时系泊能力的增强:

①当环境状态超过设计环境条件时,应增强系泊系统,使船舶获得补充的约束力。有两种可行的办法:其一为提供岸缆;其二为提供岸上滑轮,使船上缆索绕过它引回并固定到船上。两种情形都要求配置舷边导缆器和缆桩。

②防火钢索悬挂在船的离岸一舷,当船只起火时,拖轮可用此钢索把船拖离码头。一般提供两根钢索,一根靠近船首,一根靠近船尾。

2.导缆器

(1)从绞车副卷筒直接引向导缆器时,缆索的方向与卷筒轴垂线之间的夹角向外偏角为零,向内偏角≤6°。缆索在副卷筒上的位置为离副卷筒内边三分之一的副卷筒宽度。

(2)从绞车卷筒直接引向导缆器时,卷筒上系缆索的放出角应小于4°。所谓放出角系指卷筒轴的垂线和缆索之间的夹角。即使在最恶劣的场合下,也要使放出角小于7°。

(3)对于钢缆系泊索,导缆器的滚轮净间距应大于(或等于)7倍钢索直径;对于合成纤维系泊索,滚轮净间距应大于4倍纤维索直径。

(4)符合巴拿马运河通航规则的船舶,需配置一定数量的滚柱导缆器。

3.带缆桩

供拖索用的带缆桩在船首和船尾各配置两个,带缆桩的方向与缆索曳引方向应一致。带缆桩和舷侧导缆孔或导缆器之间须保持一定的距离,在大船上应不小于带缆桩直径的6倍,小船则不小于10倍,一般应在1.5~2.5 m的范围内。带缆桩周围1 m以内不得有任何障碍,带缆桩的外边缘与舷边的距离应不小于带缆桩直径1.5倍。如果带缆桩和导缆孔中间有舷墙肘板,则带缆桩位置应考虑到缆索不会擦着肘板。

三、系泊设备布置示例

图3-16所示为22 000 m²LPG船的系泊设备布置。

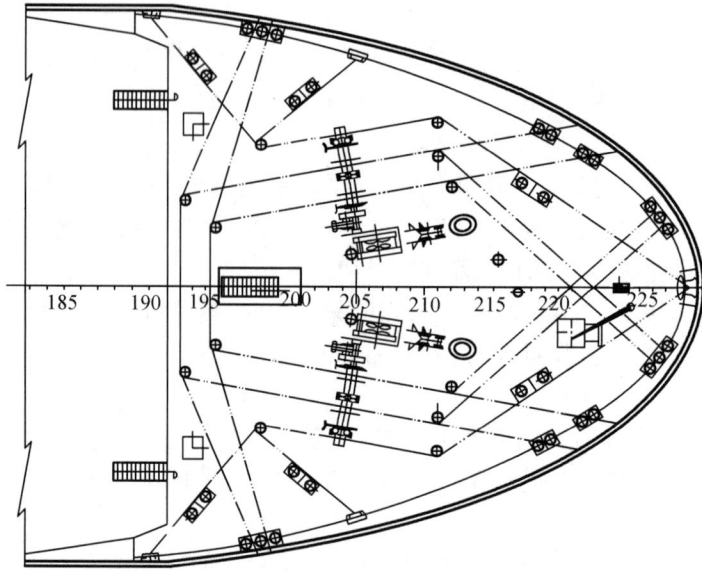

(a) 艉楼甲板

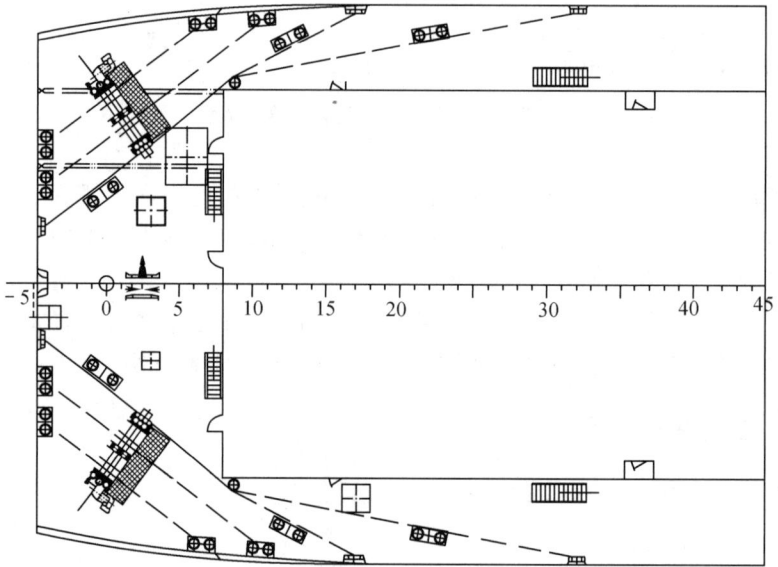

(b) 主甲板

图 3-16　22 000 m³LPG 船系泊设备布置

项目四　拖带设备

◆**项目描述**

当前,由于海洋工程的发展,海上拖带作业十分频繁,诸如各种非自航海洋工程作业船舶、挖泥船、浮船坞及海洋平台的调遣,海洋工程装置的运送以及大型海洋油船的应急拖带等。由此引起了各国政府和船级社的重视,制定了一系列的规范和规则,对从事海上拖带作业的拖船、被拖船舶、被拖移动式平台及其他被拖海上设施的结构、性能、设备等提出了严格的要求,并对拖带设备做了详细规定。本书根据 ZC①《海上拖航法定检验技术规则(以下简称《海上拖航法规》)以及 CCS《海上拖航指南》的规定,对于除大型油船及液化气体船的应急拖带装置以外的拖带设备做出论述。

本项目主要介绍海上拖航的拖带设备及其配置要求。

海上拖带设备可分为固定拖带设备和活动拖带设备。

固定拖带设备包括拖缆机(拖索绞车)、拖钩、拖索拱架(承梁)、拖缆滚筒(导缆器)、拖力眼板、拖桩、拖缆孔等。

活动拖带设备又称拖索具,包括主拖缆、备用拖缆、应急拖缆、短缆、过桥缆、龙须缆(链)、三角板、卸扣、拖带环及回收缆等。

◆**教学目标**

1. 思政目标

通过本项目的学习,学生应了解,拖船虽然外形小巧灵活,但却能拖动体积是它数倍的船舶,我们应像拖船那样意志坚定和勤奋向前,敢于拼搏。

2. 知识目标

了解船舶拖带作业的种类、专业和非专业拖带设备的配置;熟悉拖索具、固定拖带设备的基本知识和应用;掌握拖索具的配置和固定拖带设备的组成。

3. 能力目标

学生应能根据拖带作业的特点,选择配置拖带设备。

4. 素质目标

通过本项目的学习,培养学生追求卓越和刻苦务实的精神,立足学科与行业领域,从而成为具有国际视野、家国情怀、使命担当的社会主义接班人。

【**思政课堂**】　习近平:"不惰者,众善之师也。"

讲话原文:

大力弘扬劳模精神、劳动精神、工匠精神。"不惰者,众善之师也。"在长期实践中,我们培育形成了爱岗敬业、争创一流、艰苦奋斗、勇于创新、淡泊名利、甘于奉献的劳模精神,崇尚劳动、热爱劳动、辛勤劳动、诚实劳动的劳动精神,执着专注、精益求精、一丝不苟、追求卓越的工匠精神。劳模精神、劳动精神、工匠精神是以爱国主义为核心的民族精神和以改革创新为核心的时代精神的生动体现,是鼓舞全党全国各族人民风

---

① ZC:中华人民共和国船舶检验局。

雨无阻、勇敢前进的强大精神动力。

——习近平:在全国劳动模范和先进工作者表彰大会上的讲话(2020年11月24日)

古文出处:

"不惰者,众善之师也。"这句话出自晋·葛洪《抱朴子·广譬》,原文为"坚志者,功名之主也。不惰者,众善之师也。登山以艰险而止,则必臻乎峻岭矣。"

古文翻译:

"坚志者,功名之主也。"——意志坚定,是建功立业的主导。

"不惰者,众善之师也。"——不懒惰,是一切善行的老师。志坚和勤奋,是做事做人的基本原则。

"登山以艰险而止,则必臻乎峻岭矣。"——登山没有因为艰难险峻而放弃攀登的话,就一定会到达山的顶峰。

案例解析:

中国人民是热爱劳动、勤于劳动的人民。从"唤起工农千百万、同心干"到"不干,半点马克思主义也没有",正是一个"干"字,推动新中国从一穷二白跃升为世界第二大经济体。从"空谈误国,实干兴邦"到"撸起袖子加油干",也正是一个"干"字,让中华民族迎来了从站起来、富起来到强起来的伟大飞跃。伟大出自平凡,英雄来自人民。从"宁肯一人脏,换来万人净"的环卫工人时传祥、"公交车有终点,服务没有终点"的公共汽车售票员李素丽,到"人民楷模"称号获得者朱彦夫、李保国……新中国成立70多年来,在党的领导下,千千万万普通劳动者积极投身到社会主义现代化建设的伟大实践中,他们用辛勤劳动、诚实劳动、创造性劳动,在中国大地上创造出了改天换地、彪炳史册的发展奇迹。

梦想的花朵,需要用汗水浇灌;美好的生活,需要靠双手创造。中国即将进入新发展阶段,新的征程已在我们脚下展开,美好的愿景正等着我们去实现。越是美好的未来,越需要我们付出艰辛努力。一勤天下无难事。只要我们凝心聚力、勤于创造、勇于奋斗,一定会在全面建设社会主义现代化国家新征程上创造新的时代辉煌、铸就新的历史伟业!

来源:搜狐网(原文有删改)

★知识拓展4-1　船舶拖带作业的种类

知识拓展4-1
船舶拖带作业的种类

任务一　拖带设备的配置

一、非专业拖船拖带设备的配置

非专业拖船系指除专业拖船以外的自航船舶。由于船舶在营运过程中可能会遇到需要拖带其他船舶或被其他船舶拖带的情况,因此,一般来说,自航船舶均应配置适当的拖带设备。通常在艏、艉部各设置1~2对双柱拖缆桩(或加强的带缆桩),并在艏柱正上方的舷墙上设置圆形拖索孔(或导缆孔)。在艉部则利用系泊用导缆孔或设置带有滚轮和挡板的启闭式拖索孔。

非专业拖船的拖索,根据船级社规范按舾装数选取(表2-9和表2-10)。然而,按舾装数确定的拖索长度对于在波浪中拖带明显不够,因此常常把拖索同被拖船舶的锚链连接起来进行拖带。图4-1所示为采用锚链和拖索连接的拖带示意图。

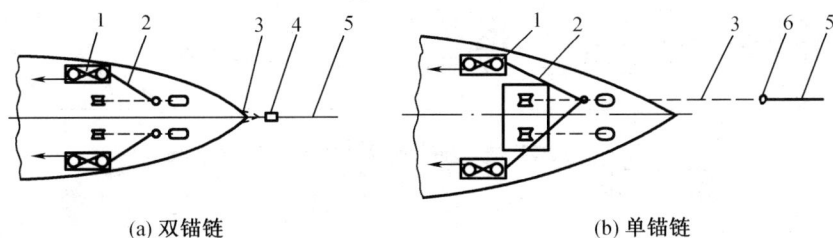

(a) 双锚链   (b) 单锚链

1—拖缆桩;2—牵索;3—锚链;4—三角板;5—拖缆;6—连接卸扣。

图4-1 锚链同拖索连接的拖带作业

二、专业拖船拖带设备的配置

专业拖船拖带设备应能保证各种拖带方式,包括采用短拖索或长拖索的拖带、傍拖、正拖和倒拖。对于绑拖和某些拖带作业来说还常常利用船上的系泊设备如带缆桩等。

专业拖船的拖带设备通常包括拖缆、拖缆机(绞车)、拖钩装置、拖索承梁、拖索限位装置和拖索导缆孔,以及用于倒拖、傍拖和拖出搁浅船舶所需的艏部拖桩、舷侧拖桩,艉部拖桩和艉部拖索孔(或导缆器)等。大型海洋拖船还配有龙须链。

拖船的拖带设备应根据拖船和航区及其执行的拖带方式确定。海上拖航应使用拖缆机,一般不应使用拖钩装置。但在沿海和遮蔽航区内短距离航行时,允许使用拖钩装置。因此许多拖船既设有普通拖索车或自动拖缆作为主拖带装置,又设有拖钩装置和拖桩作为备用拖带装置,港内拖船则以拖钩为主拖带装置,拖桩作为备用拖带装置。

图4-2所示为一艘功率为2 200 kw的海洋拖船的拖带设备布置图,拖船同时设有自动拖缆机和拖钩装置。

拖钩或拖缆机通常应位于船长中点后方5%~10%的船长范围内。但在各种装载状态下,其位置均不应在拖船重心纵向位置之前,应置于尽可能低的位置,以使拖船在正常工作时的横倾力矩减到最小。

拖缆机在制动、拖带与回收拖缆操作时,应在任何情况下(包括正常动力源发生故障时)能从驾驶室应急释放拖缆。

拖钩释放装置的操纵位置应设置在拖钩旁,遥控释放装置应设置在驾驶室内。

三、非自航船舶拖带设备的配置

非自航船舶类型很多,诸如载货驳船、各种非自航挖泥船、浮船坞、起重船、海洋移动式平台以及其他非自航工程作业船舶等。所有这些船舶本身无推进设备,或是虽有推进设备也仅能在短距离时使用,长距离调遣仍需依靠拖航。所有被拖船舶在拖航时应保持适当艉倾。

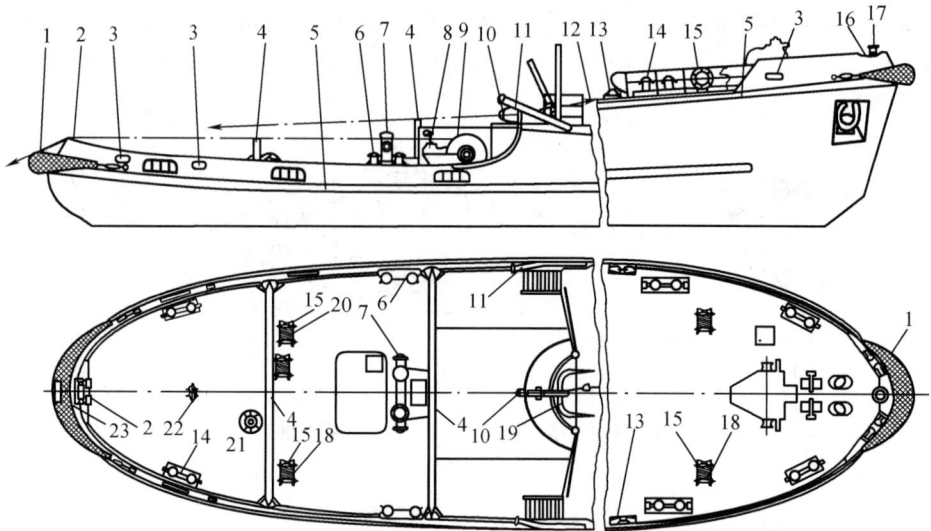

1—艉舷软碰垫；2—带有可倒垂直滚柱的拖索导缆器；3—拖曳-系泊导缆孔；
4—拖索承梁；5—护舷材；6—舷侧拖缆桩；7—挡缆柱；8—自动拖缆机；9—拖缆；
10—拖钩；11—拖索限位器；12—拖缆远距离释放器；13—带有挡板和双滚轮的导缆器；
14—拖曳-系泊带缆桩；15—卷车；16—双滚轮导缆器；17—艏部拖桩；18—拖曳-系泊索；
19—拖钩弓架；20—电缆卷车；21—绞盘；22—眼板；23—防磨板。

图 4-2　2 200 kW 的海洋拖船拖带设备布置图

运输驳船以及宽度较小且艏艉有线型的非自航船舶，通常在艉部设置拖桩、加强的兼拖带用带缆桩、拖索孔等供拖航时拴系拖索使用。这些船舶的拖索直径和长度根据船级社的规范按舾装数选取。

在海上拖带大中型非自航工程作业船舶和海洋移动式平台时，使用的拖索具除了主拖索外还配有龙须缆（链），为此在被拖船舶上通常设有主拖力点和备用（应急）拖力点。目前，作为主拖力点用得最多的是快解脱型拖力眼板，作为备用拖力点既可使用拖力眼板，也可使用带缆桩。除此之外，还应配置供龙须缆（链）使用的导缆孔以及拖缆回收装置等设备。

ZC《海上拖航法规》对于被拖船舶拖力点的要求如下：

（1）被拖船至少应有两个合适的拖力点（拖力眼板）及能穿过拖链的合适的导缆孔，被拖船上合适的缆桩或锚机装置也可作为拖力点，导缆装置的形状应能防止拖链的链环超过其所承受的弯曲应力；

（2）拖力点或拖力眼板或系缆桩应至少能经受 13 倍拖缆或拖链的破断拉；

（3）按照 IMO MSC35(63)决议案《油船应急拖带装置指南》的要求而设置的油船应急拖带装置，也可作为拖航的拖力点；

（4）应急拖力点的强度至少应超过主拖缆的破断强度；

（5）备用拖带设备的所有要求应不低于相应主拖带设备的要求；

（6）拖力眼板应布置于横舱壁和纵舱壁交叉处的甲板上，或甲板下方有足够强度的节点处。其形式应为可迅速解开或征得 CCS 认可的其他形式；

（7）拖力点或拖力眼板与船边导缆钳或导缆孔之间应有适当距离以便于操作；

(8)被拖物上应有备用拖力眼板或拖桩一对。

被拖船舶固定拖带设备的配置应根据船型确定。通常中型海洋工程船舶至少配备一对拖力眼板和一对拖缆桩,两者具有同样的强度要求,并配置相应的供用于龙须缆(链)使用的导缆孔。大型海洋工程船舶可配置两对拖力眼板,再设置一对应急拖缆桩以及相应的导缆孔。此外,被拖船舶还应配有拖缆的同收缆使用的导向和收放装置,回收缆的收放可设置专用绞车或者利用锚机、系泊绞车或绞盘等设备。某些被拖船舶若是要求艏艉端均能拖航时,上述拖带设备应在被拖船舶的艏艉端均予设置。

一般来说,被拖船舶解拖时,主拖缆由拖船回收,其余拖索具均由被拖船舶回收。在某些大型工程船舶及海洋移动式平台上,回收的拖索具不予解开,而是由回收缆通过悬挂在直升机平台甲板下或专用结构下用滑车将拖索具吊起来,等待下次拖航时再放下使用,操作极为方便。在这种情况下最好设置专用的回收缆绞车。

任务二　拖　索　具

一、拖索具的配置

拖索具是海上拖带中使用的活动拖带设备,包括主拖缆、备用主拖缆、应急尼龙拖缆、短缆、三角板、龙须缆(链)、卸扣、连接环、回收缆等。

CCS《海上拖航指南》要求,拖索具的数量应不少于表4-1的规定。需要注意的是,该表中拖索具的数量应包括拖船及被拖船舶各自配套的拖索具之和。在实际配置中,主拖缆及备用主拖缆一般由拖船提供,其余拖索具由被拖船舶配置。此外,被拖船舶按规范配置的拖索也作为备用拖索。

表 4-1　海上拖带拖索具的数量

航区	拖索具							
	主拖缆	备用拖缆	短缆	三角板	龙须链或龙须缆	卸扣	连接环或卸扣	套环
无限航区	1	1	2	2	2套	7×2	—	配套外另备1套
近海航区	1	1	1	1	2套	7×2	—	配套外另备1套
沿海航区遮蔽航区	1	—	—	—	1套	1	1套	—

除按表4-1配备拖索具外,如无备用主拖缆,则应配备应急尼龙拖缆一条,其尺寸应与拖船主功率相匹配,长度不小于200 m。如已配置备用主拖缆,则尼龙拖缆为建议配备。备用拖索具的尺寸应与主用拖索具的尺寸相同。

一套完整的拖索具通常应由主拖缆、短缆、三角板、连接卸扣、龙须缆(链)及回收缆组成。由于主拖力点通常采用拖力眼板,因此主用拖索具中经常配置龙须链(图4-3)或带有防擦链的龙须缆。备用拖力点若采用拖力眼板,则备用拖索应同主拖索具相同。但若备用拖力点为拖缆桩,则备用拖索具的龙须缆同拖缆桩的连接端应制成绳圈,以便套在桩柱上。主拖索具在船上的典型系结方式如图 4-4 所示。

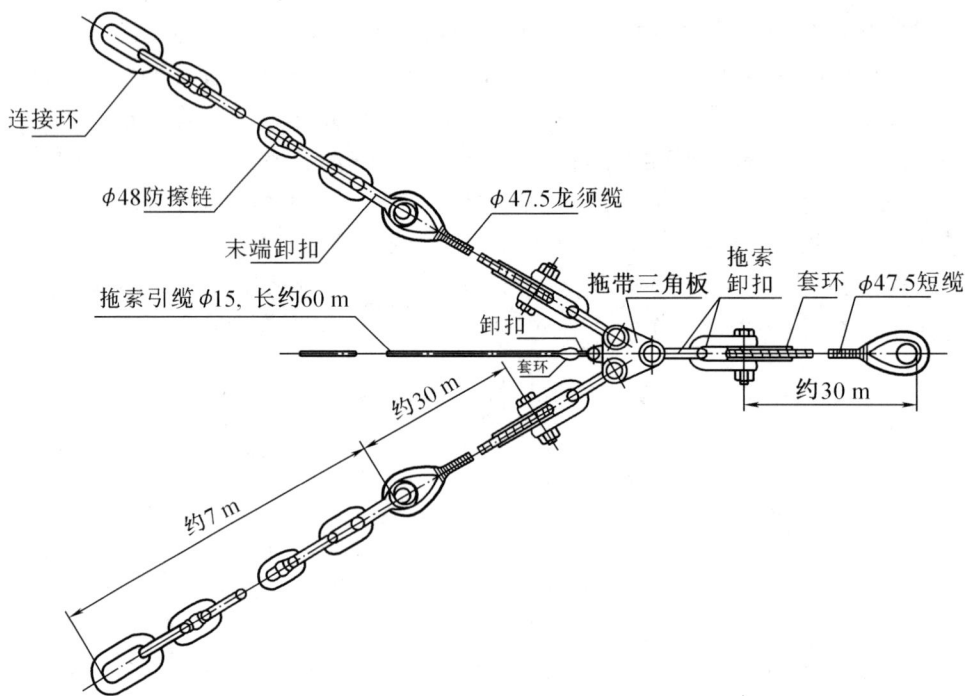

图 4-3 配置 φ70 龙须链的拖索具

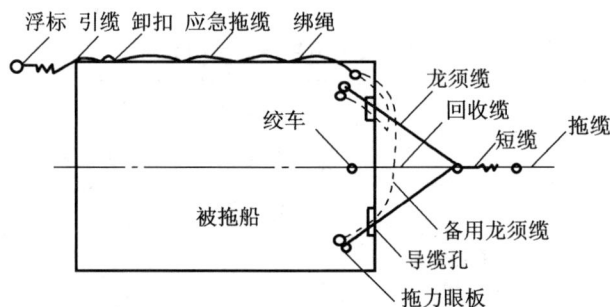

图 4-4 主拖索具和应急拖缆及其引缆的系结方式

对于无船员的被拖船舶,为使其能与拖船可靠而迅速地接拖,应急拖缆的一端应同备用龙须缆(链)连接,备用龙须缆(链)则与应急拖力点连接,应急拖缆的另一端连接在具有足够长度和强度的引缆上,引缆的端头应连接一个具有相当浮力的浮具。引缆通常采用可浮的合成纤维缆,其长度不小于 150 m,破断负荷不小于 294 kN。应急拖缆和引缆应挂于舷墙外,并按适当的间隔与舷墙或栏杆绑扎,从被拖物端部至浮标的距离应不小于 50 m,应急拖缆应能迅速拉开。

上述应急拖缆的长度应不小于 75 m,其破断强度应同主拖缆相当。应急拖缆及其引缆的固定方式如图 4-4 所示。

二、拖缆及回收缆

在一套拖索具中,拖缆实际上由三部分组成,即主拖缆、短缆及龙须缆(链)。在沿海航区和遮蔽航区拖航时,可以不配短缆(表 4-1)。

1. 主拖缆和备用主拖缆

主拖缆和备用主拖缆通常采用镀锌钢丝绳,其缆芯为硬质钢芯或麻芯,表面涂黄油以保持良好的润滑并可防锈。主拖缆和备用主拖缆的最小破断负荷按拖船系柱拖力 F_t 确定(表 4-2),其长度按拖船功率确定(表 4-3)。

表 4-2 主拖缆和备用主拖缆的破断负荷

拖船系柱拖力 F_t/kN	主拖缆最小破断负荷/kN
<392	$3F_t$
392~883	$(3.8-F_t/491)F_t$
>883	$2F_t$

表 4-3 表 4-3 主拖缆和备用主拖缆的长度

拖船功率/kW	主拖缆最小长度/m
14 700 及以上	1 500
7 350 及以上	1 000
2 205 及以上	700
1 470 及以上	600
1 470 及以下	500

拖缆同其他拖索具(短缆或龙须缆)的连接端不应使用人工插接嵌入法,应使用包锌固定形式或其他机械接合的琵琶头,如图 4-5 所示,并在琵琶头中设置硬压锻制材料的缆端嵌环或等效措施。

无限航区或近海航区的拖船,其主拖缆和备用主拖缆应尽可能卷绕在各自独立的滚筒上,如不能做到时,应将备用主拖缆存放在能确保安全、有效、快捷、容易地转移至主拖滚筒的位置。对于航程超过 3 周的拖航,建议额外配备 1 根备用拖缆,存放在绞车的第 2 个滚筒上或第 1 根备用拖缆的滚筒上,而不应该损伤拖缆。如有两个被拖物,拖缆应分别连接(主拖缆和备用拖缆)。建议再配备 1 根额外备用缆,存放要求同上。

2. 短缆

短缆是连接主拖缆和龙须缆(链)之间的一段缆索,俗称过桥缆。在无限航区或近海航区拖航作业时,拖船与被拖船舶在接拖操作时,技术上需要使用短缆,其长度不小于 30 m。短缆可用锚链、钢丝绳或尼龙缆,通常采用钢丝绳。

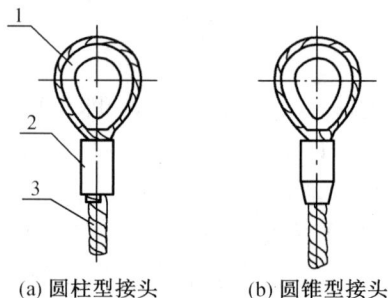

(a) 圆柱型接头　　　　(b) 圆锥型接头

1—普通套环(重型套环或船用套环);2—套管;3—钢丝绳。

图 4-5　钢丝绳末端固接方式

锚链或钢丝绳短缆的破断强度应与主拖缆的破断强度相当。用钢丝绳作短缆时,其缆芯及两端嵌入套环的琵琶头的制作方法与主拖缆相同(图 4-5),因此在实际使用时,短缆同主拖缆均采用同一规格的钢丝绳。

如短缆采用合成纤维缆时,其破断强度应满足以下要求:

(1)拖船系柱拖力小于 490.5 kN 时,应为施缆破断负荷的 2 倍;

(2)拖船系柱拖力大于 981 kN 时,应为拖缆破断负荷的 1.5 倍;

(3)拖船系柱拖力在 490.5~981 kN 时,按内插法决定。

3. 龙须缆或龙须链

龙须缆或龙须链是为保持被拖物的航向稳定性,从布置于船首两侧的拖力点连接至三角板的拖索具。

龙须链(图 4-3)由两根有档锚链组成,每根锚链的两端均配末端链环,一端直接或加设一个连接卸扣同拖力眼板连接,另一端用卸扣同三角连接。每根龙须链的破断强度应不小于主拖缆的破断强度,建议采用 2 级或 3 级锚链钢。

带有防擦链的龙须缆是最常用的龙须缆,每根龙须缆由一段有档锚链同一段钢丝绳组成,两者的破断强度均应不小于主拖缆的破断强度。有档锚链的两端配置末端链环,其长度应从拖力眼板延伸至导缆孔之外至少 3 m。钢丝绳的缆芯及两端嵌入套环琵琶头的制作方法与主拖缆相同,钢丝绳与防擦链之间采用卸扣连接。

拖力点为带缆桩时所使用的龙须缆由两根钢丝绳组成,每根龙须缆的破断强度应不小于主拖缆的破断强度。龙须缆钢丝绳的缆芯应为硬质钢芯或麻芯,钢丝绳的一端制作成绳圈,其直径约为带缆桩桩柱直径的 1.5~2 倍,另一端配置钢索套环,琵琶头的制作方法与主拖缆相同。

每根龙须链或龙须缆的长度可取为两拖力点之间的距离,但至少应使得两龙须缆(链)之间的夹角不大于 90°。

4. 回收缆

回收缆用于被拖船舶解拖时回收龙须缆(链)或全部拖索具。回收缆一端应用卸扣连接至三角板的专用环上(图 4-3),另一端固定在回收机械上(图 4-4)。回收缆通常采用钢丝绳,其破断负荷应不小于龙须链(缆)自重的 3 倍,但在任何情况下均应不小于 196 kN。

三、拖缆的连接件

常用的拖缆连接件主要有三角板和连接卸扣,但在使用单根龙须缆(链)时,可采用连接环或卸扣同主拖缆连接。

1. 三角板

三角板的形状是角端为圆弧形的等腰三角形,其大小应足以安装三个连接卸扣。三角板用碳钢或合金钢制作,图4-6所示为安全工作负荷为714 kN的三角板,其本体为锻钢件,材料为35(调)钢。

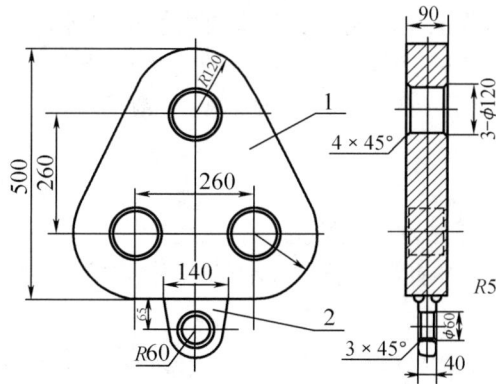

1—本体;2—回收缆眼板。

图4-6　拖带三角板

2. 连接卸扣

连接卸扣(图4-7)系指拖索具中用于主拖缆、短缆、三角板、龙须缆(链)及防擦链之间连接的卸扣,这些连接卸扣均应为螺栓式并带有螺母及开口销。卸扣采用碳钢或合金钢制作。

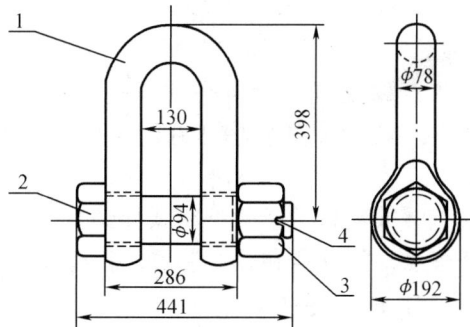

1—本体;2—横销;3—螺母;4—开口销。

图4-7　连接卸扣

所有的卸扣、连接环、三角板等连接设备的极限负荷能力,应不小于其使用的最大拖缆破断负荷的1.5倍。

拖钩、卸扣、连接环、三角板等连接件应以两倍的计算工作负荷(SWL)进行验证试验,且不应有永久变形。计算工作负荷按以下规定确定:

系柱拖力 BP<392 kN 时,SWL=10BP kN;

系柱拖力 BP≥392 kN 时,SWL=0.5BP+196 kN。

任务三　固定拖带设备

一、拖钩装置

拖钩用于系拴和解脱拖缆。拖钩装置主要由拖钩、拖钩弓架及拖钩托架组成。拖钩装置的构造应使拖钩从一舷到另一舷的转动角度尽可能的大,对于港口拖轮来说,这一角度不小于180°,而且在这一转动范围内,拖钩不应承受弯曲的力,且不得触及或紧靠任何其他结构。

1. 拖钩

拖钩按其结构特点可分为下述类型:

(1)开式和闭式拖钩。前者钩子部分不设防止拖缆跳出的装置,后者则有防止拖缆跳出的装置。

(2)折叠式和不可折叠式拖钩。前者钩子部分同钩板用水平轴连接并设有制动装置,解拖时操纵制动杆,打开制动装置,钩子绕水平轴向下旋转使拖缆解脱,后者则无此种功能。

(3)带缓冲装置和不带缓冲装置的拖钩。缓冲装置通常为弹簧,因此带有缓冲装置的拖钩又称弹簧拖钩。

(4)带有液控或气控闭锁装置的拖钩。在折叠型拖钩中,钩子部分设有闭锁装置以控制钩子的打开和复位。

(5)滚子拖钩和无滚子拖钩。前者在安装时应配拖钩弓架,拖钩随滚子沿弓架做水平移动;后者安装在拖船坚固的结构上,同销轴固定,拖钩绕销轴做水平摆动。

实际使用的拖钩往往是上述各种形式的组合。

图4-8中列举了几种形式的滚子拖钩,其中:

图4-8(a)所示为不带缓冲装置不可折叠的开式拖钩。这种拖钩在波浪中工作时,拖缆很容易从拖钩中跳出来,因此不适宜于在海上拖航时使用,通常用于内河小型拖船。

图4-8(b)所示为带有缓冲装置的折叠型闭式拖钩,适用于港和内河拖船。

图4-8(c)所示为带有手动闭锁器和缓冲装置的折叠型开式拖钩。这种拖钩适用于拖缆很长且穿过艉部拖索孔的海洋拖船。

图4-8(d)所示为带有液压闭锁器和缓冲装置的折叠型开式拖钩。这种拖钩的闭锁器可遥控,适用于港口拖船。

按照CCS《海船规范》的规定:拖钩应设有可靠的释放装置,不论拖船的横倾角和拖索方向如何,都能方便地随时解脱拖索,同时又能避免意外地解脱拖索。拖钩的破断强度一般应为拖索破断强度的1.5倍。

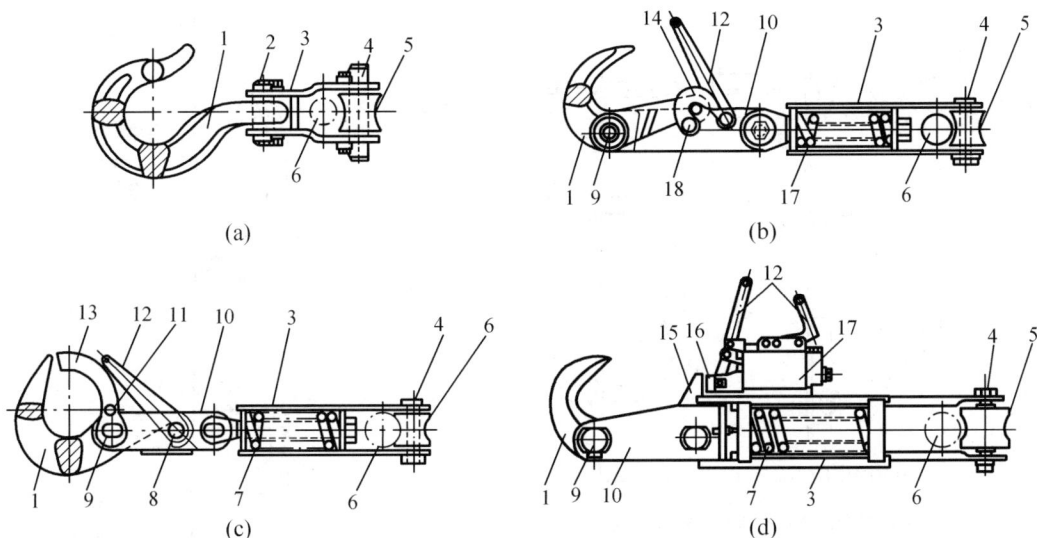

(a)　　　(b)　　　(c)　　　(d)

1—钩子;2,4—销轴;3—框架;5—滚子;6—拖钩弓架;7—弹簧;8—销子;9—水平轴;10—钩板;

11—制动器;12—制动杆;13—控制臂;14—止钩板;15—闭锁器;16—活塞;17—液压闭锁器壳体。

图 4-8 滚子拖钩的形式

2. 拖钩弓架

拖钩弓架是钢质锻造的圆形或椭圆形截面的曲线梁,其轴线可以是半个圆弧,也可以是由一个大半径的圆弧同两个小半径的圆弧连接起来组成。弓架同船体的连接可采用焊接、螺栓连接或是销子连接(图 4-9)。

拖钩弓架截面相对于与弓架平面垂直的轴线的剖面模数 $W(\mathrm{cm}^3)$ 应不小于按下式计算之值:

$$W = 132\,\frac{R_{\mathrm{b}}l}{\sigma_{\mathrm{s}}} \qquad\qquad (4-1)$$

式中　R_{b}——拖索破断负荷,kN;

　　　l——弓架两支点间的距离,m;

　　　σ_{s}——弓架材料屈服点,N/mm²。

按式(4-1)计算的弓架截面的应力在拖缆破断时应不超过 $0.95\sigma_{\mathrm{s}}$。

3. 拖钩托架

通常拖钩配有支撑滚轮,搁在水平托架上。拖钩工作时,滚轮沿托架移动。托架用钢板或型钢焊成,其形状同滚轮的轨迹相符,托架下面设有支撑(图 4-10)。

托架承受的负荷一般为拖钩重力的一部分和拖缆重力的一部分。但是当采用短拖索拖带时,被拖船舶上的拖索固定点低于拖钩时,托架就会受到拖索垂向分力的作用,此时拖钩轴线同拖索方向之间的夹角一般不超过 10°。因此托架承受的垂向分力约为拖索张力的 10%。拖架的强度按照拖索断裂时托架构件的应力不超过 $0.9\sigma_{\mathrm{s}}$(材料屈服点)进行校核。

(a) 销轴固定　　　(b) 焊接固定

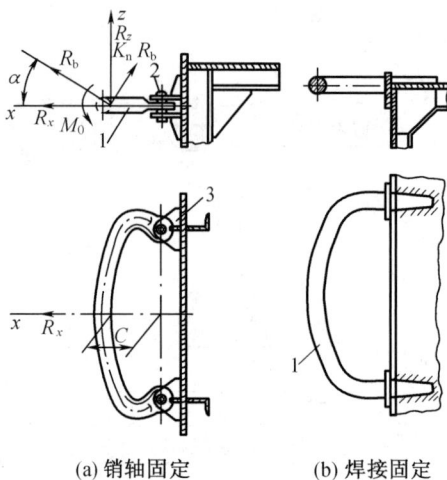

1—拖钩弓架；2—销轴；3—销轴眼板。

图 4-9　拖钩弓架的形式

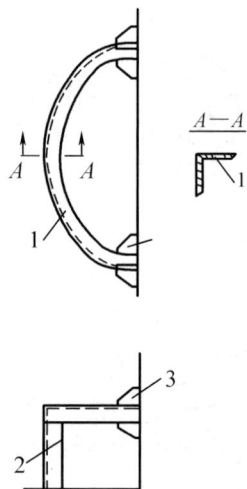

1—托架；2—支柱；3—肘板。

图 4-10　拖钩托架

二、拖桩

拖桩按用途可分为拖桩和兼作拖带用的带缆桩；按位置可分为艏部拖桩、舷侧拖桩和艉部拖桩(图 4-11)。

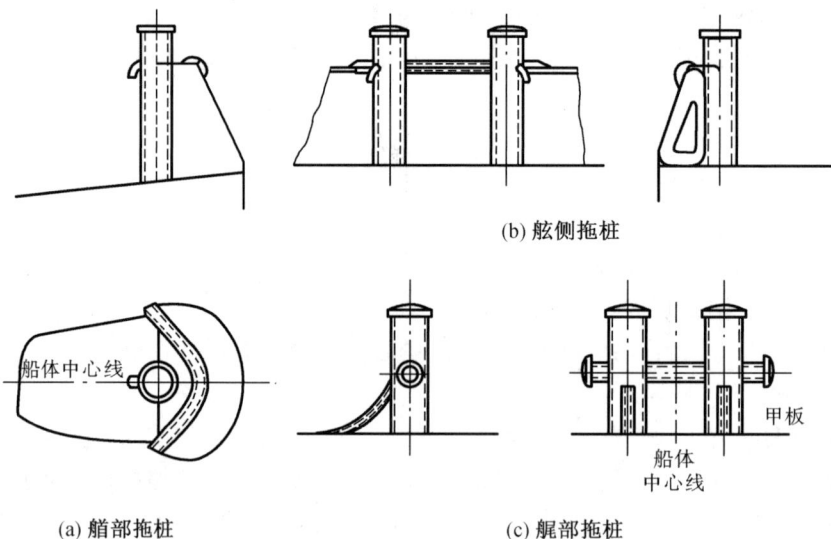

(b) 舷侧拖桩

船体中心线

(a) 艏部拖桩　　　(c) 艉部拖桩

甲板

船体中心线

图 4-11　典型的拖桩

艏部拖桩有单柱式和双柱式,图 4-11(a)所示为单柱式拖桩,它同艏部的舷墙折角肘板刚性连接,离开艏柱前缘约 2~3 倍桩柱直径。为防止拖缆的磨损,桩柱附近的舷墙折角用管子包边。艏部拖桩还经常采用双柱式并设有水平横档,位于船体中心线处,根据使用要求按船舶的纵向或横向设置。

舷侧拖桩通常为双柱式,安装在拖船两舷离开舷边约 1.5~2 倍的桩柱直径处并同舷墙固定,如图 4-11(b)所示。为防止拖缆滑出,桩柱上设有凸缘或横档。

艉部拖桩通常为双柱式,设有横档如图 4-11(c)所示。在许多拖船上,艉部拖桩按船的横向设置。在非专业拖船上,艉部拖桩设于船体中心线处,且沿船的纵向设置。

大型的被拖船舶如海洋工程船舶,在两舷端部处设置双柱式拖带用带缆桩作为龙须缆的拖力点。

拖带用带缆桩的桩柱直径应不小于所配用的拖缆直径的 10 倍,拖桩应能承受主拖缆破断负荷的 1.3 倍。因此在做拖桩强度校核时,在上述负荷的作用下,拖桩的应力应不超过材料的屈服点 σ_s(通常取 $0.95\sigma_s$)。单柱拖桩可作为承受集中载荷的悬臂梁做计算,而双柱拖桩的计算同带缆桩的计算相似。

三、拖力眼板

在被拖船舶上广泛采用快速解脱型拖力眼板,如图 4-12 所示为安全负荷为 860 kN 的拖力眼板。横轴的截面通常采用圆形或椭圆形,其大小应保证龙须链的末端链环或连接卸扣套入。

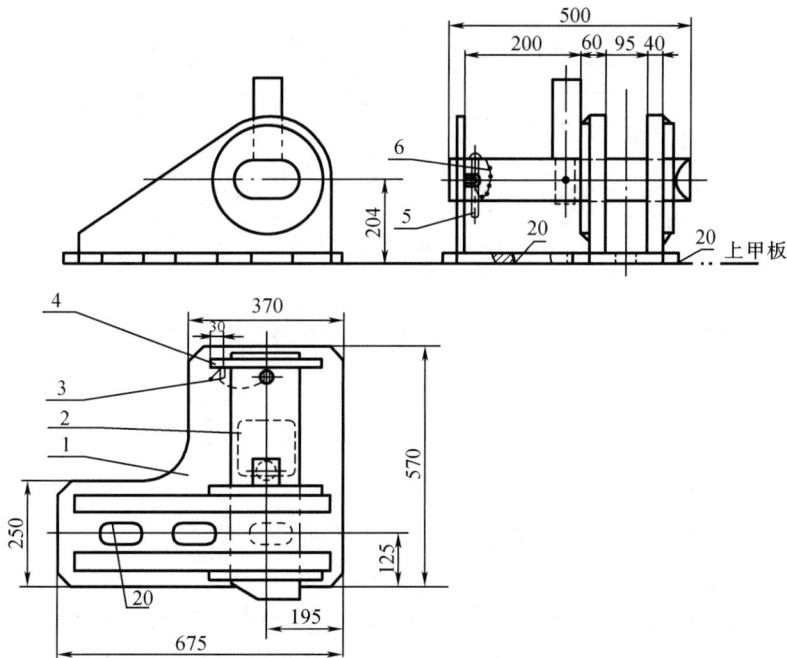

1—座架;2—横轴;3—眼环;4—挡板;5—插销;6—小链。

图 4-12 安全负荷为 860 kN 的拖力眼板

拖力眼板应至少能承受主拖缆破断负荷的 1.3 倍。此时,拖力眼板各零部件的应力应不大于材料的屈服点 σ_s(通常取 $0.95\sigma_s$)。

拖力眼板座架材料应采用 A 级或 B 级船体结构钢,横轴为锻钢件。

四、拖缆承梁

拖缆承梁设于拖船艉部并高出船舶艉部的所有设备,使得拖缆张紧时能平稳不受阻碍地从一舷滑向另一舷。

拖缆承梁可分为固定式[图4-13(a)]和局部活动式[图4-13(b)]。普通的拖缆承梁外形近似抛物线,但其中间部分约1/3船宽的范围内为水平的。其高度可以由船体中心线处,通过拖索固定点(拖钩或拖索绞车)和船尾艉墙顶部的直线确定。又高又宽的拖缆承梁应在船体中心线处或其两侧设置支撑。

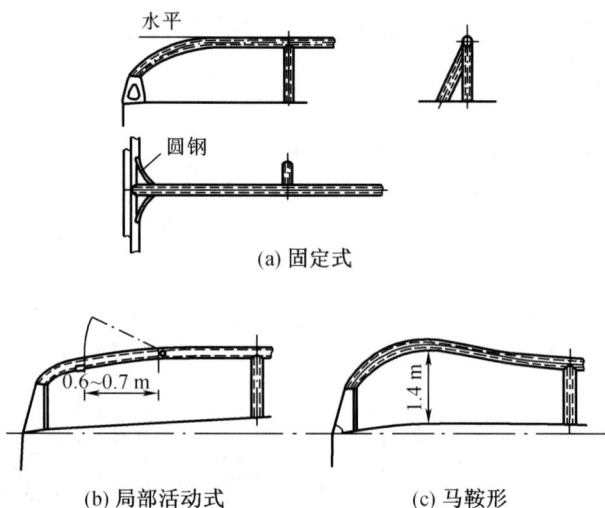

(a) 固定式

(b) 局部活动式　　　　(c) 马鞍形

图 4-13　典型的拖缆承梁

拖缆承梁及其支撑采用钢管制成,拖缆承梁的剖面模数 $W(\mathrm{cm}^3)$ 应不小于按下式计算所得之值:

$$W = 0.034 \frac{d^2 sl}{\sigma_s} \tag{4-2}$$

式中　d——拖缆直径,mm;

　　　l——支撑材之间或是支撑材同舷墙之间的距离,m;

　　　s——拖缆长度,不小于300 mm;

　　　σ_s——承梁材料的屈服点或抗拉强度的0.7,两者中取较小的值,N/mm²。

每一根支撑材料的横截面面积 $F(\mathrm{cm}^2)$ 应不小于按下式计算所得之值:

$$F = 0.0295 \frac{d^2 s}{\sigma_s} \tag{4-3}$$

局部活动承梁的可动部分可制成垂直方向或水平方向回转。对于连接部分应予特别的注意,使其保持光顺,不应有任何可损坏拖缆的突出部分。

马鞍形承梁的曲线应光顺,不应使拖缆在横向滑动时有任何阻碍。

高度较小的承梁,在人员通过处,建议在承梁的下部设橡胶板,以减轻人员通过时可能发生的碰撞伤害,橡胶板用埋头螺栓固定。

五、拖索限位装置

拖索限位装置是限定拖索在拖船上移动范围的设施,其形式有挡缆柱、限位器、拖索导缆孔及艉部拖索孔等。

1. 挡缆柱

挡缆柱设于拖缆机的后部,正对着拖缆滚筒处,通常为双十字形,两垂直挡柱之间的净开口尺寸不大于拖缆机滚筒的长度,以使拖缆在任何情况下都处于拖缆滚筒长度的范围内,从而保证拖缆机安全地收放拖缆,图4-2中的零件7为挡缆柱。

2. 限位器

限位器设在拖船的两舷或接近两舷处,位于拖钩或拖缆机的后面。当拖船转向时,拖缆从拖船的尾部滑向舷边,到限位器处受到阻挡(图4-2中的零件11),从而使拖船获得一个使其按相反方向转动的力矩。

3. 拖索导缆孔

拖索导缆孔安装于设有拖缆机的拖船上,拖索通过导缆孔引向被拖物,并同被拖物连接。由于其位置在拖缆机的后面,因此当拖船转向时,拖索对拖船的作用力可使拖船获得按其相反方向转动的力矩。

龙须链(缆)的导缆孔为铸钢件,其形状类似巴拿马运河导缆孔。导缆孔开口的大小应足以使龙须链(缆)及其连接卸扣顺利通过,孔表面的曲率半径应避免龙须链或防擦链产生不利的弯曲。

图4-14所示为固定式拖索导缆孔。其上部是一个导缆孔,下部是一个坚固的座架,在甲板上焊接固定。它的位置在拖缆机后方,距离足以使通过导缆孔的拖索能在拖缆机滚筒上排列整齐。

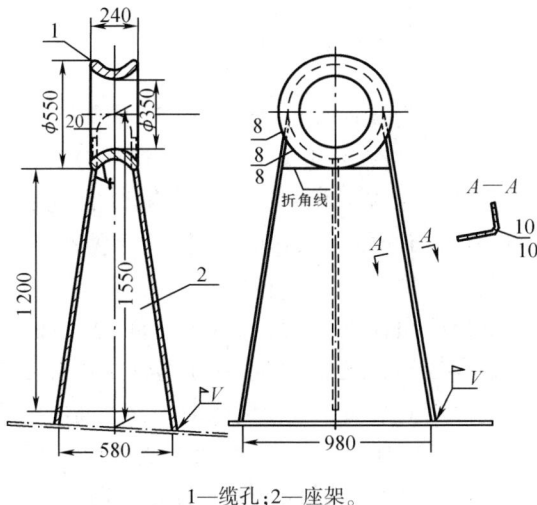

1—缆孔;2—座架。

图4-14　固定式拖索导缆孔

4. 艉部拖索孔

专业或非专业的拖船上配置的艉部拖索导缆孔有多种形式,为了便于作业,通常设有启闭闸。图4-15所示为简易启闭式拖索孔,安装在拖船尾部的舷墙上,本体为半圆钢,启闭闩与舷墙顶板齐平,不影响拖索的使用,这种拖索孔适用于直径为 $\phi22.5$ mm 的钢索拖缆。

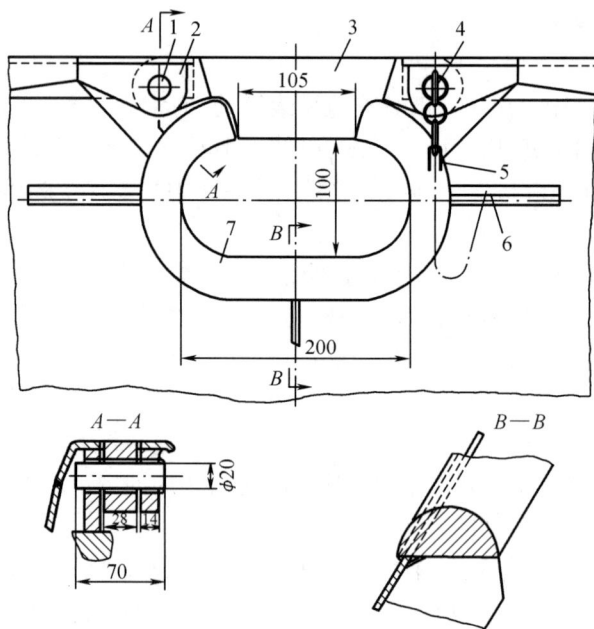

1—轴;2—眼板;3—启闭闩;4—插销;5—小链;6—加强筋;7—半圆钢。

图 4-15　简易启闭式拖索孔

六、拖缆机械

拖船设置拖缆绞车(拖缆机)的好处是能在拖带过程中,根据航区的海况方便地调整拖缆的长度。

拖缆的绞车按其功能可分为普通拖缆绞车和自动拖缆机。按驱动方式可分为电动、液压或柴油机直接驱动。按绞车的卷筒可分为单滚筒、双滚筒和三滚筒绞车。

拖缆机的制动装置应具有相应于其配用的最大拖缆的破断负荷的 1.1 倍的静态握持力。拖缆机在制动、拖带与回收等操作时,应能从驾驶室应急释放拖缆,即使在正常动力源发生故障时也能应急释放拖缆。拖缆机应配有排绳装置。建议在无限航区拖船上为拖缆机设置测量拖缆负荷的装置,该设置应能记录最大拉力和平均拉力,同时设有超负荷报警器和拖缆放出长度指示器,并在驾驶室内显示上述数据。

普通拖缆绞车的刹车上配有缓冲装置,当拖缆突然拉紧时,绞车卷筒可以有稍许转动,以达到缓冲的目的。图 4-16 所示为一台液压普通拖缆绞车。

自动拖缆机用于海洋拖船,由于波浪的影响,在拖带时,拖缆经常受到冲击负荷的作用。自动拖缆机的特点是,当拖缆张力超过允许值时,滚筒自动放出拖缆,当拖缆松弛时,滚筒收缆的断裂。自动拖缆机的这一功能是通过恒张力系统予以实现的。

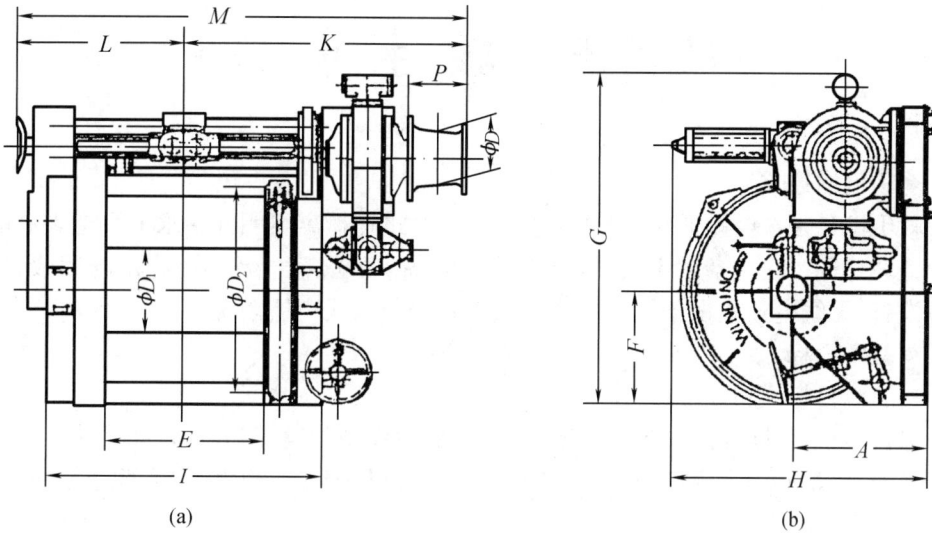

(a)

(b)

图 4-16 液压普通拖缆绞车

项目五　救生设备

◆ **项目描述**

救生设备是在船舶遇险时,使船上人员安全迅速撤离船舶并在水上维持生命的专用设备的总称。它包括救生载具,个人救生设备,视觉信号,登、乘、降落与回收设备,抛绳设备,无线电救生设备及通信应急报警系统与有线广播系统。

◆ **教学目标**

1. 思政目标

通过本项目的学习,学生应了解,无论是救生设备的设计和制造,还是救生设备的选择及布置,都必须遵守职业规范、履行岗位职责、培养职业道德、提升职业素质。

2. 知识目标

了解救生载具、个人救生设备的种类及使用操作方法;掌握规范中关于救生艇筏降落与回收装置的相关要求。

3. 能力目标

学生应会正确选择救生设备;能根据生产指导书安装各种救生设备。

4. 素质目标

教师在授课过程中应强调学生岗位职业道德和伦理道德的树立,要求学生熟悉并严格遵循救生设备设计及制作的规范标准,具有理论联系实际、实事求是的工作作风和科学严谨的工作态度。

【思政课堂】　典型案例:"泰坦尼克"号沉船事件

案例描述:

1912 年 4 月 14 日晚,在夜色中的北大西洋里,一艘巨大的游轮正以 40 km/h 的速度,安静、平稳地迅捷前行。

这是一艘当时全世界最大(全长 269.06 m,宽 28 m,可容纳 3 000 人)、最豪华,并且号称为最安全、"永不沉没的巨轮"。被欧美新闻界誉为"海上城市"。它的名字叫"泰坦尼克"号。

"泰坦尼克"号

夜晚 11 点 40 分，乘客们结束一天的娱乐活动都已经进入梦乡，船上的工作人员例行安全检查，当时的气温是-1 ℃。

瞭望员弗雷德里克习惯性地望向正前方，突然，让他为之惊魂的一幕发生了，他看见正前方有"两张桌子大小"的一块黑影，很是疑惑，但很快这团黑影随着距离的靠近，越来越大！

"是冰山！"瞭望员弗雷德里克尖叫一声，迅速敲了 3 下驾驶台的警钟，然后拿起电话报警。就在弗雷德里克发出警告后的短短 37 s，这艘豪华的游轮因为船体过大、船速太快而船舵太小，毫无悬念地撞上了冰山。一瞬间，船头右舷底部的铆钉被撞得松动并断开，海水源源不断地涌入。

尽管船上工作人员迅速展开抢修工作，但首席造船工程师托马斯·安德鲁却对这艘船下了死刑判决。他在仔细查看了船底时发现，一共有 5 间舱房进了水。检查完毕，安德鲁平静地对史密斯船长说："这船没救了。"并表示该轮船仅能坚持 1~2 h。

零点，老船长宣布下放救生艇，船上的乘客看到一批又一批的救生艇从船舱放出来，又听到工作人员拿着喇叭喊排好队时，他们突然意识到了问题的严重性。

然而救生艇却不是人人都能有机会乘坐的，所有救生艇加起来仅能供 1 178 人使用，而船上当时的总人数达 2 224 人。

于是，有人开始尖叫，有人绝望地痛哭，也有人平静地闭上眼睛，等待那一刻的到来，还有人互相推搡，为谁排前面而争吵，更有人悄悄地插队……

救生艇上演着生的希望，而船体内则不断传来死亡的噩耗。

1912 年 4 月 15 日凌晨 2 点 20 分，这艘"永不沉没"的豪华游轮，永远地沉在了大西洋海底，船上一共有 2 224 人，生还 707 人，遇难 1 517 人。

"泰坦尼克"号的失事给各国政府和人民敲响了一记警钟，引发了对海上安全问题的关注。1913 年 11 月 12 日，第一届海上生命安全国际大会在伦敦召开。会议通过《国际海上人命安全公约》《SOLAS 公约》，并不断更新，这项措施至今仍在规管全世界的海事安全。

当时国际通用的海事安全规则是，救生艇的搭载人数是船上总人数的三分之一，而"泰坦尼克"号的救生艇可以搭载一半乘客，自认为"对乘客安全高度负责"，所以没有引起公众的安全注意。但是，"泰坦尼克"号的沉没永久改变了这种救生策略：救生艇必须能容纳船上的所有人员。

案例分析：

泰坦尼克号沉没之谜至今仍未解开，抛开船体构造和操作方面的问题不谈，还有一个可以挽救很多人生命的问题没有被关注到，那就是救生设备的数量及应急准备！一方面救生艇数量不足是造成遇难者数量庞大的一个主要原因；另一方面因为事故突发，乘客和船员没有实施过有关救生艇的演练，许多人并不知道该往哪逃，该做什么，而且由于害怕很多救生艇并没有载满人员，再加上船长弃船的决定下得太晚，最终导致很多人在慌乱之下没有做到有序疏散。层层的"因"，酿成了悲剧的"果"！

案例启示：

如今，100 多年过去了，"永不沉没"之船依然长眠在大西洋底，曾标榜世界最安全的巨轮却担起了一场史上最大的海难事故。事实证明，这个"绝对安全"的巨轮，也并没有让人放心。

我们常说,让人放心是一种可贵的品质,也是一种杰出的能力。这种放心,不应仅仅是一套完善的规章制度、一套安全的保全系统,更应该是我们精益求精的态度、超前的风险意识和应变自如的"安全措施"。

案例思考:

1. 从泰坦尼克号沉船事件中你能得到哪些启示?

2. 作为未来可能要从事与船舶设计、建造相关工作的人员,请思考如何才能减少海难事故的发生?

任 务 一　救 生 载 具

救生载具指救生艇、救生筏、救助艇及救生浮具等,是用以承载受难落水人员,使其不致浸泡于水中的一种救生设备。

一、救生艇

救生艇为从弃船时起能维持遇险人员生命的艇,是船舶的主要救生载具。

救生艇的内部座位下装有自然浮力材料,当艇全部灌满水时具有不会沉没的功能,全封闭救生艇还具有倾覆后自动扶正至正浮状态的功能。艇内备有一定数量的粮食、饮用水、桨、篙等属具。救生艇具有良好的浮性、稳性和航海性能,较其他的救生工具有更大的安全性,但它的重量较大,且所占甲板面积与空间较大。

1. 救生艇的分类

(1)按艇体材质可分为木质救生艇、金属(钢或铝)救生艇和玻璃钢救生艇。

木质救生艇使用历史最长,修理方便,浮力较大,不易沉没,但保持水密性差,易着火和破损,耗用木材,制造工艺复杂,目前已不使用。

钢质救生艇耐火性能好,但易锈蚀。油船上曾使用过钢质开敞式救生艇,现今的规范规定油船必须采用全封闭耐火救生艇。目前,钢质艇也很少采用。

玻璃钢救生艇质量轻、强度高、耐腐蚀、表面光滑、制造与维修工艺较简单、保养方便、经久耐用,目前以被国内外广泛采用。

(2)按推进方式可分为机动救生艇和非机动救生艇(一般也称划桨救生艇)。机动救生艇以柴油机为动力,既可满载乘员较快地撤离险船,又可以拖带非机动艇和救生筏。非机动救生艇主要依靠划桨,或设有手摇、脚踏等人力推进装置,或利用风帆推进。《SOLAS 公约》对新造船舶已不提非机动救生艇,即全部救生艇均要求为机动救生艇。因此,目前非机动救生艇只能用于国内海船和内河船舶。

国际航行船舶及国内航行的客船和油船所配备的机动救生艇,当载足全部乘员和属具,并且由发动机驱动的辅助装置均在运转时,在静水中的航速应不小于 6 kn;当拖带 1 只载足全部乘员和属具的 25 人救生筏时,航速应不小于 2 kn。国内航行的除客船和油船以外的其他船舶配备的机动救生艇,在静水中的航速应不小于 4 kn。

(3)按结构形式可分为开敞式救生艇(乘员定在 60 人以上者应为机动救生艇)、部分封闭救生艇及全封闭救生艇三种。全封闭救生艇按设备和功能的不同又可分为普通型救生艇(《LSA 规则》称全封闭救生艇)、耐火救生艇、具有空气维持系统的救生艇及自由降落救生艇等四种。所有救生艇的乘员定额均不得超过 150 人。

（4）全封闭救生艇按乘员进入艇内的位置可分为侧开门、艉开门及侧艉开门三种形式。自由降落式救生艇全是艉开门形式。

侧开门形式的救生艇，门布置在艇的两侧或一侧（船舶右舷救生艇的门在艇的左侧，船舶左舷救生艇的门在艇的右侧），这种艇的首尾部线型均为尖形。艉开门形式的救生艇为方尾型，门布置在艇的艉部。侧艉开门形式的救生艇，一般是在艉开门艇的基础上，再增加一个侧开门。

上述各种全封闭救生艇（自由降落式除外）如果同时满足《LSA 规则》规定的救助艇的要求可以兼作救助艇，称为全封闭救生艇兼救助艇。同样，部分封闭救生艇或开敞式救生艇若满足规定的救助艇的要求，也可以兼作救助艇。

2. 各种形式救生艇的特点

（1）全封闭救生艇

全封闭救生艇为机动艇，设有完全罩住救生艇的刚性水密封闭盖，可保护乘员不受恶劣环境条件的伤害，并具有倾覆后自行扶正的能力，是一种较理想的救生艇。如图 5-1 所示为普通型全封闭救生艇。

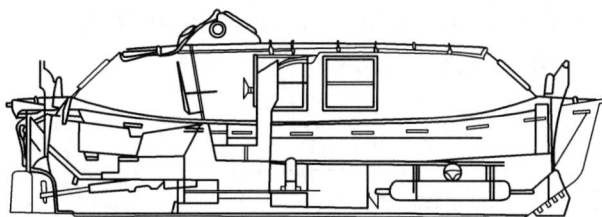

图 5-1　普通型全封闭救生艇

（2）具有空气维持系统的救生艇

具有空气维持系统的救生艇（或称自供空气救生艇）也是一种全封闭救生艇，它与普通型全封闭救生艇的区别是多了一套压缩空气与供气系统装置。它主要用于运载散发有毒蒸汽或毒气的货物的化学品液货船和气体运输船。

（3）耐火救生艇

耐火救生艇也是全封闭救生艇（图 5-2），它除备有空气维持系统外，还装有喷水防火系统。耐火救生艇与空气维持系统的救生艇的区别是增加了喷水防火系统装置。它主要用于油船、化学品液货船和气体运输船。

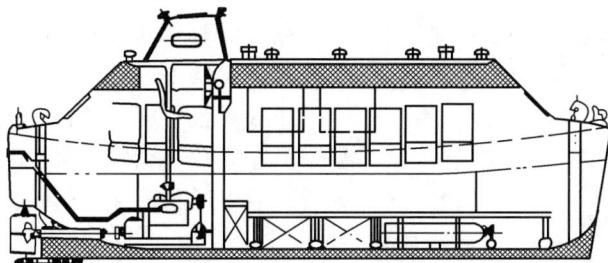

图 5-2　耐火救生艇

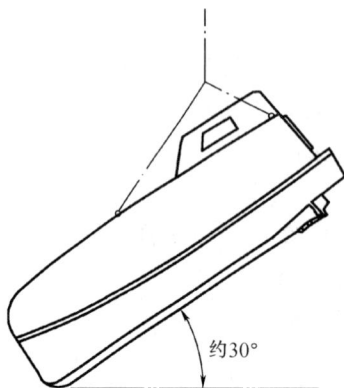

图 5-3　自由降落救生艇

（4）自由降落救生艇

自由降落救生艇（图 5-3）也是全封闭救生艇。其平时存放在船舶尾部倾斜的滑架上，使用时，人员进入救生艇后安全装置将人员牢固地缚在座位上，然后操纵释放机构，救生艇依靠重力在倾斜架上滑行后自由降落至水中，再漂浮出水面。这种机动救生艇用于货船、油船等，但不允许用于客船。

自由降落救生艇具有降艇迅速的优点，解决了船舶在 5 kn 航速放艇的难题。其不足之处是艇存放高度较高，占用过大的艇尾部空间，不能兼作救助艇，制造费用昂贵等。

（5）部分封闭救生艇

部分封闭救生艇（图 5-4）是机动艇。这种救生艇的首尾端各有一段固定装设的刚性顶盖，艏艉钢性顶盖之间设有固定附连的可拆式顶篷，该顶篷在人进入救生艇后可方便地撑起，从而形成一个能挡风雨的遮蔽，以保护救生艇乘员免受风吹雨打和烈日暴晒的伤害。艇的两端和每一侧均应有进口，以方便万一救生艇翻覆时，供乘员逃出。

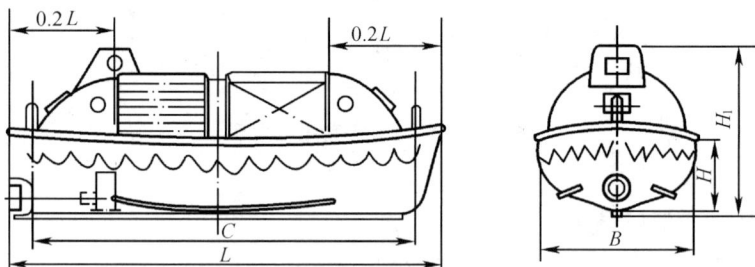

图 5-4　部分封闭救生艇

部分封闭救生艇仅用于国际航行客船，与全封闭救生艇相比，它比较易于登乘，但稳性较差，低温保护性能也较差。

（6）开敞式救生艇

开敞式救生艇（图 5-5）有机动及划桨两种，若乘员定额在 60 人以上则应为机动艇。开敞式救生艇在海上倾覆时，可利用艇底扶手及扶正索将艇扶正。

开敞式救生艇结构简单，登乘方便，但因低温保护性能差，乘客易受海浪、大风袭击或烈日暴晒的伤害，不宜在国际航行船舶上使用。

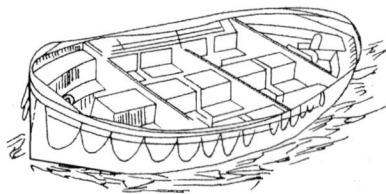

图 5-5　开敞式救生艇

《SOLAS 公约》中已不提开敞式救生艇，我国《ZC 法规》允许国内航行的船舶上使用。

开敞式救生艇有划桨救生艇、一级机动救生艇（航速不低于 6 kn）及二级机动救生艇（航速不低于 4 kn）。

二、救助艇

救助艇用于救助遇险人员及集结救生艇筏,通常为开敞式方尾机动艇,设有拖带装置以及桨等必要的属具。救助艇的类型及特点如下:

(1)按结构形式可分为刚性救助艇、充气救助艇和混合结构救助艇。刚性救助艇艇体材料一般为玻璃钢,也有铝质。充气救助艇艇体材料一般为橡胶,通常保持充气备用状态。混合结构救助艇艇体由上述两种材料混合构成。

(2)按功能可分为专用救助艇和兼有救生艇功能的救助艇。前者一般为开敞式,额定乘员6~8人,艇长不得超过8.5 m;后者一般为全封闭救生艇兼作救助艇。

(3)按航速可分为一般救助艇和快速救助艇。一般救助艇(简称救助艇)按《SOLAS公约》规定航速应不小于6 kn。快速救助艇满载航速要求不小于8 kn。在有3个艇员的轻载状态下,航速不小于20 kn,并在此状态下保持此航速至少4 h。快速救助艇是客滚船上必须配置的救助艇。

(4)按艇的发动机形式可分为座机型及舷外挂机型。座机型的发动机设置在艇体内,舷外挂机型的发动机连带螺旋桨设置在艇体尾部外。高速救助艇很多设置喷水推进装置。

(5)按艇吊钩设置形式可分为:双吊钩式及单吊钩式。双吊钩式为艇首尾各设置一个吊钩(与一般救生艇相同)。单吊钩式为艇体上设3个或4个吊点,用钢索连接成一个吊点,用单臂式吊艇架吊放。

一般的刚性舷外挂机型救助艇外形,如图5-6所示。

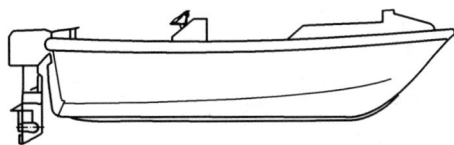

图5-6　刚性舷外挂机型救助艇

三、救生艇、救助艇的配置

1. 救生艇及救助艇的选择

各类船舶应根据不同航区与不同船型,按《SOLAS公约》或《ZC法规》的要求,并考虑船东的特殊要求选择救生艇和救助艇。下列各点供参考:

(1)货船

船舶设置两艘全封闭救生艇时,通常将右舷的一艘救生艇兼作救助艇,这样可省去一艘救助艇的配备。

全封闭救生艇选用侧开门还是后开门要根据船舶围壁布置情况决定。

如果货船采用自由降落救生艇,由于该型艇不能兼作救助艇,因此必须另行配备一艘救助艇。所以从总体上说,配置自由降落救生艇比配置两艘吊架降落救生艇在经济上更为昂贵。

（2）客船

全封闭救生艇价格较贵，因此客船一般选用部分封闭救生艇。但客船不允许选用自由降落救生艇。客船所选用的部分封闭或全封闭救生艇如同时符合救助艇要求时可兼作救助艇。在客滚船的救助艇中，至少有一艘为快速救助艇。

2. 救生艇筏的存放与布置

对于救生艇筏的存放、集合与登乘布置、降落与回收装置，《SOLAS 公约》和《ZC 法规》均有详尽而具体的要求，这里择要叙述如下：

（1）救生艇筏的存放、集合与登乘布置

救生艇筏应存放在尽可能靠近起居和服务处所的地方。救生艇筏的降落站位置应尽可能使救生艇筏从船舷平直部分下水。如降落站设于船的前部，则应设置在防撞舱壁后有遮蔽的地方。

船侧降落的救生艇应存放布置距推进器尽量远的地方。在船长为80 m 及以上但小于120 m 的货船上，救生艇应存放在距推进器之前不小于救生艇长度的地方。在船长为120 m 及以上的货船与80 m 及以上的客船上，救生艇应存放在距推进器之前不小于1.5 倍救生艇长度的地方。

在安全和可行的情况下，救生艇筏应存放在尽可能靠近水面处且不能突出船舶的舷外。而且艇筏（需抛出船外降落的救生艇除外）应处于这样的位置：在登乘位置上的救生艇筏，当满载船舶在纵倾10°和向任何一舷横倾20°和横倾到船舶露天甲板的边缘浸入水中的角度（以两者中较小角度为准）时，应离水线不小于 2 m；集合与登乘地点两者应紧靠在一起，且设在容易从起居和工作处所到达的地方，其布置应能使担架病人抬进艇筏。每个集合地点应有足够的场所，以容纳指定在该地点集合的所有人员，每人的甲板面积至少为 0.35 m^2。

（2）救生艇筏降落与回收装置

通常情况下，所有救生艇筏及救助艇应配备重力式储存机械动力式降落装置，但是具有下列情况之一者可予免除：

①从最轻载航行水线以上小于4.5 m 高度的甲板上登乘的救生艇筏，且质量不大于 185 kg；

②从最轻载航行水线以上小于 4.5 m 高度的甲板上登乘的救生艇筏，且存放在处于不利纵倾达 10°和向任何一舷横倾达 20°时，可直接从存放地点降落下水；

③超过按船上总人数 200% 所配备的救生艇筏范围的救生艇筏，质量不大于 185 kg；

④超过按船上总人数 200% 所配备的救生艇筏范围的救生艇筏，且存放在处于不利纵倾达 10°和向任何一舷横倾达 20°时，可直接从存放地点降落下水；

⑤配备有连同符合海上撤离系统一起使用的救生艇筏，且存放在处于不利纵倾 10°和任何一舷横倾达 20°时，可直接从存放地点降落下水。

救生艇筏降落与回收装置应使该设备的操作人员在救生艇筏降落期间以及在救生艇回收期间，能随时在船上观察到救生艇筏。

每艘救生艇应配有 1 台能降落和收回该艇的设备。吊艇索应有足够的长度，当船舶最轻载航行时，在不利纵倾至 10°及任何一舷横倾至 20°时，使救生艇能到达海面。如配备部分封闭救生艇（或开敞式救生艇），应装设吊艇架横张索，在其上设置不少于

2 根救生索,每当船舶最轻载航行时,在不利纵倾至 10°及向任何一舷横倾至 20°时,使救生索的长度足以随艇到达海面。

（3）客船救生艇筏存放、集合与登乘布置的附加要求

①吊架降落的救生艇筏处在登乘位置时,吊架顶部至最轻载航行水线之间的高度应尽可能不超过 15 m;

②救生艇登乘布置的设计应适于从存放处,或者从登乘甲板直接登乘并降落;

③乘客集合地点应设在登乘站附近（或者两者在同一处所）,使乘客易于到达,且有集结和指挥乘客用的宽敞场地,每位乘客的面积至少为 0.35 m²。

（4）货船救生艇筏存放、登乘与降落布置的附加要求

①救生艇筏登乘布置应设计为救生艇可以从存放处直接登乘并降落;

②20 000 总吨及以上的货船,静水中以 5 kn 的速度前进时,救生艇能安全降落,必要时可利用艇首缆。

3.救助艇的存放与布置

对于救助艇的存放、集合与登乘布置、降落与回收装置的主要要求如下所述:

（1）救助艇应存放在适宜降落并收回的位置,并处于 5 min 内降落下水的备用状态。如救助艇兼作救生艇,应符合救生艇的存放要求。

（2）如救助艇是船舶救生艇筏中 1 艘者,其登乘布置与降落站应符合救生艇的集合、登乘布置与降落的要求。

（3）当船舶在静水中前进航速达到 5 kn 时,客船与货船配备的一切救助艇应能降落下水,必要时可利用艇首缆。

（4）救助艇载足全部乘员及属具在中等海况下回收的时间应不超过 5 min。如救助艇兼作救生艇,应能迅速收回载足救生艇属具及至少 6 个定额乘员的救助艇。

客船除了满足上述要求外,其救助艇的布置还应使艇可在指定船员载足的情况下从存放处直接登乘并降落。如救助艇兼作救生艇,且其他救生艇均从登乘甲板登乘并降落,此时救助艇布置为也能从登乘甲板登乘并降落。

四、救生筏

救生筏是指从弃船时起能维持遇险人员生命的筏。

救生筏在遇难船舶救生方面起着重要作用,它的重要性仅次于救生艇。在某些突发情况下,如船舶突然沉没时救生筏能快速自动充气,自动浮起。此外还具有重量轻,贮存体积小,维修保养简便,经济性好等优点。

1.救生筏的类型、构造及使用

（1）救生筏的类型

救生筏按结构形式分为气胀救生筏和刚性救生筏;按下水方式分为抛投式和吊架降落式（即可吊式）。

除上述分类外,按航区要求气胀救生筏可分为 A 型（甲型）与 B 型（乙型）。按用途又有高速船使用的开敞式两面可用气胀救生筏、渔具用气胀救生筏、客滚船用的自行扶正救生筏和带顶篷的可逆转救生筏等。

（2）救生筏构造特征、规格及一般使用方法

①气胀救生筏

气胀救生筏由橡胶尼龙布制成，平时筏体不充气，折叠后存放在玻璃钢筒内，玻璃钢筒存放在甲板舷边筏架上(图 5-7)。

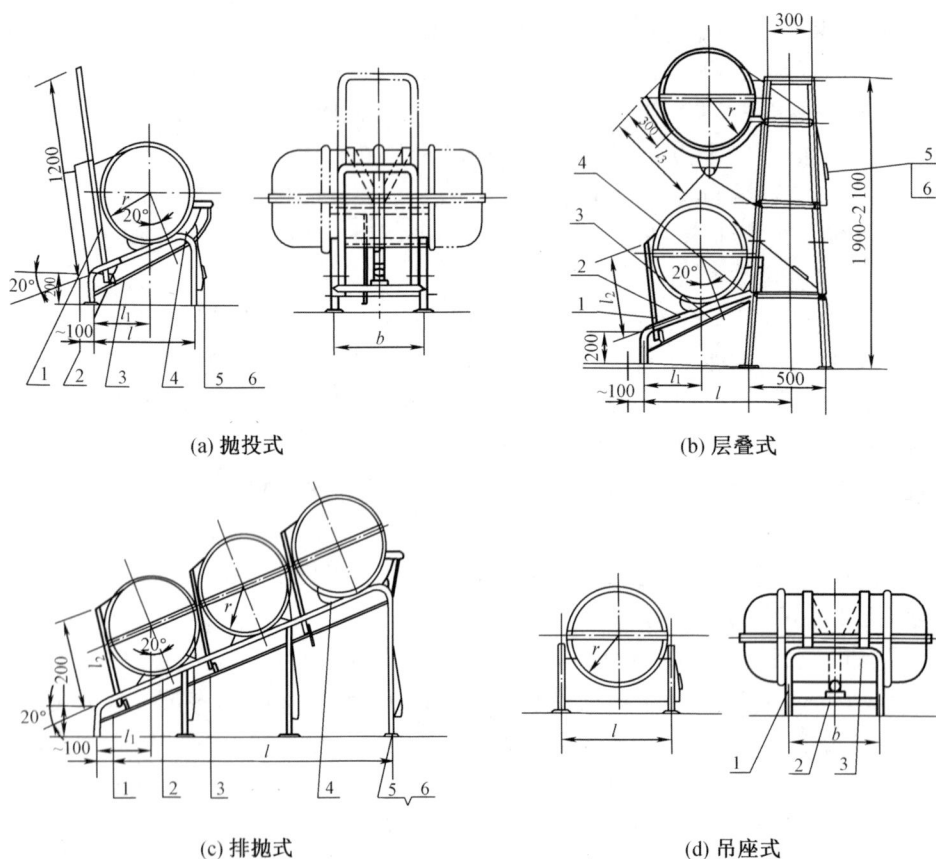

(a) 抛投式   (b) 层叠式

(c) 排抛式   (d) 吊座式

1—倒杆；2—座架；3—止动杆；4—动杆；5—静水压力释放器；6—索具扎带。

图 5-7　气胀救生筏架

气胀救生筏在筏首、尾处一般各有一个进出口，筏首处设有登筏软梯和拖带设备，筏尾处设有登筏平台(B 型无登筏平台，只设有软梯)，登筏平台和软梯供落水者登筏用。筏体外围及内侧设有环状的扶手索，供落水人员攀附用。

a. 抛投式气胀救生筏。

抛投式气胀救生筏平时收放在玻璃钢筒形容器内，并安装在救生筏专用座架(通常为设在甲板舷边的倾斜滑架)上。使用时只要拉动抛投开启装置，救生筏即利用重力自由降落下水。入水后利用充气绳开启筏体内的二氧化碳气瓶，在 60 s 内即可使筏自动充气膨胀成型，然后人员沿船舷边的登乘(软梯)或其他设施(如撤离滑梯)登入救生筏内。抛投式气胀救生筏如图 5-8 所示。

人员登筏后，应立即取出安全小刀割断与即将沉没的船舶连接的绳索，取出划桨迅速划离遇难船舶，以免遇难船舶下沉时将筏拖入水中。万一船舶紧急沉没船员来不

及抛投筏,则在船舶沉没入水离水面不超过4 m时,救生筏架上的静水压力释放器可使筏自动脱离存放座架而浮出水面,在水面上自动充气膨胀成型。

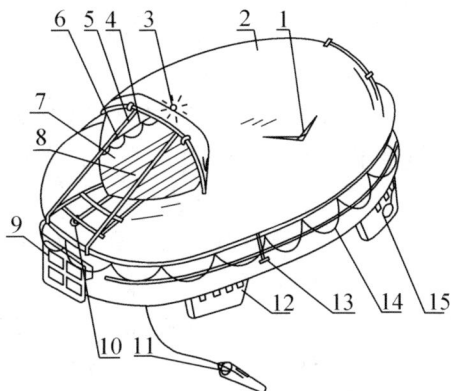

1—雨水沟;2—篷帐;3—示位灯;4—内扶手索;5—上浮胎;6—篷柱;7—下浮胎;8—篷底;
9—软梯;10—拯救环;11—海锚;12—平衡袋;13—海水电池袋;14—外扶手索;15—提拎带。

图5-8 抛投式气胀救生筏

救生筏配备维持人员生命的各种属具和用品,如划桨、哨笛、火箭降落伞火焰信号、雷达反射器或雷达应答器、食品、饮用水、保温用具等。

b. 可吊式气胀救生筏。

可吊式气胀救生筏置有专用的降落装置,并使用钢索将筏吊降入水。使用时,先用设在船舷边的降落装置将筏转出舷外,再拉动筏的充气绳使其在舷边充气膨胀成型。当撤离人员从甲板边缘登筏后将筏吊至水面。如果一部降落装置需吊多只救生筏(客船上最多可吊5只筏),在吊最后一只筏时,操作降落装置的船员也登入筏内,用遥控细钢索操作筏应用遥控放艇装置,使救生筏吊放至水面。

可吊式气胀救生筏的构造与抛投式气胀救生筏基本相同,前者增加了一个吊点。可吊式气胀救生筏同时具备抛投式气胀救生筏的全部技术与使用性能。在应急情况下或降落装置失灵时,也可用抛投方法将筏抛入水面,或在船舶沉没时,利用静水压力释放器使筏自动脱离并自动充胀成型。

由于可吊式气胀救生筏为乘员"干脚登筏"(乘员不接触海水),适用于客船。因为客船上妇女、儿童、老人等旅客不适用软梯进入抛投式救生筏。

c. 开敞式两面可用气胀救生筏。

开敞式两面可用救生筏采用尼龙胶布制成,正反(即上、下)面均可登乘使用。平时折叠包装在存放筒内,并存放在救生筏架上。使用方法与抛投式气胀救生筏相同。也可通过静水压力释放器自动释放。救生筏抛下水后,任何一面向上均可供应急救生登乘使用。此时救生筏根据《国际高速船安全规则》(HSC规则)的要求设计,适用于航区的遮蔽特性以及营运区域的气候条件经主管机关认可的国际间航线的高速船舶。

d. 渔船用气胀救生筏。

渔船用气胀救生筏是 B 型抛投式救生筏的一种,适用于近海渔船。这种筏的抛投方法、膨胀结构形式等与 A 型抛投式气胀救生筏相同。目前,国内有规格为 10 人与 12 人的小型救生筏。

e. 自行扶正救生筏和带顶篷的可逆转救生筏

这两种筏是《SOLAS 公约》规定的客滚船应配备的救生筏,可任选一种。这两种筏漂浮在海上时,不论哪边朝上都能安全操作。

自行扶正救生筏与海上撤离系统(如气胀式撤离斜滑梯)配套使用,带顶篷的可逆转救生筏与可吊式救生筏降落装置配套使用。

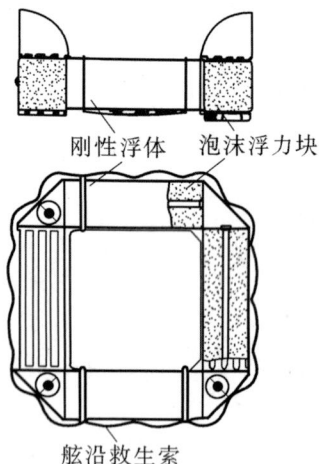

图 5-9　刚性救生筏

②刚性救生筏

刚性救生筏(图 5-9)由刚性浮体及筏底组成,其结构上下左右对称,无论上下哪一面均可使用。刚性救生筏也有抛投式及吊架降落式,由于刚性救生筏存放体积较大,使用不理想,目前已很少采用。

2. 救生筏的存放与布置

救生筏的存放、集合、登乘布置、降落与回收装置的基本要求与救生艇相同。此外还应满足下述要求。

救生筏的存放应能做到,当筏从系固装置上解脱时,能用人工释放。每只救生筏(除货船船首或船尾附加救生筏外)或救生筏组的存放,应设有一符合要求的自由漂浮装置,以使每只救生筏能自由漂浮,且若为气胀式,在船舶下沉时能自动充气。为此救生筏存放处的上方不应有甲板遮蔽,以避免沉船时影响救生筏的自由漂浮。

除非设有某些转移设施,吊筏架降落的救生筏应存放在吊筏钩可到达的范围内,且布置应使全部乘员能迅速登筏。

用于抛出舷外降落的救生筏的存放,应能容易地转移到船舶的任何一舷降落,否则应按规定增加每舷可供使用的总容量。

任务二　个人救生设备

个人救生设备指救生圈、救生衣、救生服、抗暴露服和保温用具等。

一、救生圈

1. 救生圈的类型

救生圈按结构形式可分为有包布救生圈(A 型)和不包布救生圈(B 型),如图 5-10 所示。

船舶配置的救生圈,除了带任何属具的救生圈外还应有带自亮灯的救生圈。带自发烟雾的质量通常不小于 4 kg,其他救生圈的质量通常不小于 2.5 kg。

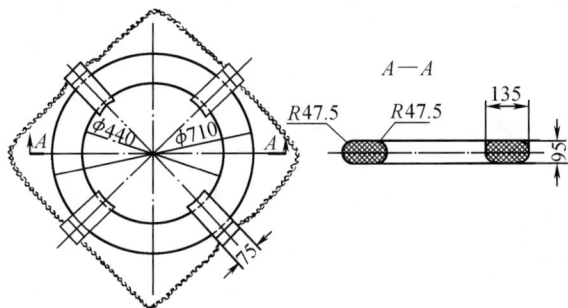

图 5-10 救生圈

救生圈架是存放救生圈的专用坐架,有三脚式(图 5-11)与整体式。材料为钢质或铝质,常用钢质。三脚式救生圈架固定在船舶围壁或舷墙上,整体式救生圈架固定在船舶栏杆上。钢质救生圈架采用电焊固定,铝质救生圈架采用铆钉固定。

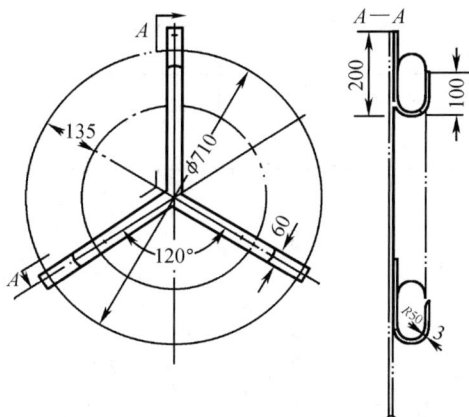

图 5-11 三脚式救生圈架

2.救生圈的存放

救生圈应存放在船舶两舷容易拿到之处,在可能范围内,存放在所有延伸到船舷露天甲板上,至少有 1 个应放在船尾附近。

国际航行的海船其不少于总数一半的救生圈应设有自亮灯(不应同时装有救生索)。这些设有自亮灯的救生圈中至少有 2 个应设有自发烟雾信号,并能自驾驶室迅速抛投。设有自亮灯和设有自亮灯及自发烟雾信号的救生圈,应等量地分布在船舶两舷。

船舶每舷至少有 1 个救生圈应装有可浮救生索,其长度不少于其存放处在最轻载航行水线以上高度的两倍或 30 m,取较大者。

3.救生圈的配备

客船配备的救生圈数量应不少于表 5-1 的规定。救生圈应按规定配备自亮灯、自发烟雾信号及救生索等属具,但不论如何规定,长度为 60 m 以下的客船应配备不少于 6 只带有自亮灯的救生圈。

表 5-1　客船配备的救生圈数量

船长/m	最少救生圈/只
60 以下	8
60～120	12
120～180	18
180～240	24
240 及以上	30

货船配备的救生圈数量应不少于表 5-2 的规定。救生圈应按规定配备自亮灯、自发烟雾信号及救生索等属具。配在油船上的救生圈用自亮灯,应是电池型。

表 5-2　货船配备的救生圈数量

船长/m	量少救生圈数/只
100 以下	8
100～150	10
150～200	12
200 及以上	14

二、救生衣

1. 救生衣的类型

救生衣是在水中能提供浮力以承托身体的特制背心,可使落水者背部托出水面不低于 120 mm,身体向后倾斜与垂向夹角不小于 20°,以待援救。

救生衣按使用人员可分为成人救生衣(简称救生衣)及儿童救生衣,后者为按儿童身材特制救生衣。按提供浮力的方式则可分为气胀式救生衣及非气胀式救生衣。

气胀式救生衣用橡胶布制成气胎充气室,穿着时使充气室充气膨胀产生浮力。这种救生衣应同时具有 3 种充气方法,即手拉气瓶充气、用口吹充气以及在水中数秒内自动充气。非气胀式救生衣常用的浮力材料为闭孔型泡沫塑料或木棉,外包以帆布。图 5-12 所示为常用救生衣。

用救生衣应符合《LSA 规则》或《ZC 法规》的要求。不符合要求的救生衣,如某些供船员工作时穿着的工作救生衣不能取代船用救生衣,也不能计入救生设备的定额。

救生衣的属具包括救生衣灯及哨笛,每件救生衣应备有用细索系牢的哨笛。国际航行的海船,每件救生衣尚应配备 1 盏救生衣灯。

2. 救生衣的存放和布置

救生衣通常存放在船员和乘客的居住和休息处所,也可相对集中存放在容易到达的处所,值班人员使用的救生衣应存放在驾驶室、机舱、控制室及其他有人值班的处所,存放位置应有明显的标志。

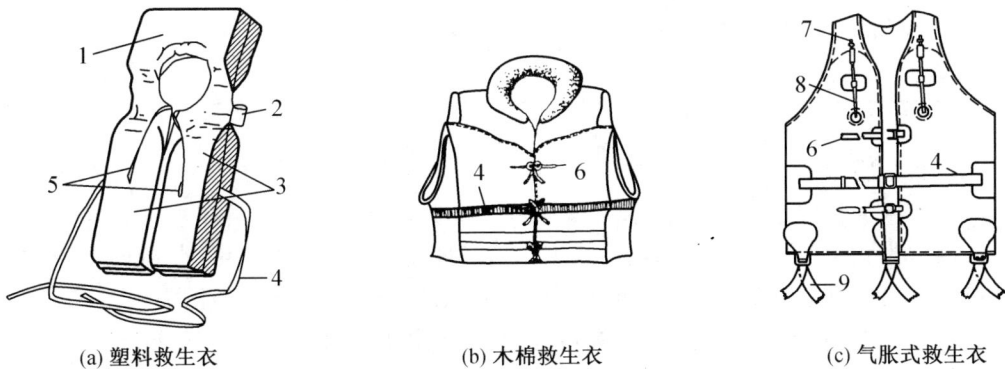

(a) 塑料救生衣　　　　　(b) 木棉救生衣　　　　　(c) 气胀式救生衣

1—上浮力袋;2—口哨袋;3—下浮力袋;4—腰带;5—领口带;6—胸带;7—气嘴;8—胶管;9—跨带。

图 5-12　常用救生衣

客船上如果乘客救生衣存放在远离公共处所和集合地点之间直接脱险通道的特等舱内,则按规定这些乘客的附加救生衣,应存放在公共处所、集合地点、或这两者之间的脱险通道上。这些救生衣应存放得使其分布和穿着不妨碍有秩序地向集合地点和救生艇筏登乘站移动。

3. 救生衣的配备

客船上每个人员配备 1 件船用救生衣(非气胀式或气胀式)。另外,尚应配备船上乘客人数至少 10%的适合儿童穿着的救生衣,或为每个儿童配备 1 件可能需要的更多数量的救生衣。以及配备供值班人员使用的,并供设置在很远的救生艇、筏地点使用的足够数量的救生衣。值班人员的救生衣应存放在驾驶室、机舱、控制室及有人值班的其他任何地方。

此外每艘客船应配备供不少于船上人员总数 5%的救生衣。这些救生衣应存放在甲板上或集合站鲜明易见的地方。

在所有客船上,每件救生衣应配备 1 盏救生衣灯。

货船上每个人员配备 1 件船用救生衣(非气胀式或气胀式)。另外,尚应配备供值班人员使用的,并供设置在很远的救生艇、筏地点使用的足够数量的救生衣。值班人员的救生衣应存放在驾驶室、机舱、控制室及有人值班的其他任何地方。每件救生衣应配备 1 盏救生衣灯。

三、救生服、抗暴露服和保温用具的配备

根据国际上大量沉船遇难事故的调查统计,死亡人员中有 2/3 是冻死的。因为落入水中会造成体热散失,当体温散失至 35℃以下时就会导致低温昏迷;如降到 31 ℃以下,人就会失去知觉;在 20~23 ℃的水中,水所吸收的人体热量大于人体产生的热量,当人的体温下降到 24 ℃时,就会失去生命。因此,在水中生存的时间除本身体质外,主要取决于水的温度(表 5-3)以及使人与水隔绝的保护措施的有效程度。由于普通的救生衣不保温,不能满足人在低温水中长期浸泡的情况下仍能维持生命的要求,故而早在 20 世纪 60 年代国外开始研究保温救生服,从而产生了救生服、抗暴露服和保温用具。

表 5-3　水温与人存活时间关系表

水温/℃	0	2.5	5	10	25
人存活时间/h	1/4	1/2	1	3	24

1. 救生服

救生服又称浸水保温服,是防水连衣裤,可使穿着该服的人员在水中减少体热损失。通常为救生艇员和海上撤离系统工作人员使用,以便在水面扶正气胀救生筏和协助遇难人员登乘。此外,在寒冷海域航行的船舶还应按规定配置救生服。

救生服应符合《LSA 规则》的规定,且在满足该规则对于救生衣的要求情况下可以兼作救生衣。目前,国产救生服虽大多为自然保温材料制成,但是一般达不到救生衣的浮力和稳性等要求,尚须在救生服外面加穿救生衣。

救生服按使用者裸露情况可分为开式和闭式两种。开式为身体和四肢(包括手和足)被包裹,仅脸部裸露在外。闭式除了身体、四肢被包裹外,脸部还设有面罩。开式救生服的外形如图 5-13 所示。

采用非自然保温材料制成的救生服(非绝热型)在使用时,穿着者必须连同保暖衣服一起穿着,并且要求在加穿救生衣的情况下,在 4.5 m 高度处跳入水中后,救生服仍能继续提供足够的热保护,以确保穿着者在温度为 5 ℃的平静流水中可历时 1 h,体温降低不超过 2 ℃。

采用自然保温材料制成的救生服(绝热型),在穿着者单独穿着救生服时,或必须加穿救生衣的情况下,从 4.5m 高度处跳入水中 1 次,仍能继续提供足够的热保护,以确保穿戴者在温度为 0 ℃与 2 ℃的平静流水中可历时 6 h,体温降低不超过 2 ℃。常用的自然保温材料为可发泡氯丁橡胶或是以聚乙烯高发泡片为主体的材料,前者弹性好并有一定的强度与水密性,但由于工艺上的原因,目前国内多数采用后者。

图 5-13　开式救生服

2. 抗暴露服

抗暴露服系专供救助艇员和海上撤离系统人员使用的保护罩,其用途与救生服相似。但是对于绝热性能的要求则低于救生服。抗暴露服采用防水材料制成,具有一定的浮力和稳性,允许脸部和双手裸露,并配有救生衣灯和哨笛。

抗暴露服应符合《LSA 规则》的规定,且在满足该规则对于救生衣的要求的情况下可以兼作救生衣。

抗暴露服若是采用非自然保温材料制成,穿着者在使用时,必须连同保暖衣服一起穿着。抗暴露服连同必须采用的保暖衣服穿好后,应在人跳入水中且全部浸入水中后提供足够的热保护,保证在温度为 5 ℃的平静流水中,穿着者的体温在第 1 个 0.5 h 之内降温率不大于 1.5 ℃/h。

3. 保温用具

保温用具系采用低导热率的防水材料制成的袋子或衣服,使穿着者保持体温,延长生存时间,以增加获救机会。保温用具对雷达波具有较好的反射能力,便于在海上搜救。保温用具有良好的热反射性能,如在炎热的夏季与热带航区遇险,可作为防晒的遮蔽物。

保温用具是救生艇、救生筏和救助艇内必须配备的属具之一。此外,在寒冷海域航行的船舶还应按规定配备保温用具。保温用具按形状可分为保温袋和保温衣。

保温袋尺寸为 200 mm×960 mm 的袋状体。拉链式袋口保温袋(图 5-14)的优点是袋内成为一个封闭体,头部可露在外面,亦可缩进袋内仅露出口鼻,使头部保温,即提高了保温效果,且穿着与抛弃均十分方便。

图 5-14 保温袋

保温衣为连衣裤式,由颈上部分、袖管与手套部分、躯干和下肢部分等组成。颈上部分的穿入和脱卸口装有拉链,以便封闭衣口和必要时解开弃衣。保温衣规格有大号和小号两种,穿着者根据身高选用。保温衣避免了保温袋将人禁锢致使腿脚不能行走,手臂不能伸展等缺点。

4.救生服、抗暴露服和保温用具的配备

救助艇员和海上撤离系统的每个工作人员应配备 1 件救生服或抗暴露服。如果船舶一直在温暖气候区域航行,主管机关认为没有必要进行温度保护,则可不必配备保温服。

所有客船上的每艘救生艇应配至少 3 件救生服。此外,救生艇中没有配备救生服的每个人应配备 1 件保温用具。若具有下列情况下之一,可不必配备这些救生服和保温用具:

(1)全封闭或部分封闭救生艇中的人员。

(2)如船舶一直在温暖气候航区航行,而主管机关认为保温用具为不必要时。

任务三 救生艇筏降落与回收装置

一、艇降落装置

艇降落装置是将救生艇或救助艇从存放位置安全转移到水面上的设施。艇降落装置主要由吊艇架与艇绞车组成。

吊艇架形式很多,总的可分为重力式吊艇架、储存机械动力吊艇架及人力操纵吊艇架三大类。

重力式吊艇架是依靠艇的重力作用放艇的吊艇架,即在船上没有任何动力与电源的情况下,也能用重力式吊艇架安全、迅速放艇,是目前国内外使用最普遍的吊艇架。

重力式吊艇架可分为吊架降落式(简称吊降式)及自由降落式两类。吊降式吊艇架采用钢丝绳放艇,它是除自由降落式救生艇降落装置以外的所有重力式吊艇架的总称,一般布置在船舶两舷。自由降落式救生艇降落装置大多布置在船尾,也有少数布置在舷侧。重力式吊艇架形式繁多,目前海船使用的形式大体如图 5-15 所示。

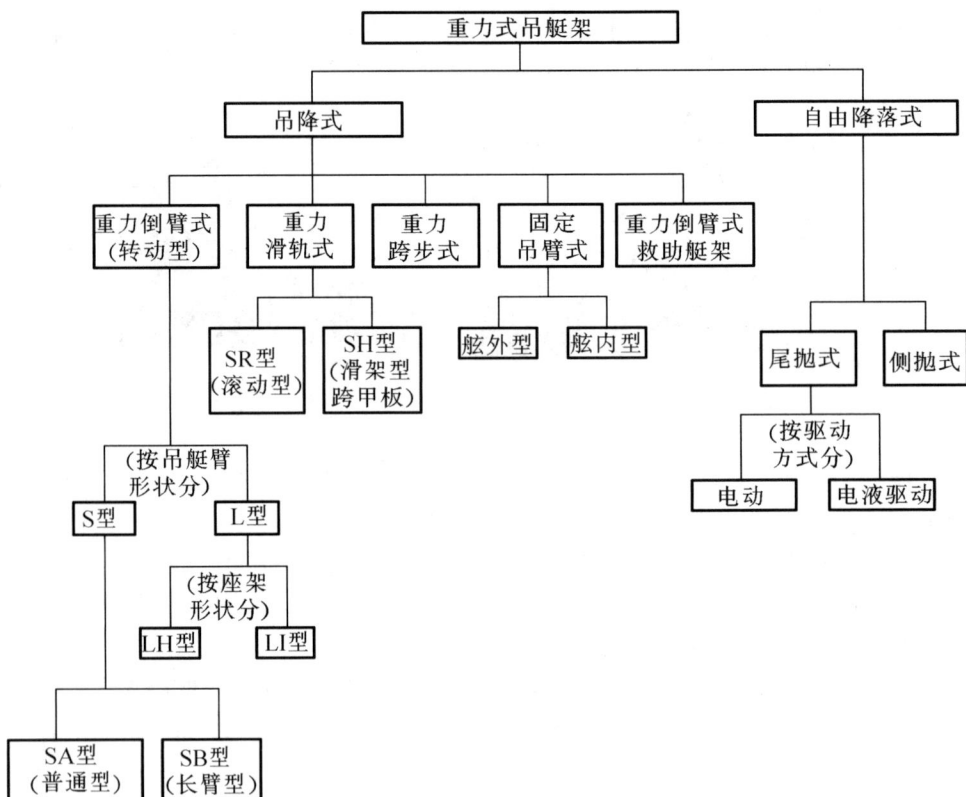

图 5-15　重力式吊艇架分类示意图

吊降式吊艇架中如重力倒臂式、重力滑轨式、重力跨步式等均设有活动吊艇臂,本章将做进一步的介绍。固定吊臂式吊艇架又有舷内型和舷外型之分。舷内型设置滑橇架与艇连接在一起,通过坐架的滑轨逐步移出舷外,将艇下降入水。此种艇架能在船舶内横倾 30° 及纵倾 10° 的恶劣工况下顺利放艇,但制造精度要求较高。舷外型固定吊臂式吊艇架的救生艇存在船舶舷外,结构简单,放艇方便,在海洋平台上用得较多,一般不适合航行船舶使用。

各种形式的吊艇架主要根据其工作负荷划分规格,吊艇架工作负荷系指吊艇架允许使用的最大满载艇的质量负荷。考虑到空载艇的制造误差,在确定吊艇架工作负荷时尽可能按救生艇出厂时船检部门核定的空载艇实际重量为准或留有余量。此外当船舶在向内横倾 20° 及纵倾 10° 的恶劣工况下,空载艇质量过小也会造成吊艇臂倒出舷外,不能完成正常放艇操作。

1. 艇降落装置的基本要求

对于国际航行海船,救生艇及救助艇的降落装置应符合《LSA 规则》的要求;对于国内航行海船,救生艇及救助艇的降落装置应符合 ZC《国际航行海船法定检验技术规则》的要求。

(1)国际航线海船《LSA 规则》的要求

①除了自由降落救生艇的次要降落设备以外,每具降落设备的布置应能在纵倾达到 10°并向任何一舷横倾达到 20°的不利情况及下列条件下安全降落它所配备的装备齐全的救生艇筏或救助艇。

a.按《SOLAS 公约》规定的救生艇筏与救助艇登乘布置的要求,满载全部乘员;

b.不多于船上操作所需的船员(一般为 2 人)。

②降落设备不得依靠除重力或不依赖船舶动力的任何储存机械动力以外的任何方式来降落其所配属的处于满载状态、轻载状态和装备齐全状态(即空载状态)的救生艇筏或救助艇。

③除绞车制动器外,降落设备及其附属设备的强度应足以经受不小于 2.2 倍最大工作负荷的静负荷试验。

④构件和一切滑车、吊艇索、眼板、链环、紧固件和其他一切用作连接降落设备的配件设计时,应有一个安全系数。该安全系数根据规定的最大工作负荷和结构所选用材料的极限强度来决定。所有构件的最小安全系数取 4.5,吊艇索、吊艇链、链环和滑车的最小安全系数应为 6。

⑤降落设备应在结冰的情况下保持有效。

⑥艇降落设备应能收回载有艇员的救生艇。

⑦救助艇降落设备应能以不小于 0.3 m/s 的速度从水面升起载足全部乘员和属具的救助艇。

⑧对于使用吊艇索和绞车的降落设备,除了自由降落救生艇的次要降落设备以外,降落机械装置(绞车)的布置应可由一个人从船舶甲板上某一位置,或自救生艇或救助艇内某一位置操纵;在甲板上操作降落机械装置的人员应能看到救生艇筏。吊艇索应是防旋转及耐腐蚀的钢丝绳。

⑨凡使用动力回收吊艇架吊臂者,应装设安全装置,在艇架吊臂回到原位限制器之前要自动地切断动力,以防止吊艇索或吊艇架受到过度应力,除非电动设计为能防止此过度应力。

⑩满载救生艇筏或救助艇降落下水的速度,应不小于由下列公式得出的速度,但应不大于 1.3 m/s。

$$s=0.4+0.02H \tag{5-1}$$

式中　s——下降速度,m/s;

H——吊艇臂倒出舷外后,从吊艇架顶部至最轻载航行水线的距离,m。

配备全部属具但不载人员的救生艇筏的降落速度不小于上述要求的 70%。

自由降落救生艇降落装置除了设置自由降落设备外,还用提供次要降落的方式即用吊艇索借助电动绞车放艇。

(2)国内航行海船 ZC《国际航行海船法定检验技术规则》的要求

国内航行海船的每艘救生艇应配有 1 台降落和回收该救生艇的设备。该设备除了应满足上述第(1)条①、②、③及⑨款的要求外尚需满足以下要求:

①艇的降落装置一般应采用重力式,如艇在倒出状态下的质量小于 2 300 kg,也

可采用摇出式。

②救生艇的降落装置应保证艇的安全降落速度为 0.6~1.0 m/s。

③救助艇的登乘与降落装置应在尽可能短的时间内使人员登入且把救助艇降落，并能迅速回收载有乘员和属具的救助艇。

2. 重力倒臂式吊艇架

重力倒臂式吊艇架是一种转动型艇架。放艇时，吊艇臂绕着艇架下端销轴转动，使吊艇臂向外倾倒，将艇吊出舷外，因此又称单支点吊艇架。这种吊艇架在吊艇臂倒出舷外过程中，支点受力简单，无外移运动。当船舶处于内横倾 20°及纵倾 10°的恶劣工况时，吊艇臂也不会造成卡轧现象。由于一副艇架只有两个支点支撑，即使在船舶受损甲板变形的情况下，吊艇臂仍能容易转出舷外，不易造成卡轧现象，且放艇速度也较快，对放艇安全性提供了可靠的保证。

重力倒臂式吊艇架结构简单、制造方便、操作简便、工作可靠，因而得到广泛应用，但吊艇臂的高度和艇的存放高度均较高。

封闭式救生艇使用的重力倒臂式吊艇架以吊艇臂形状可分为：S 型（吊艇臂呈 S 形）和 L 型两种。前者适用于首尾尖削的全封闭救生艇，后者则适用于开后门方尾型全封闭救生艇。

这类吊艇架使用时，首先解开所有的系固装置，然后将救生艇绞车的刹车重锤抬起（直接或间接利用舷边和艇内遥控放艇装置）使刹车松闸，此时依靠艇的重力拖带艇绞车卷筒反转放索，吊艇臂即连动救生艇缓缓转出船舶舷外，直至吊艇臂放倒。然后吊艇链浮出滑车顶部的 T 形钩从吊艇臂头部自动脱出，救生艇继续下降直至水面。回收艇时需启动艇绞车电机，使船上升，当浮动滑车 T 形钩进入吊艇臂头部顶推挡板时，开始推动吊艇臂向内转动，直至回到原存放位置。此时吊艇臂已推动限位开关，将绞车电源切断，以保护吊艇架座不受冲击。

S 型重力倒臂式封闭救生艇吊艇架按吊艇臂长度分为普通型和长臂型两种。

普通型（SA 型）吊艇架如图 5-16 所示。其吊艇臂较短（吊艇链长约 1 m），因而总高较小，便于船舶存放位置，但舷外跨距相对较小。

长臂型（SB 型）吊艇架，其吊艇臂较长（吊艇链长约 2 m），艇架上的浮动滑车距艇的驾驶台顶约 1 m 左右，因此当回收救生艇时，由于海浪作用使艇颠晃的情况下，可避免浮动滑车撞击艇的驾驶台或挂钩艇员头部而导致损伤。SB 型艇架舷外跨距较大，适合大型油轮在火警情况下放艇，某些放艇演习频繁的船舶也经常使用。

L 型重力倒臂式封闭救生艇吊艇架的放艇原理及结构形式与 S 型基本相同，是 S 型吊艇架的演变与发展。其特点是人员可在艇存放位置下面行走，减少了救生艇装置占用的甲板面积。常用的 L 型吊艇架主要有 LH 型与 LI 型。

LH 型吊艇架的座架为 H 形。该型艇架的优点是艇架独立安装，不需依附近艇甲板围壁，且人员可以在座架下面通行，布置紧凑，即使是方尾型（后开门）全封闭救生艇也能存放布置。但是吊艇臂倒出力矩相对 S 型吊艇架来说偏小。

开敞式救生艇使用的重力倒臂式吊艇架的结构形式和工作原理与封闭艇用重力倒臂式吊艇架相似。其通常用于国内航行船舶，且可不设艇内遥控放艇装置。由于开敞救生艇的质量比封闭救生艇小得多，因此所配套的救生艇绞车的工作负荷相对来说也小得多。

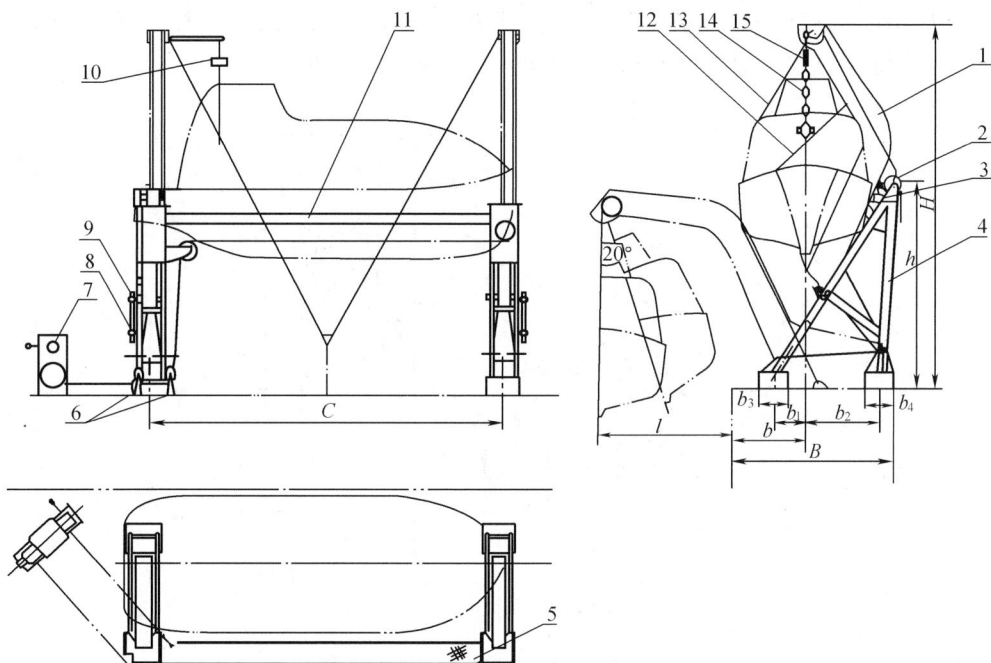

1—吊艇臂;2—转向滑轮;3—限位开关装置;4—吊艇架座;5—登艇路台;6—甲板垂直转向滑轮;
7—艇绞车;8—转动轴装置;9—止动装置;10—艇内遥控放艇装置;11—支撑横杆;12—系艇装置;
13—固艇装置;14—吊艇链装置;15—浮动滑车。

图 5-16 普通型(SA 型)重力倒臂式封闭救生艇吊艇架

开敞式救生艇或部分封闭救生艇用的吊艇架,在两根吊艇臂头部之间应设置钢丝绳横张索,并在其设置不少于 2 根足够长度的救生索,能于船舶最轻载航行在不利纵倾 10°的情况下及船舶向任何一舷横倾 20°时随救生艇到达海面。

救生索通常采用白棕绳或麻索,直径为 20~24 mm,每隔 1.83 m 打一反手结,便于下滑人员中途停顿。每根救生索设置一根拉索,直径一般为 12 mm。拉索的一端系在登艇甲板吊艇架座架上,另一端同救生索相连。那些没有随艇一起离船的待撤离人员可利用这根拉索将救生索拉向舷边,抓住后下滑至已放到海面上的救生艇上。

3. 重力滑轨式及跨步式吊艇架

重力滑轨式吊艇架是一种滚动型吊艇架。常见的吊艇臂形式呈 S 形,每根吊艇臂有前后两个支点,每一个支点在臂的两侧各设置一个滚轮。放艇时前后两对滚轮沿座架的导轨(一般为槽钢)向外滚动,使吊艇臂连同艇一起外移并倾倒,将艇吊出舷外。这种吊艇架存放高度较低,对于上层建筑或甲板室较高的中小型船舶比较合适。这种吊艇架的制造精度要求较高,如制造质量欠佳,当船舶内横倾 20°及纵倾 10°时易影响吊艇臂外移及倒出舷外。尤其当船舶纵倾时,吊艇臂在其自重产生的侧向分力的作用下向一侧移动,使一侧的滚轮在槽钢内产生较大的轴向摩擦力,导致吊艇臂两侧滚轮前进速度不一而产生扭转,易造成卡轧现象。

目前常用的重力滑轨式封闭救生艇吊艇架有 SR 型与 SH 型两种。

SR 型吊艇架是重力滑轨式中较早出现的形式。这种艇架的优点是存放高度较低,但在布置时艇架后面须留有足够的通道。

SH 型吊艇架是 SR 型吊艇架的改进型,如图 5-17 所示。其座架的前后支撑高度差足以使得人员在座架下面通过,适合于甲板不伸到舷边的船舶。

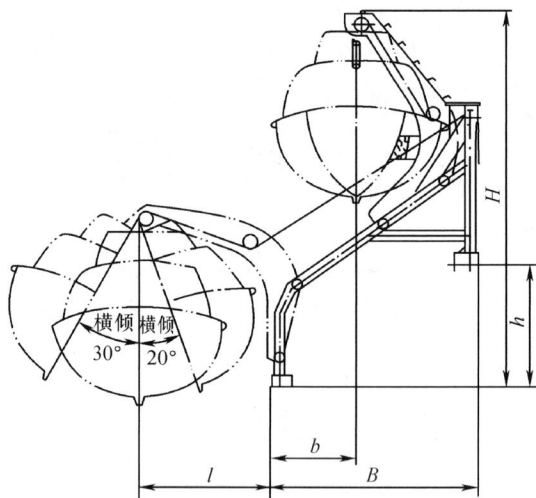

图 5-17　SH 型重力滑轨式吊艇架

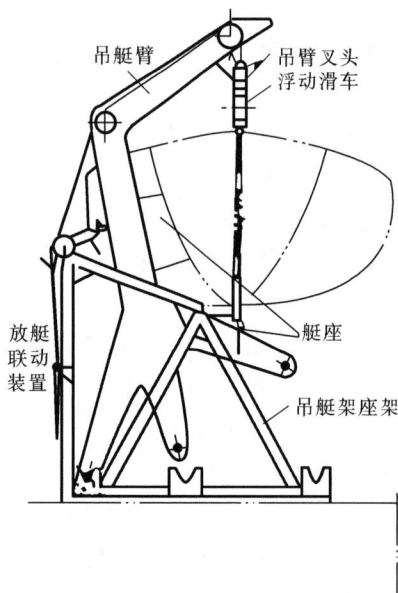

图 5-18　重力跨步式吊艇架

重力跨步式吊艇架如图 5-18 所示。其吊艇臂的下端均自由支撑在甲板的支座上,吊艇架存放高度也较低。放艇时吊艇臂下端脱离支座圆弧轨迹运动,依次绕后支点及前支点倾倒,使艇吊出舷外。但在船舶纵倾较大时放艇,易造成吊艇臂的双支点同时脱离座架而造成致命事故的危险,所以不宜在海船上使用。

4. 自由降落救生艇装置

自由降落救生艇装置是一种无拘束的重力式降落装置,通常用于尾机型货船,在客船上不允许使用。这种降落装置除了以重力自由降落为主要方式放艇外,还应提供次要方式,即用吊艇索落艇。且当船舶沉没时,艇能自由漂浮下水。回收艇则需使用绞车。

自由降落救生艇降落装置在船上布置时,应使安装在其上的救生艇最低点至最轻载航行水面距离不超过救生艇自由降落的核准高度。

目前,常用的自由降落救生艇降落装置按其在船上的位置可分为尾抛式和侧抛式。

尾抛式自由降落装置设在船舶尾部,救生艇存放在降落装置的滑道上。滑道一般向船尾倾斜30°~35°左右,救生艇首部朝向船尾,艇内人员的座位全部面向艇尾方向(即船首方向),以使艇内人员能承受自由降落入水时加速度的冲击。救生艇被释放后,即依靠重力沿着滑道自由滑行,脱离轨道后按抛物线轨迹在空中滑行,然后以50°~60°左右的入水角进入水中,在水下滑行一段距离后即漂浮到水面上。这种降落装置放艇迅速,有利于船舶在5 kn航速时放艇,不存在一般吊艇架前后两根吊艇索必须在风浪中同步脱钩的困难。

尾抛式自由降落装置按驱动方式分为电动及电液驱动。

电动自由降落救生艇装置如图5-19所示,由滑道、门字形吊艇臂、吊艇座架及电动绞车等组成。放艇主要方式是依靠艇的重力自由降落,次要方式则是采用吊艇索借助电动绞车放艇。回收艇则用电动绞车将艇从水面提起,用门字形吊艇臂通过滑道回收到艇存放位置。

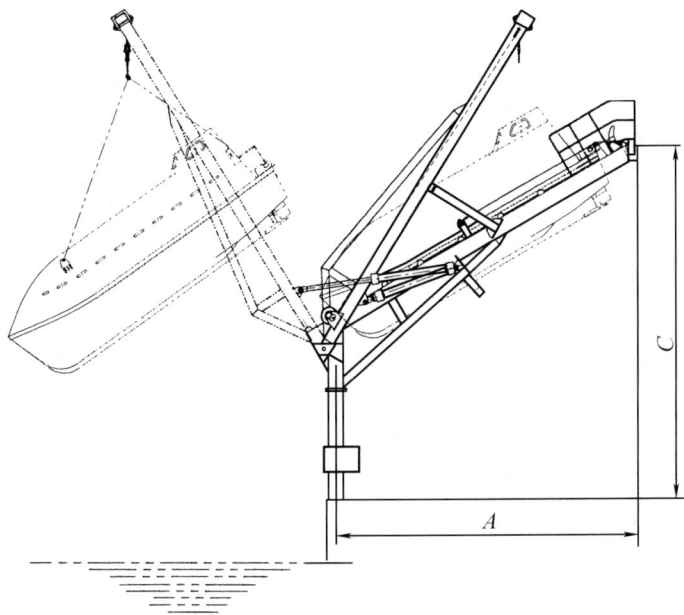

图5-19 电动自由降落救生艇装置

二、救生艇筏降落与回收装置配备

1. 总体要求

所有救生艇筏及救助艇应配备重力式或储存机械动力式降落装置,但是具有下列情况之一者可予免除:

(1)从最轻载航行水线以上小于4.5 m高度的甲板上登乘的救生艇筏,且质量不大于185 kg;

(2)从最轻载航行水线以上小于4.5 m高度的甲板上登乘的救生艇筏,且存放在处于不利纵倾达10°和向任何一舷横倾达20°时,可直接从存放地点降落下水;

(3)超过按船上总人数200%所配备的救生艇筏范围的救生艇筏,且其质量不大于185 kg;

（4）超过按船上总人数200％所配备的救生艇筏范围的救生艇筏，且存放在处于不利纵倾达10°和向任何一舷横倾达20°时可直接从存放地点降落下水；

（5）配备有连同符合海上撤离系统一起使用的救生艇筏，且存放在处于不利纵倾达10°和向任何一舷横倾达20°时可直接从存放地点降落下水。

救生艇筏降落与回收装置应使该设备的操作人员在救生艇筏降落期间以及在救生艇筏回收期间，能随时在船上观察到救生艇筏。

每艘救生艇应配有1台能降落和收回该艇的设备。吊艇索应有足够的长度，当船舶最轻载航行时，在不利纵倾达10°和向任何一舷横倾达20°时，使救生艇能到达海面。如配备部分封闭救生艇(或开敞式救生艇)，应装设吊艇架横张索，在其上设置不少于2根救生索，当船舶最轻载航行时，在不利纵倾达10°和向任何一舷横倾达20°时，使救生索的长度足以随艇到达海面。

2. 救生艇筏的存放、集合与登乘布置要求

客船救生艇筏存放、集合与登乘布置，除了满足上述1中（1）和（2）款的要求外，还必须满足下述附加要求：

（1）吊架降落的救生艇筏处在登乘位置时，吊架顶部至最轻载航行水线之间的高度应尽可能不超过15 m；

（2）救生艇筏登乘布置的设计应适于从存放处或者从登乘甲板直接登乘并降落；

（3）乘客集合地点应设在登乘站附近（或是两者在同一处所），使乘客易于到达。且有集结和指挥乘客用的宽敞场地，每位乘客的面积至少为0.35 m²。

货船救生艇筏存放、登乘与降落布置，除了满足上述1中（1）和（2）款的要求外，还必须满足下列附加要求：

（1）救生艇筏登乘布置应设计为救生艇可以从存放处直接登乘并降落；

（2）2 000总吨及以上的货船，静水中以5 kn速度前进时，救生艇应能安全降落，必要时可利用艇首缆。

3. 救助艇的存放、集合与登乘布置要求

对于救助艇的存放、集合与登乘布置的主要要求如下：

（1）救助艇应存放在适宜降落并收回的位置，并处于5 min内降落下水的备用状态。如救助艇兼作救生艇，应符合救生艇的存放要求。

（2）如救助艇兼做救生艇者，其登乘布置与降落站应符合救生艇的集合、登乘布置与降落站的要求。

（3）对于客船与货船配备的一切救助艇，当船舶在静水中前进航速达到5 kn时，应能降落下水，必要时可利用艇首缆。

（4）救助艇载足全部乘员及属具在中等海况下回收的时间应不超过5 min。如救助艇兼作救生艇，应能迅速收回载足救生艇属具及至少6个额定乘员的救助艇。

客船除了满足上述要求外，其救助艇的布置还应使艇可在指定船员载足的情况下从存放处直接登乘并降落。如救助艇兼作救生艇，且其他救生艇均从登乘甲板登乘并降落，此时救助艇应布置为也能从登乘甲板登乘并降落。

★知识拓展5-1：船舶规范法规对于救生设备的配置

项目六　起货设备

◆ 项目描述

船舶的装卸作业,既可依靠在船上装设起货设备的方法来完成,也可用港口的起货设备或两者的联合运用来进行。一般来说,在船上装设起货设备,不仅会减少船舶的有效载重量,增加船舶的经营管理费用,而且还会因各种条件的限制,使设备无论在吊重能力、折旧率和工作效率等方面,都不及港口起货设备。然而,由于并非所有港口都具有足够的起货设备,即使是现代化港口,也往往会因在港船舶过多而一时难以应付。此外,尚需考虑船舶在开阔水面上进行装卸和过驳的需要等。所以,除固定航线的专用船舶,并在码头上装有专用装卸机械的情况外,对大多数一般用途的运输船舶来说,都需要在船上装设起货设备。

◆ 教学目标

1. 思政目标

通过本项目的学习,树立正确"三观"——科技是第一生产力、人才是第一资源、创新是第一动力,塑造良好人格,培养学生民族自豪感和自信心。

2. 知识目标

掌握船舶起货设备的种类;了解吊杆装置几何参数的确定方法及受力计算方法;熟悉船用起重机类型及选择布置要求。

3. 能力目标

学生应能根据船舶起货作业的特点,选择配置起货设备。

4. 素质目标

通过本项目的学习,学生应能够有整体-局部的意识,明白完成一件事情需要不同系统之间的相互配合,培养学生的集体荣誉感和团队合作能力。

【思政课堂】　科技创新:中国巨型龙门吊热销全球

龙门吊

龙门吊又叫门式起重机,是桥式起重机的一种变形,主要用于室外的货场、料场货、散货的装卸作业。龙门吊具有场地利用率高、作业范围大、适应面广、通用性强等特点,在港口货场得到广泛使用。

20世纪,西方国家为了遏制中国工业发展,对中国实行技术封锁,为了扳回局势,中国人从空白图纸开始设计,一步一步研究,终于制造出了拥有自主知识产权的龙门吊。

造船龙门吊用于船台拼装船体,常备有两台起重小车:一台有两个主钩,在桥架上翼缘的轨道上运行;另一台有一个主钩和一个副钩,在桥架下翼缘的轨道上运行,以便翻转和吊装大型的船体分段。

造船龙门吊的起吊质量一般为 100~1 500 t,跨度达 185 m,起升速度为 2~15 m/min,还有 0.1~0.5 m/min 的微动速度。

龙门吊的核心技术是变频 PLC 控制系统,这种系统可以精确控制起重机的动作,并减少缓冲,节约能耗,延长起重机的寿命,遇到机器故障时,还能自动报警维修。我们国家自主研制的"宏门号"龙门吊,光是自重就有 14 000 t,相当于两个埃菲尔铁塔那么重。一次可以吊起等同于 16 000 t 的货物,相当于 400 节火车车厢。

航母建造使用的龙门吊要满足航母最大舰体结构、舰体分段的吊装要求。其起吊能力必须要大于舰体结构或航母分段的质量,特别是随着航母建造中的分段在预舾装程度上越来越高,航母的分段也越来越重,龙门吊的能力也要随之提升。

美国纽波特纽斯船厂干船坞上方安装了一台中国产巨型龙门吊,其最大起吊能力为 1 050 t,船坞长度方向轨道长度为 743.7 m,主梁跨度 164.6 m,主梁上有 3 个起重滑车,每个起重能力为 300 t,在建造"布什"号航母时,该龙门吊起吊的最重飞行甲板分段达 865 t。

现代造船业普遍都是先制造船体分段,然后以分段为单位组装船体。先将较小的预制件吊装到船坞内焊接成型,然后层层向上叠加建造。在这个过程中大型龙门吊是必不可少的工具,而航母这类超大型舰艇的舰体分段无论是体积还是质量都非常可观,特别是舰岛分段的安装,只有千吨级龙门吊可以完成这项任务。

英国罗塞斯船厂斥资 2 000 万美元向中国上海振华集团进口了 1 000 吨级的龙门吊,并以英国传说中的巨人"哥利亚"的名字为其命名,专门负责建造两艘"伊丽莎白女王"级航母。

除英国引进的千吨级龙门吊之外,美国造船企业也曾引进过中国的大型吊机。美国在公开新一代朱姆沃尔特级驱逐舰 DDG-1000 的建造进度时,画面中出现的大型吊机上就印有"SPMC"的字样。SPMC 正是原上海港机股份有限公司的英文缩写,目前已被振华港机收购。

案例启示:

中国已经开始垄断了这种超大型船舶工业的机械设备市场。作为中国制造可以在英美等西方国家创下如此成绩,这说明了中国的重工业发展有了长足的进步。欧美国家虽然依旧沉迷于对中国实行武器禁运,但在制造先进武器装备时仍然离不开使用中国工程机械。

案例思考:

科技是第一生产力、人才是第一资源、创新是第一动力。党的二十大报告强调,要坚持教育优先发展、科技自立自强、人才引领驱动,加快建设教育强国、科技强国、人才强国。请结合本节内容,谈谈你的启示?

来源:世界先进制造技术论坛(原文有删改)

★知识拓展6-1:船舶起货设备简介

知识拓展6-1
船舶起货
设备简介

船舶起货设备和装卸方式随船舶用途和所运货物的种类而定。例如,矿砂船和运煤、盐、谷物等散装货物的散货船,就常利用港口的传送带进行装卸;运送液体货的油船,则依靠装设于货泵间的货油泵和相应的货油装卸系统与扫舱系统进行装卸;而专门用于运输车辆、集装箱以及某些成组货物和特重件等货载的滚装船,则在船尾、船首或舷侧开门,并用跳板将船与码头连接,以使货载能够经跳板直接开上、开下(或滚上、滚下),从而大大提高装卸速度,实现不经中转即可将货物直接拖运到户的所谓"门对门"式的运输等;但对大多数运送成箱、扎捆、袋装或打包等件状货物的一般干货船来说,则主要还是依靠各种起货机和与之相配的其他起货设备来进行装卸。

船舶常用的起货设备主要有两类,即吊杆起货设备和起重机。

吊杆起货设备曾经是除矿砂船等以外的大多数干货船使用的主要起货设备。其主要优点是设备构造简单、初投资低。但是随着近代海运事业的发展,尤其是集装箱船的出现,回转式起重机得到越来越广泛的使用,以致发展到如今,新建的货船几乎都是采用起重机作为主要的装卸设备。但是在某些船舶上,如渔船及其他一些中、小型船舶,仍然可以看到吊杆起货设备的使用。

一般船舶的起货作业均在港口内进行,但某些船舶要求在海洋上进行起重作业,如渔船在风浪中要进行起重作业。对于这类船舶,在起重作业时的船舶稳性应该加以慎重的考虑并进行必要的计算。

设计装备有巨大起重能力的船舶时,应注意船体主要尺度能否保证足够的稳性。一般在吊重货时,最大横倾角约为 12°~18°,不宜过大。也可利用压载减小吊重货时的横倾角。通常起重量达 100 t 以上的船舶均装有压载设备。一般可利用左、右双层底压载舱,有些船舶在两舷设置深水舱。

任务一 吊杆起重设备的形式

一、轻型吊杆装置的形式

轻型吊杆通常系指起重量不超过 10 t 的吊杆。其吊货钩的形式为单钩。

典型的轻型吊杆起重装置如图 6-1 所示。起重量较小时千斤索为单根钢索;起重量较大时(单杆 5 t 以上),千斤索设置滑车组。在吊货时为保持吊杆的吊举角不变,千斤索同吊杆定位链连接,或设置千斤索绞车。该绞车利用起货绞车的系缆卷筒带动。吊货索采用单根钢索或设置起货滑车组,由配置的起货绞车拉力决定。

轻型吊杆装置在单杆操作时,吊杆的回转可由人工操作吊杆牵索实现,也可采用吊杆牵索绞车来实现,如图 6-2 所示。双操作时,一根吊杆位于货舱口上部,另一跟吊杆位于舷外,两根吊杆除了各自配有舷边固定的吊杆牵索外,在两根吊杆之间还设

有吊杆间牵索。通常货物质量超过 3 t 时,不采用双杆操作。图 6-3 所示为双杆联合操作。

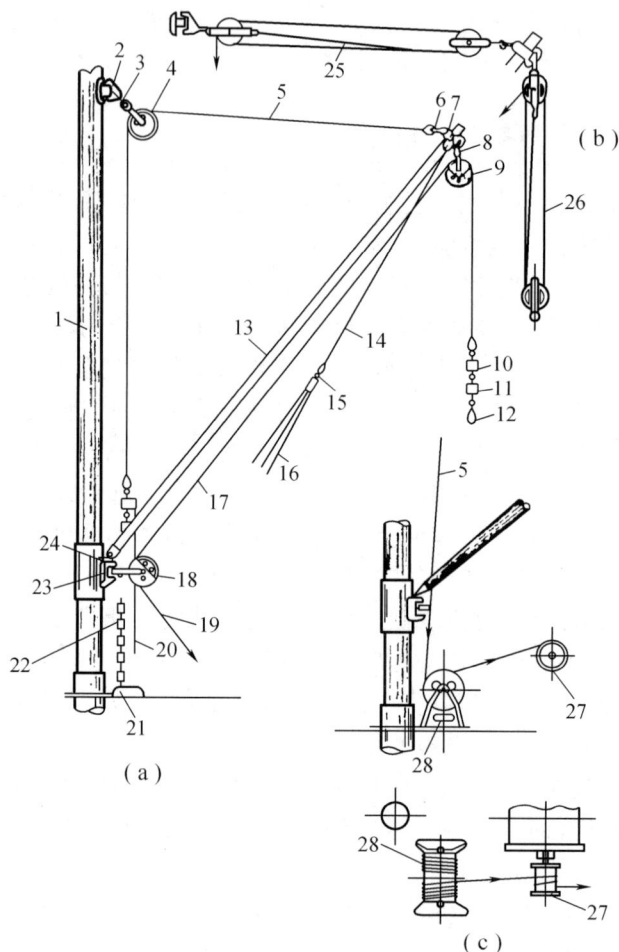

1—起重柱;2—千斤索眼板;3,6,8,15—索具卸扣;4—千斤索滑车;5—千斤索;7—吊货杆眼板;
9—起货滑车;10—平衡锤;11—转环;12—吊货钩;13—吊杆;14—吊杆牵索;
16—吊杆牵索滑车组;17—吊货索;18—导向滑车;19—通向绞车的绳端;20—通向开口滑车的绳端;
21—千斤索甲板眼板;22—吊杆定位链;23—吊座;24—支承转轴;25—千斤索滑车组;
26—起货索滑车组;27—绞车的系缆滚筒;28—千斤索定位绞车。

图 6-1　典型的轻型吊杆起重装置

二、重型吊杆装置的形式

重型吊杆系指起质量超过 10 t 的吊杆。采用单吊杆回转摆动的作业方式,作业时吊杆可变幅。图 6-4 所示为典型的重型吊杆装置图。

重型吊杆下部的支承端大多固定安装于甲板或平台上的带有转轴的基座上,其吊货索从吊杆端部的导索滑轮处引出后通过装于起重柱上方的导向滑车,再引导至绞车上,这样可减小吊杆的轴向压力。

重型吊杆头部装置有多种形式,如图 6-5 所示。其中图 6-5(a) 为嵌入滑轮,是常用的形式。图 6-5(b) 和图 6-5(c) 用于当吊杆端部安装嵌入滑轮有困难时,采用的悬挂导索滑车和外侧导索滑车,这两种形式的缺点是会使吊杆受到偏心载荷。

　　某些船舶为了提高重型吊杆的利用率,设计成可将重型吊杆从一个舱口搬到另一个舱口使用,但是,这样搬费时又费力。为了解决这一问题,创造了多种形式的可供两舱使用的重型吊杆装置。

　　设有 V 型起重柱的双千斤索翻转吊杆是一种起重量可达到 300 t 的重型吊杆装置,可供两舱使用。图 6-6 所示为 V 型起重柱重吊装置,其重型吊杆的起重量有 120 t、300 t、500 t,并设有 4 根轻型吊杆。

三、自回转变幅吊杆装置的形式

1. 双顶牵索(千斤索)吊杆装置

　　双顶牵索(千斤索)吊杆装置是用于单杆操作的吊杆装置。单根吊杆配置了两根顶牵索。顶牵索与吊杆端部连接,经过设置在桅肩上的导向滑车,通向两台顶牵导索车,其装置如图 6-7 所示。为了使吊杆能最大限度地转向舷外,顶牵索导向滑车应当尽可能安装在远离船体中心线处。现有的该形式吊杆装置,已能将吊杆从一舷转向另一舷的回转角度超过 160°。在桅杆上设置支架的作用是当吊杆完全转出舷外时,能够保证顶牵索与吊杆之间有足够的角度,以便吊杆能反向转回到船舶的货舱口位置。

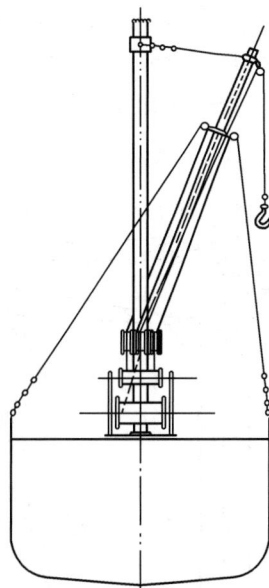

图 6-2　用吊杆牵索绞车使吊杆回转装置

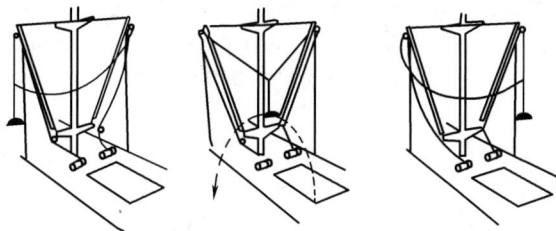

图 6-3　双杆联合操作

　　在这一对顶牵索绞车同时而又均衡地旋转的情况下,吊杆将会升高或降低;当绞车的滚筒不是均衡地旋转或是按不同的方向旋转时,吊杆在升高或降低的同时就向着需要的方向回转。

　　为了货物的起吊和下放,配置了第三台起货绞车。所有绞车都可采用一般的起货绞车。但是为了使顶牵绞索车同步工作,必须设置双联控制器。

2. 两套双顶牵索吊杆装置

　　两套双顶牵索吊杆装置采用两套双顶牵索,顶牵索通过横担同吊杆端部连接,其装置如图 6-8 所示。吊杆的动作由 3 台绞车操纵,其中 1 台是普通的起货绞车,用于装卸货物;另 2 台是顶牵索绞车。顶牵索绞车是双滚筒绞车,其动端绕在这一对滚筒上,每一根顶牵索有两个动端。其中一台顶牵索绞车用于吊杆起升和下降,把右面的和左面的顶牵索动端之一按相同的方向绕到这台绞车的一对滚筒上。另一台牵顶索绞车用于吊杆在水平面上的回转,为此,右面的和左面的顶牵索另一动端按相反的方向绕到绞车的一对滚筒上。横担在顶牵系的牵制下,可以在吊杆的整个回转范围内,甚至当船舶倾斜时都可保持平衡状态。

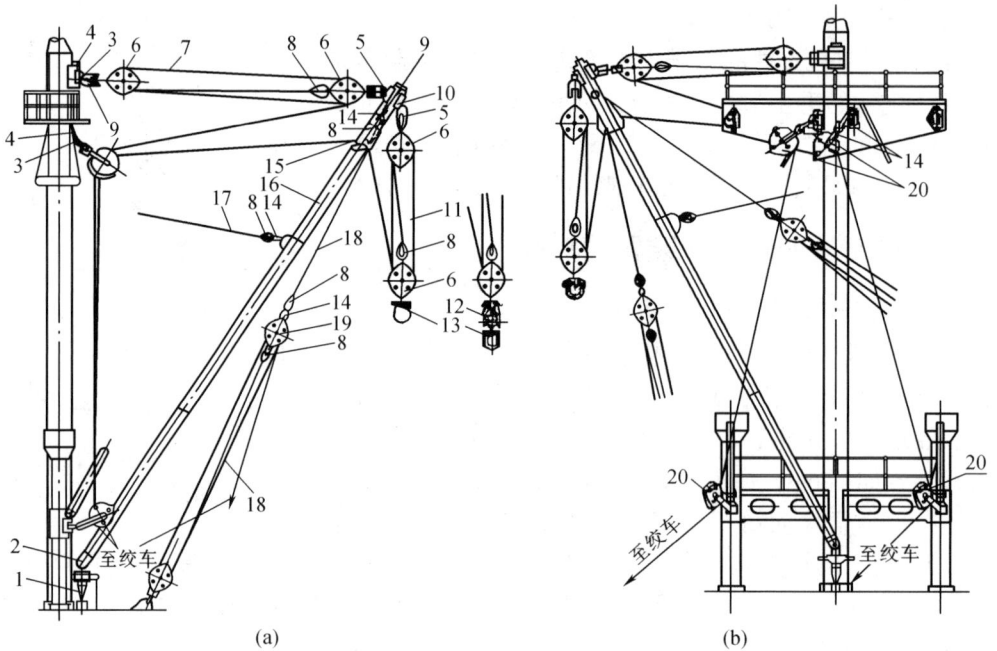

(a)　　　　　　　　　　　　　　　　(b)

1—吊杆座;2—吊杆叉头;3—千斤索吊环;4—千斤索吊环座;5—滑车叉头;6—无转环的复式滑车;7—千斤索;
8—索具套环;9—牵索眼板;10—吊货眼板;11—起货索;12—转环吊架;13—圆形卸扣;14—索具卸扣;
15—吊杆嵌入滑轮;16—重型吊杆;17—调整钢索;18—吊杆牵索钢索;19—带转环的复式滑车;20—导向滑车。

图6-4　典型的重型吊杆装置

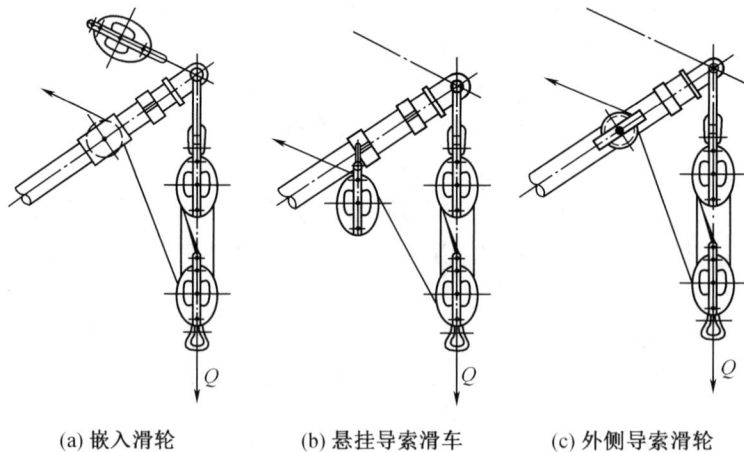

(a) 嵌入滑轮　　　　(b) 悬挂导索滑车　　　　(c) 外侧导索滑轮

图6-5　重型吊杆头部装置的形式

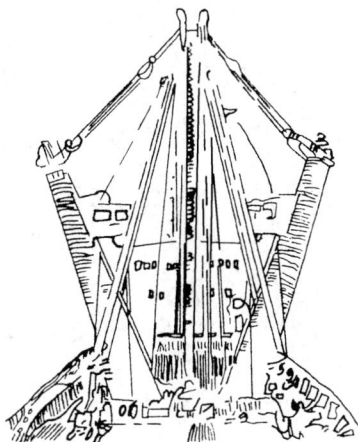

图 6-6 V 型起重柱重吊装置

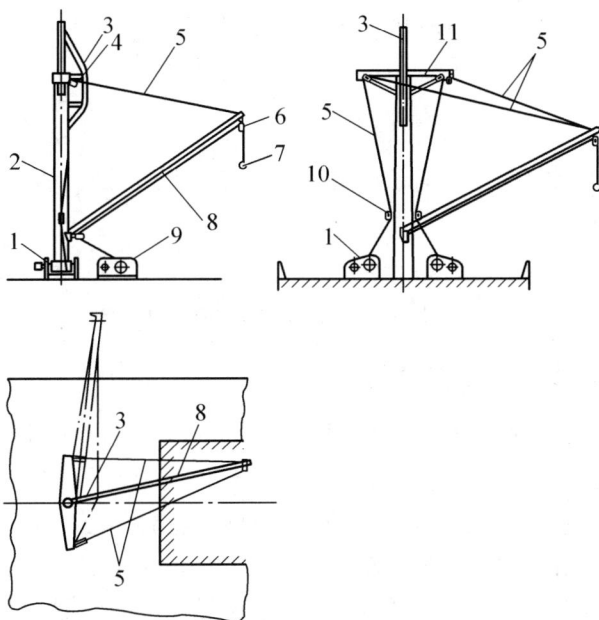

1—顶牵索绞车;2—桅杆;3—支架;4—顶牵索上导向滑车;
5—顶牵索;6—起货滑车;7—吊货钩;8—吊杆;
9—起货绞车;10—顶牵索下导向滑车;11—桅肩。

图 6-7 双顶牵索吊杆装置

　　电动顶牵索绞车工作的同步是由专用的双联控制器保证的,这种控制器由一个人操作,可以操作吊杆的全部动作。

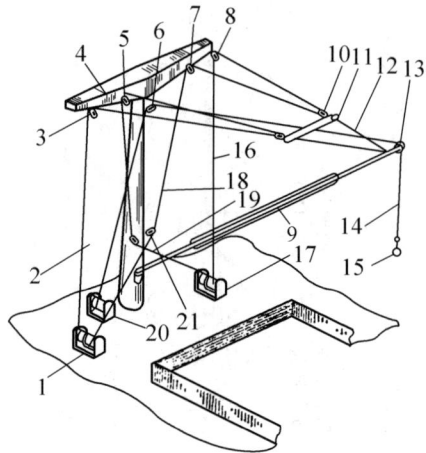

1,17—顶牵索绞车;2,9,18,19—顶牵索动端;3,5,7,8—顶牵索上导向滑车;4—桅肩;
6—吊货索上导向滑车;10—顶牵索横担滑车;11—横担;12—横担牵索;13—嵌入式起货滑轮;
14—吊货索;15—吊货钩;16—吊杆;20—起货绞车;21—顶牵索下导向滑车。

图6-8 两套双顶牵索吊杆装置

任务二 吊杆装置几何参数的确定

任何形式的吊杆除了规定其起重量外,还应确定其各项几何参数,包括吊杆长度、吊杆支撑固定处离开船舶甲板的高度和千斤索眼板悬挂点高度。

一、单杆操作吊杆长度的确定

单杆操作时,吊杆的长度应保证能通过相应的舱口对货舱内的货物进行装卸以及向港口码头或船只进行货物装卸。

轻型吊杆在吊举角不变的情况下进行单杆操作,吊杆在转动时,其在平面上的投影长度保持不变。因而吊杆长度的确定主要取决于吊举角、船宽、货舱口长度、起重柱到舱口围板的距离、吊杆必需的舷外跨距、吊杆自船体中心线量起的回转角以及吊杆支撑点离开舷墙顶部的高度等。

吊举角可按下述方法确定:

(1)端部在货舱口平面的投影位置,离开最近起重柱的货舱口围板的距离,应不小于2/3舱口长度;

(2)杆端部的高度,如果运送货物的尺寸没有特殊的要求,则从舱口围板(或舷墙)上缘量起,不小于5~6 m。

起重柱到货舱口围板的距离,取决于起货绞车的大小以及工作走道的尺寸,通常为3.5~4 m。

吊杆的舷外跨距应从最大船宽处的舷边量起,而且应保证能伸到码头上的装卸货物(为了货物的安全,离开码头边缘应有足够的距离)。通常对于轻型吊杆(吊举角为45°时)最小跨距为2.0~2.5 m;一般情况下为3~5 m。对于重型吊杆(吊举角为30°~

45°时),最小跨距为 4~5 m;一般情况下为 5.5~6 m。

吊杆舷外极限回转角。当吊杆安装在无支索的起重柱上时,其回转角为 45°~ 60°,此时吊杆牵索(或千斤索)的极限位置应能保证吊杆从舷侧转到货舱口上部位置。当吊杆安装在有支索的起重柱上时,支索的分布限制了吊杆的回转角。

吊杆支撑固定点离开船舷的距离取决于起货设备配置的结构特点。单柱桅的桅肩长度和安装吊杆座的横档长度不超过 4.5~5.0 m 门型桅杆,两起重柱之间的距离可达 6~8 m。

二、双杆操作吊杆长度的确定

按 CCS 2007 年发布的《船舶与海上设施起重设备规范》(以下简称 CCS《起重设备法规》)的规定,双杆操作时,舷内、外吊货杆处于同一实际工作中的最小仰角下,吊杆的工作范围和长度应满足以下要求,如图 6-9 所示。

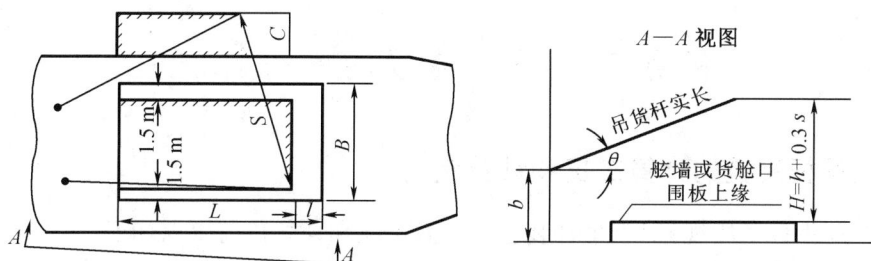

θ—吊杆仰角,双杆相等;L—货舱口长(m);B—货舱口宽(m);C—舷外跨距(m);
S—吊杆头水平投影距离(m);b—吊杆承座至甲板的高度(m);l—参见(2);h—参见(3)。

图 6-9 吊杆的工作范围和长度

(1)舷外吊杆的舷外跨距 C 应不小于中部船宽以外 3.5 m,或船舶所有人要求的舷外跨距。

(2)舷内吊杆头部在货舱口内的投影位置应位于:

①货舱口配有一对吊杆时,离货舱口对边距离 l 不大于 L/5(L 为货舱口长度);

②货舱口配有两对吊杆时,离货舱口对边距离 l 不大于 L/3;

③离货舱口边的距离为 1.5 m。

(3)在起货索夹角为 120°时,其连接点(三角眼板)距舷墙或货舱口围板上缘的高度 h 应不小于:

①当 SWL≤19.6 kN 时,h=5 m;

②当 SWL>19.6 kN 时,h=6 m。

式中,SWL 为双杆操作安全工作负荷。

在某种情况下,如上述高度 h 尚不能适应使用情况时应适当增加。

三、吊杆支座离开甲板的高度

轻型吊杆的吊杆支座一般直接装在桅杆、起重柱或桅杆横档上。吊杆支座离开设置起货绞车的甲板安装高度应当保证吊杆索能正确缠绕到绞车滚筒上,而且在吊杆回转时不至妨碍操作人员的工作。

轻型吊杆支座安装高度,对杂货船上通常为2.25~2.5 m;运木船上通常为3.0~3.5 m。重型吊杆的支座在大多数情况下设置于桅杆根部,距甲板只有很小的高度,约0.7~1.0 m。

四、千斤索眼板的高度

千斤索眼板的高度(h)同吊杆长度(l)的比值h/l是起货设备零件受力分配的基本参数。数值h根据桅杆或起重柱的高度予以确定或选择。

比值h/l的范围很大:

当轻型吊杆安装在桅杆上时,$h/l=0.8~1.2$;

当轻型吊杆安装在起重柱上时,$h/l=0.4~0.8$;

当设置重型吊杆时,$h/l=0.9~1.2$。

减小比值h/l,从缩减桅杆和起重柱结构尺寸的观点来看是合理的。因为弯矩同高度h无关。但是当比值h/l减小时,吊杆的压力和千斤索张力都会增加。

任务三　吊杆装置的受力计算

一、吊杆装置的计算工况和计算负荷

ZC《起重设备法规》对于吊杆装置的计算工况和计算负荷要求如下。

1. 吊杆仰角

(1)计确定吊杆装置受力时,所取吊杆与水平的仰角,对轻型吊杆为15°,对重型吊杆为25°。如吊杆不可能在此仰角下工作,则吊杆仰角可取为实际工作的最小仰角,但任何情况下,对轻型吊杆不得超过30°,对重型吊杆不得超过45°。

(2)确定起货滑车和嵌入货轮(如设有时)受力时,吊杆仰角应取实际工作中的最大仰角,一般不小于70°。

2. 船舶倾斜

(1)横倾5°、纵倾2°为假定吊杆装置工作时的船舶基本状态。

(2)轻型摆动吊杆和双杆系统可忽略(1)所述船舶倾斜状态的影响。

(3)重型吊杆和吊杆式起重机应计及(1)所述船舶倾斜状态的影响。如实际工作生产的船舶倾斜大于横倾5°、纵倾2°时,则应计及实际角度产生的影响。

3. 吊杆装置的基本负荷

(1)计算摆动吊杆和吊杆式起重机的基本负荷为安全工作负荷及吊杆和吊钩及以上有关属具的自重。

(2)双杆系统的基本负荷为安全工作负荷。

4. 摩擦系数

钢索通过滑车或滑轮,应考虑滑轮的摩擦系数和钢索的僵性损失,此数值对滑轮轴承取5%,对滚动轴承取2%。此要求也适用于其他所有起重设备。

5. 绳索安全系数

钢索和纤维索破断负荷的安全系数n应不小于下列规定。

（1）动索

对于吊杆索、千斤索、摆动稳索

$$n = \frac{10^4}{0.9 \times SWL + 1910} \tag{6-1}$$

式中，SWL 为吊杆装置的安全工作负荷，单位为 kN；$3 \le n \le 5$。

（2）静索

桅支索 n 与动索相同，但不大于 3.5；

保险稳索 $n = 4$。

6. 摆动稳索的工作负荷

摆动稳索的工作负荷按表 6-1 计算。

表 6-1 摆动稳索工作负荷

吊杆安全工作负荷/kN	摆动稳索工作负荷/kN
SWL≤49	0.5SWL+4.9
49<SWL≤147	0.1SWL+24.5
157<SWL≤588	0.25SWL
SWL≥735	0.2SWL

注：SWL 为 588~735 kN 时，摆动稳索的工作负荷按内插法求得。

二、起货滑车组受力计算

1. 滑车组

如图 6-10 所示，受力关系可按下述计算。

（1）情况 Ⅰ

如图 6-10(a)所示，钢索从定滑轮离开：

当起货时

$$S = Q \frac{k^n(k-1)}{k^n-1}, \quad T = Q \frac{k^{n+1}-1}{k^n-1} \tag{6-2}$$

当降货时

$$S' = Q \frac{k-1}{k(k^n-1)}, \quad T' = Q \frac{k^{n+1}-1}{k(k^n-1)} \tag{6-3}$$

（2）情况 Ⅱ

如图 6-10(b)所示，钢索从动轮滑轮离开：

当起货时

$$S = Q \frac{k^n(k-1)}{k^{n+1}-1}, \quad T = Q \frac{k^n-1}{k^{n+1}-1} \tag{6-4}$$

当降货时

$$S' = Q \frac{k-1}{k^{n+1}-1}, \quad T' = Q \frac{k^n(k-1)}{k^{n+1}-1} \tag{6-5}$$

式中　　n——滑轮并数；

　　　　k——系数，$k = 1 + \mu$；

　　　　μ——钢索绕过滑轮时的摩擦系数，约为 $3\% \sim 10\%$。

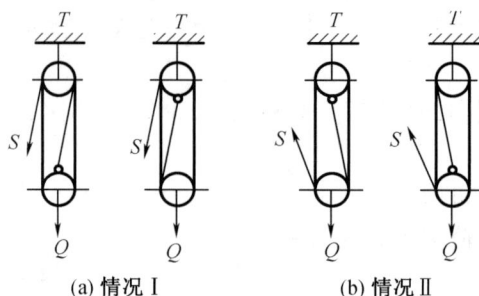

(a) 情况 I　　　　　　　　(b) 情况 II

图 6-10　滑车组形式

在起货设备计算中，对于钢索滑车采用滑动轴承时，可取 $\mu = 0.05$；采用滚动轴承时，可取 $\mu = 0.02 \sim 0.03$。对于植物纤维索滑车，可取 $\mu = 0.01$。

2. 导向滑车

钢索经过 n 个导向滑轮时：

当起货时

$$S = Q \times k^n \tag{6-6}$$

当降货时

$$S = Q / k^n \tag{6-7}$$

三、单杆操作受力计算

单杆操作时，整个装置的受力是简单的平面汇交力系，所有的力都作用在吊杆和千斤索组成的垂直平面内。为简化起见，可近似认为这些力分别汇交于吊杆的头部、根部及千斤索眼板三处。

图 6-11 为单杆操作用图解法进行受力计算的受力图解。作用在吊杆头部的力有：包括吊具在内的载荷 Q（通常取为吊杆安全工作负荷的 1.02 倍）、千斤索张力 T、吊杆轴向力 R、起货索张力 S。由于假定吊杆自重 G 的一半由千斤索支持，另一半通过吊杆座作用在桅上，故吊杆头部还受到一个大小为 $G/2$ 垂直向下的作用力。通过起货滑车后的起货索张力 S 可按滑车公式算得，方向与吊杆轴线平行。平衡时，作用力吊杆头部的多边形封闭。

具体作图步骤如图 6-11 所示。以 15°仰角作平行于吊杆轴线的直线，按适当的比例在吊杆上端作垂直矢量 $ab = Q$，自点 b 作矢量 $bc = S$，平行于吊杆轴线，再作垂直矢量 $cd = G/2$，最后自点 d 作千斤索平行线与吊杆轴线交于点 e，则矢量 ae 即为吊杆轴向压力 R，矢量 ed 即为千斤索张力 T。

各滑车及连接卸扣受力也可用图解法求得。图中矢量 ac 为起货滑车及连接卸扣受的力，即为载荷 Q 与起货索张力 S 的合力。其他各导向滑车及千斤索导向滑车固定端所受的力均可在图 6-11 中找出。

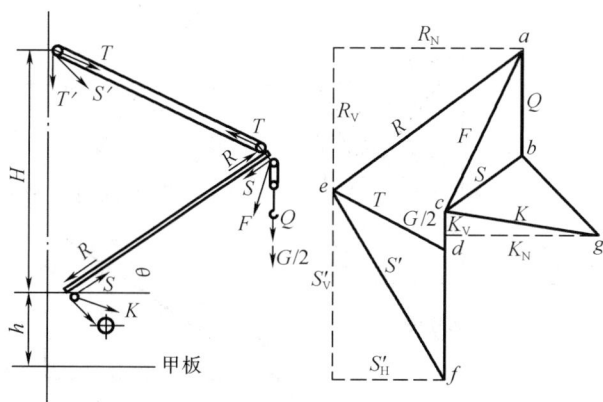

图 6-11 单杆操作受力图

吊杆操作时,桅受到千斤索滑车、起货索下滑车及吊杆作用力。为便于的强度计算,通常在将作用力图解的同时,将上述各力分别分解为垂直分力和水平分力,如图 6-11 中虚线所示的 S'_V、S'_H、K_V、K_H、R_V 和 R_H。

四、定位双杆操作受力计算

单杆操作时,除稳索外,各力都作用在同一平面内,稳索的布置几乎不影响其他索具所受的力。吊杆在吊运货物的过程中受力的大小和方向也是不变的。双杆操作则是空间力系的平衡问题。当两杆联合操作时,负载 Q 由两杆共同承受,在货物移动过程中,起货索及吊杆的受力都不在千斤索与吊杆所组成的垂直平面内,由起货索引起的作用于吊杆头的水平分力必须由稳索承受。因此,稳索的布置不仅影响稳索索具的受力,同时还会影响吊杆及千斤索的受力。

双杆操作中各力通常也用图解法求取。这是因为图解法比较简便,不容易出错,选用合适的比例可获得足够的精确度,图 6-12 为定位双杆操作受力图解。

空间汇交力系处于平衡状态时,这个力系在任意平面内和任意方向上的分力也是平衡的,所作出的力的多边形都是封闭的。用图解法确定定位双杆操作时吊杆装置的受力,就是基于这个原理。将作用在吊杆头部的空间汇交力系,通过向水平面和各垂直面的分解,转化到吊杆与千斤索所组成的垂直平面,依次求出各个未知力。

根据给定的尺寸可以用适当的几何比例画出定位双杆操作布置图,两起货索、稳索和吊杆所在的各垂直平面内的吊杆索具的位置可应用投影变换的规律,按相关尺寸一一画出。

以舷外吊杆为例,定位双杆操作图解步骤如下:

(1)根据吊杆布置图作出两起货索所在的垂直平面,即图 6-12 中的 A-A 剖面。当两吊杆头部位置确定后,使两起货索间夹角成 120°,φ_1、φ_2 角可以任定,一般取 $\varphi_1 = \varphi_2 = 60°$,将负载 Q 以适当比例向两起货索方向分解,得到起货索张力 P_1、P_2。图中①为舷外吊杆,②为舷内吊杆。P_1 和 P_2 各自分解为垂直分力 P_{1V}、P_{2V} 和水平分力 P_{1H}、P_{2H}。垂直分力作用在吊杆垂直平面内,方向向下,水平分力则不在吊杆垂直平面内。

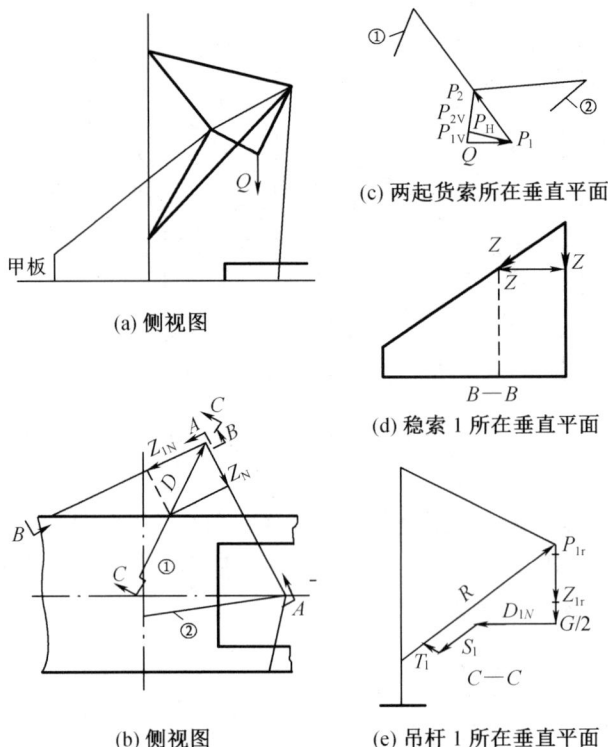

图 6-12　定位双杆受力图

（2）在图 6-12(b)中,吊货索作用在吊杆①头部的水平分力 P_{1H} 大小已由（1）中求出,方向在俯视图中应与两吊杆头的连线一致。该力应由稳索和吊杆的水平分力平衡。自 P_{1H} 的矢端作稳索的平行线与吊杆轴线相交,即可得到作用在稳索垂直平面内的水平分力 Z_{1H},及作用在吊杆垂直平面内的水平分力 D_{1H}。

（3）作出稳索所在垂直平面布置图,即在图 6-12 中的 $B-B$ 剖面。

（4）作出舷外吊杆在垂直平面布置图,即在图 6-12 中的 $C-C$ 剖面。从吊杆头开始,按已知的大小和方向,依次作出作用在吊杆平面内,汇交于吊杆头部的各个分力: P_{1V}、Z_{1V}、D_{1H}、$S_1(S_1=kP_1)$、$G/2$,根据平衡时力多边形封闭的原理,自最后一个力矢的末端作千斤索的平行线与吊杆相交,求得吊杆轴向压力 R 和千斤索张力 T_1。

舷内吊杆受力图解方法相同。

任务四　船用起重机

一、概述

船用起重机,俗称克令吊。很长时期,船上起重设备使用吊杆装置;从 20 世纪 40 年代开始,在一些船上采用起重机,二次大战后逐步推广使用;到 60 年代初期,随着船舶大型化和高速化,更迫切希望缩短船舶停港时间和加快装卸速度,从而出现了结构紧凑、操作简便可靠和起重能力大的起重机,致使起重机在船上得到广泛应用。

1. 起重机作为船舶货物装卸设备的优点主要是：

(1)装卸效率高。由于定位能力好,减少了货物在货舱内的搬运,也不必像吊杆装置那样要时常调整吊杆位置而中途停顿装卸作业。同时,起重机可兼顾前后两舱的作业。

(2)操作简便。几乎没有使用前的准备工作,且操作人员在位置较高的驾驶室内操作,视野宽广,有利操作。

(3)甲板上布置比较简洁,占用甲板面积小。

(4)对重大件货物的吊装特别合适。集装箱船只要有起重设备必是起重机。

2. 起重机作为船舶货物装卸设备的缺点主要是：

(1)自重大、重心高和体积大对船舶稳性和船舶驾驶视线有一定影响。且其价格较贵,初投资高。

(2)功率大,对船舶电站要求高。

(3)起重机机械化和自动化程度高,对检修工作技术性要求高。

二、船用起重机的类型

船用起重机的类型很多,主要如图6-13所示。

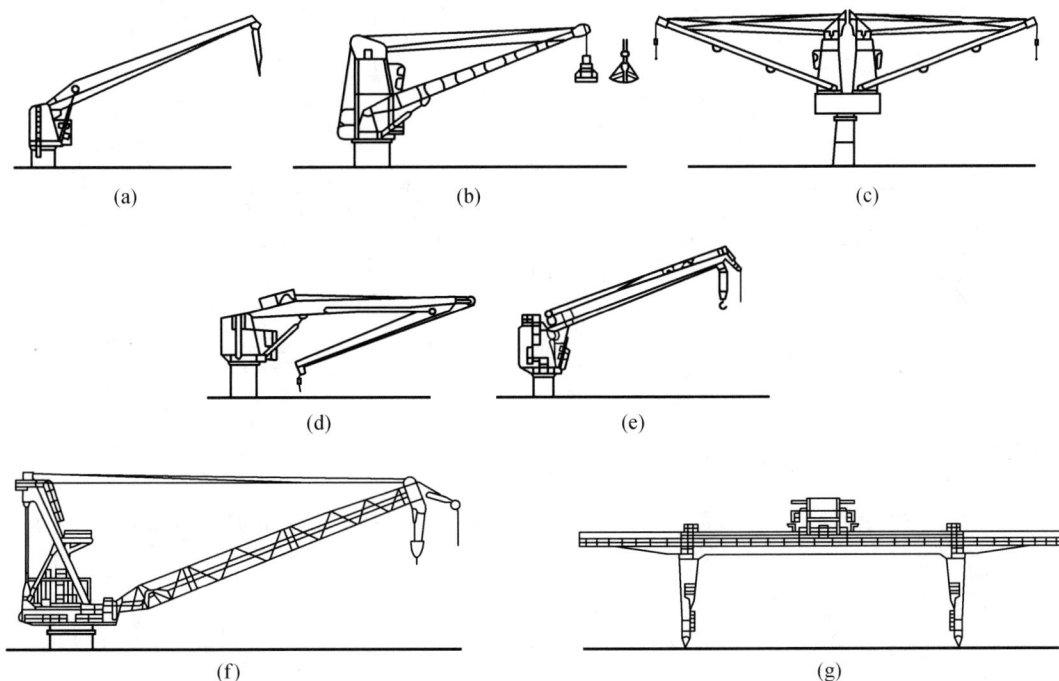

图6-13 船用起重机

起重机根据装卸货物的特征,可配置抓斗、集装箱、吊具等。对于采用普通抓斗、动力抓斗和动力集装箱吊具的起重机,要增设支承索绞车、电缆绞车等。

船用起重机虽因结构类型、驱动方式和制造厂商的不同而品种繁多,但无论何种形式的起重机,都必须满足如下一些基本要求：

（1）能以额定起吊速度吊起额定负荷；

（2）能按操作者的要求，方便灵活地装卸货物；

（3）能按起吊轻货、重货、空钩以及货物着地等不同情况，在较广的范围内调节其速度，且具有良好的加速和减速的特性；

（4）在起货或卸货的过程中，能根据需要可随时停止，且握住货重。

1. 按结构形式分类

回转起重机是船用起重机中最常用的形式，其机构形式有两种。

（1）在吊臂上端有变幅及起货钢索通向起重机塔身上部，并且具有水平变幅的性能，即吊臂变幅时，吊钩位置基本保持水平运动，如图 6-14 所示。此种起重机使用较广。

（2）吊臂转动端在塔身顶部，借助变幅油缸改变工作半径，这种结构形式，一般无水平变幅性能，如图 6-15 所示。这种起重机主要用于中、小型船舶及航道高度受限制的场合。

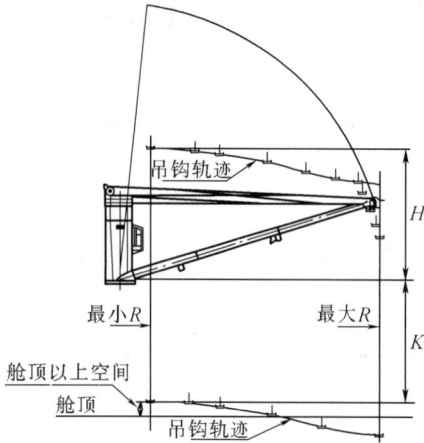

图 6-14　钢索变幅起重机

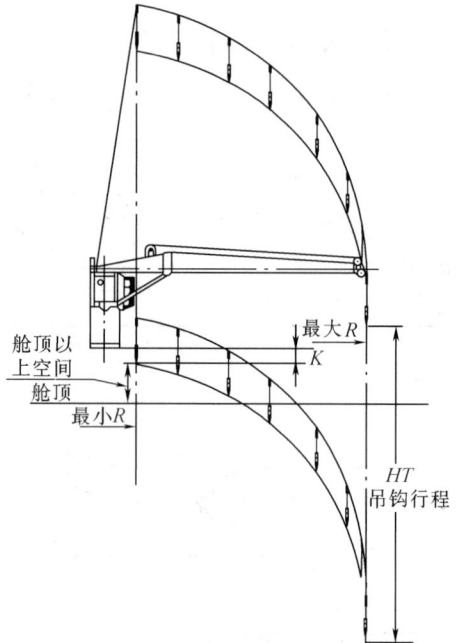

图 6-15　油缸变幅起重机

2. 按驱动方式分类

起重机按驱动方式分为电动和电液驱动两种。

（1）电动起重机的效率高、调速正确、操作简便、维护保养少、易于遥控。

电动起重机常用的有发电机-电动机系统和可控硅控制系统两种。前者采用三输出方式，分别向起升、变幅和回转电机供电，具有电机台数少、体积小和装机容量小的优点，保留了直流电机启动、调速性能好的特点；后者在操纵性、效率和尺度等方面较为优越，此种形式的大起重量电动起重机正逐步用在大型船舶上。其起重量系列为 5~40 t，最大工作半径为 12~36 m。

（2）电液驱动起重机的操作平稳、重量轻、体积小、无级调速、具有恒功率、空钩高速和重载慢速的特性,由于液压技术的不断提高,同时采用了电子控制,又保持了电动起重机的优点,因此电液驱动起重机已得到广泛的采用。

在起重机塔身内的电动机-液压泵组通常采用 1 台电动机带动 3 台液压泵,分别驱动起升、变幅和回转机构的液压马达或液压缸。高压型电液驱动起重机通常采用轴向柱塞式液压泵和液压马达。其绞车的传动机构为行星齿轮传动,并与液压马达一起装在绞车卷筒内部,结构紧凑。变幅机构有用液压缸和变幅绞车两种形式。中压型电液驱动起重机常采用叶片泵和液压马达或大扭矩低速液压马达。

电液驱动起重机的起重量系列为 5~50 t,最大工作半径为 32 m,满载起升速度一般为 12 m/min 左右,高速型可超过 20 m/min,空钩速度通常为满载的一倍;回转速度一般为 1 r/min 左右,且随船舶浮态不同而改变;从最大工作半径至最小工作半径的变幅时间约为 1 min。

三、船用起重机的选择

船用起重机的选择有以下一些原则:

(1)驱动动力的形式,往往取决于船东的选择。

(2)起吊能力的大小,主要取决于装卸货物的种类(集装箱船通常选用 36~40 t),同时也应考虑造价的因素。

(3)跨度的大小,通常舷外跨距应不小于 6 m 左右,同时也要满足舱内装卸的要求。此外还要考虑吊臂搁置的位置。

(4)起重机的回转、变幅和起货速度等,这些参数在各厂商的产品样本上均已标明。设计者可根据船东的要求选择。

四、船用起重机的布置

船用起重机通常布置在两货舱间的船体中心线上,如图 6-16 所示。可兼顾前、后两舱的货物装卸作业,这种布置的前、后两台起重机可以联吊装卸重货。

对于集装箱船而言,上述布置不理想,因为在起重机处会影响集装箱的堆装,故开发了细长型起重机,它仅占一个箱位,且该种起重机的最小工作半径只有 2.4 m,连起重机旁的集装箱堆也可吊装。因此,目前的集装箱船大多选用细长型起重机,且布置在船舷处,如图 6-17 所示。此种布置可以增加船舶装箱数,提高经济效益。但是,对过小的船舶采用这种布置时应特别注意船舶横向平衡问题。

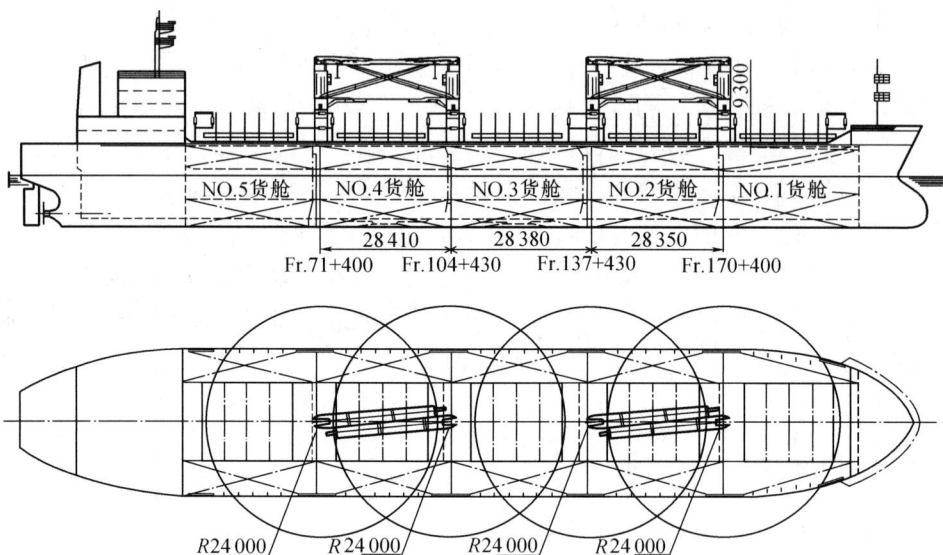

图 6-16 运木船起重机布置

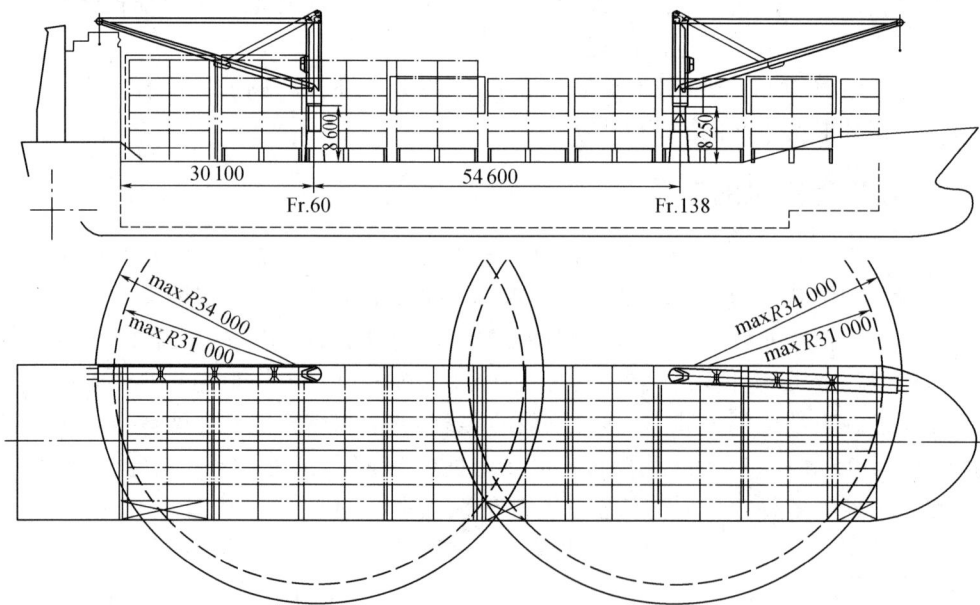

图 6-17 集装箱船舷边起重机布置

项目七 关 闭 设 备

◆**项目描述**

关闭设备是在船体结构开口上的盖闭件及其控制、传动机械和附件的统称,包括舱口盖、小舱口盖、人孔盖、门、窗等。

钢质货舱口盖是重要的船体舾装装置。它用来遮蔽舱口,保护舱内货物不受风浪、雨水的侵袭。在船舶装卸货物时,能便于开启和关闭。货舱口盖应具有足够的强度,以保证在规定的风浪或其他设定的负荷下不致变形而影响使用。

人孔盖和小舱口盖是两种在船舶上广泛使用的舱室入口启闭装置。

◆**教学目标**

1. 思政目标

通过本项目的学习,学生应体会到造船人的责任感和使命感,闭关设备种类繁多,生产中应该遵守职业规范、履行岗位职责、培养职业道德、提升职业素质。

2. 知识目标

掌握关闭设备的类型和特点、结构形式、基本组成;掌握货舱口盖的安装检验方法;熟悉各关闭设备在船上的选用原则;了解有关公约、规则和规范对船舶关闭设备的要求。

3. 能力目标

船舶关闭设备种类繁多,通过本项目的学习,学生应能够有综合运用所学的知识选择和配置船舶关闭设备的能力。

4. 素质目标

分析关闭设备选择影响因素,培养学生的观察能力、沟通学做能力、批判性思维、实践与创新能力、深度学习与自主学习的能力。

【思政课堂】 典型案例:舱口盖事故案例

案例描述:

案例一:2016 年,瑞典保赔协会发布了一起舱口盖泄漏事故,一艘装载线圈的船舶完成装货后,船员将所有货舱横梁贴上了 Ram-Nek 胶带,随后船舶在恶劣天气中航行了两天,其间货舱盖被水覆盖了。到港口卸货时,顶层的钢卷已被腐蚀,验船师使用超声波装置测试了舱口盖的水密性,发现密封装置存在重大缺陷。密封垫状况不佳,舱口盖的氯化物检测呈阳性,表明有盐水泄漏。排水通道的止回阀也处于不良状态,通道已被堵塞而且里面的球没有移动。

案例二:2020 年,挪威事故调查局(AIBN)发布了 2018 年的一起舱口盖事故报告,一艘船卸完货后,机工打算为新的货物备舱,在此之前,他计划更换液压系统中用于操作货舱舱口的软管,当他断开软管时,发生了漏油,液压下降导致油缸失去负载能力。紧接着舱口盖关闭,将机工撞到了框架上,致其重伤身亡。事故调查显示,该船舱口盖没有配备任何固定装置。涉及舱口盖的作业任务,该船的安全手册不完整。此类任务未被认定存在潜在危险,也从未进行过风险评估。

案例三：某方便型船舶在海上对第五货舱涂石灰水接近结束时,大副前往该舱查看舱内情况并准备拍照报送相关方。此时,该舱舱盖处于部分开启状态且只能靠液压千斤顶作用顶住。大副为了清楚地看到货舱内的状况而把身体从舱盖及舱口围之间的间隙探入舱口围以内进行观察。不幸的是,舱盖千斤顶的液压回油管突然爆裂并因千斤顶液压油缸压力骤降而导致顶杆回收,使舱盖迅速下滑关闭,并最终造成该大副躯干被突然下滑的舱盖挤压而身亡的悲惨事故。

案例分析：

杂货船、散货船及集装箱等船舶在港和/或海上备舱时经常要进行开关舱作业,在必要时需要在舱盖上进行相关作业;同时,为了检查货物状况及扫洗舱,船员也会经常打开下舱道门盖。虽然舱口盖索赔常常与湿损有关,但不当的维护或操作也可能导致人员生命损失、肢体伤害或污染,这一点不容忽视。

案例启示：

舱口盖问题仍然是引发船舶事故和索赔的一大主要原因。

1.要做好舱口盖的维护和操作需要了解基本原理以及特定类型的问题和要求。

2.为避免发生舱口盖相关事故,船舶运营商应考虑制定职业安全、舱口盖操作和检查相关的专门培训和熟悉计划,还应制定特定类型舱口盖检查清单并投入使用。

3.从业人员应严格遵守操作规范,时刻具有安全意识、规范意识,避免麻痹大意,从而导致一些人身伤亡及财产损失的事故。

来源:中国船检(原文有删改)

任务一 钢质舱口盖的结构形式

一、舱口盖的种类

货舱舱口盖是船上货舱区域甲板开口的关闭装置,属于货物垂向卸用的通道设备。在现代钢质海船上,传统的盖帆布的木质舱口盖几近绝迹,绝大多数采用钢质舱口盖。

舱口盖基本组成部分:盖板结构、密封装置、压紧装置、支撑装置、限位装置。多块盖板组成的机械传动舱口盖还设有连接装置、滚动装置及驱动装置等。

对于露天甲板舱口盖为风雨密舱口盖,货舱兼作压载水舱时,露天甲板舱口盖仍为风雨密,中间甲板舱口盖一般为非密性舱口盖。

舱口盖除了作为关闭装置外,还能载运各种甲板货物,诸如杂货、木材、集装箱等。中间甲板舱口盖还有时可以用作谷物舱分隔。

除吊离式舱口盖外,钢质机械舱口盖式还有单拉式、铰翻式、折叠式、直拉式、滚移式、背载式、伸缩式、卷收式、滑移式等,以及多种形式组合舱口盖(表7-1)。近代钢质货船中常用的为吊离式、单拉式、折叠式、侧移式和背载式等(表7-2),其中单拉式舱口盖使用已日趋减少。

舱口盖操作方式主要有钢索操作与电动/液压操作两种。钢索操作主要借助于起货设备;电动/液压操作通过油缸、液压马达或开舱机进行驱动。

表 7-1　舱口盖发展史上主要形式分类

形式	简图	操作方式		适用甲板	
		钢索	电动/液压	露天甲板	中间甲板
吊离式		适用	不适用	适用	适用
单拉式		适用	适用	适用	不适用
铰翻式		适用	适用	适用	适用
折叠式 {单对 多对		适用	适用	适用	适用
直拉式		适用	不适用	适用	不适用
滚移式 {侧移 端移		适用	适用	适用	适用
背载式 {单对 多对		不适用	适用	适用	适用

表 7-1(续)

形式	简图	操作方式		适用甲板	
		钢索	电动/液压	露天甲板	中间甲板
伸缩式	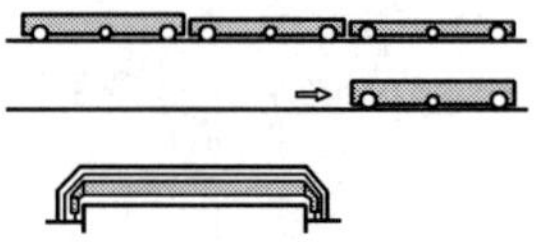	适用	适用	适用	不适用
卷收式	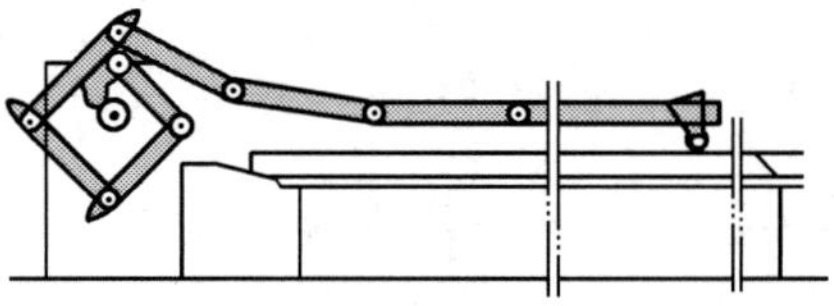	不适用	适用	适用	不适用
滑移式	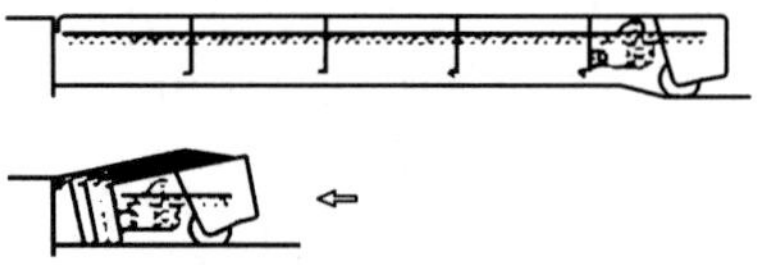	不适用	适用	适用	不适用
组合式 {单拉式+吊离式+单拉式 多块折叠式+吊离式+多块折叠式 多块折叠式+滚移式+多块折叠式		适用 适用 适用	适用 适用 适用	适用 适用 适用	不适用 适用 适用

表 7-2 常见的舱口盖形式

形式	收藏位置	舱口位置	优选船型
吊离式	可堆放在船上或码头上	露天甲板或中间甲板	中小型杂货船、多用途船、木材运输船、大型集装箱船
单拉式	低收藏于舱口端部	露天甲板	小型杂货船、散货船、多用途船
折叠式	高收藏于舱口端部	露天甲板或中间甲板	杂货船、多用途船、冷藏船、65 000 t 以下散货船、木材运输船
侧移式	低收藏于舱口侧部	露天甲板	40 000~400 000 t 大型散货船、矿油两用船或矿谷油三用船
背载式	可收藏于净开口内外	露天甲板或中间甲板	杂货船、多用途船

二、盖板结构

1. 结构形式

顶部分为尖顶、折角顶及平顶。尖顶、折角顶可减轻结构质量,平顶适用于盖板上装载甲板货物的各种舱口盖。结构有开式、闭式及局部闭式(即主梁为箱形梁)。闭式结构主要用于装载谷物压载水及液货的舱口。闭式结构盖板因刚性大、温差变形明显、与船体匹配能差等因素,在露天甲板大型舱口盖中采用已日趋减少。

2. 组成

开式结构盖板一般由梁及板组成。其主要构件为顶板、底板、端板、侧板、纵梁、横梁及扶强材等。闭式结构由顶板、底板、端板、侧板、纵向和横向桁材及扶强材等组成。

3. 主梁腹板

为满足规范对强度和刚度的要求,并减小盖板结构质量,通常主梁中部腹板高度取跨距的 5.0%~5.5%;对于收藏位置受限制,且负荷不能过大的舱口盖,例如单拉式,横梁腹板高度最少可取跨度的 4%;对于盖板型深不受限制,且负荷重、所需剖面模数值大的主梁,中部腹板高度可取跨度的 6% 左右,使中和轴接近中心位置而减轻质量。

4. 变截面梁

设计变截面梁可减轻盖板结构质量。通常用改变顶板厚度、面板厚度、面板宽度、腹板高度及腹板厚度等方法予以实现。

5. 侧部及端部

减低侧部或端部高度,可减小质量以及降低盖板上所载运的集装箱重心高度,甚至对某些舱口盖,例如折叠式舱盖启闭运动有利。但会导致梁部腹板有过大切应力,为此,需增加端部腹板厚度。

6. 常用结构布置

如表 7-3 所示为适用于各种形式舱口盖的典型盖板结构布置。

表 7-3 典型盖板结构布置

形式	示意图	边界条件	使用舱口盖
横骨架式	△—支撑点	盖板两侧搁在舱口围板的面板上,支撑点位于横梁端部,适用于承受均部负荷	通常用于单拉式、吊离式舱口盖的中间盖板
纵骨架式	△—支撑点	盖板两侧搁在舱口围板的面板上,支撑点位于纵梁端部,适用于承受集装箱负荷	通常用于集装箱船吊离式舱口盖的中间盖板

表 7-3（续）

形式	示意图	边界条件	使用舱口盖
混合骨架式（一）	△——支撑点	盖板两侧搁在舱口围板的面板上，支撑点位于横梁端部，适用于承受均部负荷及集装箱负荷	通常用于单拉式、折叠式、吊离式、背载式的中间盖板
混合骨架式（二）	△——支撑点	盖板艏艉两端及一侧搁在舱口围板面板上，支撑点位于纵梁两端及横梁一端，适用于承受集装箱负荷	通常用于集装箱船吊离式舱口盖左右两块盖板
混合骨架式（三）	△——支撑点	盖板艏艉两端及一侧搁在舱口围板面板上，支撑点位于纵梁两端及横梁一端	通常用于大型散货船侧移式舱口盖左右两块盖板
混合骨架式（四）	C.L △——支撑点	盖板四周搁在舱口围板的面板上，支撑点位于纵梁端部及横梁端部	一个舱口仅一块盖板，通常用于吊离式、断移式、背载式

任务二 典型钢质舱口盖

一、吊离式舱口盖

1. 简介

吊离式舱口盖（图 7-1）的各块盖板之间既无连接装置也无传动装置，盖板上装有起吊眼板或集装箱起吊底座，由船上、岸上起货设备或集装箱吊架直接将盖板吊离。盖板可堆放于相邻的舱口盖顶板上，也可堆放于码头上。这种舱口盖既适用于露天甲板，也适用于中间甲板，如露天甲板上的钢质舱盖板仍以传统使用的木楔子、压紧扁钢、绳索及帆布遮盖。达到风雨密的吊离式舱口盖,某些规范中也称其为箱型舱口盖。

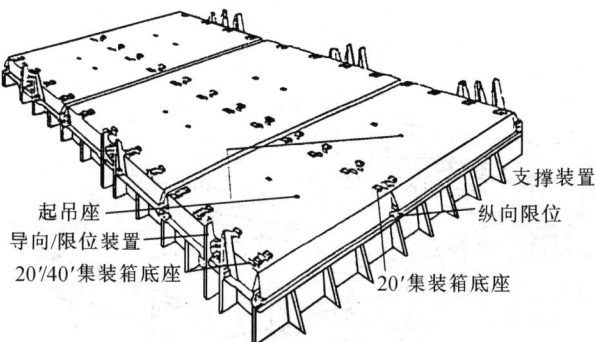

图 7-1　吊离式舱口盖

2. 操作

通常有 3 种操作方法:

(1)通过钢索、卸扣、眼板,用船上或岸上起货设备吊离盖板。

(2)用码头上集装箱专用吊架(20′或 40′吊架)系住盖板上集装箱起吊座吊离盖板。

(3)通过 4 只扭锁式集装箱起吊座、钢索及吊环组成集装箱吊具,系住盖板上集装箱起吊座,由船上或岸上起货设备吊离盖板。

3. 特点与应用

吊离式舱口盖简单可靠,无须配置驱动装置,故造价便宜,维修保养方便。因盖板块数不受限制,适合于各种长度的舱口,也适合于各层甲板舱口,较多应用于全集装箱船露天甲板、多用途船中间甲板及长舱口舱口盖,也常常与单拉式或折叠式组合在一起,作为长舱口的组合舱口盖。该舱口盖不适合无起货设备的散货船。在全集装箱船中,尽管无起货设备,但可用码头上集装箱专用吊架吊放盖板,吊离一块盖板如同吊离一只集装箱,十分方便。

二、单拉式舱口盖

1. 简介

单拉式舱口盖(图 7-2)由首端盖板、末端盖板及多块中间盖板组成。在盖板两侧装有偏心轮(或滚轮)、平衡轮、衔接器及顶升眼板。各盖板的平衡轮之间由链条连接。启闭舱口盖的钢索或传动链系于首端盖板。开舱时,拉动首端盖板,就会带动所有盖板运动。盖板先借助滚轮在舱口围板的面板上滚行,而后平衡轮沿导板上升,偏心轮则沿引导板下滑,盖板自行翻转,继续滚行,直至所有盖板收藏于舱口端部。

2. 驱动方式

(1)钢索操作。启闭索系在首端顶板部中央,借助起货吊钩或钢索绞车,拉动单根钢索便可开启舱口盖,如图 7-3 所示。

(2)长链传动。循环链系在首端盖板两侧,由液压马达或开舱机驱动链轮,拉动长链开启舱口盖,如图 7-4 所示。

（3）固定链传动。链条固定于两侧的舱口围面板上。电动开舱机安装在首端盖板内部,通过传动装置驱动两侧链轮在固定链上滚行,从而开启舱口盖,如图7-5所示。

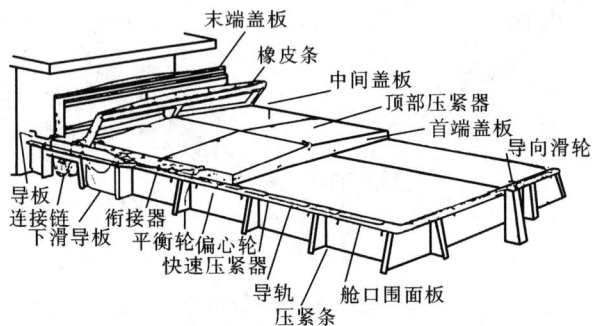

图7-2　单拉式舱口盖

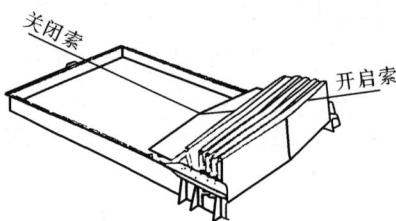

图7-3　钢索操作

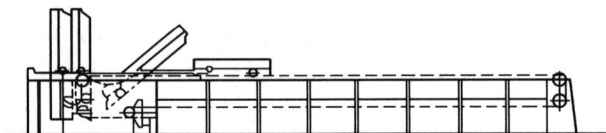

图7-4　长链传动

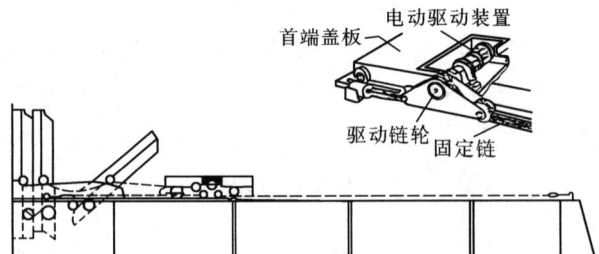

图7-5　固定链传动

3. 特点与应用

普通型单拉式属于低收藏舱口盖,开启省力,操作方式多种多样;盖板分块可多可少,布置上适应性较强;通常盖板可以收藏于桅房的前后端,起货平台下方;收藏地位经济,故曾广泛应用在舱口宽度小、甲板货物载荷小的中、小型干货船上,例如杂货船、散货船、木材运输船、多用途船等。

单拉式盖板分块长度受到舱口围高度约束,盖板厚度受到收藏长度约束。为了满足强度及刚度要求,舱口不宜过宽(标准型舱口盖开口通常为 11 m 以下)。盖板上不宜装载太多集装箱(通常最多两层)。

现代钢质货船向专用化及多用途化发展,舱口越来越大,甲板货越来越重,甲板上布置越来越紧凑,故单拉式舱口盖使用日趋减少。

三、折叠式舱口盖

1. 简介

折叠式舱口盖(图 7-6)一般由两块盖板组成,称单对折叠式。盖板之间用铰链连接,近舱口端部两侧设置滚轮。开启过程中,主动盖板绕端铰链轴旋转,并将从动盖板的滚轮拉上轨道,直到两块盖板相互折叠在一起,收藏于舱口端部之外,舱口围板的面板上方。

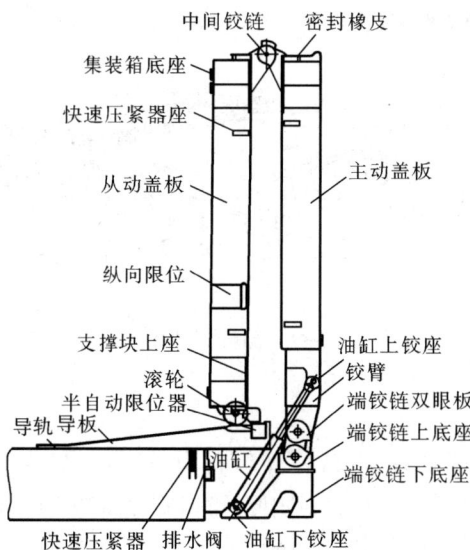

图 7-6 折叠式舱口盖

由两对或两对以上的盖板组成的折叠式称为多对折叠式舱口盖。各种盖板之间用拖曳眼板连接。开启时,逐对依次折叠。

2. 特点与应用

(1)折叠式盖板强度好、不易损坏,适宜装载各种甲板货;横接缝无须设压紧器,滚轮无须设顶升装置,启闭操作简单可靠;收藏长度及高度适应性大,既适用于露天甲板也适用于中间甲板;故广泛应用于普通干货船、多用途船、冷藏船、木材运输船及中小型散货船。

根据舱口长度和收藏地位进行盖板分块,确定盖板对数及收藏方向。优先采用单对折叠式,对于仅在一端有足够收藏地位的或较长舱口,盖板块数多,可采用多对折叠式。

(2)多对折叠式机构复杂,可靠性不如单对折叠式,加之维修保养不方便,所以通常钢索操作折叠式向一端收藏不宜超过两对,油缸驱动折叠式向一端收藏不宜超过三对。露天甲板极少采用三对折叠式。

(3)向两端开启的舱盖,如无局部开启的装载要求,分离缝一般设在舱口长度中间,盖板首尾对称布置。

(4)多用途船舱口上下均装载集装箱时,为满足局部开启要求,分离缝位置根据舱口盖上下集装箱位置来确定。对于纵向布置 3 排 20′集装箱(或 1 排 20′、1 排 40′集装箱)的货舱口(净开口长度约为 19.2 m),舱口盖分离缝不设在舱口长度中间,而是设在 20′与 40′集装箱之间。

四、侧移式舱口盖

1.简介

侧移式舱口盖(图 7-7)通常由一块或两块盖板组成,舱口盖上设有滚行装置、顶升装置、密封装置、连接装置、限位装置及驱动装置。盖板水平滚移,收藏于舱口侧部外导架处。两块盖板组成的侧移式,盖板间接缝纵向设置,左右盖板分别向两侧开启。

图 7-7　侧移式舱口盖

2.特点与应用

侧移式舱口盖属于低收藏舱口盖,开启省力,适合于较大、较重的盖板;舱口旁边需要有足够储存盖板的地位,故广泛应用于舱口宽度 50%以下的 40 000~400 000 t 级大型散货船、矿谷两用船及矿谷油三用船。该舱口盖优点为盖板块数少、结构简单、启闭可靠、操作方便、保养容易。

3.驱动方式

(1)钢索传动。借助眼板、卸扣、钢丝绳等组成的索具,通过导向滑车传动,由船上绞车或起重机驱动。为了避免船舶横倾影响,舱口盖启闭过程中需设置制动索。两块盖板可设置同步索,以简化操作,如图 7-8 所示。

(2)长链传动。由循环长链传动,低速大扭矩液压马达驱动,其与长链传动的单拉式舱口盖相似。

液压马达设置于舱口一侧,轴端装有双头导向链轮,可以分别驱动安装于舱口两端的循环链。拉动盖板时,左右盖板能同时等速运动,如图 7-9 所示。

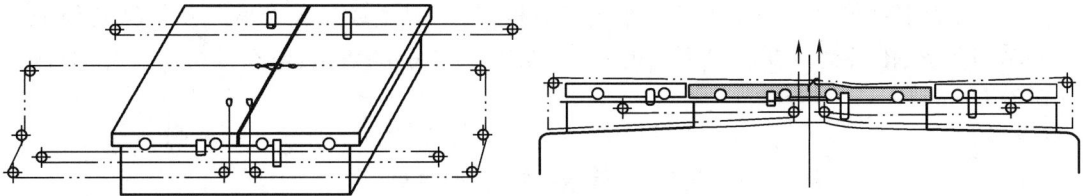

图 7-8　钢索传动

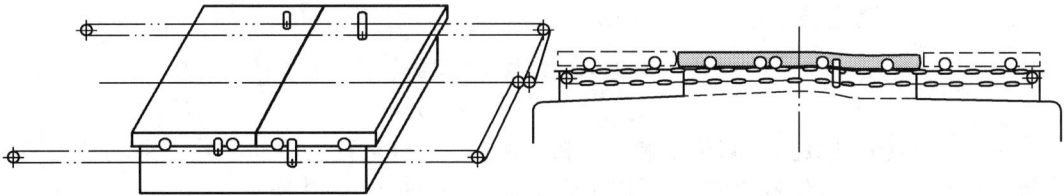

图 7-9　长链传动

(3)齿轮、齿条驱动。设置在舱口侧部的低速大扭矩液压马达,通过小齿轮传动,驱动设置在盖板底部的齿条,启闭舱口盖。比钢索操作或链条传动方式先进可靠、操作简便、安装容易、保养方便。其在大型散货船、矿油两用船或矿谷油三用船上被广泛应用。齿轮、齿条驱动装置通常有两种布置形式,一种为齿条布置在舱口盖底部中央,其优点为布置简单,启闭过程中盖板受力均匀,但侧部齿条处密封节点应做特殊设计。另一种为齿条布置在舱口端板之外,其优点为齿条与货物分离,整根齿条不用分两段,舱口盖侧部密封简单可靠;但启闭过程中,盖板仅一端受力,为了使盖板滚移时不偏转,必须设置滑块或水平导向滚轮。齿轮、齿条驱动装置如图 7-10 所示。

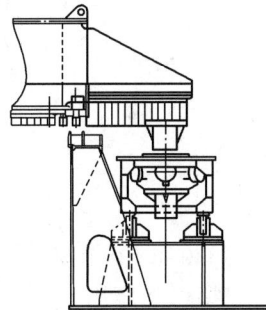

图 7-10　齿轮、齿条驱动

五、背载式舱口盖

1. 简介

背载式舱口盖(图 7-11)又称提升-滚移式舱口盖,是从滚移式舱口盖发展演变而成的一种形式。盖板成对滚移,其中一块为动力盖板,外侧装有滚轮,滚轮下均设低顶升油缸,滚轮顶起后,可在轨道上滚行;另一块无动力盖板的外侧装有伸举臂,四只竖立的高顶升油缸装在外伸臂下方的舱口围旁。当无动力盖板被油缸升起足够高度时,动力盖板滚移到它下方,然后放低无动力盖板,动力盖板便可背载无动力盖板,两块一起滚移至收藏位置。

2. 驱动方式

动力盖板常用以下 4 种方式驱动:

（1）长链传动。由循环长链传动，低速大扭矩液压马达驱动，舱口盖两侧均设置驱动链，这与单拉式及侧移式舱口盖相同。也可仅在舱口一侧设置长链。

（2）固定链传动。微型电动绞车装于盖板内，一只主动链轮及两只从动链轮组成的牵引装置，沿着铺设在舱口围面板上的固定链行走驱动盖板；电动绞车左右对称，成对设置。

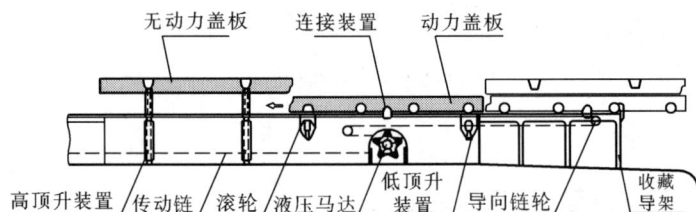

图 7-11　背载式舱口盖

（3）内置驱动装置。盖板内装电动机及减速齿轮箱，直接驱动滚轮。每块动力盖板内设有两套或四套驱动装置，可用于常重的盖板，如图 7-12 所示。

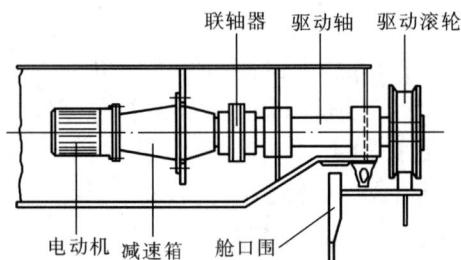

图 7-12　内置驱动装置

（4）齿轮、齿条驱动。驱动机构与侧移式舱口盖相同。

3. 特点与应用

（1）背载式特点之一为盖板水平滚移，每次仅驱动一块或二块盖板；且开启力小，故盖板可设计的很大。特点之二为盖板能在货船开口内外滚移，根据使用要求布置，既可堆放在舱口范围之内，也可堆放于舱口之外的侧部或端部，甚至可滚移至相邻舱口的上方。

（2）适用舱口宽度达船宽 85% ~ 90% 的货船。每个舱口仅一块盖板，相邻舱口组成一对背载式舱口盖，或每个舱两块盖板，在开口范围内左右滚移，实现半个舱开启。这种盖板大而重，两块盖板最重可达百吨以上，故通常动力盖板采用内置驱动装置。

（3）适用于特长舱口的多用途船。由 10 块以上盖板组成的背载式舱口盖，动力盖板与无动力盖板间隔设置，能够实现各个位置的局部开启，以装卸舱内某一排集装箱，也可开启半个舱或整个舱。当开启整个舱时，盖板可堆放于舱口首端或尾端的收藏地位处。通常采用长链传动，由液压马达驱动。

（4）适用于大型散货船。当每舱设置两块盖板，开舱后需要收藏于舱口同一侧（端），侧（端）移式无法实现，只能采用背载式。此时，动力盖板端部设置齿轮、齿条传动或通过长链传动,由液压马达驱动,也可由固定链传动,通过盖板内微型绞车驱动,后者使用较少。

(5)适用于无收藏地位的中间甲板。一个舱口仅有一块动力盖板,开舱时动力盖板推动无动力盖板至舱口内一端收藏。收藏地位处设置堆置装置及顶升油缸,逐一起升盖板,相互叠置。关舱时,将盖板逐一拉回。动力盖板也可背载全部盖板滚移至舱口另一端收藏,为此也称为叠置式。其通常由长链传动,液压马达驱动,适合于舱口不大的中小型杂货船、冷藏船及多用途船。

任务三 舱口盖的基本组成

一、盖板结构强度

舱口盖的盖板结构强度应按各国船级社及 IACS 规定进行计算。现将舱口盖负荷、许用应力及许用挠度的要求摘编如下。

1. 负荷(表 7-4)

表 7-4 负荷要求(CCS)

位置			计算压头 h/m	说明
露天甲板	风雨载荷	位置 1	$0.01L_1+0.8$	$L_1=L$,其中 L 为垂线间长(m); $L_1<24$ m 时,仍取 $L_1=24$ m; $L_1>100$ m 时,仍取 $L_1=100$ m; $P=$货物负荷(t/m²)
		位置 2	$0.014L_1+1.07$	
	均布货物负荷		1.39P	
	居住舱内		1.8	
下甲板	均布货物负荷		h	h 为舱口盖顶至上一层舱口盖扶强材下缘的垂直距离(m)

注:1. 上述计算压头用于按规范进行强度计算。

2. 如进行直接计算,计算压头按式 $P=0.27h$(t/m²)换算成相当均部负荷。

3. 位置 1 在敞开的干舷甲板和艉升高甲板以及在距艏垂线 $L/4$ 之前的露天上层建筑甲板上;位置 2 在距艏垂线 $L/4$ 之后的露天上层建筑甲板上。

2. 许用应力及许用挠度(表 7-5)

表 7-5 许用应力及许用挠度(CCS)

位置	负荷种类及密封形式		许用弯曲应力 $[\sigma]/(N \cdot mm^2)$	许用切应力 $[\tau]/(N \cdot mm^2)$	许用挠度/m
露天甲板	风雨载荷	普通盖板(橡皮密封)	$0.235\sigma_b$	$0.292\sigma_s$	$0.0028L_0$
		箱形盖板(帆布密封)	$0.2\sigma_b$		$0.0022L_0$

表 7-5（续）

位置	负荷种类及密封形式	许用弯曲应力 $[\sigma]/(\text{N}\cdot\text{mm}^2)$	许用切应力 $[\tau]/(\text{N}\cdot\text{mm}^2)$	许用挠度/m
露天甲板	均布货物负荷	$0.235\sigma_b$	$0.292\sigma_s$	$0.0028L_0$
	集装箱负荷	$0.5\sigma_s$	$0.292\sigma_s$	$0.0028L_0$
下甲板	均布货物负荷或集装箱负荷	$0.5\sigma_s$	$0.292\sigma_s$	$0.0035L_0$

注：σ_b 为材料抗拉强度，单位为 N/mm^2；σ_s 为材料屈服强度，单位为 N/mm^2；L_0 为扶强材的跨距，单位为 m。

二、密封装置

1. 一般要求

（1）露天甲板和液舱上的钢质舱口盖应采用通用的密封装置，以满足船级社的要求。

（2）对微小渗漏造成的湿气特别敏感的货物，其舱口盖密封填料和排水设施可做特殊考虑，并须经船级社认可。

2. 设计要求

（1）舱口盖本体及其承载的负荷，均由钢结构承受，并传递到舱口围上，而不是由密封填料传递。

（2）应采用受压后能满足风雨密封要求的质地较软的弹性材料制成密封填料来密封，与密封填料相接触的压紧条应呈圆弧状，并用抗腐蚀材料制成。

（3）由于船体变形使舱口盖和船体结构之间或相邻盖板之间有较大相对位移的船舶，密封填料及紧固装置应做特殊考虑。

（4）密封填料的材质、形式及压缩量，应与舱口盖形式、紧固装置形式及舱口盖与船体结构之间预估算的相对挠度、位移一并考虑。

（5）为了保证紧固装置之间整个距离范围内有足够的密封压力，舱口盖边缘构件的惯性矩距离应按船级社规定进行校核。并按规范要求在安装以后做密封性试验。

3. 常用密封橡皮

常用密封橡皮如表 7-6 所示。

表 7-6　常用密封橡皮

类型	结构特点	标准压缩量/mm	平均线压力/$(\text{N}\cdot\text{m}^{-1})$	允许横移量/mm	质量/$(\text{kg}\cdot\text{m}^{-1})$	截面尺寸/mm	安装尺寸/mm
71×32 风雨密橡皮	泡沫芯，三面包皮	8±2	在 20 ℃，标准压缩量为 2 200	≤±12	1.8		

表 7-6（续 1）

类型	结构特点	标准压缩量/mm	平均线压力/(N·m⁻¹)	允许横移量/mm	质量/(kg·m⁻¹)	截面尺寸/mm	安装尺寸/mm
71×40 风雨密橡皮	泡沫芯，三面包皮	10±3	在 20 ℃，标准压缩量为 2 900	≤±12	2.1		
71×40 油密橡皮	泡沫芯，四面包皮	10₋₃	在 20 ℃，标准压缩量为 7 000	≤±12	2.7		
93×50 风雨密橡皮	泡沫芯，三面包皮	13±3	在 20 ℃，标准压缩量为 3 750	≤±22	3.5		
93×50 油密橡皮	泡沫芯，四面包皮	13±3	在 20 ℃，标准压缩量为 9 000	≤±22	4.2		
60×65 唇式橡皮	挤制空心状	15^{+5}_{-2}	在 20 ℃，标准压缩量为 3 700（软）4 150（中）8 600（硬）	无限（40 内扭动）	2.45（软）2.7（中）2.8（硬）		
70×67 滑移橡皮	挤制空心状	10±5	在 20 ℃，标准压缩量为 3 600	无限	3.5		
95×65 滑移橡皮	挤制空心状	15±3	在 20 ℃，标准压缩量为 12 500	无限	5.0		

表 7-6(续 2)

类型	结构特点	标准压缩量 /mm	平均线压力 /(N·m⁻¹)	允许横移量 /mm	质量/ (kg·m⁻¹)	截面尺寸 /mm	安装尺寸 /mm
72×67 滑移橡皮	挤制空心状	12 ± 8	在 20 ℃, 标准压缩量为 4 400	无限	3.5		
150×74 滑移橡皮	挤制空心状	12^{+5}_{-2}	在 20 ℃, 标准压缩量为 3 500	无限	5.8		
110/ 70×32 双道绝缘橡皮	挤制空心状	8 ± 5	在 20 ℃, 标准压缩量为 5 250	无限	0.5		

4. 无程序操作舱口盖的密封形式

当吊离式舱口盖上载运集装箱时,如需实现局部开启舱口盖,必须采用适当无程序操作的密封装置,通常有如下几种形式。

(1)压入式密封装置

采用空心状滑移橡皮,靠盖板自重压入,使橡皮压紧,达到密封要求,如图 7-13 所示。因橡皮反作用力所产生的摩擦阻力导致启闭力增加,故不适合过轻盖板,以及 3 块或 3 块以上盖板组成的舱口板。

(2)抽气密封装置

采用特殊空心橡皮,由便携式电动液压真空泵抽气,使橡皮压紧或松开,在正常大气压力状态下工作,如图 7-14 所示。真空泵最大真空度为 2 kPa,最大工作压力为 0.05 MPa,排量为 10 m³/h,功率为 0.75 kW。

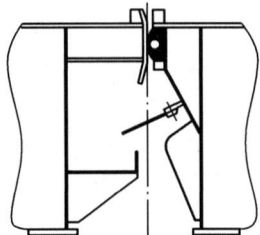

图 7-13　压入式密封装置

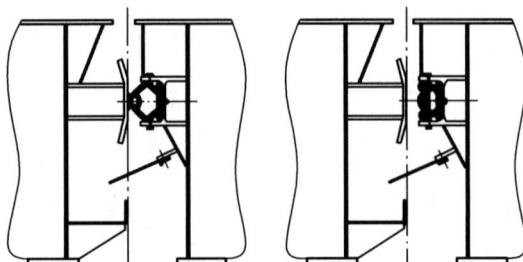

图 7-14　抽气密封装置

（3）Ω形充气密封装置

采用Ω形的双层橡皮，压紧状态为正常大气压力，芯部为双内胎，充气后橡皮条脱离压紧条。可利用船上机舱压缩空气作动力，须布置管系通向每个舱口盖，将系统压力、流量降低，如图7-15所示。

（4）旋转密封装置

旋转密封装置采用泡沫橡皮，通过装在盖板内的油缸驱动可旋转的密封装置，达到密封要求，动力由液压泵提供，借助快速接头、软管与盖板连接。多用途船的长舱口采用背载式舱口盖时，这种密封装置较合适，如图7-16所示。

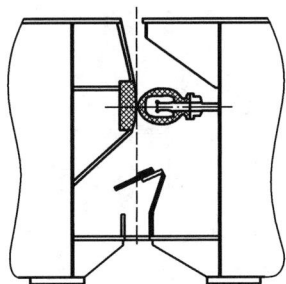

图7-15 Ω形充气式密封装置

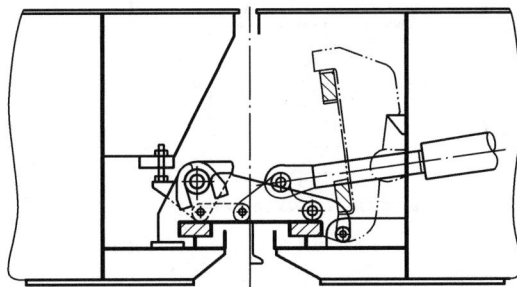

图7-16 旋转密封装置

（5）双道平板橡皮

双道平板橡皮可挡住大多数的水流入舱内，适用于对少量泄漏造成的湿气不敏感的货物舱盖，须经船级社认可，通常用于全集装箱船，如图7-17所示。

三、压紧装置

压紧装置设置于舱口盖四周及相邻盖板之间接缝处，主要作用是将舱口盖与舱口周围锁紧或将相邻盖板相互锁紧，同时也能保证舱口盖密封装置有效。

当舱口盖上载运货物时，盖板之间接缝处设置压紧器，能传递载荷，保证相邻盖板强梁变形相同。

1.压紧装置形式

通常压紧装置可按表7-7所列特性进行分类。

2.基本要求

图7-17 双道平板橡皮

IACS及各国船级社规范对干货露天甲板风雨密舱口盖的压紧装置均有规定，通常有如下基本要求。

（1）舱口盖四周（即舱口围板的面积处）及相邻盖板之间，通常以适当的间距布置合适的压紧装置（螺栓形、楔形或等效装置）来加以紧固。压紧装置的布置和间距应根据舱口盖大小、形式、盖板边缘的刚性及密性有效性来确定。

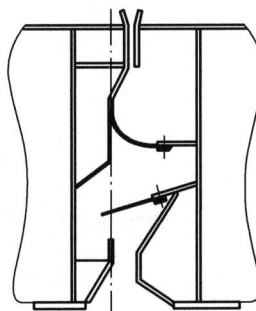

表 7-7　压紧装置分类

1	按压紧机构分类	螺杆式、连杆式、旋转式	
2	按操作方式分类	手动快速压紧器、液压压紧器、自动压紧器	
3	按受力大小分类	普通轻型压紧器、重型压紧器	
4	按布置方式分类	上置式、下置式(又可分上开式/下开式)、平置式	

	上置式	平置式	
手动		上开式	下开式
	平置式	顶部压紧器	接缝压紧器
液压			
	端部	侧部	接缝
自动			

（2）压紧装置有效净面积（cm²）不小于按下式计算所得值：

$$A = \frac{1.4a}{K_s} \tag{7-1}$$

式中　a——压紧装置的间距，m；

$K_s = (\sigma_s/235)^e$——材料换算系数；

σ_s——材料最小屈服强度，取值应不大于 $0.7\sigma_b$ 或 450 N/mm²，取其小者，其中 σ_b 是材料的抗拉强度，N/mm²；

e——$e = 0.75$，对于 $\sigma_s > 235$ N/mm²；$e = 1.0$，对于 $\sigma_s \leq 235$ N/mm²。

对于开口面积超过 5 m² 的舱口，压紧装置断面净面积不小于 2.8 cm²，或螺栓直径不小于 19 mm。

（3）紧固装置可能承受密封橡皮的线压力，当线压力超过 5 N/mm 时，压紧装置有效净面积要成比例增加。

（4）盖板边缘刚度要足以承受两个压紧装置之间密封橡皮线压力，为此，盖板边缘的惯性矩 I（cm⁴）不得小于按下式计算所得之值：

$$I = 6Pa^4 \tag{7-2}$$

式中　P——橡皮的线压力，最小取 5 N/mm；

a——压紧装置间距，m。

（5）压紧装置的结构必须可靠，并能牢固地安装在舱口围板的面板及盖板上；每块盖板上各个压紧装置刚度应接近。

（6）当安装杆形压紧器时，压紧器必须配有弹性垫圈或缓冲衬垫。

（7）当采用液压压紧器时，必须配置机械锁紧装置，即使液压系统失效，机械装置也能锁定关闭状态的盖板。

3. 液压装置布置要求

（1）对于干货舱、压载舱及液货舱的压紧器间距，应根据规范的要求或通过直接计算确定。

（2）每块盖板的侧部至少要设置两个压紧器，当每块盖板之间设置了有效连接，可减少一只压紧器。

（3）舱口四角的压紧器布置应靠近舱口角隅处。

（4）通常舱口盖专业公司标准压紧器形式及材料均经船级社认可，材料屈服强度约在 300~700 N/mm²，抗拉强度约在 490~900 N/mm²。一般风雨密舱口盖四周轻型压紧器（φ22 mm）间距不超过 2 m，重型压紧器（φ30~33 mm）间距不超过 6 m。相邻盖板之间接缝处，四周轻型压紧器（直径 φ22 m 或截面净面积 2.8 cm²）间距不超过 1.5 m。

（5）如船级社没有明确规定时，对于装载甲板货的舱口盖。舱内装压载水或液货的舱口盖，结构设计成板架形式且多于两边支撑的舱口盖以及承受热变形明显的大型闭式结构盖板，压紧器的材料、截面尺寸、数量、间距应与计算所得的压紧器拉力相适应。

（6）由于船体变形使舱口盖和船体结构之间或舱口盖相邻盖板之间有较大相对位移的船舶，压紧器结构及布置必须能适应这种较大的相对位移。

4. 承载集装箱的舱口盖压紧装置拉力计算

受力情况如图 7-18 所示,对于船级社没有明确规定的,可采用如下估算公式来求得压紧器的拉力:

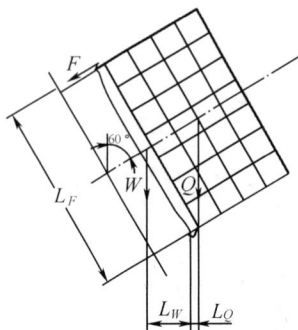

图 7-18 承载集装箱的舱口盖压紧装置受力图

$$FL_F = QL_Q - WL_W \qquad (7-3)$$

式中 F——压紧器向下拉力;

W——盖板质量负荷;

Q——盖板上负荷。

注意,应用上述拉力对压紧器进行强度计算时,许用应力不得超过材料屈服强度的 80%。为了防止盖板对舱口围面板做水平方向移动,舱口盖必须设置限制装置,以免压紧器承受水平力。

四、支撑装置

舱口盖本体及其盖板上载运的货物所产生的垂向力,由支撑块传递给舱口围。支撑块设置在横梁或纵梁等主要受力构件端部下方。舱口盖侧板及端板直接搁在舱口围面板上的支撑形式已很少采用。

支撑装置设计应考虑舱口盖与舱口围之间的水平移动。为确保支撑装置使用年限,应减小支撑表面压力。GL、LR 对表面许用压力都有具体规定。

对于负荷大,且支撑表面有较大位移的支撑装置,建议采用防腐蚀、耐磨损或低摩擦系数的材料。如经船级社认可,也可采用非金属支撑材料。

上下支撑衬垫采用不同硬度材料时,耐磨硬质材料衬垫应比易磨损的软质材料衬垫略大。为修补和更换磨损材料,可采用可拆式的支撑装置。

1. 支撑装置形式

目前应用于船上的支撑装置形式如表 7-8 所示。

表 7-8 支撑装置形式

形式	特点	应用	简图
低碳钢/低碳钢	上下衬垫硬度相同,易磨损	用于货舱开口不大,舱口围变形不大,舱口盖上负荷不大的货船	

表 7-8(续)

形式	特点	应用	简图
硬质材料/高强度钢（HARDOX 500 /AH36）	上衬垫为硬质淬硬钢,下衬垫为高强度钢 AH36		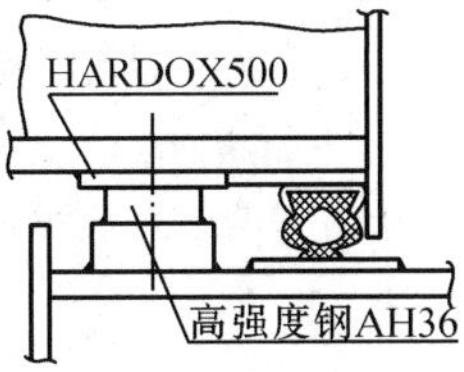
硬质材料/软质材料（HARDOX 400/ WELLDOX700）	上、下衬垫为不同硬度淬硬钢,软质材料磨损后可更换	用于货舱开口较大、舱口围变形较明显、货舱口盖上负荷较大的各种货船	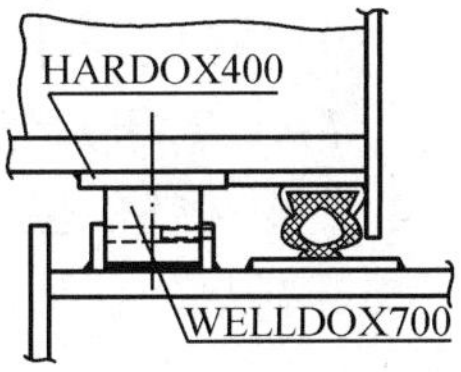
弹性垫块/不锈钢板	弹性橡胶垫块,内嵌钢片加强筋,位移量小时仅做水平摆动,大时能滑动		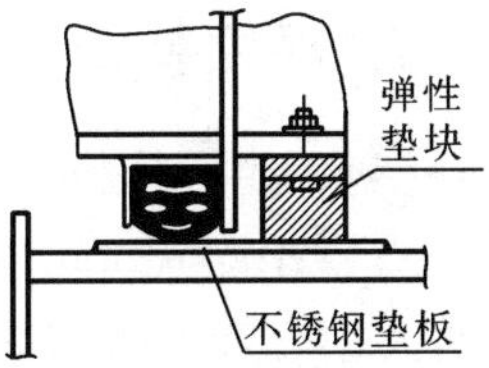
含油衬垫/不锈钢板	含润滑剂,摩擦力小	用于舱口开口大、舱口围变形大、舱盖上负荷大的大型全集装箱船	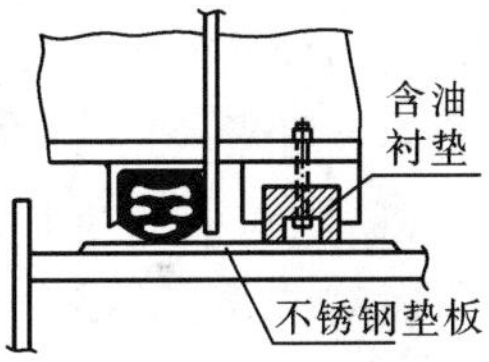
聚四氟乙烯衬垫/不锈钢板	非金属低摩擦系数材料		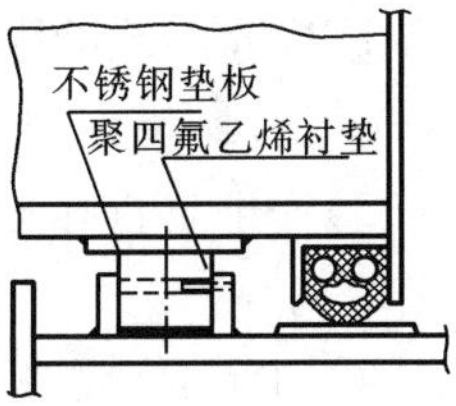

2. 支撑衬垫表面许用压力

支撑衬垫表面许用压力按各国船级社规范要求,如规范无明确规定,建议按如下要求。

（1）名义许用压力 P_n

上、下支撑面均为普通结构: $P_n = 25$ N/mm^2。

上、下支撑面采用不同硬度的淬硬钢: $P_n = 35$ N/mm^2。

（2）最大许用压力: P_{nmax}（N/mm^2）。

上、下支撑表面无相对移动的支撑衬垫:

$$P_{nmax} = 3P_n \qquad (7-4)$$

上、下支撑表面有相对移动的支撑衬垫：

$$P_{n\max} = dP_n \tag{7-5}$$

式中　d——$d = 3.75 \sim 0.015L_{pp}$，且 $1 \leq d \leq 3$，对于部分装载，d 不小于 2；

　　　L_{pp}——船舶垂线间长，m。

3. 支撑衬垫的水平摩擦力

支撑衬垫的水平摩擦力 P_n（N）按下式计算：

$$P_n = \mu P_v \sqrt{d} \tag{7-6}$$

式中　μ——摩擦系数，通常钢对钢取 0.54；

　　　P_v——已经计及垂向加速度的垂向力，N；

　　　d——对于部分装载，d 不小于 2。

4. 支撑衬垫的位移

支撑衬垫的位移应根据限位装置的位置、船体翘曲变形及舱口围板弯曲挠度的预计值来确定。

五、限位装置

在航行中，装载货物的舱口盖由于船舶横摇和纵摇所产生的横向力和纵向力由横向限位装置及纵向限位装置传递给舱口围板。限位装置应根据舱口盖形式及货物负荷的大小合理布置以减小作用力，并且应尽可能减少限位装置的数量。

限位装置的水平力大小应进行计算，提供给船体做结构加强，限位装置水平接触面的压力应进行校核。

1. 设计要点

(1) 限位装置的设置，既要使舱口盖与舱口围板的面板牢固连接，以防舱口盖纵向和横向位移，又要允许舱口盖与舱口围板的面板之间相对移动。

(2) 船体中垂、中拱及翘曲变形对舱口盖板位移影响程度与水平限位装置布置有关，盖板接缝两侧的限位装置间距对接缝处密封条水平压缩量有明显影响。采用抽气式或充气密封装置的接缝，相邻盖板上的位移装置间距一般不超过 8 m。

(3) 一般横向限位块设置在左舷。因通常克令吊位于左舷，左舷船体结构较右舷强。

(4) 对于双排舱口，甲板船体中心线处较弱，故横向限位块建议设置在近舷侧的舱口围面板上。

(5) 应尽可能地减少限位块的数量。在舱口盖操作区域许可的条件下，可采用纵向及横向兼容的双向限位块。

(6) 单向或双向限位块的布置应根据舱口盖形式、盖板分块、舱口盖上负荷的形式来定。限位装置尽量设置在水平力作用线附近，以减少或消除水平弯矩。

(7) 无论船舶怎样摇摆，应使每块盖板至少受两个力或一个力与一个力偶的约束。互相之间有效连接的盖板，应以整体受力计算。

2. 典型水平限位形式

典型水平限位装置形式如表 7-9 所示。

表7-9 典型水平限位装置

形式	位置
纵向限位装置	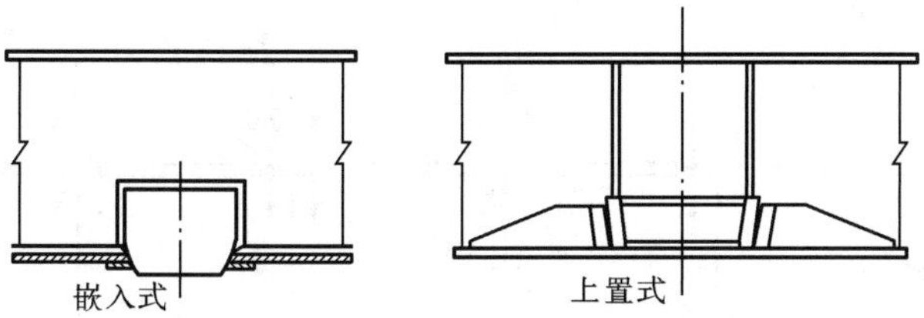 嵌入式　　上置式
横向限位装置	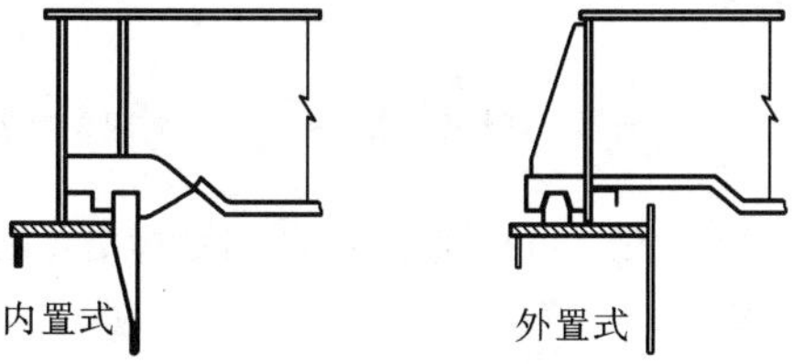 内置式　　外置式

3. 舱口盖上的水平力

装载在舱口盖上的货物因船舶运动加速度所产生的水平力,应按各国船级社规定要求计算。如果规范中没有明确规定,建议参照德国船级社(LG 1997)要求计算。

总的纵向力 $P(\text{kN})$:

$$P = 0.2gM \tag{7-7}$$

总的横向力 $P(\text{kN})$:

$$P = 0.5gM \tag{7-8}$$

式中 M——舱口盖上的货物质量,t;

g——重力加速度,取 9.81 m/s^2。

4. 水平力作用下接触面的许用压力

在水平力作用下限位装置接触面的许用压力应按各国船级社规定确定,如规范无明确规定,建议参照表7-10选取。

表7-10 水平力作用下接触面的许用压力

两个接触面材料	名义许用压力/(N·mm^{-2})	最大许用压力/(N·mm^{-2})	
		上下支撑有相对移动	上下支撑无相对移动
均为船体结构钢	40	40d	120
不同硬度淬硬钢	50	50d	150

注:表中 $d = 3.75 - 0.015L_{pp}$,且 $1 \leqslant d \leqslant 3$,对于部分装载 $d < 2$;L_{pp} 为船舶垂线间长,单位为 m。

5. 水平限位装置典型布置

（1）纵向各板块的限位装置典型布置

货舱开口及变形较小的装载集装箱的单拉式、背载式舱口盖限位装置布置如图 7-19 所示。

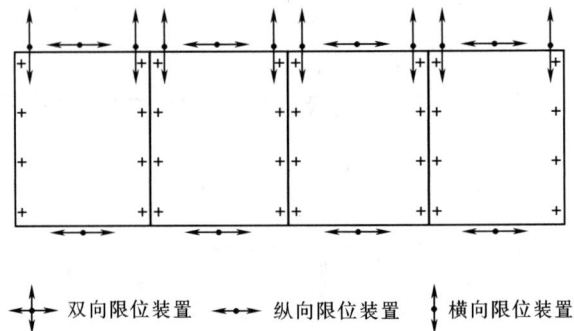

图 7-19　单拉式、背载式舱口盖限位装置布置图

（2）横向多板块的限位块装置典型布置

通常集装箱船吊离式舱口盖限位装置布置如图 7-20 所示。

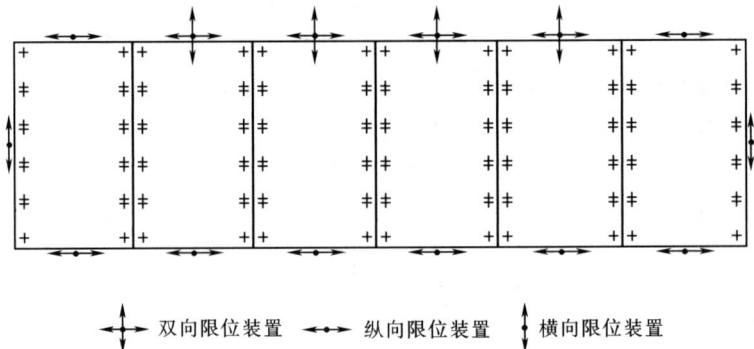

图 7-20　吊离式舱口盖限位装置布置图

（3）相互连接的盖板

多用途货船的折叠式舱口盖上装置集装箱时的限位装置典型布置如图 7-21 所示。

六、滚轮装置

1. 概述

除吊离式舱口盖以外，几乎所有机械传动的舱口盖上都安装滚轮装置。当采用非标准滚轮时，应按下述设计方法进行设计。此方法也适用于滚柱及导向滚轮。

2. 设计要求

舱口盖两侧装有滚轮装置，其中一侧滚轮必须有导向（限位）措施，既能稳住舱口盖在启闭过程中滚行方向，又能适应舱口围板制作不规则及因装载货物引起的舱口围板变形。

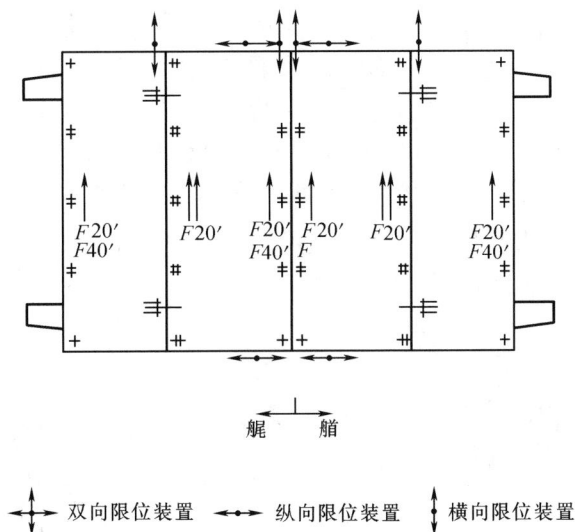

图7-21 两页盖板的限位装置布置图

因一般起重机设置在左舷,左舷船体做了加强,故通常左舷的滚轮采用导向(限位)措施。侧移式舱口盖导向(限位)一般用于舺部滚轮。设计中常用的4种导向(限位)形式如下(图7-22)。

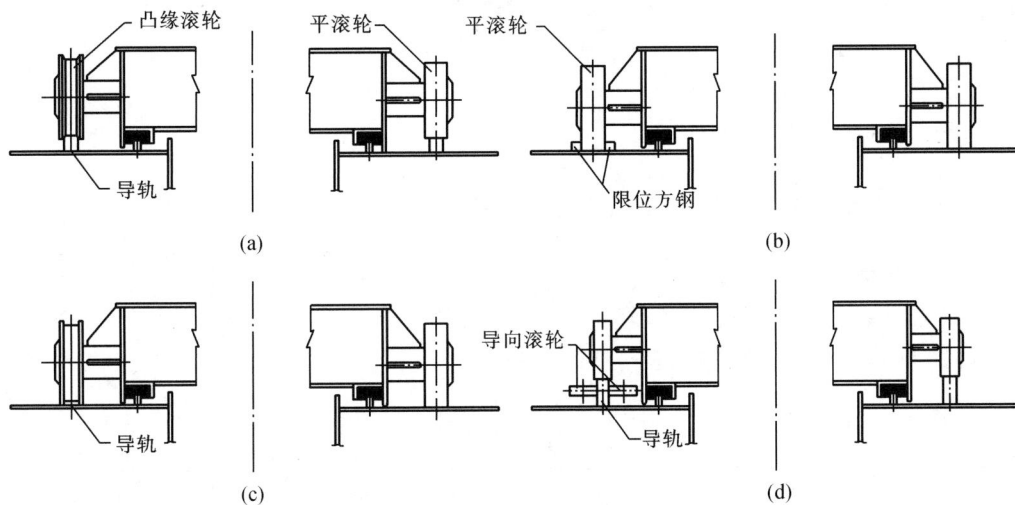

图7-22 滚轮常用导向(限位)形式

(1)舱口盖一侧为带双凸缘的滚轮在导轨上,另一侧为平滚轮在导轨上,如图7-22(a)所示。这是最基本形式,可普遍使用。露天甲板舱口盖均采用这种形式。

(2)舱口盖两侧均为平滚轮。其中一侧滚轮两边有限位圆钢或方钢,起导向作用,常用于上甲板单拉式舱口盖及围阱较浅不易设置导轨的中间甲板舱口盖,如图7-

22(b)所示。

（3）舱口盖一侧为双凸缘滚轮，凸缘边在舱口围面板上滚行，导轨仅起导向作用，上表面与轮子不接触；舱口盖另一侧为平滚轮，直接在舱口围栏面板上滚行。为避免轮子边缘压力过高，建议采用双曲面滚轮，如图7-22(c)所示。

（4）舱口盖两侧均为平滚轮在导轨上滚行，但其中一侧另外设两只独立水平导向滚轮，分别作用于导轨两侧，起导向作用，如图7-22(d)所示。这种形式适用于机构会产生很大侧向力的舱口盖，例如传动机构设置在侧部的侧移式舱口盖。

3. 滚轮上径向力与轴向力计算

如图7-23所示为滚轮受力图。

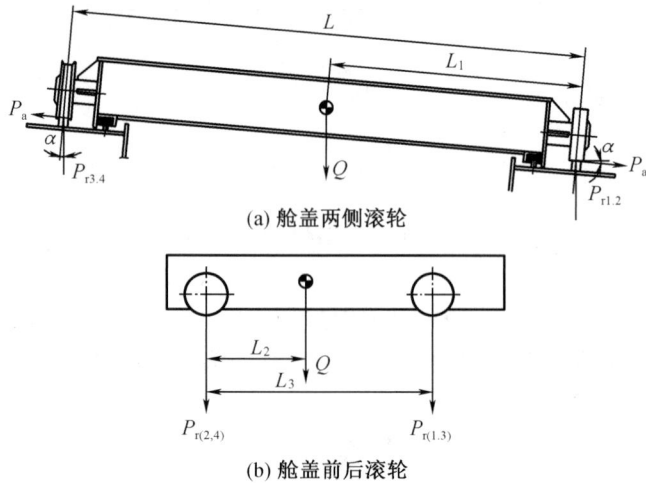

(a) 舱盖两侧滚轮

(b) 舱盖前后滚轮

图7-23 滚轮受力图

4. 接触应力计算

★知识拓展7-1:舱口盖滚轮装置的受力计算

知识拓展7-1
舱口盖滚轮装
置的受力计算

5. 滚轮及导轨常用材料

（1）选用材料时必须遵循滚轮比导轨硬的原则。

（2）推荐两种导轨材料如表7-11所列。

表7-11 导轨材料

材料	许用接触应力$[\sigma_c]$/(N·mm^{-2})	硬度/HB
船用低碳钢A、B级	600	130
船用高强度钢AH32~DHB6	750	150~180

（3）简易的D、B_2、P_r图（图7-24）

以许用接触应力为$[\sigma_c]$=600 N/mm^{2}及$[\sigma_c]$=750 N/mm^{2}两种材料作导轨时，可按滚轮工作直径D及径向力P_r确定导轨厚度。也可先确定导轨厚度，再查滚轮工

作直径。

图 7-24　D, B_2, P_r 图

6. 滚轮装置摩擦系数

~~★知识拓展 7-2：舱口盖滚轮装置摩擦系数的确定~~

知识拓展 7-2
舱口盖滚轮装置摩擦系数的确定

7. 舱口盖滚轮摩擦系数推荐值

在舱口盖启闭力估算中，对于舱口盖一侧为双法兰滚轮另一侧为平滚轮的盖板，总的摩擦系数推荐值如表 7-12 所示。

表 7-12　舱口盖滚轮摩擦系数推荐值

滚轮种类	滑动轴承		滚动轴承
	有润滑	无润滑	
一侧为双法兰滚轮另一侧为平滚轮	0.07	0.1	0.03

8. 滚轮装置形式及特点

滚轮装置形式及特点如表 7-13 所示。

表 7-13　滚轮装置形式

部件	形式	简图	特点
轮子	平滚轮	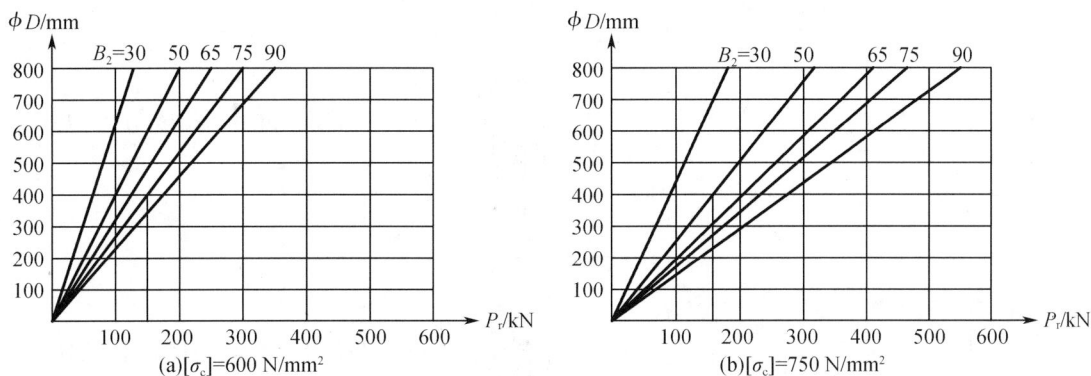	外形尺寸比凸圆轮小，适用于舱口变形
	凸缘轮		有导向作用，稳定舱口盖运动方向

表 7-13(续)

部件	形式	简图	特点
轴承	滑动轴承		简单,可靠,摩擦力大,成本低
	滚动轴承		润滑性能好,摩擦力小,可减小舱盖驱动力
轮架	双座板		轮轴可拆卸,轴力小,维修方便,采用滚动轴承较困难
	单座板		轮轴插入座板焊牢,外伸尺寸小,适用舱口围较窄的面板
	无座板		轮轴直接焊接于盖板上,轮轴长,受力大需用肘板加强

任务四　船用人孔盖

　　船舶上一般都设有众多的液舱(如燃油舱、滑油舱、淡水舱、压载水舱等),以及某些因船体结构或管系检修的需要而平时人员不需出人的舱室(如艏尖舱、艉尖舱、隔离空舱等),这些舱室有的在干舷甲板或中间平台下,有的在双层底内,通常在围蔽这些舱室的甲板、平内底板或舱壁上开一些人孔,并设置人孔盖,供施工和检修人员出入用,一旦作业完成人离开之后,即将人孔盖予以关闭。

　　船用人孔盖按形状可分为长圆形和圆形,其中长圆形人孔盖使用较为广泛。按密性可分为油密和水密,两者的区别在于密封垫圈的材料,油密应采用耐油橡胶,水密则应用耐海(淡)水橡胶。

一、人孔盖的类型

人孔盖按安装后是否高出开孔表面可分为突出式和埋入式。

1. 突出式人孔盖

目前,我国造船行业常用的是突出式人孔盖,按其结构可分为 3 种,即 A 型、B 型和 C 型。

A 型为长圆形突出式人孔盖,结构如图 7-25 所示。其围板和座圈为焊接结构,高出开孔平面 100 mm。常用的规格按通孔尺寸($L×B$)为 450×350,500×400,600×400 及 600×450(单位均为 mm)。围板厚度(S_1)为 4~14 mm,座圈及盖板厚度(S)应较围板厚度大 2 mm。

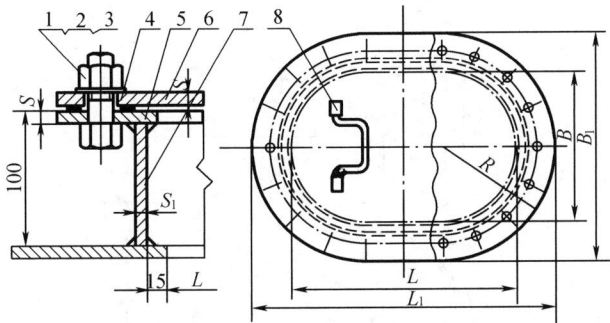

1—螺栓;2—螺母;3—垫圈;4—橡胶垫圈;5—座圈;6—盖板;7—围板;8—拉手。

图 7-25 A 型人孔盖结构

A 型人孔盖的围板较高,当盖板打开时,可以防止污水或垃圾进入舱内。因此通常用于机舱、锅炉舱及其他容易积水的处所。此外,A 型人孔盖还可以安装在表面为弧形的处所,如圆柱形起重机筒体基座或球形结构的表面。

B 形人孔盖为长圆形突出式人孔盖,结构如图 7-26 示。其圈厚度为 20 mm,常用的规格及盖板厚度与 A 型人孔盖相同。

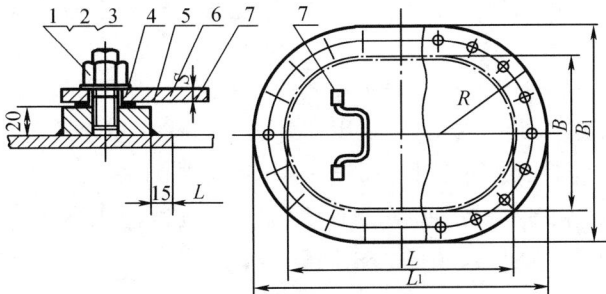

1—螺柱;2—螺母;3—垫圈;4—橡胶垫圈;5—座圈;6—盖板;7—拉手。

图 7-26 B 型人孔盖结构

B 型人孔盖广泛使用于甲板、内底板、平台和舱壁等部位的人孔开口。在用于货舱底时,应在人孔盖周围加装钢镶框,加钢盖板或木盖板,使其逐渐过渡或与木铺板齐平。

C 型人孔盖为圆形突出式人孔盖,座圈厚度为 20 mm。常用的规格按通孔尺寸(D)为 ϕ450 mm 和 ϕ600 mm。盖板厚度(S)为 4~14 mm。C 型人孔盖可用于甲板、内底板、平台及箱柜等部位。

2. 埋入式人孔盖

目前,我国造船行业常用的埋入式人孔盖按结构类型可分为两种,即 D 型和 E 型。这两种人孔盖均为长圆形,其结构如图 7-27 和图 7-28 所示。D 型人孔盖带有上盖板,常用的规格按通孔尺寸($L \times B$)为:530×430、630×430 及 630×480(单位均为 mm),盖板厚度(S)为 10 mm 和 12 mm;E 型人孔盖规格与 D 型相同,其盖板厚度(S)为 14 mm 和 18 mm。

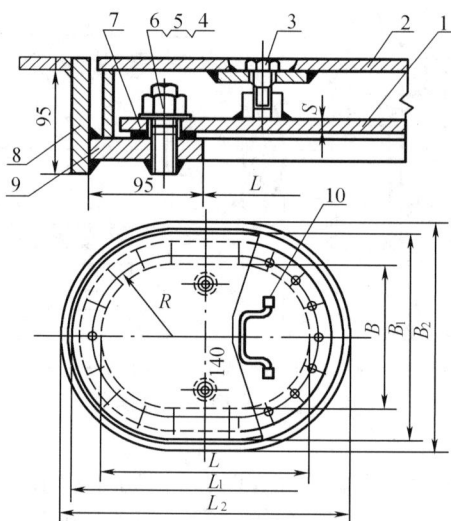

1—盖板;2—上盖板;3—螺栓;4—螺柱;5—螺母;
6—垫圈;7—橡胶垫圈;8—围板;9—座圈;10—拉手。

图 7-27　D 型人孔盖结构

D 型及 E 型人孔盖均可用于要求平坦的货舱底部和甲板通道等处所,以及便于货物装卸和人员走的处所。

3. 人孔盖的材料

人孔盖的盖板、围板和座圈通常采用热轧碳素钢或用与安装人孔盖处的船体结构相同的材料制造,垫圈和拉手采用普通碳素钢,密封垫圈采用阻燃型耐油或耐海(淡)水橡胶,螺栓或螺柱采用不锈钢或碳素钢,螺母采用碳素钢或不锈钢、黄铜等材料。碳素钢制作的螺栓、螺柱、螺母及垫圈均应镀锌。

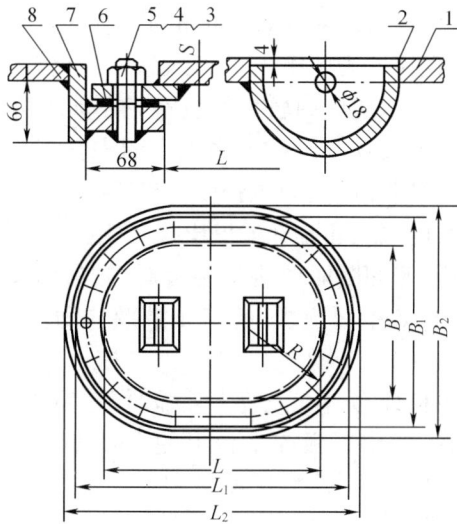

1—盖板;2—拉手;上盖板;3—螺柱;4—螺母;5—垫圈;6—橡胶垫圈;7—围板;8—座圈。

图 7-28 E 型人孔盖结构

二、人孔盖的选择及布置要求

选择及布置人孔盖时,除了必须符合有关公约、规则和规范的规定外,还应考虑强度、用途和使用方便性。

人孔盖的强度主要体现在盖板的厚度及紧固螺栓的数量上。一般说来,盖板的厚度应不小于安装处的船体结构钢板(甲板、平台、内底板和舱壁)的厚度。由于盖板比其周围的船体结构钢板更容易腐蚀,因此当人孔盖安装处的船体结构钢板厚度小于 10 mm 时,盖板的厚度应比该处的船体结构钢板厚度大 1 mm。如果人孔盖安装处所的甲板或舱壁是由强度计算决定时,则该处人孔盖盖板厚度应能承受同样的水压力条件。

人孔盖应根据舱室密性要求及安装处所的情况选择合适的结构形式。淡水舱、压载水舱及艏、艉尖舱等处所应选用耐海(淡)水橡胶作垫圈的水密人孔盖;燃油舱、滑油舱、污油舱等处所应选用耐油橡胶作垫圈的油密人孔盖;在机炉舱等易积水、积油处所的内底板上和饮用水舱顶部,应选用有围板的 A 型人孔盖;在通道及生活、工作舱室内等影响人员活动的区域必须设置人孔盖时,应选择埋入式人孔盖。喷气燃料油舱的人孔盖盖板必须采用黄铜制成,以避免撞击产生火花。当人孔盖可能长期处在潮湿环境时,其螺栓或螺柱应采用不锈钢制作,而螺母则采用不锈钢或黄铜,或钢质镀锌制作。

从人孔盖的使用来说,通孔尺寸大有利于人员出入,但由于船体结构、机械设备及管路布置等因素,人孔盖的尺寸受到一定的限制。通常在平面位置(甲板、平台、内底板)上安装通孔尺寸为 500 mm×400 mm 的人孔盖是较合适的。除非布置确实有困难,尽可能不要选用通孔尺寸为 450 mm×350 mm 的人孔盖。在舱壁或其他垂直部位上宜布置 600 mm×450 mm 的人孔,而且其长轴应沿垂直方向布置,通常孔的下缘离开人员站立处地面的高度应不小于 500 mm，便于人员跨越人孔。

在甲板上布置人孔盖时，一般应靠近下面的舱壁，并且将人孔盖的长轴平行于舱壁，便于在人孔下方安装直梯。为便于人员出入和通风，较大的液舱和空舱应至少设置两个互相远离的人孔盖。双层底内较大的舱室应在其两端设置人孔盖，必要时还应在其长度中间处加设一个人孔盖。设在内底板上的人孔盖，应至少离开主舱壁 800 ~ 1 000 mm，以免削弱主舱壁附近的内底板强度。

无论是在甲板、平台、内底板还是在舱壁上设置人孔盖，应尽量不切断该处的船体构架。如果布置确有困难，非切断船体构架不可时，则应做适当加强。在一些保证船体结构强度的重要区域内，如甲板边板、舱口角隅及应力集中区的部位，不得设置人孔盖。

当同时在上下两层甲板或平台上设置人孔盖时，它们的位置应错开。如上一层甲板或平台有小舱口盖时，下一层甲板或平台上的人孔盖应设置在小舱口盖投影范围之外。

三、人孔盖的密性试验

人孔盖的密性试验要求主要包括以下方面：

(1)安装在干舷甲板上及其以下的甲板、平台、内底板、舱壁各个部位的人孔盖应与该部位的船体结构一起做水压试验或充气试验。

(2)安装于液体箱、柜上的人孔盖，也应与该箱柜一起做水压试验或充气试验。

(3)安装在干舷甲板以上各处的人孔盖，除液体箱柜以外，应做充水试验。

在做人孔盖的密性试验时，保证密性的焊缝区域不得涂刷油漆、水泥和敷设隔热材料等。若外界气温低于 0 ℃时，则应采取适当的防冻措施。

供试验使用的喷嘴直径不小于 16 mm，喷嘴出口处水压力至少为 0.2 MPa，喷嘴离被试部位的距离为 1.5 m，试验时间不超过 3 min。

试验后，焊缝和密封处等被试验部位应无任何渗漏水(气)现象。

任务五　小舱口盖

船舶的货舱、储藏舱、某些不设固定值班人员的设备舱室(如舵机舱、侧推装置舱等)处所的甲板或平台出入口应设置小舱口盖，既可供人员出入，也可供体积较小的设备或物品出入。船舶内部应急脱险通道在露天甲板出入口处，应设置两面均可启闭的小舱口盖。

小舱口盖是指开孔尺寸不大，用人力就能容易启闭的舱口盖。常用的小舱口盖主要有两种，一种是风雨密舱口盖，通常安装在干舷甲板以上的各层露天甲板和半封闭的上层建筑或甲板室内部的甲板上；另一种是非风雨密舱口盖，只能用于船舶内部的甲板或平台上。除此之外，还有一些专用的舱口盖，如货油舱的油舱盖、通气舱口盖等，根据船舶的要求设置。

除非特殊设计，一般的小舱口盖不能用于液舱顶部。风雨密舱口盖只能承受外来风浪的袭击，不能承受来自舱内的强大水压力，因此对于船舶破舱以后需要保持水密的甲板或平台，不应设置小舱口盖。

一、小舱口盖的形式

船用小舱口盖按形状可分为方形、矩形、圆形和长圆形；按密性可分为风雨密、非风雨密和油密；按安装后是否高出开孔表面可分为突出式和埋入式。

小舱口盖主要由围板、盖板、铰链、夹紧装置、制止器、锁扣、把手和密封件等组成。较大的小舱口盖为了减轻盖板的开启力，还设有平衡块或弹簧铰链。围板和盖板的材料为A级船体结构用碳素钢，铰链板、制止器、锁扣和拉手等材料为普通碳钢，铰链和夹紧装置中有些零件，如夹扣螺栓、带舌插销、销轴等材料为不锈钢或碳素钢，翼形螺母、衬套和滑轮材料为黄铜，双扭簧材料为弹簧钢，密封件材料一般为耐老化橡胶，油密的密封件材料应用耐油橡胶。

1. 风雨密小舱口盖

(1)A型小舱口盖

A型小舱口盖为方形或矩形突出式舱口盖(图7-29)，盖板由翼形螺母夹扣与围板紧固，只能从外面启闭。较大的A型小舱口盖设有平衡块。

(2)B型小舱口盖

B型小舱口盖为方形或矩形突出式舱口盖(图7-30)，盖板由楔形把手夹扣与围板紧固，因此可以两面启闭。

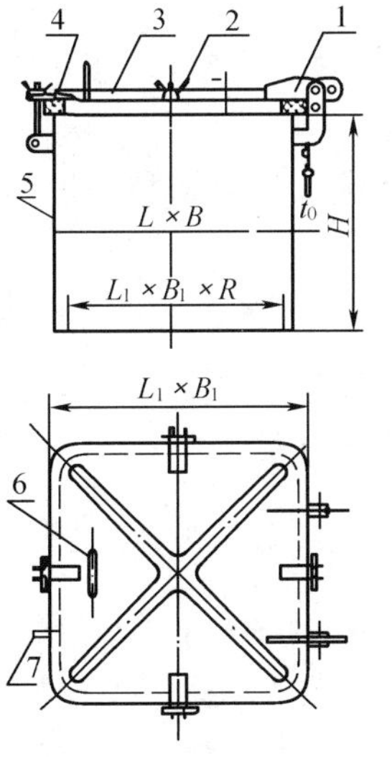

1—铰链；2—夹扣；3—盖板；4—密封件；
5—围板；6—拉手；7—锁扣。

图7-29　A型小舱口盖结构

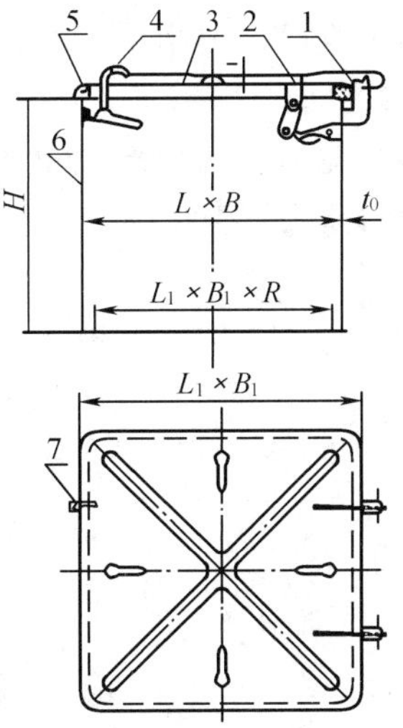

1—铰链；2—制止器；3—盖板；4—楔形把手夹扣；
5—密封件；6—围板；7—锁扣。

图7-30　B型小舱口盖结构

B型小舱口盖用于储物舱和干货舱在露天甲板或非封闭上层建筑内的甲板上的出入口，也可用于内部通道在露天甲板的出入口。

(3)C型小舱口盖

C型小舱口盖为方形或圆形突出式舱口盖(图7-31)，盖板由中心旋转把手夹扣与围板紧固，可以从两面快速启闭。由于装有弹簧铰链，故舱盖的开启力较小。

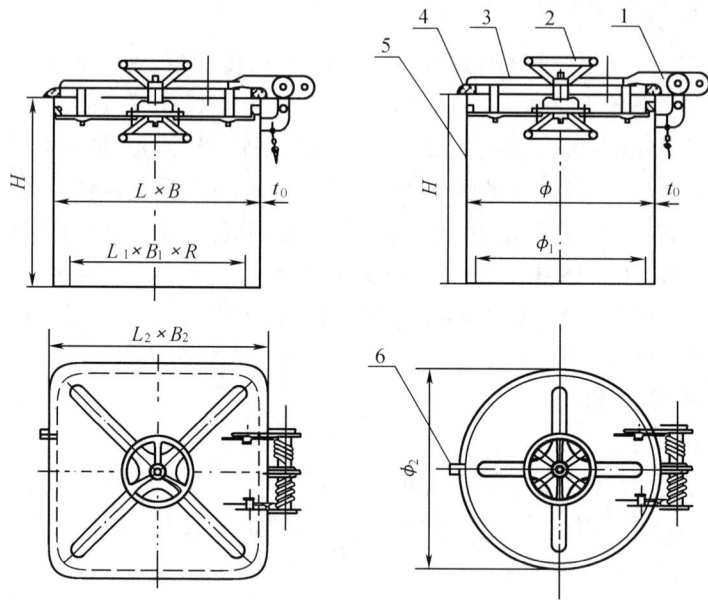

1—弹簧铰链;2—中心旋转把手夹扣;3—盖板;4—密封件;5—围板;6—锁扣。

图 7-31 C 型小舱口盖结构

C 型小舱口盖常用于机舱及其他处所应急脱险通道在露天甲板上的出入口。

(4)D 型小舱口盖

D 型小舱口盖为方形或矩形埋入式舱口盖(图 7-32),由可倒楔形把手夹扣与围板紧固,可以两面启闭。

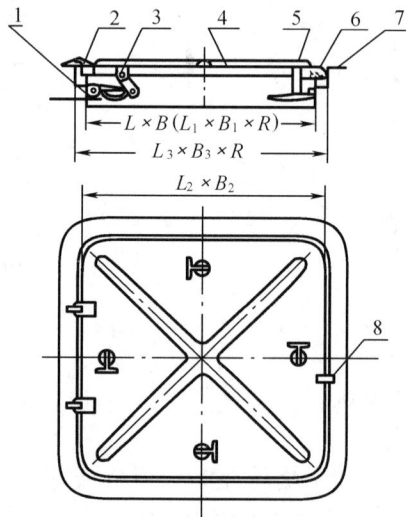

1—围板;2—铰链;3—制止器;4—盖板;

5—可倒楔形把手;6—密封件;7—围槛;8—锁扣。

图 7-32 D 型小舱口盖结构

2. 非风雨密小舱口盖

（1）E 型小舱口盖

E 型小舱口盖为方形或矩形突出式舱口盖，盖板仅由一个翼形螺母夹扣与围板紧扣，单面启闭。

E 型小舱口盖用于封闭的上层建筑或无风雨密要求部位的舱口开孔。

（2）F 型小舱口盖

F 型小舱口盖为方形或矩形突出式舱口盖，盖板仅由一个楔形把手夹扣与围板紧扣，可以两面启闭。

F 型小舱口盖用于密闭的上层建筑内或无风雨密要求部位的舱口开孔。

3. 货油舱盖

货油舱盖有两种结构形式，一种为 A 型圆形转动式油舱盖，如图 7-33 所示；另一种为 B 型长圆形转动式油舱盖，如图 7-34 所示。

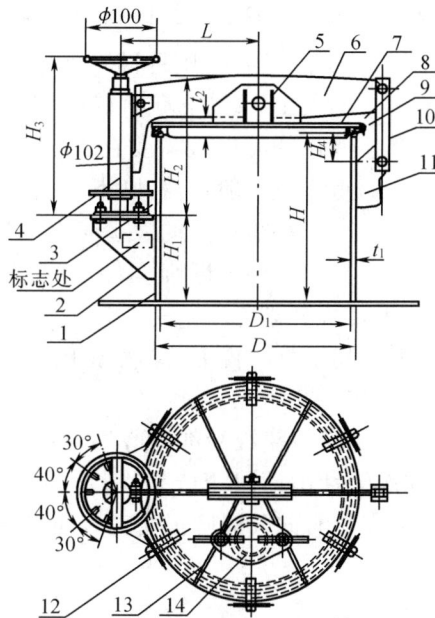

1—围板；2—支座；3—导向板；4—开闭装置；5—连接板；6—连杆；7—盖板；8—密封圈；
9—压圈；10—锁扣；11—耳板；12—翼形夹扣；13—加强筋；14—观察孔盖。

图 7-33 A 型油舱盖结构

二、小舱口盖的选择及布置

选择及布置小舱口盖时，必须符合有关公约、规则和规范的规定，另外还应考虑其合理的结构形式和合适的安装部位。

通常干货舱或储物舱可以设置带有螺旋夹扣或楔形把手的小舱口盖，并配置挂锁，油舱应设置专用的油舱盖。安装于内部应急脱险通道在露天甲板上的出入口处的小舱口盖，应采用两面可启闭的小舱口盖，并以设置有中心旋转把手夹扣和弹簧铰链的快速启闭的小舱口盖为宜。

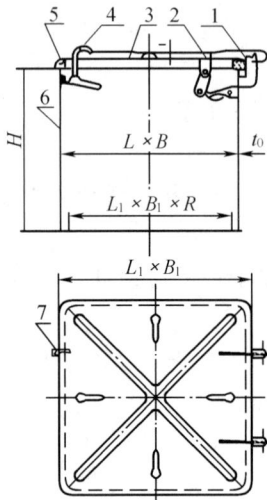

1—铰链；2—制动器；3—盖板；
4—楔形把手夹扣；5—密封件；
6—围板；7—锁扣。

图7-34　B型油舱盖结构

设置在上层建筑或甲板室前面的露天甲板上的小舱口盖,盖板应该向船首方向启闭;设置在靠近舱壁(或围壁)处的小舱口盖,与舱壁(或围壁)或扶强材和绝缘之间应留有足够的空间,以保证盖板完全开启后,螺旋夹扣的翼形螺母和活节螺栓能同时顺利地放倒而不会碰到舱壁。

小舱口盖下面需设置斜梯时,舱口的开孔大小应保证人员上下斜梯时有足够的空间。小舱口盖下面需设置直梯时,如果仅作为人员出入口,则舱口开孔位置应使直梯能在通孔范围内;当小舱口盖围板高于300 mm时,应能使直梯支架固定在围板上;如主要作为物品出入口,则舱口开孔位置应偏离直梯,使直梯处于舱口开孔线外。

当上下两层甲板或平台均设置供人员出入用的小舱口盖时,则这两个小舱口盖位置应错开,否则既不安全,又会影响直梯的安装和舱口盖的启闭。若是专供物品出入需要在上下两层甲板或平台同一位置上设置小舱口盖,则不应设置直梯。

小舱口盖的大小应考虑船体结构,不得因设置小舱口盖而切断强构件,如必须切断非强力构件(纵骨或横梁)时,则应对该处结构做加强处理。

这里所指的船用门、船用窗和小舱口盖主要指水密门、小舱口盖和舷窗等,船体开口处的关闭装置。

上述舾装件通常由专业厂生产。船级社都将这些产品列入船用产品范围,因此这些产品的制造均须按规定向船级社申请船用产品检验。船厂检验部门对这些产品实施进厂入库检验,同时在船上安装时向验船师提交安装质量检验。

任务六　船　用　门

船用门是船舶舱室出入口的关闭装置。

一、船用门的种类

船用门按其功能和使用特性可分为:密性门(水密门、风雨密门、气密门、阻气门)、防火门、屏蔽门(隔声门、电磁屏蔽门、核辐射屏蔽门)、非密门和冷藏库门等。

船用门按其主体材料又可分为钢质门、不锈钢门、铝质门、玻璃钢门及木门等。船用门按其启闭方式可分为铰链门、平移门(滑动式、滚动式)及卷帘门等。

二、有关公约、规则和规范的要求

《国际船舶载重线公约》关于门的规定,对门槛高度有强制要求,根据"位置1"和"位置2"确定门槛高度,定义及规则如下:

位置1——在露天的干舷甲板上和后升高甲板上,以及位于从艏垂线起船长的四分之一以前的露天上层建筑甲板上。

位置2——在位于从艏垂线起船长的四分之一以后,且在干舷甲板以上至少一个标准上层建筑高度的露天上层建筑甲板上。在位于从艏垂线起船长的四分之一以前,且在干舷甲板以上至少两个标准上层建筑高度的露天上层建筑甲板上。

(1)封闭的上层建筑两端端壁上的所有出入口,应装设钢质或其他相当材料的门,永久地、牢固地装在端壁上,并应有加强筋加强,使整个结构与完整的端壁具有同等的强度,并在关闭时保持风雨密。保证这些风雨密的装置应包括衬垫和夹扣装置或其他相当的装置,并应永久装固于端壁或门上,同时这些门应在端壁两边都能进行操作。

除另有规定外,封闭上层建筑两端壁上出入口的门槛高度,应高出甲板至少380 mm。

(2)在"位置1"和"位置2"的机舱开口应有适当的加强筋和用足够强度的钢质舱棚有效地围闭,如果舱棚没有其他建筑物防护,其强度要做特殊考虑。上述舱棚的出入口,应装设符合第(1)条要求的门,如在"位置1"时,门槛应至少高出甲板600 mm,如在"位置2"时,门槛应应至少高出甲板380 mm。

(3)在干舷甲板上,除货舱口、机舱开口、人孔和平的小舱口以外的开口,应由封闭的上层建筑或甲板室或强度相当的风雨密的升降口来保护。在露天的上层建筑甲板或在干舷甲板上的甲板室顶部,通往干舷甲板以下的处所或封闭的上层建筑以内的处所的任何开口,应用坚固的甲板室或升降口来保护。在上述甲板室或升降口的通道,应装设符合第(1)条要求的门。

在"位置1",升降口通道的门槛,在甲板以上的高度应至少为600 mm,在"位置2",则应至少为380 mm。

(4)干舷甲板以下船舷两侧的货舱舷门及其他类似开口,应装设舷门,其设计应保证水密和与其周围外板一致的结构完整性,上述开口的数目应为符合船舶的设计意图和实际工作需要的最低数目。

非经主管机关许可,上述开口的下边缘不得低于船侧干舷甲板的平行线,该线的最低点为最高载重线的上边缘。

三、钢质门

风雨密门是设置干舷甲板以上的封闭上层建筑、甲板室、机舱棚以及升降口的出入口的关闭装置,风雨密门的结构应与所安装处所的围壁结构具有同等强度。

目前,国内造船行业常用的钢制风雨密门分为A、B、C、D四个等级。其中D级门可加设固定圆窗。A级风雨密门一般需配加力扳手。

按门的角隅形状又可分为方角门和圆角门,我们一般采用圆角门。如表7-14所示为各种级别风雨密门适用部位。

表 7-14　各种级别风雨密门适用部位

级别	适用部位
A	干舷甲板上的第一层上层建筑的前端壁[由艉垂线向前$(0.1\sim0.7)L$范围]
B	干舷甲板上的第二层上层建筑的前端壁[由艉垂线向前$(0.1\sim0.7)L$范围]和第一层上层建筑的后端壁及侧壁
C	干舷甲板上的第三层上层建筑的前端壁[由艉垂线向前$(0.2\sim0.6)L$范围]和第二层上层建筑的后端壁及侧壁
D	干舷甲板上的第四层上层建筑以上的舱壁和第三层上层建筑的后端壁及侧壁

注:本表所指上层建筑包括甲板室在内

　　船舶舱壁甲板以下的水密舱壁上的出入口需设置水密门,其形式有滑动式、铰链式和滚动式。滑动式水密门按结构可分为竖动式和横动式,按操纵方式可分为手动和动力操纵两种。

　　1.手动滑动式水密门

　　目前,常用的手滑动式水密门两种形式:A 型水平滑动式水密门,如图 7-35 所示;B 型垂直滑动式水密门,如图 7-36 所示。这两种门均为手动机械传动,但只能在门的一侧用手摇动扳手,经传动轴带动齿条来操纵门的开启和关闭。该门的门板、门框、门框座、导向板及传动装置等主要零件采用钢质材料,其中门框可以采用铸钢或钢材焊接,门滑条则采用黄铜。该门主要用于甲板间分隔货舱的水密舱壁上。

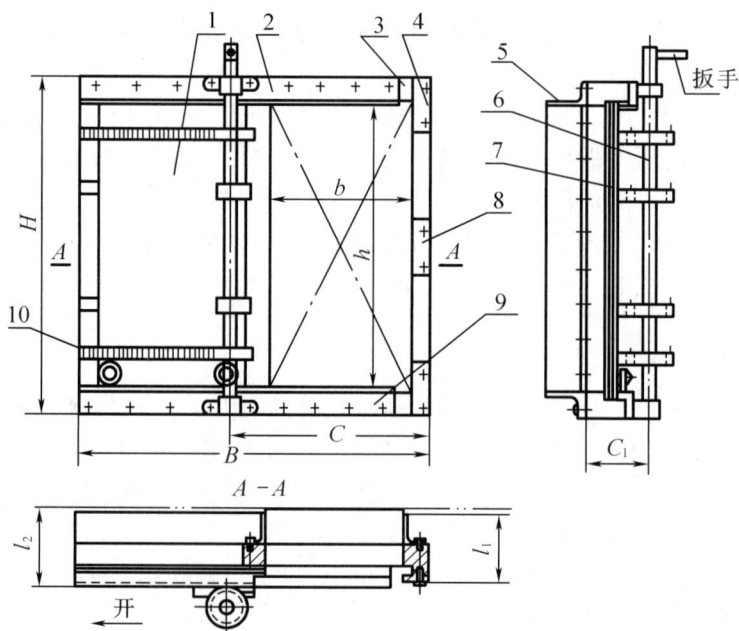

1—门;2—上导向板;3—门框;4—压板;5—门框座;
6—传动轴;7—压紧轮;8—中间压板;9—下导向板;10—齿条。

图 7-35　A 型手动水平滑动式水密门

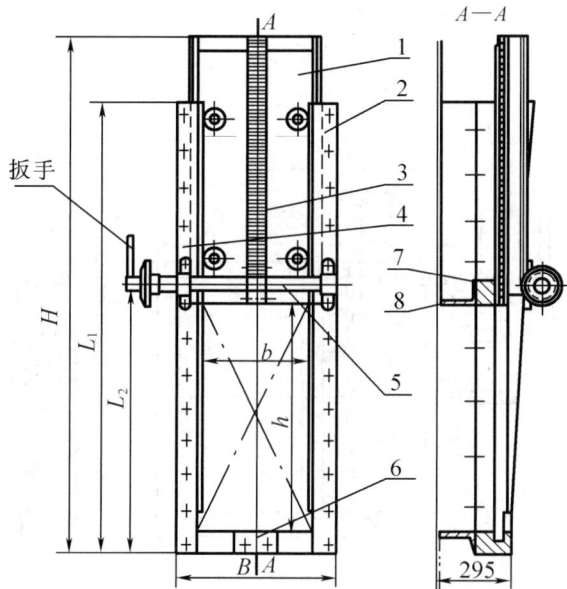

1—门;2—右导向板;3—齿条;4—左导向板;5—传动轴;6—压板;7—门框;8—门框座。

图 7-36 B 型手动垂直滑动式水密门

2. 液压滑动式水密门

常用的液压滑动式水密门有两种,一种为手液压滑动式水密门;另一种为电动液压控制的动力滑动式水密门。

手动液压滑动式水密门为水平滑动式门,如图 7-37 所示。该门的液压系统配有三套手动操纵装置,可以在门的两侧及上甲板某一位置分别各自操纵门的开启和关闭。每套手动操纵装置均有手摇泵和手动换向阀。该门的门板、门框座板、导向板等为钢质焊接件,门框为铸钢件。该门可用于甲板间分隔货舱的水密舱壁上。

动力滑动式水密门的结构与手滑动式水密门相似,但门的操纵系统有明显的区别。动力滑动式水密门设有独立的液压泵组、蓄压器及油箱等设备。其操纵系统内设有电磁换向阀。因此,可以由设置在门两侧的按钮操纵门的开启和关闭,而在驾驶室只能遥控操纵门的关闭,同时在操纵系统内配有三套手动操纵装置,每套手动操纵装置均有手摇泵和手动换向阀,并分别设置于门的两侧和上甲板上,用于操纵门的开启和关闭。

3. 风雨密门的选型

风雨密门是设置于干舷甲板以上的封闭上层建筑、甲板室、机舱棚以及升降口的出入口的关闭装置。风雨密门的结构应与所安装处的围壁结构具有同等强度。

目前,国内造船行业中常用的钢质风雨密门分为 A、B、C、D 四个等级。其中 D 级门可加设固定圆窗。按门的角隅形状又可分为方角门(F 型)和圆角门(Y 型),如图 7-38 所示。

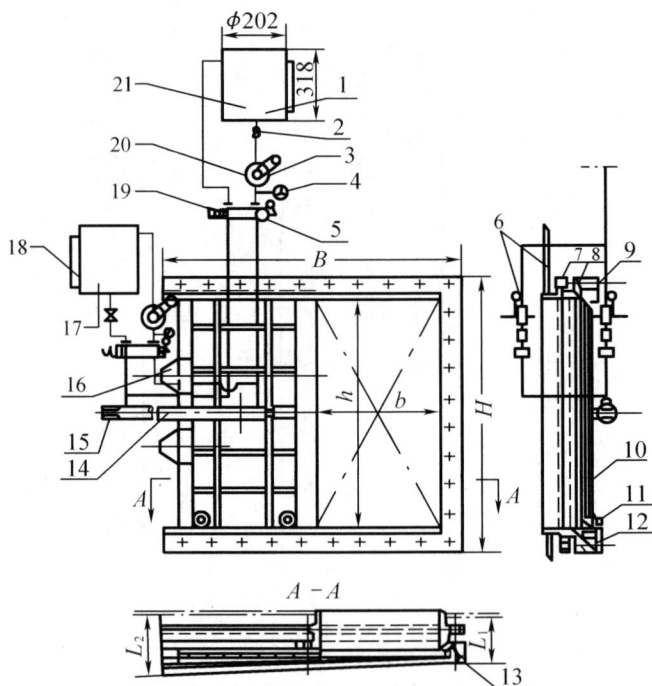

1—油柜;2—截止阀;3—手摇泵;4—压力表;5—手动滑阀;6—门两侧手摇泵;7—门框座板;8—门框;
9—上导向板;10—门板;11—滚轮;12—下导向板;13—压紧板;14—液压油缸;15—眼板;16—坚固钩;
17—门两侧液压油柜;18—液位表;19—上甲板换向阀;20—上甲板手摇泵;21—上甲板处液压油柜。

图 7-37　手动液压滑动式水密门

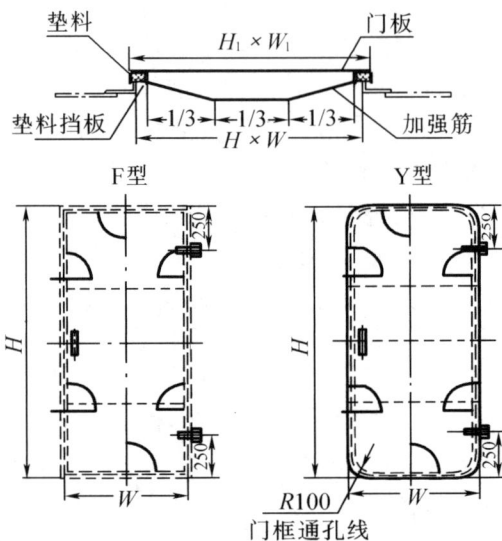

图 7-38　钢质风雨密门

四、舱室门

舱室门对于货船来讲是上层建筑内部的一些房舱门,但不包括主甲板外围壁上的水密门;对客船来说是指各层甲板上内部的一些舱门,也不包括甲板上外围壁上的水密门和机舱内的水密闸门、网门等。各层甲板和上层建筑内部房舱门的主要用途是:

(1)沟通上层建筑内部的各个区域;

(2)对房舱与相邻居住区域或其他区域进行隔音、隔热,并维持房间的温度和湿度;

(3)保证房舱具有一定的私密性;

(4)船舶一旦发生火警时能应急隔离。

舱室门可分为防火门和 C 级门。防火门按防火等级分为 A 级门和 B 级门。A 级可分为 A-60、A-30、A-15、A-0 四种等级;B 级门可分为 B-15 和 B-0 两种等级。

1. A 级门

A 级门是设置在 A 级舱壁上,且与该舱壁具有等效的耐火性能(包括阻止烟及火焰穿过的效能)的门,它还具有作为关闭设备所应具有的功能。

如前所述,A 级门应当属于 A 级舱壁耐火完整性的范畴,之所以将它单独列为一类 A 级分隔,主要是因为如下原因。

A 级门由两类门组成,一类是防火门,一类是水密门。这两类门很难绝对地加以区分。限界线以下水密舱壁(有时即为主竖区舱壁)上的门虽也能兼起防火门的作用,但由于它们设于水下部位,主要的作用是关闭后保持分隔的水密性,以维持船舶的抗沉性,因此,安全公约规定,这类门一般不要求填充隔热材料;在限界线以上部位的 A 级门,则应首先满足公约和规范对防火性能的要求,再兼及水密性(如有水密性要求的话)。这里主要叙述防火门。

A 级门同其他 A 级分隔一样,分为 A-60、A-30、A-15 和 A-0 四个耐火等级。具体选用哪一个等级的防火门应遵循"提供等效于其所在舱壁的耐火性能"这样一项原则,即与所在舱壁相同的耐火等级,设置 A-60 级舱壁上的门,也应为 A-60 级,以此类推。但是有一点例外,即对于船舶上层建筑及甲板室的外门,不做这样的要求。这类通往开敞甲板处所或外走道的门,不需要满足防火门的要求。

安全公约规定:A 级门的门叶及门框应为钢质结构,同时还要求防火门应在舱壁的每一面均能由一人即可将其关闭。为此,在满足耐火性能的前提下,应尽可能控制门的质量,以便开闭自如。

图 7-39 为 A-60 级防火门的构造图,主要由门框、门板(面板)、芯材(绝缘材料)、拉手、锁链、闭门器、加强板等组成。A 级门在结构上的一个特点是:除极个别情况(一般仅指无线电报务室通向内走道的门)允许在门上设置尺寸为 400 mm×500 mm 可踢出的应急通孔外,不允许在门上设置其他开口(包括通风开口)。A 级门的基本组成如表 7-15 所示。

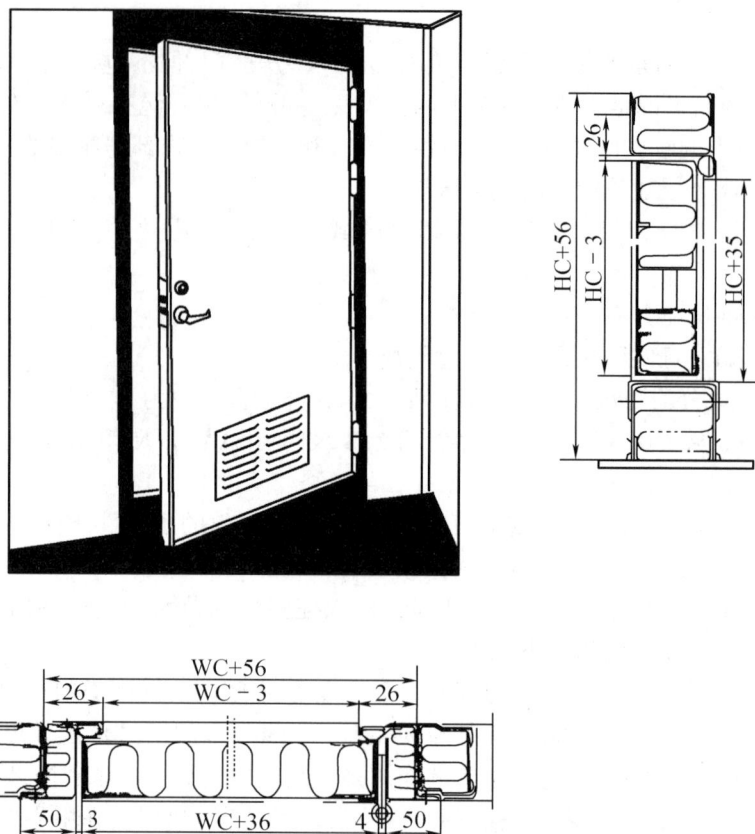

图 7-39 A-60 级防火门

表 7-15 A 级门的基本组成

耐火等级	门叶					门框	
	钢板及表面处理	面材厚度/mm	绝缘材料种类	门叶总厚度/mm		材质及表面处理	厚度/mm
A-60	复合钢板或钢板外喷漆、烘漆	0.8~1.6	硅酸钙板、陶瓷棉、硅酸钙+陶瓷棉	41~48		钢板喷漆或烘漆	≥15
A-30	复合钢板或钢板外喷漆、烘漆	0.8~1.2	硅酸钙板、陶瓷棉	37~40		钢板喷漆或烘漆	≥15
A-15	复合钢板或钢板处喷漆、烘漆	0.8~1.2	硅酸钙板、陶瓷棉、岩棉	37~40		钢板喷漆或烘漆	≥15
A-0	复合钢板或钢板外喷漆、烘漆	0.8~1.2	一般不填充材料，兼作隔声门时可填充玻璃棉或岩棉	37~40		钢板喷漆或烘漆	≥15

所有 A 级门除了要满足耐火性能的共同要求外，在不同种类的船舶上使用时，还

需满足各自的特殊要求。

2.B级门

B级门是设置在B级舱壁上,且与该舱壁具有等效的耐火性能(包括火焰穿过的效能)的门。与A级门相仿,B级门应该属于B级舱壁耐火完整性的范畴,是在B级分隔上开口后对关闭装置要求的问题,基于与A级门同样的理由,将它列为B级分隔中比较特殊的一类。

B级门与其他B级分隔一样,分为B-15和B-0两个耐火等级,具体选用时应遵循"提供等效于其所在舱壁的耐火性能"的原则,即与所在舱壁相同的耐火等级。但对上层建筑甲板室的外门不做如此要求,这类门不需要满足防火门的要求。

B级门的构造与A级门相似。其结构主要由门框、门板、芯材(绝缘材料)、踢出口、锁链、拉手、加强材等组成。A级门不允许设踢出口,但B级门不同,除了梯道环围的门上及门下不允许开设通风口外,其余用于走廊舱壁上通往起居处所等舱壁上的B级门上及门下面可允许开设通风口。这种开口如开在门上,则只允许设在门的下部。

B级走廊舱壁上用作起居处所舱室的B级门,在船体因碰撞等意外原因造成结构变形时可能导致门不能正常开启,为避免人员被困在舱室内,往往在门上设有可踢出的应急孔。譬如,在客船上层建筑范围内的旅客舱室门,就常设有这类应急孔。这种应急孔可单独设置,亦可将通风栅设在其上。这种应急孔的设置,应满足最初半小时标准耐火试验中火焰不能从缝隙中穿过,并满足结构背火一面对于温度增高限制(B-15级门)等基本要求。B级门的基本组成如表7-16

表7-16 B级门的基本组成

耐火等级	门叶				门框	
	钢板及表面处理	面材厚度/mm	绝缘材料种类	门叶总厚度/mm	材质及表面处理	厚度/mm
B-15	复(涂)塑镀锌钢板或钢板外喷漆、烘漆	0.8~1.2	岩棉板	35~40	钢板喷漆或烘漆	≥15
B-0	复(涂)塑镀锌钢板或钢板外喷漆、烘漆	0.8~1.2	中空不填充隔热材料	35~40	钢板喷漆或烘漆	≥15
B-0兼作隔声门用	复(涂)塑镀锌钢板或钢板外喷漆、烘漆	0.8~1.2	超细玻璃棉	35~40	钢板喷漆或烘漆	≥15
B-15 B-0	双面复贴三聚氰胺或聚酯型塑料贴面板	0.8~1.2	硅酸钙板芯板,容重小于700 kg/m³	35~40	钢板喷漆或烘漆	≥15

3.C级门

C级舱壁上设置的门叫C级门。C级门在构造上和组成方面与B-0级门相仿。由于它没有阻止火焰穿过的要求,因此门的加工精度(如门与门框的间隙),所使用的门锁和锁链等,都可适当放宽要求。

4.其他类型门

这些门主要指:房舱木门、玻璃钢门、玻璃门、金属移动门、冷库门等非防火门。

(1)房舱木门

这类门在海船上已不多见了,主要用于国内内河船只或不受国际公约约束的船(例如军舰)上的舱室门。其结构一般是中间为木质框架,两面复三合板或五合板,现在常用塑料贴面胶合板。门叶下部可带通风栅,门的上部可设方窗或圆窗,也可以不带窗。

(2)玻璃钢门

这种由玻璃钢材料制成的门,可用在独用盥洗室代替木门。由于玻璃钢不怕水,外表光滑美观,重量比 C 级门轻,在某些军舰上,为减少船舶自重,也可用作房舱门,但价格高,如图 7-40 所示。

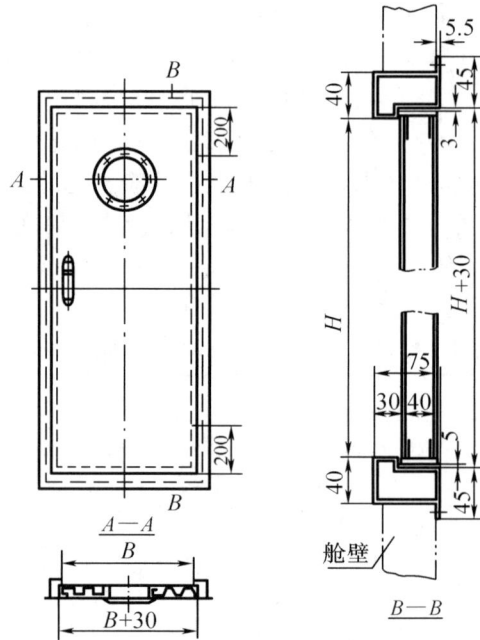

图 7-40　A 型带圆窗玻璃钢门

(3)玻璃门

用玻璃做门叶制成脚门,称为玻璃门。其常用于装饰性场合,如餐厅、舞厅、会议室等。一般玻璃门是不防火的,为了达到防火要求,在门的外侧或内侧设置"常开型"的防火门。这类门一般做成暗式(如藏在衬板与钢围壁间隙内)以免影响观瞻。常用玻璃门有两种,一种是木框式玻璃门,一种是金属框玻璃门,金属材料为长方形异型钢管或铝合金异型方管组成,后者用得较多。如配用茶色玻璃门用古铜色铝合金,则白玻璃的门要用银白色铝合金。在选用木框玻璃门时,一般采用双向弹簧铰链,而用金属框玻璃门时大多用地弹簧铰链。在上面两种玻璃门上有时为了装饰需要,可以在玻璃表面喷砂画成艺术画或写字。整块大玻璃门由 12~16 mm 厚钢化玻璃做成。

（4）金属移门

因驾驶室外门不需要防火，为节约空间常采用金属移门，可用铝合金的也可以是不锈钢模板。

（5）冷库门

冷库门是用于低温冷冻舱室的一类特殊门。

五、舱室空腹门

舱室空腹门按材料可分为舱室木门、玻璃钢舱室空腹门、铝质舱室空腹门等非防火门。

1. 舱室木门

舱室木门用于内部舱室围壁上，由于其防水、防火性能差，以及木材资源日益短缺等原因，目前在海船上已不多见，主要用于国内内河船只或不受国际公约约束的船（例如军舰）上的舱室门。其结构一般是中间为木质框架，两面复三合板或五合板，现在常用塑料贴面胶合板。门叶下部可带通风栅，门的上部可设方窗或圆窗，也可以不带窗。

2. 玻璃钢舱室空腹门

这种由玻璃钢材料制成的门，可用在独用盥洗室代替木门。由于玻璃钢不怕水，外表光滑美观，重量轻，在某些军舰上，为减少船舶自重，也可用作房舱门，但价格高，如图 7-40 所示为 A 型带圆窗玻璃钢门。

3. 铝质舱室空腹门

铝质舱室空腹门门板和门框均采用铝合金制作，有的铝质舱室空腹门的门板内部还衬以蜂窝状铝箔，增加门板强度。图 7-41 所示为带应急通孔铝质舱室空腹门（B 型），A 型及 C 型门的结构与其相似。

任务七 船 用 窗

船舶舱室有各种各样的窗，如舷窗、方窗、落地窗、防火窗等。从材质来分有钢质窗和铝质窗，从外形来看有矩形窗和圆形窗（一般为舷窗）。有的窗是不能开闭的，如舷窗；有的是可以开闭的（左右内开或左右外开）。设计窗时主要考虑类型（如铝质矩形窗且带扫雪器）、数量、中心高度、围壁开口等。窗口的数量、形式、位置参照舱室布置图。与舱室门一起画出门窗布置图，既作为船检的备查图纸，又作为订货依据。

一、船用窗的类型

船上的窗按其设置部位、形式、结构、材料和功用等有多种分类

$$
窗分类
\begin{cases}
侧窗
\begin{cases}
舷窗（side\ scuttle）\\
矩形窗（square\ window）
\end{cases}\\
甲板窗
\begin{cases}
甲板（采光）窗（deck\ light）\\
天窗（skylight）
\end{cases}
\end{cases}
$$

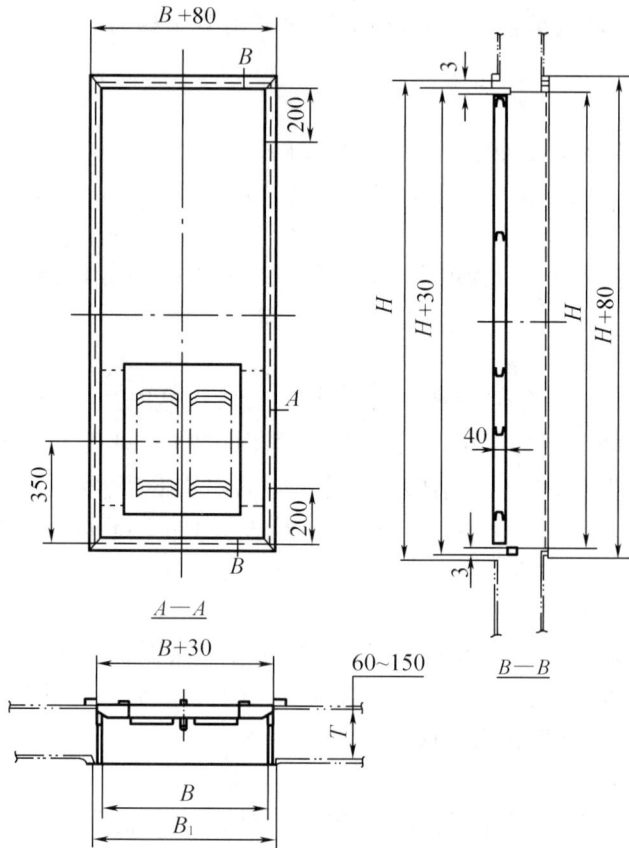

图 7-41　B 型带应急通孔铝质舱室空腹门

1. 舷窗

舷窗有固定式和活动式,前者不能开启,后者可以开启;按水密承压能力分为重型(7~10 m 水柱);普通型(5~10 m 水柱);轻型(2 m 以下水柱)。图 7-42 为重型活动式舷窗。在水密区域里的窗,设有防暴盖,这样的窗在风暴天气时无法保持采光。舷窗为圆形,规格以透光玻璃直径表示,通常有 $\phi200$、$\phi250$、$\phi300$、$\phi350$、$\phi400$ 几种,视船大小(肋距)选用。兼作逃生口者必须在 $\phi350$ 以上。

2. 矩形窗

矩形窗用于无水密要求的上层建筑内,承压小于 5 m 水柱,透光尺寸(宽×高)愈大承压愈低,如图 7-43 所示。

3. 甲板(采光)窗

甲板(采光)窗安装与甲板平面齐平,透光面用棱形玻璃,使甲板下的空间接受的不是直照阳光,而是均匀柔和的散射光,通常作公共舱、通道等顶部采光用,如图 7-44 所示。

4. 天窗

天窗窗盖可开启,盖上圆形或矩形透光玻璃,除采光外还兼作自然通风之用,一般在机舱、炉舱、厨房或小船舱室顶上设置,如图 7-45 所示。

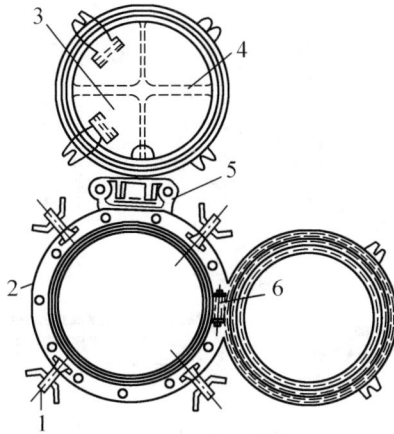

1—窗座；2—窗框；3—钢化玻璃；4—风暴盖；5—翼形螺母；6—特种螺母。

图 7-42　重型活动室舷窗

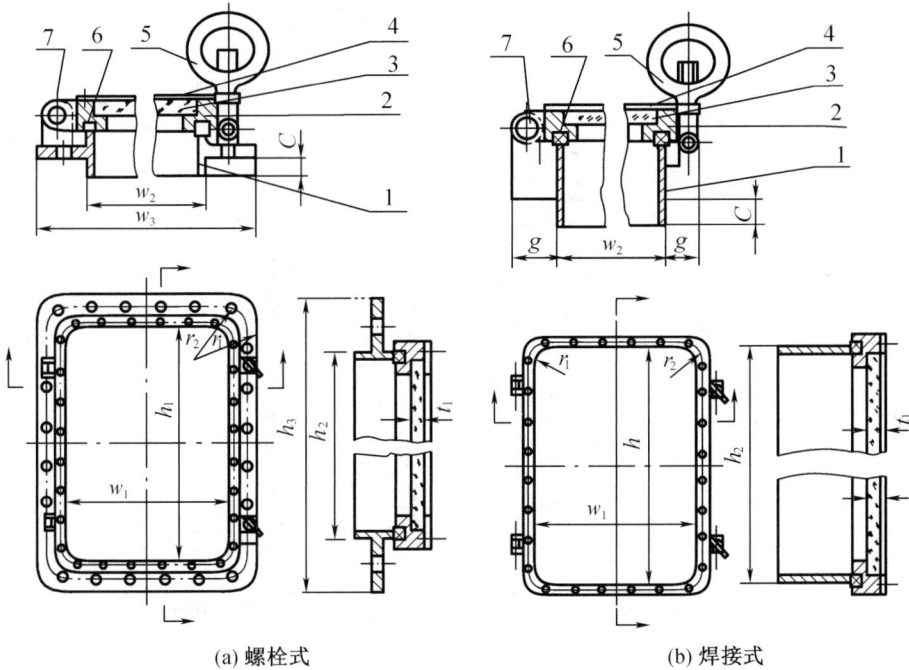

(a) 螺栓式　　　　　　　　　(b) 焊接式

1—主窗框；2—窗扇框；3—钢化玻璃；4—玻璃压板；5—锁紧装置；6—密封垫料；7—铰链销。

图 7-43　矩形窗

二、船用窗的布置

一般船员舱设 1 扇窗，高级船员起居室设 2 扇窗的较多。餐厅、吸烟等公用舱室视外舷壁的地位设 2~4 扇窗。若结构加强不受限制，则限界线以下的人员住舱应设采光舷窗，只是数量应减到最少。

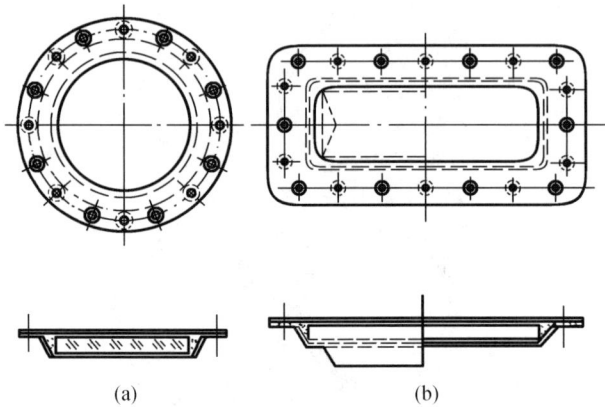

图 7-44 甲板窗

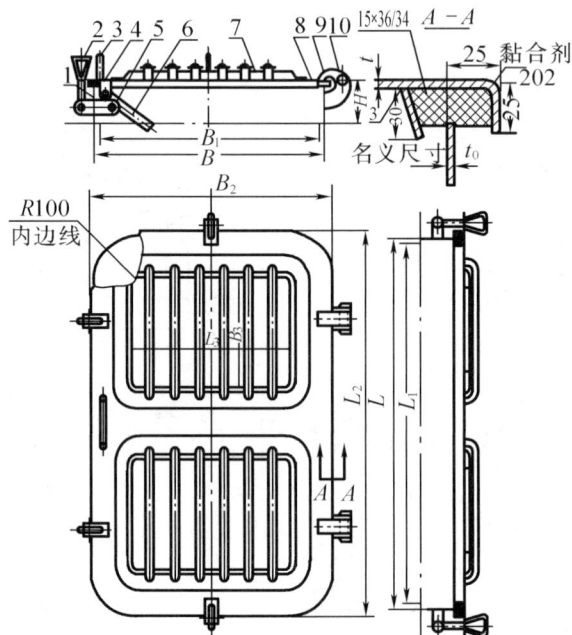

1—围板；2—螺旋夹扣；3—拉手；4—耳板；5—六角螺栓螺母垫圈；
6—支撑；7—带护栅固定矩形窗；8—盖板；9—密封橡皮填料；10—铰链。

图 7-45 天窗

舷窗，小船一般用 φ300，最小 φ250，大中型多用 φ350 以上。方窗，同样根据肋骨间距大小配以合适的窗，另考虑水密承压要求。透光尺寸 300 mm×400 mm 可承 5 m 水柱压力，350 mm×50 mm、400 mm×550 mm、450 mm×600 mm 窗承压 2 m 水柱。在上层建筑内的一般舱室之窗，大规格的（550 mm×600 mm，600 mm×700 mm，800 mm×900 mm）窗用于要求视野广阔的驾驶室。

窗布局应有利于室内较合理而均匀地采光。若舱室相邻两壁都是外壁时，同时在两壁上都开窗,并偏离于两壁交角,有利于整个室内照度的均布。实际上相对两壁开窗能使光分布较为理想,但船上除大厅室或统舱外,一般空舱或居室这样设置的可能性较小。而且相邻两壁都能开窗的室也不多。窗仅能一侧布置时,一扇窗最好在室长中部。两扇窗应适当拉开,使两侧也能有一定光照。

应审视全船门窗的设置对船外观美的影响,每一层甲板的窗的大小、高低、形式要尽可能统一,窗高连线应平行于弧线,使窗的间隔分布富有韵律感。

人站立时眼睛高度范围为 1 300~1 700 mm。一般舱室窗的中心线高度可设在 1 500 mm 或 1 650 mm 处,游览船则例外,要求在坐位时也能观赏外景。

船舶舱室有各种各样的窗,如舷窗、方窗、落地窗、防火窗等。从材质来分有钢质窗和铝质窗,从外形来看有矩形窗和圆形窗(一般为舷窗)。有的窗是不能开闭的,如舷窗;有的是可开闭的(左右内开或左右外开)。设计窗时主要考虑类型(如铝质矩形窗且带扫雪器)、数量、中心高度、围壁开口等。窗口的数量、形式、位置参照舱室布置图。与舱室门一起画出门窗布置图,既作为船检的备查图纸,又作为订货依据。

三、窗斗

窗斗也叫窗盒子(window box),是整个窗的一个组成部分,与舱室衬板有密切联系。为模仿地上房间,从舱室里面看上去像方形的窗,衬板和绝缘上开了一个矩形口,窗盒子遮住了这些切口表面,并与窗连接,能起装饰等作用。

1. 窗斗的作用

(1)修饰衬板。外围壁上开窗而该围壁又有衬板时,则位于窗口部分的衬板必须挖成一个孔,这样就暴露了衬板与外围壁之间的构架与绝缘物,从外面看来,窗、窗斗、衬板组成了完整的整体。

(2)窗斗能收集从玻璃上落下的冷凝水。如果船在冬季或者内外温差很大的地区航行时,由于室内温度高于室外,室内空气中的水蒸气遇到玻璃界面,凝结成小水滴逐渐增大,就落到窗斗下的积水槽内,有的积水槽内放置一吸水海绵,有的用一根细管子直接排到室外。

(3)能维护舱壁耐火完整性,并改善窗部位的隔热、隔声效果。

2. 窗斗的材料

制造窗斗的材料有木质、钢质、玻璃钢三种。木质窗斗一般用于内河船舶,窗斗按其与窗的配合情况分为单窗斗和双窗斗两种,双窗斗即在矩形窗斗内包含两个窗。窗斗按结构形式可分为单式窗斗和复式窗斗两种,单式窗斗是指仅有一层外壳的窗斗,而复式窗斗是指由内外两层壳体组合成的窗斗。

3. 窗斗的样式

单式玻璃窗斗结构简单,整体结构是 2.5 mm 厚的乳白色玻璃窗斗。窗斗的内孔尺寸与窗的法兰边大小一致,窗斗的外口为一长方形,其大小应保证固定窗盖的上、下、左、右蝶形螺帽能自由活动。窗斗外口的法兰边用 8 只螺钉将整个窗斗固定到衬板上。衬板上的开孔则根据窗的中心位置及窗斗的外口尺寸来定,窗斗下边有一条凹槽即是聚水槽。

复式结构的钢质窗斗用 0.7 mm 厚的热镀锌钢板制成,表面为白色烘漆,内外两层窗斗。外层与窗的凸缘相连接,外层背面粘贴厚 8 mm,容量 300 kg/m³ 的岩棉作吸音材料；内层窗斗套在外层窗斗内侧并可以伸缩移动，便于当衬板与外围壁间距变动时进行调节。这种窗斗构造较复杂，但装饰效果较好，价格也较贵，因此适于对舱室要求较高的船上。

项目八　滚装设备

◆**项目描述**

滚装设备是滚装船上的专用通道设备。滚装船的货物装卸是使用带轮的装载设备,通过设在船上的滚装通道开进开出或滚进滚出来完成。故此,滚装装卸方式属于水平装卸方式。滚装设备使滚装船能形成畅通的水平装卸通道,它不依赖码头的起重设备,单靠车辆开上开下,获得非常高的装载效率,减少了装卸环节,将陆路与水路运输连接起来,实现"门对门"运输。

滚装设备按用途可分为如下四大类:

(1)滚装船与码头的连接设备——跳板;

(2)各甲板间的交通连接设备——升降平台与活动内坡道;

(3)为提高装载效率而调节货舱高度的设备——活动汽车甲板;

(4)滚装通道的安全关闭设备——大型滚装门。

◆**教学目标**

1. 思政目标

滚装设备的制造体现出一个国家的综合造船实力,通过本项目的学习,使学生树立正确的"三观"——科技是第一生产力、人才是第一资源、创新是第一动力,并塑造良好的人格,培养学生民族自豪感和自尊心。

2. 知识目标

通过学习滚装设备的种类、功用、选型原则等内容,使学生系统掌握滚装设备的设计理论、制造操作方法等知识。

3. 能力目标

通过本项目的学习,使学生了解滚装设备,具有滚装设备选型、设计、制造的初步能力,为解决实际生产问题打下基础。

4. 素质目标

通过本项目的学习,培养学生追求卓越和刻苦务实的精神,立足学科与行业领域,从而成为具有国际视野,家国情怀,使命担当的社会主义接班人。

【思政课堂】　科技创新:集众人之慧敬风险之畏亮江南之品创历史之最——3 600车位汽车运输船正式交付离厂

2022年10月20日,中国船舶集团有限公司旗下江南造船(集团)有限责任公司为挪威UECC公司建造的3艘3 600车位汽车运输船(PCTC)中的最后一艘——"AUTO ASPIRE"号正式交付,将于本月底驶离码头前往欧洲正式运营。

该系列船由中国船舶集团旗下上海船舶研究设计院(SDARI)提供设计,入级DNV船级社;总长169.10 m,型宽28.00 m;共10层车辆甲板,其中8层固定甲板,2层活动甲板,可装载3 580个标准车位的轿车、卡车或其他轮式货品;船上安置有一个600 m³的C型罐,采用柴油和天然气双燃料动力,满足国际海事组织TIER Ⅲ排放标准。该船将在欧洲航线进行短途运输,船上的天然气容量可满足全航程需求。

"AUTO ASPIRE"号

这是江南造船时隔 30 年重返汽车运输船市场的"首秀"。该笔订单签订于 2019 年 3 月,首制船"AUTO ADVANCE"号、2 号船"AUTO ACHIEVE"号分别于 2021 年 11 月、2022 年 6 月交付。据 SHIPPAX 评委会评估,该型船具有 16 节高度经济的服务速度,"提供了比前几代 PCTC 更低的碳足迹",得益于船上的混合动力推进系统,燃料经济性显著提升。

该系列船之所以颇受业内认可,与其富有开创精神的动力方案有关。首制船 "AUTO ADVANCE"号是全球首艘液化天然气(LNG)双燃料+电池混合动力+EMS 能源管控系统的汽车运输船。该型船建造几乎涵盖了当今滚装船所有主流技术:双燃料系统、电池混动(battery hybrid)、轴带发电机、EMS 能源管控系统、模块化单元房舱、可调距螺旋桨、高压岸电(AMPS)系统等。船舶在正常航行、进出港及装卸货等情况下可实现超低排放。该船的主机、发电机和锅炉均为双燃料形式,与传统的燃油动力模式的 PCTC 相比,以 LNG 为燃料时该船可减少 99% 硫氧化物、80%~85% 氮氧化物和 20%~25% 碳排放量;大大减少了对环境的污染,可满足全球最严格排放标准。据 UECC 方面介绍,该系列船的双燃料发动机技术已与芬兰 WE Tech 公司提供的储能系统(ESS)相结合,可通过永磁体、直驱轴式发电机或双燃料发电机进行充电,ESS 可通过调节主发动机和辅助设备的峰值,减少燃油消耗和排放。

该系列船建造过程中,建造团队明确了推进一体化建造、节拍化生产的思路:首制船求"突破",第二艘船保"稳定",第三艘船寻"提升",确保一艘比一艘建造的好。经此一役,江南造船在薄板建造质量控制,汽滚船重心控制,采用模块运输装置滚装上浮船坞下水,打造无尘、无声、无锈"三无"机舱等领域积累了诸多经验。特别是在极为复杂的艉门建造上,江南造船由胡杨领衔的团队,实现了系列船艉门制造周期从 72 天到 67 天,再到 62 天的三连跳,而此前专利方 TTS 公司认为国内普遍的 150 天的建造周期很难被打破。江南造船方面介绍,该系列船艉门主铰链部位的精度要求达到丝级,14 个不同位置上的传动滑轮组定位精度在正负 1 mm 之内,闭合后与主船体"门框"密合的方形区域部分,边长达 18 m,平面度要求误差 1.5 个 mm。在以刘皓带领的调试团队、徐喆带领的吊装团队细致入微的工作下,复杂的艉门安装最后实现了一次交验成功。

重回 PCTC 市场的江南造船首战表现不俗,并很快收到了上海汽车集团下属上汽安吉物流股份有限公司的"橄榄枝"。今年1月17日,安吉物流与江南造船签订2艘7 600车位LNG双燃料远洋PCTC建造合同,该系列船已于今年8月开工建造,预计2024年交付,系当时全球签约生效的最大双燃料动力PCTC。根据安吉物流今年5月的招标公告,其计划再新建3艘LNG双燃料PCTC,两家公司有望再度联手。江南造船方面表示,PCTC已经成为江南造船的第三条战略产品线,在后续的船舶建造中,江南造船将持续总结经验,将PCTC打造成全球领域的靓丽名片。

案例启示:

江南造船公司分管领导、资深专家张申宁说:"系列首制船实现高质量高标准交船,实属不易,这得益于面对困难绝不退缩的江南优良品质和项目团队的精心策划,如果要用一句话来介绍这个项目,那就是集众人之慧,敬风险之畏,亮江南之品,创历史之最。毅力、创造力和团队精神永远是企业战胜艰难险阻的强大动力。"

案例思考:

1. 查找资料,了解中国船舶集团有限公司旗下江南造船(集团)有限责任公司为挪威UECC公司建造的已交付的另外2艘3 600车位汽车运输船,和于2022年8月19日开工建造的7 600车位LNG双燃料远洋汽车运输船,思考7 600车位LNG双燃料远洋汽车运输船的技术创新点。

2. 谈谈你对"毅力、创造力和团队精神永远是企业战胜艰难险阻的强大动力。"这句话的理解。

来源:中国船舶报(原文有删改)

任务一　滚装跳板

跳板是滚装船上最主要的不可缺少的设备,他是船与码头连接的桥梁。滚装货物的装卸需通过跳板进出船舱,所以跳板的选型及设计的好坏,会直接影响船舶的使用。

一、跳板的类型

跳板按其在船上的位置,可分为艉跳板、舷侧跳板和艏跳板3大类。按其形式又可分为直跳板、斜跳板、旋转跳板和半旋转跳板4种。不论何种跳板,其外端常铰接一段翼板。当船横摇带动跳板扭转时,翼板都能服帖于码头平面。翼板的底部是封闭的,使负荷能均匀分布作用于码头上。为了简化机构和降低成本,常将跳板设计成兼作水密门。

跳板的车辆通道焊有长度约1 m的截面尺寸为8~12 mm方钢作为防滑条。防滑条成鱼骨状布置,与车辆行驶方向成75°夹角。

1. 直跳板

跳板的中心线与船体的中心线平行重合或垂直的跳板称作直跳板,它是跳板中最简单、最经济的一种,可设于艉部、舷侧和艏部,分别称之为艉直跳板(图8-1)、舷侧跳板(图8-2)和艏跳板(图8-3)。当船设有艉直跳板时,车辆可在舱内与码头之间直来直往,无须拐弯。但它对码头形状有特别的要求,只能停靠在L形码头或浮码头。舷侧跳板设于船中部附近的舷侧,根据装卸线路的需要可靠前或靠后布置,但一般是布置在船的平行中体段内,用作轻型车辆通道。

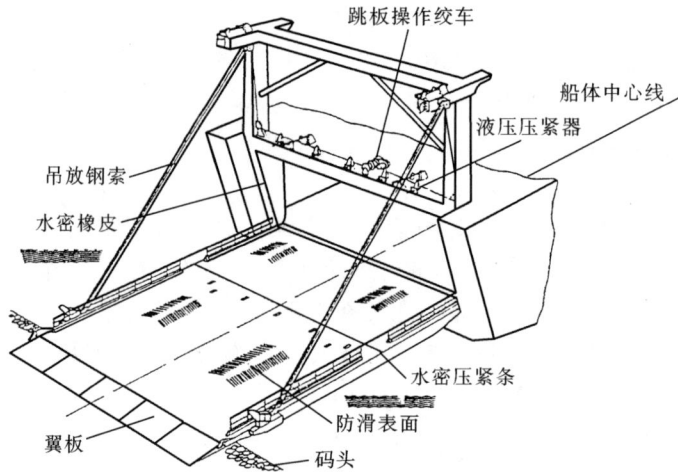

图 8-1　艉直跳板/兼门

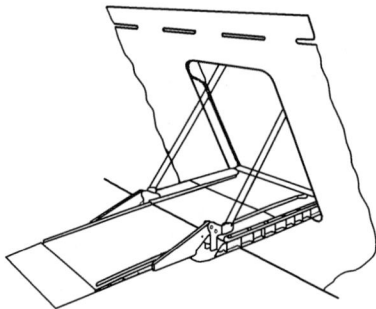

图 8-2　舷侧跳板/兼门

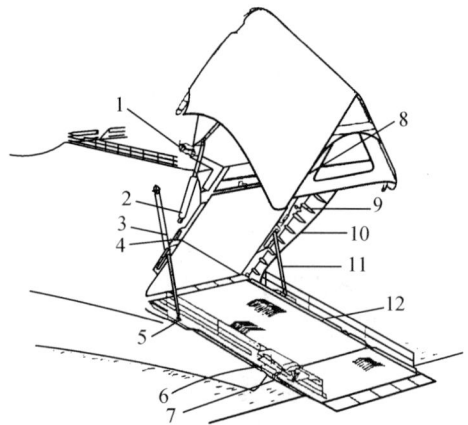

1—液压锁;2—直门操作油缸;3,11—跳板操作油证;
4—液压压紧油缸;5,8—压紧条;6—液压连杆装置;
7—铰链;9—破冰油缸;10—水密橡皮;12—车道护栏。

图 8-3　盔门与艏跳板

　　艉直跳板与舷侧跳板为一节跳板,艏直跳板因受收藏高度的限制,多数做成两节跳板,大多数滚装船都设置艉直跳板。在方案设计时,直跳板的质量可取估算值约 400 kg/m^2。

　　2. 斜跳板

　　跳板中心线与船体中心线成一定角度(30°～45°)的跳板称为斜跳板,如图 8-4 所示。它通常设于艉部,可向左舷布置,但向右舷布置较多。斜跳板比直跳板灵活,可以停靠在一般码头上进行装卸,缺点是只能在一侧靠码头,例如跳板是向右舷倾斜,靠码头的只能是右舷,不管顺水逆水都是如此。

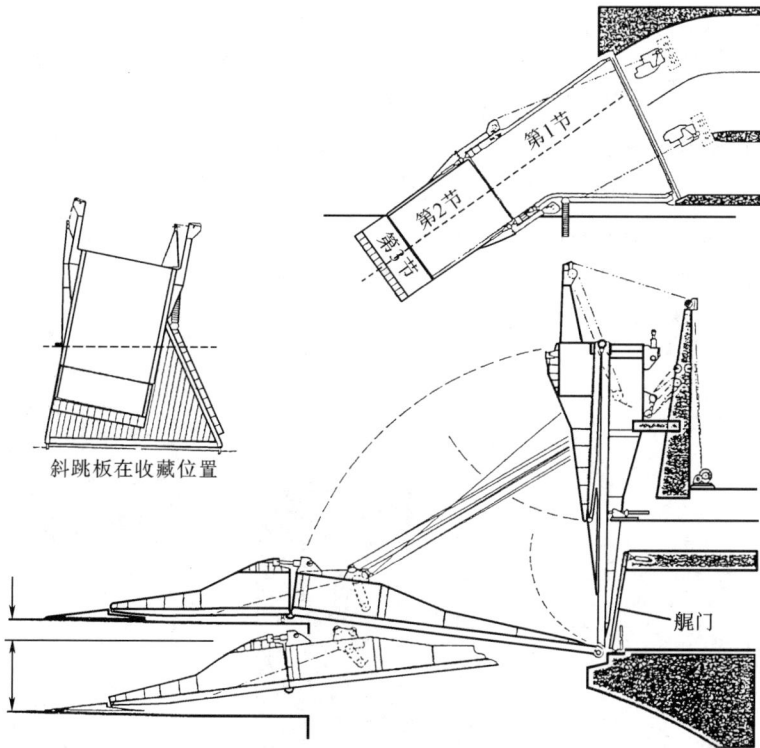

图 8-4 斜跳板

由于跳板是横向搁置于码头上,因此它的长度较大,为便于收藏,常做成3节。跳板的第1节,即主板,与船体车辆甲板铰接处做成喇叭口形状,宽度达 12～14 m,便于车辆转弯回旋。跳板的第1节最长,在整个跳板搁于码头时,第1节跳板已有一只角进入码头平面。第2节跳板与第3节跳板再加上翼板总长度应小于第1节跳板的长度,以便在跳板收藏时,第2节与第3节跳板及翼板能折叠于第1节跳板后面,可以用固紧器把它们固定在一起。通常总长度小于 20 m 的斜跳板可以不折叠,直接竖立收藏。在方案设计时,斜跳板的质量可取估算值约 600 kg/m²。

3. 旋转跳板

旋转跳板(图 8-5)是指能从船体中心线向两舷旋转的跳板。它设置在船尾,能使滚装船停靠码头有较大的灵活性。当停靠 L 型码头或浮码头时,可作为艉直跳板使用。当停靠普通码头时,船都能适应水流方向,无论哪一舷均可靠码头,这时它兼有左舷码头和右舷码头的作用。由于它要从船体中心线向两舷转动30°～40°,与船尾连接处是个半圆形转盘,不能做成喇叭口形状,只能与跳板一样宽,这样会影响装卸车辆的回转,降低了装卸效率。

旋转跳板的收藏位置在船体中心线处,如把它作为斜跳板使用时,必须先把它放到一定的角度,然后才能向某舷旋转。跳板的旋转是由操纵收放的两台绞车来兼顾完成。

4. 半旋转跳板

半旋转跳板是指从平行于船体中心线位置只能向一侧旋转的跳板,其安装位置与斜跳板相似,向某一舷侧(一般为右舷)倾斜。当船停靠 L 形码头时,它可作为直跳板使用;当船停靠普通码头时,它一舷旋转成为斜跳板。它在使用上比直跳板灵活,而机构上比旋转板简单。图 8-5 为某船上比较特别的一种半旋转跳板,当放下后,它作为斜跳板,待旋转一定角度后是直跳板。旋转跳板由两节跳板组成:第 1 节跳板是个带圆弧的宽大的平台,这等于扩大了甲板入口处车辆的回转面积,使旋转跳板有更好的装卸效率。该节跳板只能上下转动,在收藏位置,它可兼作水密艉门。第 2 节跳板连接着一个转动底盘,底盘置于第 1 节跳板之下,通过旋转油缸的作用推动底盘及第 2 节跳板旋转。半旋转跳板收藏时一般不折叠,竖立于艉部。

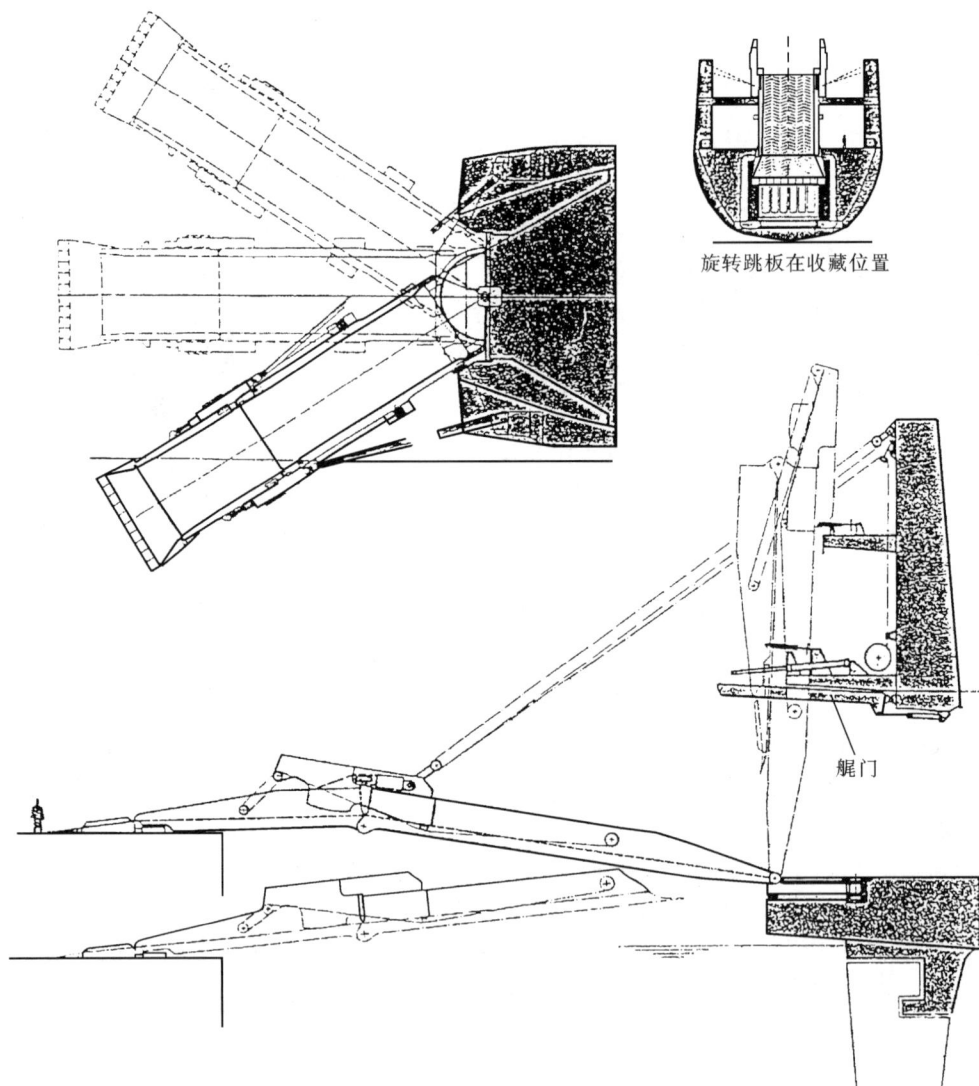

旋转跳板在收藏位置

艉门

图 8-5 旋转跳板

二、跳板的选型

跳板的选型,要根据船型、航线、码头及经济性等多方面综合考虑。一般说来,定期专线航班的车客渡船,在艉部及艏部都设置直跳板;近海货物滚装船常选用艉直跳板、斜跳板或半旋转跳板;远洋货物滚装船大多选用斜跳板或旋转跳板;载车滚装船常设有斜跳板再加上一个舷侧跳板。在选择跳板形式时,往往还要考虑投资费用、日后维修保养等诸多方面。表8-1列出各种跳板的综合性能比较,供选用时参考。

表8-1 各种跳板的综合性能比较

项目	直跳板	斜跳板	半旋转跳板	旋转跳板
造价	1.0	3.0	4.0	6.5
维修保养费	1.0	2.0	1.5	2.5
结构	简单	较复杂	复杂	最复杂
码头适应性	易	较好	好	最好
制造	易	较难	难	最难
维修保养	易	较难	难	最难

从比较表可以看出,由于旋转跳板和半旋转跳板的造价高、结构复杂、维修保养麻烦等原因,实际上已很少选用。

艉直跳板可以做成比较宽的双车或三车道,或者根据进仓车辆驶向不同层次的甲板而做成并列的双跳板或三跳板。这样车辆能直进直出,装卸速度最快,但要有L型码头或浮码头配合才能使用。在潮差较大,又无上述码头设施的港口,不如斜跳板。但斜跳板是向一侧倾斜,车辆上下跳板时,较重的跳板自重加上车辆装货质量会使船产生横倾,故一般认为载重量在6 000 t以下的船不宜设置斜跳板。

三、跳板的尺度

一般货车及集装箱拖车在单车道宽度为35~40 m,在双车道为7 m。用叉车运载20′集装箱,宽度至少为7 m。一辆叉车装运20′集装箱,另一辆叉车空车返回的双车道宽12 m,三车道宽18 m。

对于艏跳板来说,因艏部开口受到线形的限制,一般只考虑单车道,故艏跳板约为3.5~5 m,长度单节约7 m,双节约10~15 m。斜跳板结构最小宽度一般比车道宽度加约20%,其他跳板增加约10%。如果要在车道旁另辟一条人行通道,则另外加约0.6 m的单独通道。

跳板的长度由以下因素决定:码头标高,港口的设计高度水位和低水位,车辆甲板与跳板连接处分别在船舶满载和空载时;离水线的高度,跳板的要求工作坡度,船舶纵倾情况等。这些因素确定后,跳板的长度其实是求三角形斜边的长度。不过,在作图时,还要注意结构厚度、铰链位置等。

对于斜跳板和旋转跳板来说,上述所求出的长度,只是第1节跳板的长度,作为过渡作用的第2节,其在码头端的两只角全部进入码头平面,此时该节共有三只角都在码头平面以内。至于第 3 节及翼板,已全部与码头平面接触,即求出第 3 节及翼板的总长度。翼板端部以圆钢($\phi = 300$ mm)或半圆钢($\phi = 60$ mm)封口。

为保证车辆尤其是拖车和叉车的安全性驾驶,跳板的工作坡度应在 1:7 以内,新设计的跳板应满足船级社的要求,正常工作坡度为 1:10。跳板搁于码头的接触面积,应按一般码头的载荷 2 t/m² 来校核。

四、跳板的传动方式

跳板的收放传动方式有 3 种(图 8-6):
(1)油缸直接拉伸;
(2)油缸滑轮组带动钢索传动;
(3)液压绞车带动钢索传动。

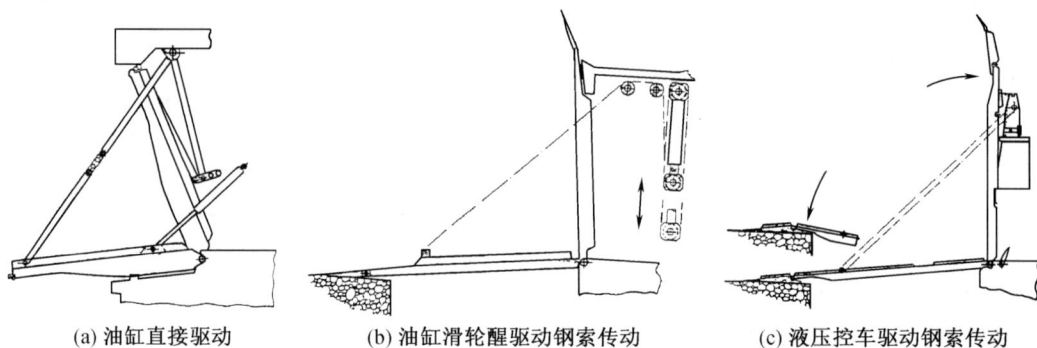

(a) 油缸直接驱动 (b) 油缸滑轮醒驱动钢索传动 (c) 液压控车驱动钢索传动

图 8-6 跳板的传动方式

对于面积不大于 250 m² 的跳板,可选用前两种方式,而第一种方式应是首选方式,也是最经济和最可靠的方式。但油缸安装有困难,可选用第二种方式,把油缸滑轮组置于两舷或顶甲板的下方。对于跳板面积大于 250 m² 的跳板,选用第三种传动方式。

任务二 大型滚装门

一、舷门

舷门是船舶通道的关闭设备,是构成舷部船体外形的一部分,一般常用于中小型近海渡轮上,其形式可分为盔式舷门和边铰链舷门两种。

1. 盔式舷门

盔式舷门又称上开式舷门(图 8-3),因其活动方式像安全头盔而得名。门的开口从车辆甲板防撞舱壁起,上至舷楼甲板,整个舷部的结构被割下来。门的顶部设有两根结构较强的铰链臂,臂的根部有销轴与舷楼甲板铰链座连接,形成门的转动轴。在每一铰链臂上装有液压油缸,油缸的另一端铰接在船体结构上。开启时,靠油缸的推力将门向上翻起,翻起的角度应满足舷跳板能顺利收放,以及车辆进出的要求。关闭时,利用盔门的自重压缩油缸缓缓放下。

2.边铰链艏门

边铰链艏门也称侧开式艏门(图8-7)。它是船艏外板的一部分,沿着艏柱中心线切开分成左右两块门板。门的后缘有铰链与船侧外板铰接,开启时左右分开,形成艏部开口,关闭时作为船首一部分。每扇门常设4~5只铰链,铰链中心线与船体的中线面平行。其中最下面的一只作为推力轴承,用以承受由于门的自重而产生的垂向负荷。每扇门上通常装有1~2只与铰链中心线垂直的传动油缸。开启时,由于重力作用,门自动打开。到达平衡位置后,油缸进一步把门推开到需要的位置。关闭时靠油缸的拉力将门关紧。

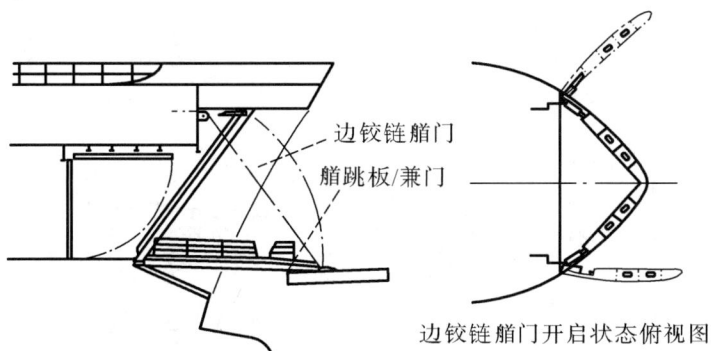

图8-7　边铰链艏门

二、舱壁门

舱壁门是横舱壁通道的关闭设备,其最大的特点是没有门槛,以方便车辆通行。防撞舱壁门或在干舷甲板以下的舱壁门,必须做成水密门。防撞舱壁门还须朝前开。所有的舱壁水密门,当船舶向任何一舷侧倾斜15°时,均能开启或关闭。如果是铰链式的,其铰链轴衬套需用锡青铜材料制造。货舱上的舱壁门,无论是上铰链式还是边铰链式,其开门的方向应考虑到车辆货物的装卸程序,以免开门或关门时损失储货空间。所有舱壁门,在其关闭与固紧后,应与该舱壁结构等强度。舱壁门可分为上铰链式、边铰链式和滑动式3种。其中滑动式按滑动方向又可分为横向滑动和垂向滑动。

1.上铰链式舱壁门

上铰链式舱壁门(图8-8)在开启后收藏于甲板顶下面,舱室内只有高度足够的舱壁才设置此种门。有时为了减小门板开闭旋转运动对舱内货物的影响,门板做成两节成为可折叠式。不过上铰链式门较多做成倾斜式,方便于门板底部密封处理,故常常用于固定内坡道或露天甲板上带有斜壁的甲板室开口处。

2.边铰链式舱壁门

边铰链式舱壁门(图8-9)可以做成一扇或两扇门板,门板绕着自身边上的垂直铰链转动,开启后,门板靠舷边收藏。门的关闭是靠油缸推动铰链臂使门旋转来完成的。

3.横向滑动式舱壁门

横向滑动式舱壁门(图8-10)用于船舱内壁,门板的上边和下边均装有滚轮,可在相应的上下导轨上滚动,因而门能沿舱壁做横向滑动。其传动方式有两种,一种是利用绞车带动钢索牵拉门板移动;另一种是由一只行程较长的油缸直接拉伸带动门板移动。横向滑动式舱壁门的开口不能做得很大,并且只能偏向一边。如果货舱的空间受到限制,不能设置铰链式门的舱壁,可考虑设置横向滑动式门。机舱的舱壁一般设置横向滑动式水密门。

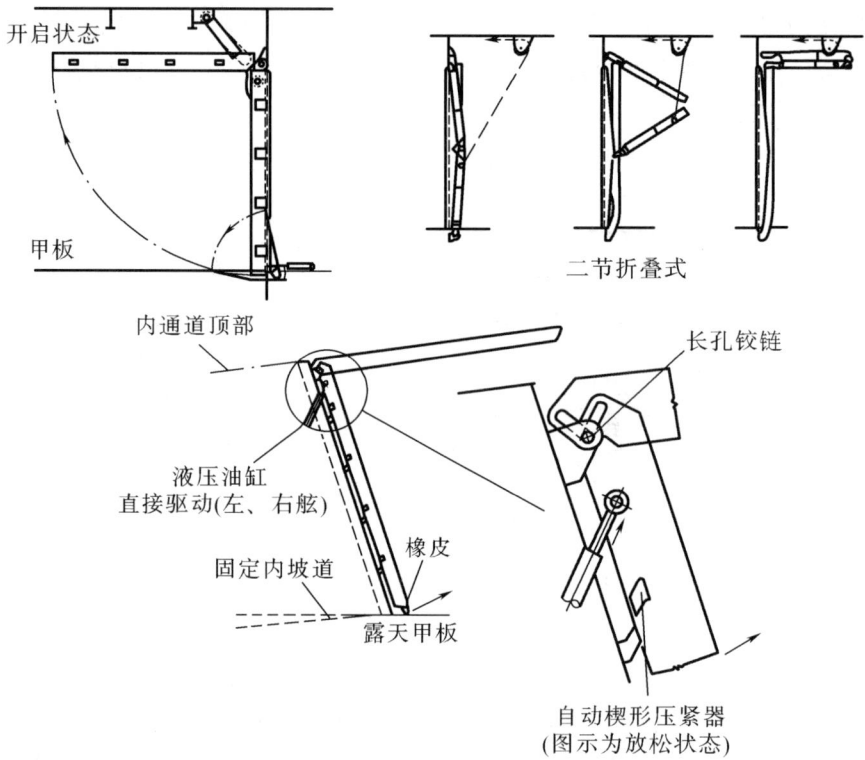

图 8-8 上铰链式舱壁门

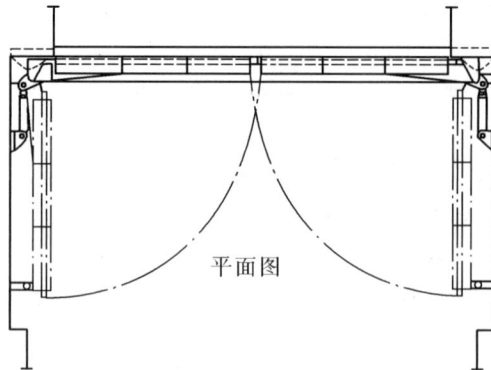

图 8-9 边铰链式舱壁门

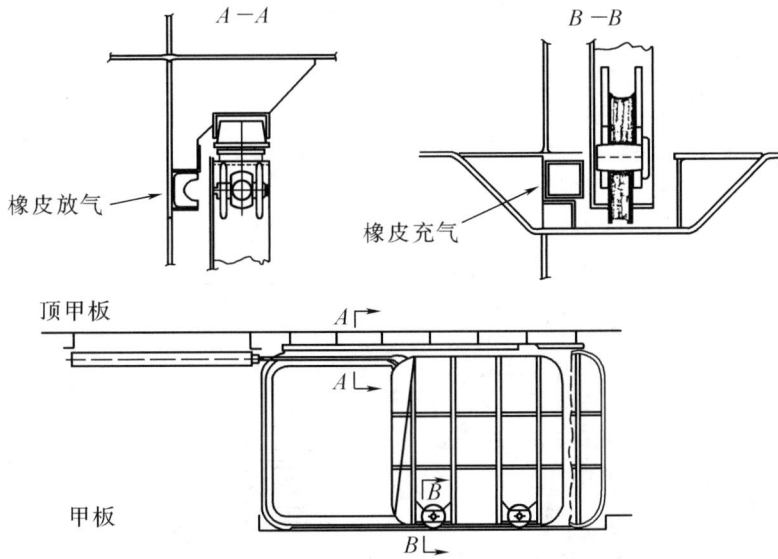

图 8-10 横向滑动式舱壁门

4. 垂向滑动式舱壁门

垂向滑动式舱壁门(图 8-11)用于舱的外壁开口处,如设于艉端开口,作为艉门。此种门的最大优点是当开启后甲板的层高即是门的开口高度。火车轮渡的艉门以及不设艉跳板而要求有较大艉开口的海峡轮渡,常设置垂直滑动式舱壁门。

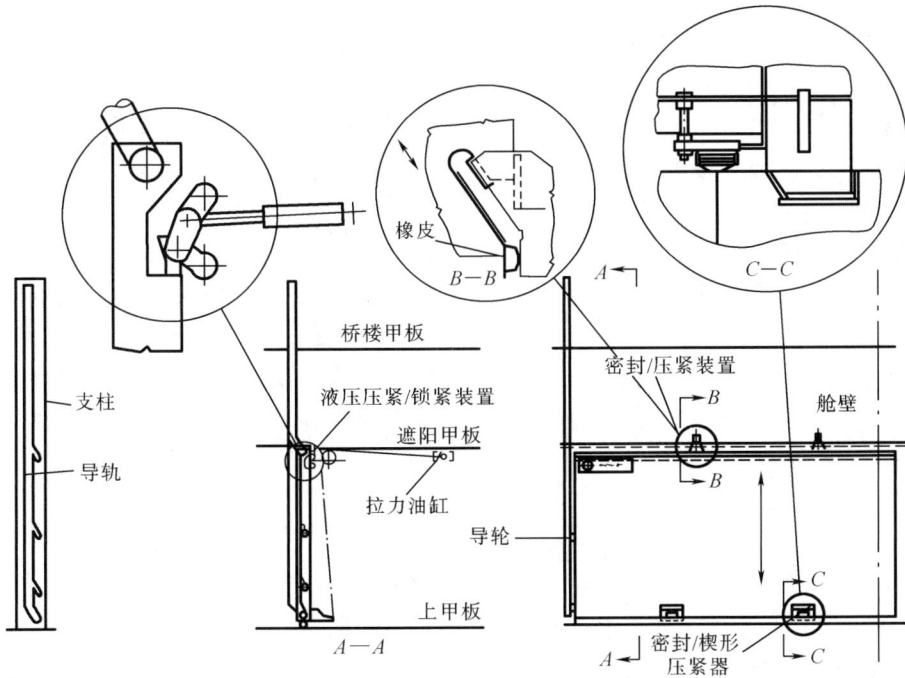

图 8-11 垂向滑动式舱壁门

任务三　活动汽车甲板

活动汽车甲板(图8-12)是指滚装船内,部分或某些层可以改变高度位置的汽车甲板。某些滚装船,尤其是载车船或车客渡船,根据营业需要,或装集装箱车辆或层集装箱,或装各种大小型号的车辆,由于其高度差别很大,为了满足不同的高度要求,并能充分利用甲板面积,以达到提高舱容利用率的目的,最好的办法就是将某层的甲板设计成整体或局部可以升降的活动甲板,以满足不同的高度装载要求。

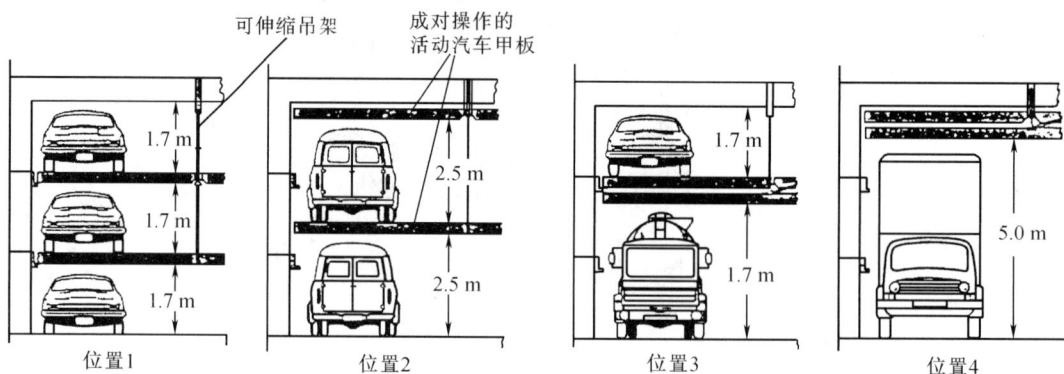

图8-12　活动汽车甲板能满足不同高度的装载要求

一、活动汽车甲板形式

活动汽车甲板的形式,按活动方式分为铰链翻转式、吊升式和顶升式;按收藏方式分为侧部收藏式(如铰链翻转式)和顶部收藏式(如吊升式和顶升式)。

翻转式活动汽车甲板一边铰接在舷侧,通过舷侧液压油缸直接拉推铰链臂,把活动汽车甲板板块放平或翻转。板块另一边用钢索或可折叠拉杆机构悬吊。

吊升式活动汽车甲板,用油缸滑轮组带动钢索牵引板块升降。油缸滑轮组可设于船体某处如舷侧等。

顶升式活动汽车甲板每块板块均无升降动力装置,它们的升降全凭一辆专用升降车来完成。升降车是一辆带有剪刀式液压升降平台的柴油机车,每层活动甲板只需一辆。若要升降某块活动甲板,车子停在该块板下面,先伸出四只液压支脚,把整个车身撑起来,让车轮离地,接着剪刀式液压平台逐渐升高并托起该块板,把它升高或降低到某一高度,随后让板块的四个角搁在设于立柱上的专用活动支撑座上。

二、选型原则

翻转式活动汽车甲板,一般在小型定期专线航班的车、客渡船上使用。较大型的滚装船普遍使用吊升式,纯车辆运载船一般使用顶升式。吊升式与顶升式在升降速度与价格上有很大的差异。对初始投资和维修来说,吊升式比顶升式要贵。从使用的角度来说,吊升式比顶升式升速度快、操作方便,大型滚装船主要考虑升降速度和操作方便,所以较多的采用吊升式。而大型车辆运输船,往往是洲际远洋运输,活动汽车甲板的升降调整速度没有特别求,所以采用顶升式,这样可以省去复杂的传动装置,使舱内简洁清爽,维修方便,造价比吊升式节省 2/3。

三、结构特点与布置要求

活动汽车甲板是一种轻型柔性钢结构,顶板及组合梁板为 6~7 mm 薄钢板,其自重约为 90~120 kg/m²,设计初估时,一般取 100 kg/m²。为了减小质量,甚至有的结构采用钢质框架,再在其上铺上层压板。活动汽车甲板的结构高度为 300~400 mm,在负荷作用下的挠度变形控制在 30~55 mm 范围内。

活动汽车甲板板块的大小要根据设备的起重能力来划分,板块过大或过小都有可能提高造价。通常每块板块之间、板块与支柱之间、与舷侧结构或设备之间,要留有 25~30 mm 的间隙。

对于车、客渡船,活动汽车甲板层间净高要求为 1.9 m,以保证小汽车及人员的进出。对于纯车辆运载船,最小层间净高要求为 1.7 m,仅让小汽车通行,但驾驶人员进出就不大方便了。

任务四　升降平台与活动内坡道

一、升降平台

1. 升降平台的功用

升降平台是用于把滚装货物、集装箱及车辆从一层甲板升降至另一层甲板的大型通道设备。升降平台的承载能力常有 40~80 t。运载带 20′集装箱拖车的平台长度为 13 m 左右,运载带 40′集装箱平台的长度为 19 m 左右。平台宽度为 3.0~3.5 m。平台的升降速度一般为 5 m/min。

2. 升降平台的种类

升降平台可分为 U 形、L 形和 X 形 3 种。

(1)U 形升降平台

U 形升降平台又称四点吊举式升降平台(图 8-13),平台的四个角处或靠舷侧的两个角处设有升降导轨,以防止平台晃动。平台的四个角均用钢索或链条悬吊着,通过装于船体上或平台底下的油缸滑轮组收放链索,故对车辆进入平台有妨碍,使车辆不能从任意方向进入,这是其最大的缺点。其优点是机构简单、造价便宜,尤其是四点导轨式。两点导轨式的造价约比四点导轨式增加 20%。

(2)L 形升降平台

L 形升降平台(图 8-14)。其举吊机构及导轨均在靠船舷的一侧,常用行程较长的一只或两只油缸直接拉放,当然也可以用油缸顶升,但因考虑油缸的稳定性,势必加大油缸直径,故这种传动方式在外力较大时不宜采用。其平台的结构为 L 形,外侧没有吊索或导轨等阻碍,货物装卸比较方便,但其悬臂梁的结构决定了它不能载运重物。此外,由于吊臂很长,故其设置一定要利用上层建筑的围壁,否则会浪费很大的空间。L 形升降平台的造价最贵,约比四点导轨 U 形升降平台造价增加 80%。

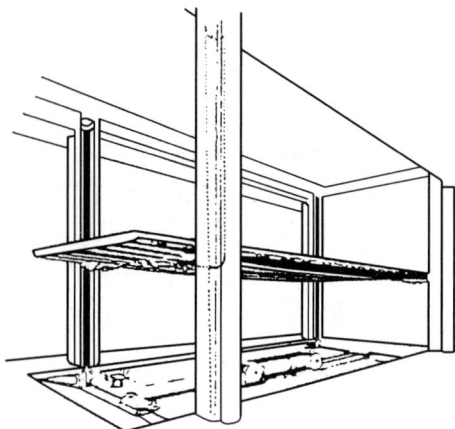

图 8-13 U 形升降平台

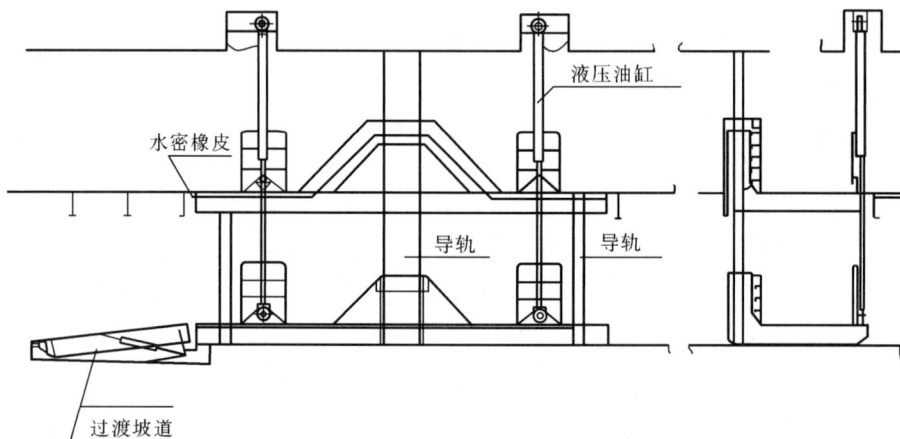

图 8-14 L 形升降平台

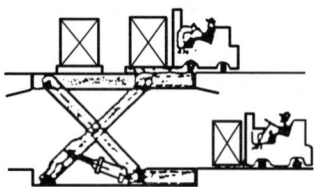

图 8-15 X 形升降式平台

（3）X 形升降平台

X 升降平台（图 8-15），升降装置像把剪刀，设于平台下面，用油缸推拉交叉梁运动，带动平台升降。平台上没有任何阻碍物，车辆可从任何方向进入平台。由于升降装置的收藏占据一定高度，它必须安装在一个凹槽内，故而呈剪式。升降平台只设于双层底的凹槽处。在收藏状态，平台表面与该层甲板齐平。凹槽的深度约在 0.8~1.0 m 之间。剪式升降平台的造价较高，约比 U 形四点导轨升降平台增加 50%。

二、活动内坡道

1. 活动内坡道的功用

内坡道是供车辆从一层甲板驶往另一层甲板的通道(图 8-16)。滚装船内的坡道有固定式和活动式两种。固定式内坡道因为要占据一部分货物装载的空间,一般用于大型船。为了减少装货容积的损失,船内车辆坡道常常做成活动的,称作活动坡道。活动坡道一端与甲板铰接,另一端由布置在两边的倒吊油缸直接拉伸使其升降;或成斜面坡道,作为连接两层甲板的车辆通道;或与甲板齐平,其上其下都可装载车辆。这样既可满足上下甲板间通行的目的,又不影响货物装载空间,也可作为甲板开口处的水密盖。活动内坡道也可设计成载货升降,不过这样一来,整个装置的造价会提高。

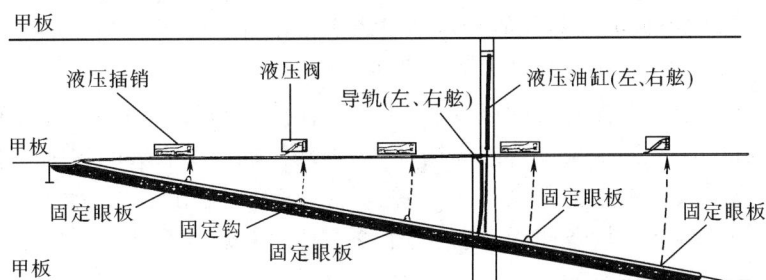

图 8-16　活动内坡道

2. 选用原则

活动内坡道与升降平台同是甲板层间的交通连接设备,选用时应对两者的综合性能做比较。两种交通连接设备比较如表 8-2 所示。

图 8-2　两种交通连接设备比较表

项目	占空间	装卸速度	构造	维修保护	造价
活动内坡道	大	快	简单	易	低
升降平台	小	慢	复杂	难	高

从比较可见,如果船上地位宽裕可采用活动内坡道,如果舱容狭小,就需要用升降平台。故在中小型船上广泛采用升降平台,而在大型远洋滚装船上活动内坡道得以广泛应用。

项目九　船舶系固设备

◆ **项目描述**

近年来,集装箱船发展势头十分迅猛,在世界各国的运输船中所占比例大幅度提高。为适应此种情况,许多港口和码头相应地做了改造和设备更新。

对于集装箱船来说,堆装和系固方式的确定十分重要,必须根据船舶的类型和用途全面地考虑,涉及的主要方面包括:船舶的航线、班期及停泊港口的情况;装运的集装箱规格、堆装层数及质量;主要系固设备的配置要求,系固设备的产品试验和检验要求;使用及操作技术水平以及其他特殊的要求等。此外,从经济方面应考虑初始投资、维修和换装费用以及装运时装卸系固作业的费用。

系固设备的配置以提高装卸速度、减少装卸作业时间为目标,务必使操作简便、迅速、安全。为此,应十分重视设备的通用性,按国际标准以及有关的规则和船级社规范进行设计配套。设备的品种不宜过多,结构简单、轻巧,使用灵活,能用于不同长度和高度的集装箱的堆装。设备使用寿命长,维修方便。对于兼装船舶还应考虑设备的存放以及是否影响其他货物的装运。

系固系统采用大量的专用装置,包括各种角锁紧装置、绑扎装置、箱格导轨、撑柱或其他等效的支撑结构。必须保证集装箱和系固装置的安全不被损坏。

◆ **教学目标**

1. 思政目标

通过本项目的学习,学生应将劳模精神、劳动精神、工匠精神继承并发扬,树立爱岗敬业的观念。

2. 知识目标

了解船舶货物和系固的定义;熟悉船用集装箱的类型;掌握集装箱系固件的种类及选型要求。

3. 能力目标

通过本课程的学习,使学生了解船舶系固相关知识,从而具备系固设备选型及安装位置确定的初步能力,为解决复杂生产问题打下基础。

4. 素质目标

通过本项目的学习,学生具有理论联系实际、实事求是的工作作风和科学严谨的工作态度。

【思政课堂】《求是》杂志评论员:大力弘扬劳模精神、劳动精神、工匠精神

2022年4月27日,"五一"国际劳动节到来之际,习近平总书记在致首届大国工匠创新交流大会的贺信中强调:"我国工人阶级和广大劳动群众要大力弘扬劳模精神、劳动精神、工匠精神,适应当今世界科技革命和产业变革的需要,勤学苦练、深入钻研,勇于创新、敢为人先,不断提高技术技能水平,为推动高质量发展、实施制造强国战略、全面建设社会主义现代化国家贡献智慧和力量。"

"人生在勤,勤则不匮。"在我们党团结带领人民为中华民族伟大复兴不懈奋斗的

历程中,培育形成了爱岗敬业、争创一流、艰苦奋斗、勇于创新、淡泊名利、甘于奉献的劳模精神,崇尚劳动、热爱劳动、辛勤劳动、诚实劳动的劳动精神,执着专注、精益求精、一丝不苟、追求卓越的工匠精神。习近平总书记指出:"劳模精神、劳动精神、工匠精神是以爱国主义为核心的民族精神和以改革创新为核心的时代精神的生动体现,是鼓舞全党全国各族人民风雨无阻、勇敢前进的强大精神动力。"榜样蕴藏无穷力量,精神激发奋斗意志。新征程上,大力弘扬劳模精神、劳动精神、工匠精神,对激励和鼓舞全党全国各族人民更加奋发有为投身全面建设社会主义现代化国家伟大实践,具有十分重要的意义。

劳动是人类的本质活动,是推动人类社会进步的根本力量。劳动光荣、创造伟大,是马克思主义劳动观的基本观点,是对人类文明进步规律的重要诠释,也是深深植根于中华民族血脉的精神基因。中华文明历经沧桑而生生不息,一个重要原因就是中华民族始终崇尚劳动、热爱劳动。革命、建设、改革的每一步都不是轻而易举的,每一步都浸透着亿万劳动群众的辛勤汗水和默默奉献。从新民主主义革命时期的"边区工人一面旗帜"赵占魁、"兵工事业开拓者"吴运铎,到社会主义革命和建设时期的"铁人"王进喜、"知识分子的杰出代表"蒋筑英、"宁肯一人脏、换来万人净"的时传祥,再到改革开放和社会主义现代化建设新时期的"蓝领专家"孔祥瑞、"金牌工人"窦铁成、"新时期铁人"王启民……一个个平凡却闪光的名字,一个个埋头苦干、忘我奉献的劳动者,一砖一瓦建设起社会主义雄伟大厦。

习近平总书记特别礼赞劳动创造,指出"劳动最光荣、劳动最崇高、劳动最伟大、劳动最美丽";多次褒奖劳动模范和大国工匠,称赞"劳动模范是民族的精英、人民的楷模,是共和国的功臣","大国工匠是职工队伍中的高技能人才",要求"全社会要崇尚劳动、见贤思齐","培养造就更多劳动模范、大国工匠"。在新时代的火热实践中,"桥吊状元"竺士杰、"金牌焊工"高凤林、"禁区勇士"胡洪炜、"当代愚公"黄大发、"深海钳工第一人"管延安、"大眼睛天使"陈贞、"贫困群众的亲闺女"刘双燕、"九天揽星人"孙泽洲等一大批先进模范人物,为祖国做奉献、与新时代齐奋进,激励着广大人民争做新时代的奋斗者,谱写了"中国梦·劳动美"的新篇章。

我国是人民当家做主的社会主义国家,党和国家始终坚持全心全意依靠工人阶级方针,始终高度重视工人阶级和广大劳动群众在党和国家事业发展中的重要地位。新中国成立以来,党和国家先后召开16次全国劳动模范和先进工作者表彰大会,表彰人数超过3万人次。这是对广大劳动模范和先进工作者辛勤劳动的褒奖,体现的是党和人民对劳动的崇尚、对劳动者的敬重,为的是在全社会进一步营造劳动光荣的社会风尚和精益求精的敬业风气。

社会主义是干出来的,新时代是奋斗出来的。人世间的美好梦想,只有通过诚实劳动才能实现;发展中的各种难题,只有通过诚实劳动才能破解;生命里的一切辉煌,只有通过诚实劳动才能铸就。实现中华民族伟大复兴中国梦,根本上要靠全体人民的劳动、创造、奉献。新征程上,必须大力弘扬劳模精神、劳动精神、工匠精神,进一步激发见贤思齐的正能量,焕发劳动奋进的精气神。

"心心在一艺,其艺必工;心心在一职,其职必举。"劳动没有高低贵贱之分,无论从事什么劳动,都要干一行、爱一行,这是干好工作的重要前提,是一个人起码的职业操守,也是社会主义核心价值观的基本要求。干一行,还要钻一行、精一行。在工厂车间,就要弘扬工匠精神,精心打磨每一个零部件,生产优质的产品。在田间地头,就要精心耕作,努力赢得丰收。在商场店铺,就要笑迎天下客,童叟无欺,提供优质的服务。把"敬业"上升为"精业",努力练就过硬本领,努力成为行家里手,就能更好适应事业发展的需要。

伟大出自平凡,英雄来自人民。习近平总书记强调:"只要有坚定的理想信念、不懈的奋斗精神,脚踏实地把每件平凡的事做好,一切平凡的人都可以获得不平凡的人生,一切平凡的工作都可以创造不平凡的成就。"全面建设社会主义现代化国家新的伟大征程,为广大劳动群众提供了宝贵机遇和广阔舞台。一切劳动者,只要有志气有闯劲,肯学、肯干、肯钻研,就能立足岗位成长成才,在劳动中体现价值、展现风采、感受快乐。

这是一个呼唤劳动创造、鼓励拼搏进取的时代,也是一个有机会干事创业,更能干成事业的时代。让我们大力弘扬劳模精神、劳动精神、工匠精神,用劳动托举复兴梦想,靠双手开创更好明天。

来源:求是网(原文有删改)

任务一　船舶货物和系固的定义

一、船舶货物

自古以来,船舶就成为重要的水上运输工具。海上运输是国际贸易中最重要的运输方式,占国际贸易总量的三分之二以上。中国大部分进出口货物都是通过海运运输的。海上运输的优势在于运输量大、费用低以及通向水路的便利。但是,它的速度慢、航行风险高以及航行日期不确定是其缺点。

1. 船舶货物的定义

货物(cargo)系指除人以外的所有物品,包括有机物和无机物,液态、固态和气态的物品,有毒物品和无毒物品,动物(如牛、羊、猪、狗等)等,需从一地运往另一地。

船舶货物(cargo on/in ships)系指需要进行水上运输而装载在船舶上或其他水上浮动物上的货物或货物单元。

货物单元(cargo unit)系指车辆(道路车辆、铁路车辆、滚装拖车)、集装箱、板材、托盘、便携式容器、可折集装箱构件、包装单元、成组货件等,如船运箱盒、杂货件,又如线材卷、卷筒板材、重货,还有如火车头和变压器等,不是永久性固定在船上的船舶自带的装载设备或其他部件。

2. 船舶货物的种类

船舶运输的所有的货物可分为三大类,即标准货、半标准货和非标准货。

标准货(standardized cargo)是根据货物单元的特定形式,在船上设置的经批准的系固系统的货物,如集装箱。

半标准货(semi-standardized cargo)系指在船上设置的经批准的系固系统,仅适应于有限变化的货物单元。如各种道路车辆、滚装拖车、轿车、铁路车辆等。

非标准货(non-standardized cargo)系指需要专门单独堆装和系固安排的货物,除了标准货和半标准货的所有货物,均称为非标准货。如无专用系固设备的集装箱、卷筒钢板、重件、木材等。非标准货在船上的堆装和系固是比较困难的,有些非标准货,如果没有良好的堆装和系固,会产生滑移或翻转,它们是潜在的危险源,这样的货物包括:

(1)非为运输集装箱而专门设计和设置的船舶甲板上的集装箱;

(2)移动式罐柜;

(3)移动式容器;

(4)轮载(滚动)货物;

(5)机车、变压器等重件货物;

(6)卷筒钢板货;

(7)重金属制品;

(8)锚链;

(9)散装金属废料;

(10)柔性中等散装容器;

(11)堆放在甲板以下的原木;

(12)成组货物。

堆装这些货物、应予特殊处理,按照《货物系固手册》的方法进行系固,以免存在潜在的危险。

二、货物系固的定义

货物系固(cargo securing)是货物或货物单元在船上的定位固定所采取的所有措施和手段的总称,也是货物或货物单元被紧固、被绑扎和被支撑的总称,它包含着货物或货物单元在船上位置定位、绑扎和支撑等系统装置的概念。

系固件(securing parts)是货物或货物单元被系固所用的紧固件、绑扎件和支撑件的总称。

货物紧固(cargo position fixing)是对货物或货物单元在船上的某一位置(或坐标)的相对定位,不产生左右、前后、上下的位移,称为"货物紧固"。其紧固件(position fixing parts)系指使货物或货物单元基本定位的零部件,如固定集装箱扭锁、堆锥等和阻止车辆移动的木楔或楔形橡胶垫等。

货物绑扎(cargo lashing)系指对货物或货物单元施以横向、纵向和垂向的捆绑或拉绑,使货物在受力的情况下不产生位移或翻倒的手段。其绑扎件(lashing parts)系指用作货物或货物单元绑扎的部件,如钢丝绳(钢索)、链条、钢质拉杆、锦纶绳索、尼龙绷带、收紧器、D令环、绑扎用底座或窝座、绑扎眼板等。

货物支撑(cargo supporting)系指货物或货物单元在船上受到纵向、横向和垂向的支撑,使货物在受力的情况下不发生位移的手段或措施。支撑件(supporting parts)是指用作支撑货物或货物单元的部件,如集装箱的底座、横向支撑件、纵向支撑件、导轨架,又如垂直支撑车辆或铁路列车的千斤顶装置或垂向顶升点装置,再如支撑散装货物的隔板、框架构件、木撑材等。

任务二　船用集装箱

一、集装箱的定义

集装箱(container)是能装载包装或无包装货进行运输,并便于用机械设备进行装卸搬运的一种成组工具。

集装箱最大的成功在于其产品的标准化以及由此建立的一整套运输体系。能够让一个载重几十吨的庞然大物实现标准化,并且以此为基础逐步实现全球范围内的船舶、港口、航线、公路、中转站、桥梁、隧道、多式联运相配套的物流系统,这的确堪称人类有史以来创造的伟大奇迹之一。

二、船用集装箱的种类

船用集装箱种类很多,分类方法多种多样,下面就介绍几种常用的分类方法。

1. 标准集装箱

船用集装箱根据其执行的标准,分为国际标准、地区标准、国家标准和公司标准。

(1)国际标准集装箱(international standard container)

国际标准集装箱是世界各国都认同的、通用的国际标准箱,是国际集装箱标准化技术委员会(ISO)制订的。如 ISO 668—1997《系列 1 集装箱分类、外形尺寸和额定重量等级》标准,该标准经过多次修订和补充,最终在 1997 年定稿并颁布,如表 9-1 所示。该标准规定了集装箱的外形尺寸及公差,规定了它在船上的安装尺寸及安装公差,还规定了集装箱允许的最大总重量,即额定重量。大大方便了用户和设计者的选型和集装箱在船上的布置。所以国际标准集装箱深受客户的欢迎。

表 9-1　ISO 668—1997 国际标准箱参数

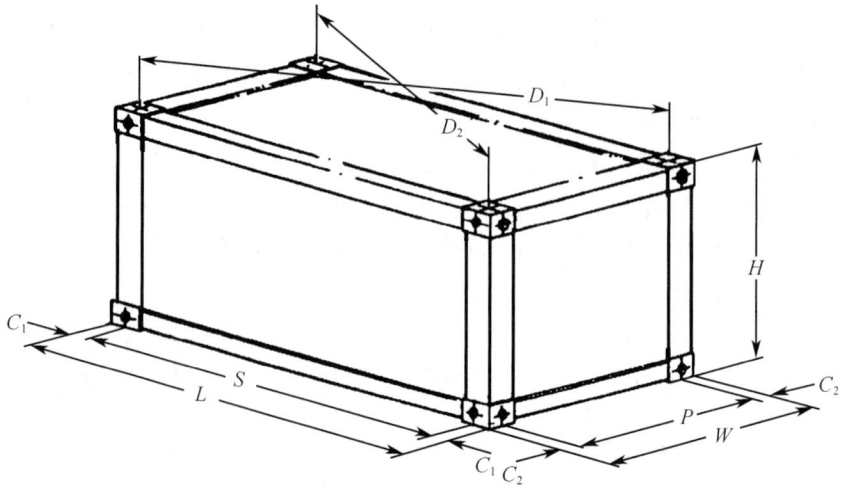

表 9-1（续）

ISO 668—1997		尺寸和重量					
		外形尺寸/mm					允许的最大重量/kg
		L	W	H	S	P	
40′	1AAA	$12\,192^0_{-10}$	$2\,438^0_{-5}$	$2\,896^{0\,*}_{-5}$	$11\,985^{+4}_{-6}$	$2\,259^0_{-5}$	30 480
	1AA	$12\,192^0_{-10}$	$2\,438^0_{-5}$	$2\,591^0_{-5}$	$11\,985^{+4}_{-6}$	$2\,259^0_{-5}$	30 480
	1A	$12\,192^0_{-10}$	$2\,438^0_{-5}$	$2\,438^0_{-5}$	$11\,985^{+4}_{-6}$	$2\,259^0_{-5}$	30 480
	1AX	$12\,192^0_{-10}$	$2\,438^0_{-5}$	$<2\,438$	$11\,985^{+4}_{-6}$	$2\,259^0_{-5}$	30 480
30′	1BBB	$9\,125^0_{-10}$	$2\,438^0_{-5}$	$2\,896^{0\,*}_{-5}$	$8\,918^{+4}_{-6}$	$2\,259^0_{-5}$	25 400
	1BB	$9\,125^0_{-10}$	$2\,438^0_{-5}$	$2\,591^0_{-5}$	$8\,918^{+4}_{-6}$	$2\,259^0_{-5}$	25 400
	1B	$9\,125^0_{-10}$	$2\,438^0_{-5}$	$2\,438^0_{-5}$	$8\,918^{+4}_{-6}$	$2\,259^0_{-5}$	25 400
	1BX	$9\,125^0_{-10}$	$2\,438^0_{-5}$	<2438	$8\,918^{+4}_{-6}$	$2\,259^0_{-5}$	25 400
20′	1CC	$6\,058^0_{-6}$	$2\,438^0_{-5}$	$2\,591^0_{-5}$	$5\,853^{+3}_{-5}$	$2\,259^0_{-5}$	24 000
	1C	$6\,058^0_{-6}$	$2\,438^0_{-5}$	$2\,438^0_{-5}$	$5\,853^{+3}_{-5}$	$2\,259^0_{-5}$	24 000
	1CX	$6\,058^0_{-6}$	$2\,438^0_{-5}$	$<2\,438$	$5\,853^{+3}_{-5}$	$2\,259^0_{-5}$	24 000
10′	1DD	$2\,991^0_{-5}$	$2\,438^0_{-5}$	$2\,591^0_{-5}$	$2\,787^{+1}_{-4}$	$2\,259^0_{-5}$	10 160
	1D	$2\,991^0_{-5}$	$2\,438^0_{-5}$	$2\,438^0_{-5}$	$2\,787^{+1}_{-4}$	$2\,259^0_{-5}$	10 160
	1DX	$2\,991^0_{-5}$	$2\,438^0_{-5}$	$<2\,438$	$2\,787^{+1}_{-4}$	$2\,259^0_{-5}$	10 160

注：①＊在某些国家队车辆和装载存在着超高的法律上的限制，在选择高度为 2 896 mm 时，应予注意。

②常用的集装箱是 1AA（40′）和 1BB（20′）。

③$C_1 = 101.5^0_{-1.5}$，$C_2 = 89^0_{-1.5}$。

（2）地区标准集装箱（regional standard container）

地区标准集装箱就是某一地区（例如欧洲、亚洲、东南亚等）根据本地区的实际情况和法律制定的集装箱标准，这些标准仅适用于这一地区。例如欧洲制定的集装箱标准是基于国际标准和本地区情况而制定的，它们外形尺寸略有改变。它是原国际标准集装箱中的第 2 系列集装箱，并引用了国际铁路联盟的标准。第 2 系列有三种集装箱（2A、2B、2C），这三种集装箱是欧洲地区铁路使用的标准，因此只能用于航行在该地区的集装箱船上。

（3）国家标准集装箱（national standard container）

国家标准集装箱就是某个国家根据本国的实际情况，例如本国的铁路运输、道路车辆的运输对外形尺寸的要求或限制，参照国际标准而制定的适合本国使用的集装箱标准。在 20 世纪 80 年代，我国也制定了集装箱的国家标准，如 GB 1413—1985《集装箱外部尺寸和额定重量》，规定了 8 种型号的集装箱，根据集装箱的额定重量来划分，

30 t 的为 1AA、1A 和 1AX 型;20 t 的为 1CC、1C 和 1CX 型;10 t 的为 10D 型;5 t 的为 5D 型。其中除 10D 型和 5D 型外,其余型号集装箱的外形尺寸和 ISO 668—1997 中的相应型号相同。从我国的国家标准可以看出,我们的国家标准,对集装箱的高度做了限制,其最大高度为 2 591 mm。

其他的航运国家,如俄罗斯、日本、美国、德国、法国、英国、意大利等也制定了适合本国的集装箱标准。

(4)公司标准集装箱(company standard container)

公司标准集装箱是某些从事集装箱运输的大公司或集团,根据本公司的自身条件而制定的。例如美国的海陆公司(Sealand)和麦逊公司(Matson)均制定了本公司的集装箱标准(A-40 ft[①] 和 B-40 ft),但集装箱的角件和安装尺寸的设计使集装箱能与国际标准的 40 ft 的集装箱相互堆装。表 9-2 的 40′EURO、40′Bell Lines、35′SEA LAND 和 24′Maston 就是属于公司标准的集装箱。

表 9-2　地区和公司标准的集装箱

尺码	外形尺寸/mm 或 ft					箱总重/kg
	L	B	H	S	P	
53′	16 150	8′6″ 2 591	9′6$\frac{1}{2}$″ 2 908	$S'=15\ 943$ $S=11\ 985$	2 259	30 480
49′	14 935	2 600	9′6″ 2 896	$S'=14\ 728$ $S=11\ 985$	2 259	30 480
$2\times24\frac{1}{2}$′	$2\times7\ 442$	2 600	9′6″ 2 896	$S=7\ 236$	2 259	30 480
48′	14 630	8′6″ 2 591	9′6$\frac{1}{2}$″ 2 908	$S'=14\ 423$ $S=11\ 985$	2 259	30 480
45′	13 720	8′ 2 438	9′6″ 2 896 9′ 2 743	$S'=13\ 513$ $S=11\ 985$	2 259	30 480
43′	13 107	8′ 2 438	8′6″ 2 591	$S=12\ 900$	2 259	30 480
40′ ISO	12 192	8′ 2 438	9′6″ 2 896 8′6″ 2 591 8′ 2 438	$S=11\ 985$	2 259	32 500 30 480
40′ EURO	12 192	2 500	9′6″ 2 896 9′ 2 743 8′6″ 2 591	$S=11\ 985$	2 259	30 480

---

① 1 ft＝0. 304 8 m。

表 9-2（续）

尺码	外形尺寸/mm 或 ft					箱总重/kg
	L	B	H	S	P	
40′ Bell Lines	12 192	2 500	9′6″ 2 896 9′ 2 743 8′6″ 2 591	$S = 11\,985$	2 259	30 480
35′ SEA LAND	10 660	8′ 2 438	8′6″ 2 591	$S = 11\,985$	2 259	30 000
30′	9 125	8′ 2 438	9′6″ 2 896 8′6″ 2 591 8′ 2 438	$S = 8\,918$	2 259	25 400
24′ Matson	7 430	8′6″ 2 591 8′ 2 438	9′6″ 2 896 8′6″ 2 591	$S = 7\,225$	2 259	—
2×20′	2×6 058	8′ 2 438	8′6″ 2 591 8′ 2 438	$S = 5\,863$	2 259	24 000

2. 按所装货物种类

（1）普通货物集装箱（general freight container）

普通货物集装箱是除装冷藏货物或低温货物的冷藏集装箱以外的集装箱。

普通货物集装箱的种类较多，其中以干货集装箱所占的比重为最大，海上运输的集装箱大多数是干货集装箱，或称为杂货集装箱。这一类的集装箱，在运输过程中无须控制温度和湿度，是具有代表性的箱型。

普通货物集装箱还有罐式集装箱、干散货集装箱、台架式集装箱和平台式集装箱等。罐式集装箱是专门为运输酒类、油类和化学品等液体货物而设计的集装箱，有单罐式和多罐式两种，罐体四角由角柱、撑杆构成整体框架。干散货集装箱是专门为运输粉状或粒状干货而设计的。台架式集装箱是没有箱顶和侧壁的，或甚至连端壁也去掉的，只有底板和四个角柱的集装箱。平台式集装箱是在台架式集装箱的基础上再简化而只保留底板的一种特殊结构的集装箱。台架式和平台式集装箱是专门为运输各种机械设备而设计的，可供各种机械设备从前后、左右及上方进行装卸作业。

（2）冷藏集装箱（reefer container）

冷藏集装箱是专为运输需要保持一定温度的冷冻货或低温货用的集装箱，如装鱼、肉、新鲜水果、蔬菜等食品。冷藏集装箱占总箱数的比重正在日益上升。它在通常的外环境温度下能使箱内的温度保持在 -25～25 ℃ 的任一温度上。冷冻装置的标准电源一般为 220 V×60 Hz×3ϕ，但装有内藏变压器后，世界各地主要港口的电源都可以使用。

★知识拓展 9-1：冷藏集装箱

冷藏集装箱的冷冻装置种类很多，不同的冷冻装置尺寸是不同的，从而影响箱体

知识拓展 9-1
冷藏集装箱

的主要参数略有差异,但不管采用何种冷冻装置,集装箱的外形尺寸、角件及角件的安装尺寸都要符合相关标准的规定。目前,在国际上船上所运输的冷藏集装箱中使用最广的 40 ft 箱为 1AA、1A,20 ft 箱为 1CC、1C。如表 9-3 所示为船用冷藏集装箱。

表 9-3 船用冷藏集装箱

箱形 ISO 668	高度				宽度				长度				额定质量	
	mm	公差 mm	ft (in)	公差 in	mm	公差 mm	ft (in)	公差 in	mm	公差 mm	ft (in)	公差 in	kg	lb [1]
1A	2 438	0 / -5	8'	0 / -3/16	2 438	0 / -5	8'	0 / -3/16	12 192	0 / -10	40'	0 / -3/8	30 480	67 200
1AA	2 591	0 / -5	8'6"	0 / -3/16	2 438	0 / -5	8'	0 / -3/16	12 192	0 / -10	40'	0 / -3/8	30 480	67 200
1B	2 438	0 / -5	8'	0 / -3/16	2 438	0 / -5	8'	0 / -3/16	9 125	0 / -10	29'11 1/4	0 / -3/8	25 400	56 000
1BB	2 591	0 / -5	8'6"	0 / -3/16	2 438	0 / -5	8'	0 / -3/16	9 125	0 / -10	29'11 1/4	0 / -3/8	25 400	56 000
1C	2 438	0 / -5	8'	0 / -3/16	2 438	0 / -5	8'	0 / -3/16	6 058	0 / -6	19'10 1/2	0 / -1/4	20 320	44 800
1CC	2 591	0 / -5	8'6"	0 / -3/16	2 438	0 / -5	8'	0 / -3/16	6 058	0 / -6	19'10 1/2	0 / -1/4	20 320	44 800
1D	2 438	0 / -5	8'	0 / -3/16	2 438	0 / -5	8'	0 / -3/16	2 991	0 / -5	9'9 3/4	0 / -3/16	10 160	22 400
1E	2 438	0 / -5	8'	0 / -3/16	2 438	0 / -5	8'	0 / -3/16	1 968	0 / -5	6'5 1/2	0 / -3/16	7 110	15 700
1F	2 438	0 / -5	8'	0 / -3/16	2 438	0 / -5	8'	0 / -3/16	1 460	0 / -3	4'9 1/2	0 / -1/8	5 080	11 200

注:[1] 1 lb = 0.453 592 37 kg。

(3)罐式集装箱

罐式集装箱是为运输酒类、油类和化学品类等液体货物而设置的集装箱,有单罐与多罐多种,由支柱、撑杆构成整体框架。

(4)台架和平台集装箱

台架集装箱是没有箱顶和侧壁,甚至连端壁也去掉而只有底板和四个角柱的集装箱。平台集装箱是在台架集装箱上再简化而只保留底板的一种特殊结构集装箱。此类集装箱可供各种机械从前后、左右及上方装卸作业。

此外,在运输中尚有开顶集装箱和汽车集装箱等。按箱体材料有钢质、铝合金、玻璃钢和不锈钢集装箱等。按结构分类有内柱式集装箱和外柱式集装箱、折叠式集装箱和固定式集装箱、预制骨架式集装箱和薄壳式集装箱等。

三、集装箱在露天甲板上的堆叠与系固

关于集装箱的堆叠和系固,各主要船级社均有明确的要求。本书中主要介绍 CCS 的有关要求,其他船级社的要求可查阅各国船级社规范。

1.集装箱堆装在露天甲板上的要求

(1)露天甲板上应设置可供人员进行工作用的安全通道,并设有供安装和检查系固设备用的足够通道。

(2)对于甲板上和舱口盖上的集装箱,一般应纵向排列,对于其他排列方式应经船级社同意。

(3)不应使集装箱伸出船边,对伸出舱口围板或其他舱面结构物的集装箱须提供适当的支承。

(4)当集装箱装在舱口盖上时,应装设能防止舱口盖滑动的制动器或其他等效装置。

2.甲板上集装箱系固采用无箱格导轨系固

若采用箱格导轨系固装置,应经船级社同意;采用角锁紧装置或采用角锁紧装置与绑扎装置结合的系固系统,应按受力情况决定。

当受力计算显示毋须用绑扎装置时,集装箱的底角处应用角锁装置对集装箱进行系固,集装箱与集装箱间也应用角锁(桥锁)装置进行系固(图9-1、图9-2)。

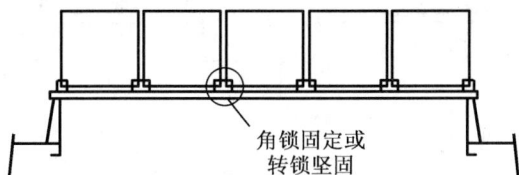

图9-1　无绑扎一层集装箱系固

当受力计算显示需要用绑扎装置时,在集装箱的两端用绑扎装置以对角或垂直的方式对集装箱进行系固。绑扎装置可对一层、二层或三层集装箱进行系固。底角处应设定位锥;若经计算表明在集装箱的底角处出现分离,则应在该处设角锁装置(图9-3至图9-5)。

四、集装箱在舱内的堆叠与系固

舱内集装箱系固分为无箱格导轨集装箱系固和箱格导轨集装箱系固。

1.无箱格导轨装置

(1)舱内和甲板间内的集装箱,一般应纵向排列,对于其他排列方式需经船级社同意。

(2)集装箱可仅用角锁装置或用角锁装置、撑柱、单压撑柱或绑扎装置相结合,可参照集装箱露天甲板上的堆装和系固的规定进行系固。

(3)若经计算表明各层集装箱层之间出现分离,则应在该层设角锁紧装置。对其他位置可考虑使用双头定位锥。

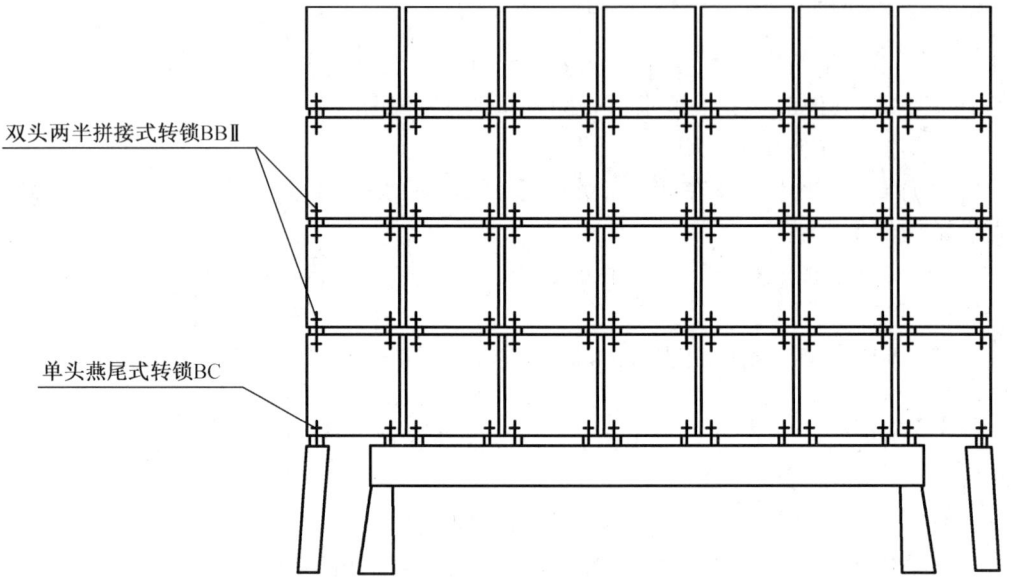

图 9-2　无绑扎几层集装箱系固

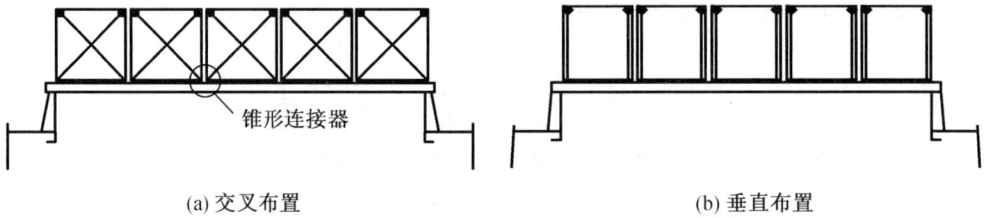

(a) 交叉布置　　　　　　　　　　　(b) 垂直布置

图 9-3　一层集装箱的绑扎

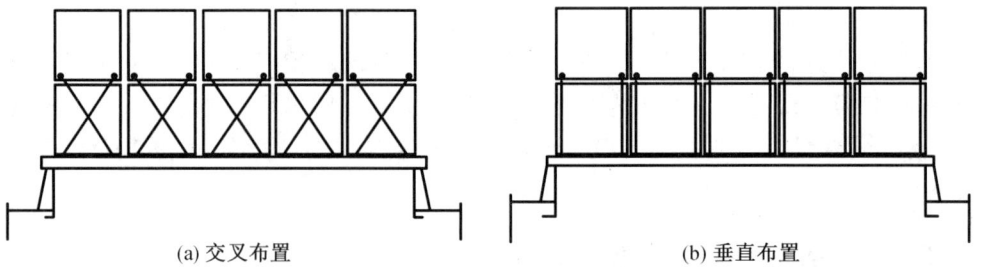

(a) 交叉布置　　　　　　　　　　　(b) 垂直布置

图 9-4　两层集装箱的绑扎

（4）若经计算表明各层集装箱层之间均无分离力出现,则对于角锁紧装置可考虑全部由双头定位锥代替。

（5）撑柱与船体结构需牢固连接,若有可能,撑柱与船体结构的连接方式应适合于不同高度的集装箱堆。

（6）单压撑柱与船体结构的连接可为固定式、铰接式或可拆式 3 种,对该处的船体结构应做必要的加强。安装单压撑柱时,应使其紧靠箱角件并保持最小间隙。

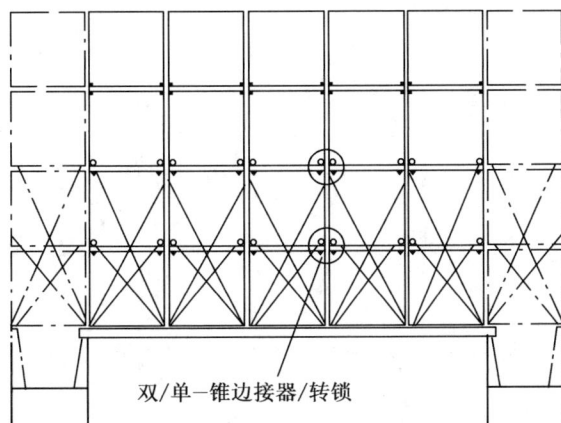

双/单—锥边接器/转锁

图 9-5　多于两层的集装箱绑扎

（7）为了传递横向负荷,相邻集装箱之间的连接构件的位置和强度均应与撑柱或单压撑柱的位置和强度一致。

（8）如有必要,支持撑柱和单压撑柱处的船体结构应做加强。

2. 箱格导轨装置

（1）箱格导轨装置不应与船体构件形成整体结构,设计时应使其不受船体主应力的影响。

（2）箱格导轨装置应使其将船舶运动时产生的集装箱负荷传递到船体结构上,并能承受由集装箱装卸时产生的负荷以及阻止集装箱移动;箱格导轨装置的许用应力如下（σ_s 为材料的屈服强度,N/mm^2）:

许用切应力 $[\tau] = 0.4\sigma_s$;

许用正应力 $[\sigma] = 0.67\sigma_s$。

（3）箱格导轨装置一般由钢板和型钢构成,并应将导轨从内底延到导箱构件的下缘。对箱格导轨的上端应做有效支撑。

（4）箱格导轨之间要设置横撑材（图 9-6）,其间距应按作用在导轨上的负荷而定,但一般不超过 5 m,并尽可能将其布置在集装箱角的同一水平面上。在舱的全宽内,对横撑材至少应设有两个支撑点,以防止其纵向移动,但如横撑材在纵向的最大位移不超过 20 mm,可仅设一个支撑点。

（5）箱格导轨与横材之间的连接处应设有足够的抗扭转强度。

（6）箱格导轨上应设置适当间距的中间肘板。

（7）当结构受力计算表明需要安装纵向拉杆时,对其间距和位移的要求按第（4）款执行。

（8）在装载 40′集装箱的箱格导轨装置时,可以配备装 20′集装箱的临时中间箱格导轨设施。其结构应适应于装载这两种规格集装箱。

（9）如位于货舱两边和两端的导轨与纵、横舱壁相连接,则该舱壁要做局部加强,以承受附加载荷。

（10）每只集装箱和导轨的横向间隙之和应不超过 25 mm,纵向间隙之和应不超过 40 mm。应注意箱格导轨的安装精度,导轨距它的设计理论线的偏差一般不得超过 4 mm(横方向)和 5 mm(纵方向)。

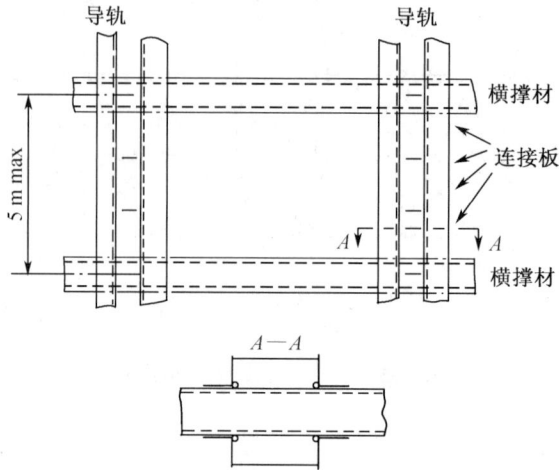

图 9-6　箱格导轨的典型布置

(11)引导集装箱进入箱格导轨的导箱构件坚固,一般应将其安装在导轨的顶部。

任务三　集装箱的系固件

因集装箱的系固属于标准货物,故这里讲的系固件为标准货物系固设备。

标准货系固设备是指用于固定专用集装箱船及多用途船(适用时)在装载集装箱时所用的设备,为经批准的专用设备。标准货物系固设备可分为固定式系固设备和便携式系固设备两种。

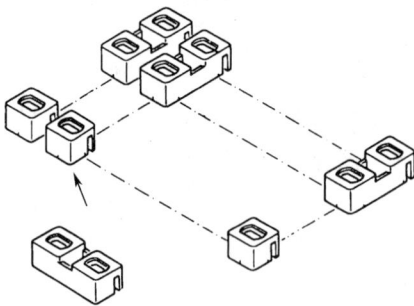

图 9-7　甲板底座布置图

一、固定式系固设备

1. 底座

底座直接焊接在舱底、甲板、支柱及舱盖上,相互之间的间距按集装箱四角角件孔的尺寸设计,并通过安放在其上的扭锁、底座扭锁或定位锥对集装箱进行定位和固定(图 9-7)。其主要种类如下所示。

(1)突出式底座(foundation):主要用于舱盖、支柱及甲板上,用于安放并固定扭锁。有单式、横向双式及纵向双式三种形式,如图 9-8(a)所示。

(2)突出式滑移底座(sliding foundation):焊接位置同突出式底座,有单滑移式、横向双连单滑移式、纵向双滑移式三种形式。突出式滑移底座允许适当调整底座间的间距,如图 9-8(b)所示。

（3）埋入式底座(imbed foundation)：主要用于舱底,也有用于舱盖上的,结构表面略高于前述结构表面。有单式、横向双式、纵向双式及四连式四种,如图9-8(c)所示。

（4）燕尾底座(dovetail foundation)：又称燕尾槽,主要用于舱盖及甲板支柱上,并专用于固定底座扭锁,有单式与横向双式两种。

（5）板式底座(doubling plate foundation)：主要用于舱底,并与堆锥配套使用,如图9-8(d)所示。

（6）插座(socket)：一般用于舱内,并与底座堆锥配套使用,如图9-8(e)所示。

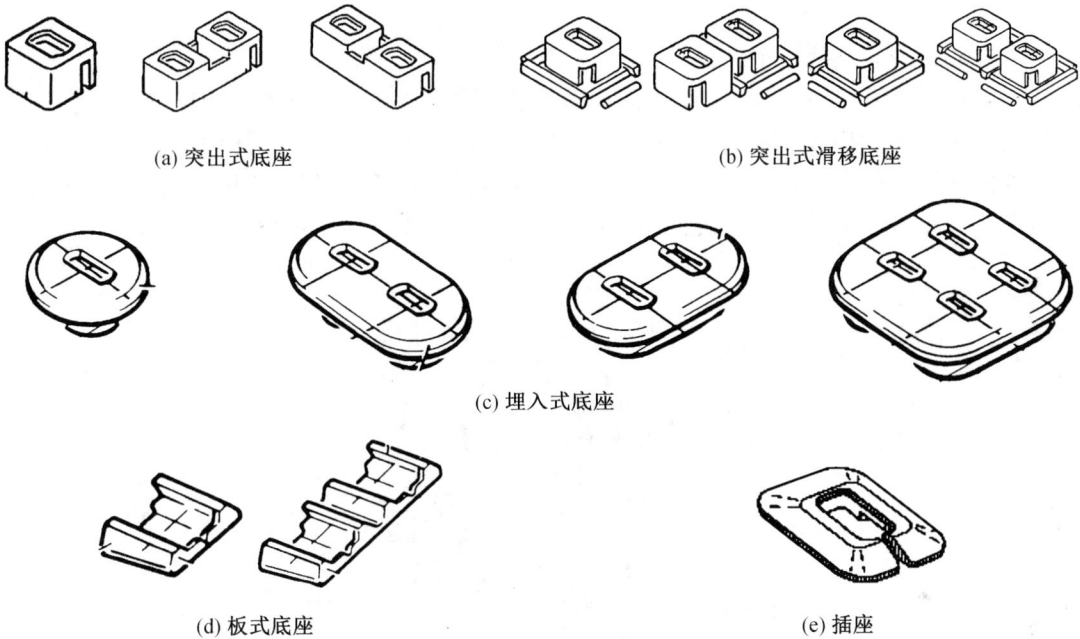

(a) 突出式底座　　　　　　　　　　　(b) 突出式滑移底座

(c) 埋入式底座

(d) 板式底座　　　　　　　　　　　　(e) 插座

图9-8　底座的类型

2. 固定锥(图9-9)

固定锥通过一覆板直接焊接在舱底的前后端导轨底脚处,用于固定舱内最底层集装箱(固定锥插入集装箱的角件孔内)。

3. 可折地令(图9-10)

可折地令又称D形环,主要用于舱盖、甲板、集装箱支柱及绑扎桥上,多用途船也将其用于舱底。其主要作用是作为一个系固点与花篮螺丝、绑扎杆等组成一系固系统固定集装箱。

图9-9　固定锥

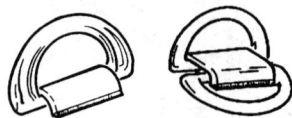

图9-10　可折地令

4.眼板(图9-11)

眼板的使用位置同地令,但一般不用于舱内。形式分为单眼、双眼、三眼及四眼。

图 9-11 眼板

5.箱格导轨系统(图9-12)

箱格导轨系统设置于舱内,也有设置于甲板上无舱口的位置处。箱格导轨系统一般由钢板和型钢构成,主要由导轨、横撑材、导箱构件等组成。导轨从内底延伸至导箱构件的下缘。整个系统的作用是控制集装箱的歪斜、倾覆与滑移。其中导箱构件又是引导集装箱进入箱格导轨系统的重要构件,一般安装在导轨的顶部。

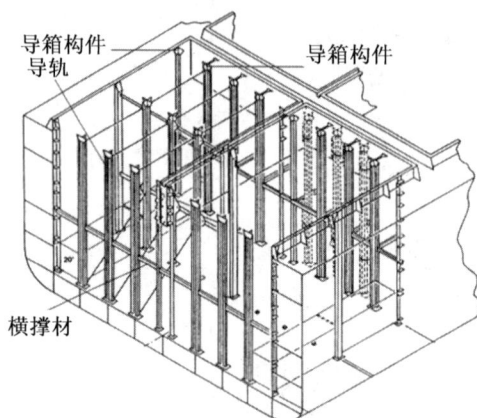

图 9-12 箱格导轨系统

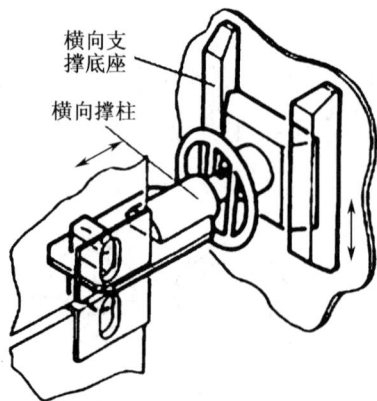

图 9-13 横向支撑底座

专用集装箱船箱格导轨系统应满足下面要求:

(1)不应与船体构件形成整体结构,且应不受船体主应力的影响;

(2)能将因船舶运动时产生的集装箱负荷传递到船体结构,并能承受由集装箱装卸时产生的负荷及阻止集装箱移动;

(3)集装箱与导轨之间的横向间隙之和不大于 25 mm,纵向间隙之和不大于 40 mm;

6.横向支撑底座(图9-13)

横向支撑底座一般设置于多用途船舱内两舷舷侧。它的作用是与横向支撑装置组成一支撑系统,以控制舱内上层集装箱因船舶运动可能产生的横向歪斜、倾覆、移动。

7. 集装箱绑扎桥(lashing bridge)(图9-14)

集装箱绑扎桥设置于大型集装箱专用船甲板,其上设有眼板、D形环或可左右转动的眼板,用于系固高层集装箱。

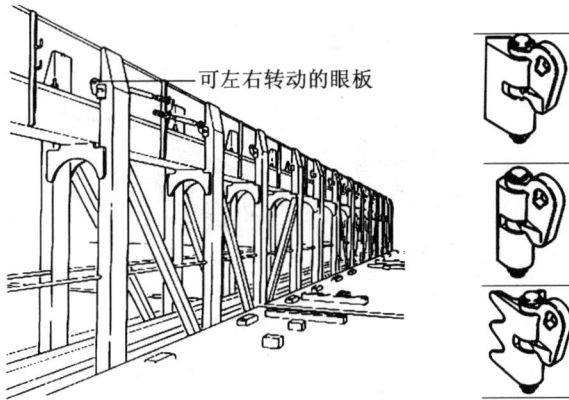

图9-14　集装箱绑扎桥

二、便携式系固设备

1. 扭锁(twistlock)(图9-15)

扭锁主要用于甲板上上下层集装箱之间的连接锁紧或底层集装箱与突出式底座之间的连接锁紧,以防集装箱的倾覆及滑移。扭锁分左旋与右旋锁两种。

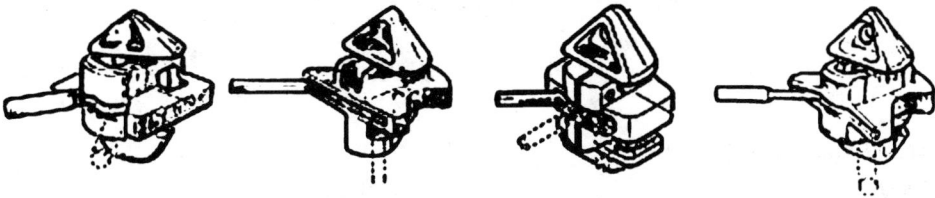

图9-15　扭锁

左旋锁操作特点与使用方法:当操作手柄位于图中虚线位置时,扭锁处于非锁紧状态,当将操作手柄从右向左旋转至极限位置时,扭锁达锁紧状态。使用时,应首先将操作手柄置于非锁紧状态并将其置放到下层集装箱顶部的角件孔或突出式底座内,待上层集装箱堆放妥后,转动操作手柄,即可将箱与箱或箱与底座连接起来。卸箱时应首先用扭锁操作杆将操作手柄转至扭锁非锁紧位置方可卸箱。

2. 半自动扭锁(semi automatic twistlock)(图9-16)

半自动扭锁的作用同扭锁相同,它无须装卸工人爬到集装箱上将其安装和取下,能最大限度地减少工人上高作业的危险,从而保证安全。所以其被广泛应用,在一些国家港口当局甚至强制使用(如美国)。

其具体使用方法如下

装箱时:在码头上当桥吊将集装箱吊起至人手臂举起的高度时,从下向上将其插入集装箱角件孔内,待吊上船并对准突出式底座或另一集装箱角件孔时放下,该锁的自动装置即起作用并转动锁锥将箱与底座或箱与箱连接锁紧。

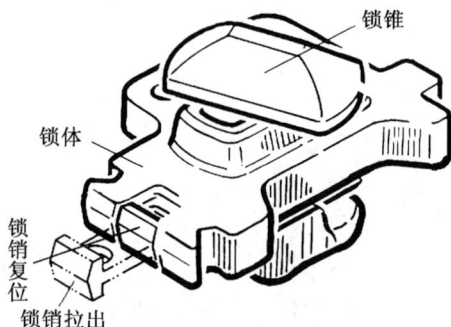

图 9-16 半自动扭锁

卸箱时:应首先用操作杆将锁销拉出,从而打开扭锁与突出式底座或另一集装箱顶部角件孔的连接,吊起集装箱至码头,用人工将其卸下。

3. 底座扭锁(bottom twistlock)(图 9-17)

底座扭锁仅与燕尾底座配套使用,其作用与操作方法同扭锁。

图 9-17 底座扭锁

4. 堆锥(stacking cone)

按使用位置及功能的不同,堆锥主要分为以下几种。

(1)中间堆锥(inter bridge stacking cone)

中间堆锥上下锥头固定,垂向方向无锁紧功能,仅用于舱内箱与箱之间的连接。其有单头与双头堆锥两种,如图 9-18 所示。

图 9-18 中间堆锥

(2)底座堆锥(bottom stacking cone)

底座堆锥之一又称可移动锥板(removable cone plate),其结构特点是上为锥头下为插杆,仅与插座配套使用。其有单头、横向双头、纵向双头及四连四种。横向双底堆锥如图9-19所示。

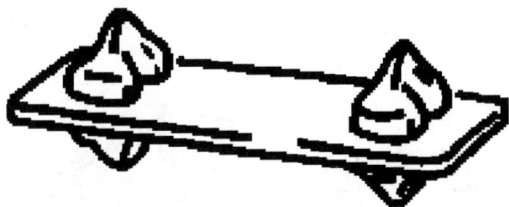

图9-19　横向双底堆锥

另一种底座堆锥为单头,但上下均为锥头,这种堆锥与板式底座配套使用,如图9-20所示。

(3)自动定位锥(automatic fixing cone)(图9-21)

图9-20　单头底座堆锥

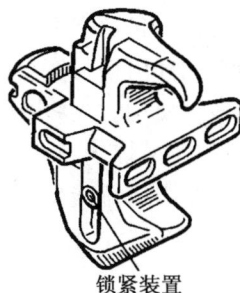

锁紧装置

图9-21　自动定位锥

自动定位锥用于固定甲板上40′箱位处在装20′集装箱时处于中间的箱脚,并与半自动扭锁配合使用,即40′箱位的前后两端用半自动扭锁,中间用自动定位锥,这样不仅可起到半自动扭锁的作用,同时也克服了40′箱中间狭窄空间处无法操作的缺陷。这已得到较广泛的应用,且在美国等少数发达国家强制要求的。

它的使用方法与半自动扭锁相似,不同点是不存在卸箱时必须先由人工将锁销拉出这一过程,而是靠锁紧装置自动将定位锥转换成非锁紧状态。即首先将20′集装箱一端的半自动扭锁由人工将锁销拉出,使之转为非锁紧状态,桥吊缓慢起吊,此时自动定位锥将会在桥吊的拉力作用下,锁紧装置动作并解锁,从而完成卸箱工作。

(4)调整堆锥(levelling stacking cone)

调整堆锥又称高度补偿锥,用于在装载某些非标准高度的集装箱时调整其高度至标准状态,如图9-22所示。

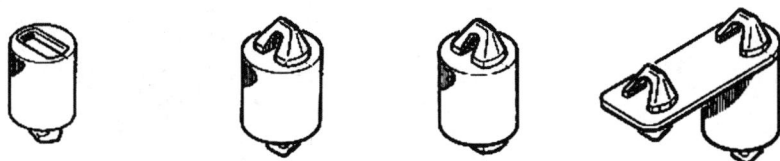

图9-22　调整堆锥

5. 桥锁

桥锁(图9-23)用于对相邻两列最高层的集装箱进行横向连接,以分散主绑扎设备的负荷。使用时只需将桥锁的两个索钩分别插入相邻两集装箱的角件孔中,再调整旋转调节螺母,即可将集装箱连接拉紧。

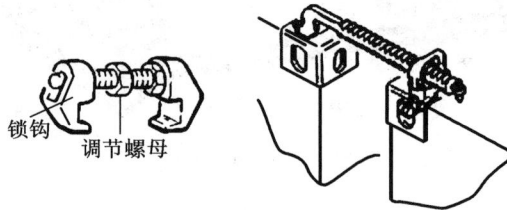

锁钩　调节螺母

图9-23 桥锁

6. 花篮螺丝(松紧螺旋扣)与绑扎杆(绑扎棒)(turnbuckle & lashing bar)

该两种设备通常需组合成一个整体后,方可达到系固集装箱的目的,如图9-24所示。绑扎杆由钢与铝合金制成,可代替系索使用。用绑扎杆容易操作,也便于收藏,使用较多。使用时先将绑扎杆的一端插入集装箱的角件孔中,另一端与花篮螺丝相连,再通过花篮螺丝与地令或眼板相连,最后调整花篮螺丝,使整个系统紧固。如因绑扎杆长度原因或特殊要求,需加长应使用加长钩以满足要求。

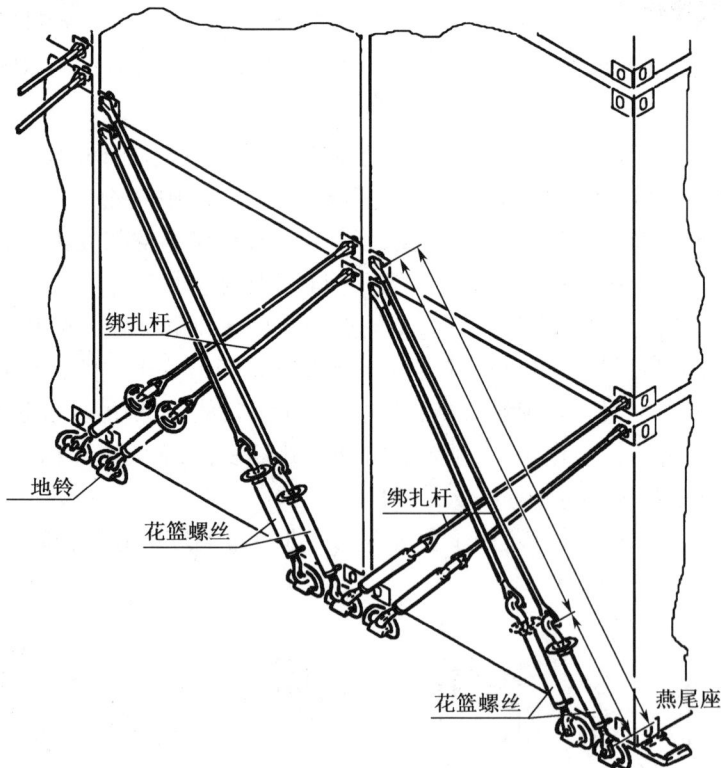

绑扎杆

地铃

花篮螺丝

绑扎杆

花篮螺丝

燕尾座

图9-24　花篮螺丝与绑扎杆

7. 横向撑柱(lateral support element)(图9-13)

横向撑柱用于舱内无箱格导轨或多用途船舱内装载集装箱时,对舱内紧靠两舷舷侧的最上层集装箱进行支撑,以防集装箱歪斜、倾覆或横移。使用时,将横向撑柱的一端插入其专用底座,另一端插入紧邻的集装箱角件孔内,再利用调整装置使其拉紧受力。

8. 辅助工具

便携式系固设备所用辅助工具(图9-25)主要有两类:扭锁操纵杆和花篮螺丝操作工具。扭锁操纵杆作用是控制扭锁的手柄或锁销,以达到解锁的目的。花篮螺丝操作工具的作用是将花篮螺丝收紧或松开。

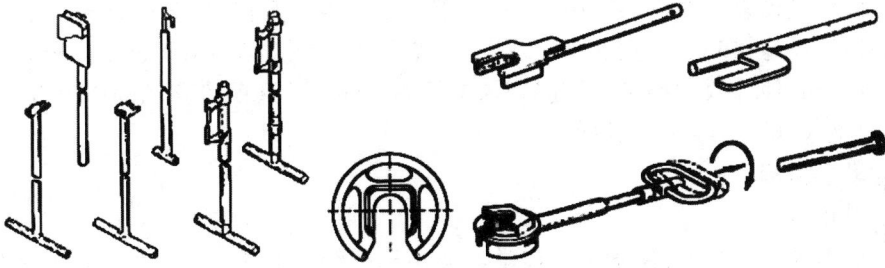

图9-25　便携式系固设备所用辅助工具

项目十 船 用 梯

◆**项目描述**

在现代船舶上内部的梯道与脱险通道的设置有着密切的联系,对此有关公约、规则和规范均有明确、严格的规定。船舶内部的梯道必须采用钢质或经验船部门批准使用的其他等效材料制造。

船用梯是船舶的通道设施,可分为船内梯和船外梯两大类。

船内梯是设置在船上各层甲板、平台或双层底内以及桅柱等处,便于人员上下的固定的通道设施,如斜梯、直梯、踏步等。船舶内部的梯道必须采用钢质或经验船部门批准使用的其他等效材料制造。船外梯是船舶与外界接通的可移动的通道设施,如舷梯、登船跳板、舷墙梯、引航员梯等。

◆**教学目标**

1. 思政目标

通过本项目的学习,便学生不仅学习船用梯的相关知识,同时也了解我国海军的航母发展之路,培养学生对祖国深厚、神圣的感情。

2. 知识目标

通过学习船用梯的种类、功用、选型原则,使学生系统掌握船用梯的设计理论、船用梯的安装与检验等知识。

3. 能力目标

使学生达到能按照生产资料对船用梯进行选型、安装,并编制施工工艺。

4. 素质目标

通过本项目的学习,使学生应能够有敬业精神和团结合作、相互配合的态度。

【思政课堂】 硬核科普! 回顾中国海军的航母发展之路

我国首艘航空母舰是辽宁舰,自 2012 年 9 月入列至今,已经走过了十几个年头。历经十载砥砺奋斗,辽宁舰从零起步、从近海走向远海,实现了从"试验训练平台"到"备战打仗先锋"的华丽蜕变。

2012 年 9 月 25 日,001 型航母正式交付中国海军,命名为"中国人民解放军海军辽宁舰",舷号为"16"。从这一天开始,我国有了自己的航母,海军建设进入崭新篇章。两个月后的 11 月 23 日,舰载机试飞员戴明盟驾驶歼–15 飞机成功阻拦着舰,人民海军实现了舰载战斗机上舰的历史性突破。这之后,海军一批批舰载战斗机飞行员驾驶着歼–15 飞机,在辽宁舰上成功完成了阻拦着舰和滑跃起飞考核,并通过航母飞行资质认证。

2015 年 7 月,辽宁舰首次组织实弹射击,取得了全部命中的好成绩。2016 年以来,以辽宁舰为核心的航母编队多次赴南海、西太平洋等海域开展实战化训练,推动全要素、全流程整体训练,不断深化实战化部署演练,探索和实践了航母编队远海作战运用的方法路子,也一步步实现了从试验训练到备战打仗的华丽蜕变。

在迈向深蓝的航程上,辽宁舰还充当起孵化器作用。十年来,先后为后续航母部队输送千余名骨干人才,发挥了航母首舰"种子"部队的作用。

2019年12月17日,国产航母山东舰加入人民海军战斗序列。从此,人民海军正式进入双航母时代。

海军山东舰是我国第一艘完全自主设计、自主建造、自主配套的国产航空母舰,于2017年4月26日在大连造船厂举行下水仪式。2019年12月17日,山东舰入列仪式在海南三亚某军港举行,经中央军委批准,我国第一艘国产航母命名为"中国人民解放军海军山东舰",舷号为"17",标志着中国海军正式迎来国产航母时代。

在建造过程中,山东舰突破了船体结构、动力核心设备这两项制约我国航母事业发展的重大技术瓶颈,以及发电机组、综合电力系统、节能减排装置等船舶动力产品设计建造关键技术。

山东舰自入列以来,始终坚持试训融合、训战一致的原则,积极谋求试训场和海战场的无缝对接,仅用一年多的时间就实现了从首次着舰起飞到最大集中出动回收保障能力的重大突破。圆满完成歼-15舰载机多类回收引导、高海况武器实弹射击、海上补给、跨区机动等试验任务,突破了我国航母发展的多项历史纪录,战斗力不断攀升。

海军福建舰是我国第三艘航空母舰,是我国完全自主设计建造的首艘弹射型航空母舰,采用平直通长飞行甲板,配置电磁弹射和阻拦装置,满载排水量80 000余吨。

2022年6月17日,经中央军委批准,中国第三艘航空母舰命名为"中国人民解放军海军福建舰",舷号为"18"。

福建舰的建造始于2017年,在经过数年的努力之后,于2021年首次海试成功。该航母长约315 m,宽约75 m,排水量超过80 000 t,装备了多种先进的舰载机和导弹系统。

福建舰拥有多项先进的技术,是全球最强大的航母之一。以下是该航母的几个技术亮点:

(1)全数字化设计。福建舰在设计和建造过程中采用了全数字化设计,拥有更高的精度和更好的性能。

(2)先进的机电一体化系统。该航母的机电一体化系统采用了多项先进技术,如数字化控制、智能化诊断等,具备更好的自动化控制能力和更高的可靠性。

(3)多型舰载机。该航母可以搭载多型舰载机,包括歼-15、舰载预警机等,可执行多种任务。

(4)先进的导弹系统。福建舰装备了多种先进的导弹系统,如红旗-9B、鹰击-18等,可有效打击各种目标。

福建舰的成功建造,标志着中国航母工业迈向了一个新的高度,是中国航母工业的一次重大突破和创新。该航母的首次海试成功表明,中国已经初步具备了自主设计建造现代化航母的能力,为中国的海军现代化建设提供了有力保障。

来源:央视网(原文有删改)

任务一　船　外　梯

一、舷梯

舷梯是船舶与外界之间的通道设施。客船应设置舷梯,其他各类大、中型船舶也应设置舷梯,小船一般不设置舷梯。

舷梯一般布置在船舶两舷不被船体外板封闭的最低一层舷侧通道的甲板边缘处。根据船舶的尺寸和使用需要,通常每舷设置一部舷梯。大型客船每舷应考虑设置两部舷梯。船舶每舷设置一部舷梯时,应设置在舯部之后,或上层建筑附近,以便于人员上下舷梯。梯口可向艉,也可向艏,但舷梯使用时的仰角为45°~55°,在这个角度到水平的范围内,可保持正常使用。

舷梯的组成部分主要有梯节(为梯架和踏步构成)、上平台、下平台、翻梯装置、吊架、栏杆以及绞车。梯节为钢质的称为钢质舷梯,梯节为铝制的称为铝制舷梯。

根据舷梯在甲板上的出入口离水面的高度及舷梯最大仰角的限制,可采用单节舷梯或多节舷梯。单节舷梯的上平台与下平台之间只有一个梯节,多节舷梯的上平台与下平台之间有两个或两个以上的梯节,梯节之间设有中间过渡平台。

舷梯按其踏步形式可以分为两种。一种是活动踏步,其踏步与梯架铰接。踏步下方中间有一根传动杆将上下平台和所有的踏步连在一起,当舷梯与水平面的夹角发生变化时,在传动杆的带动下,踏步和下平台始终保持水平状态。另一种为固定踏步舷梯,其踏步为弧形曲面型材与梯架焊接固定。

舷梯的上平台有旋转式和固定式,目前常用的为旋转式平台。舷梯可在水平方向略有转动。

舷梯使用时,下平台能达到离开水面的高度通常不小于700 mm。船舶航行时,舷梯应收起并在甲板舷侧处系紧固定。

常用舷梯的宽度为600 mm,踏步间距是指踏步突出部分沿舷梯之间的距离,均为300 mm,舷梯栏杆扶手顶高不小于1 m,中间栏索设置在栏杆柱的半高处。

1. 活动踏步钢质舷梯

活动踏步钢质舷梯的形式如图10-1所示。这种舷梯的主要部件包括梯架、踏步、上平台、下平台、斜撑杆、传动杆、栏杆柱和扶手等,均为钢质结构,使用的最大仰角不超过55°。

2. 固定弧形踏步铝制舷梯

固定弧形踏步铝制舷梯通常为旋转平台式单节舷梯,最大仰角不超过55°。这种舷梯的梯架、弧形踏步、扶手及栏杆柱为铝制构件,上平台、下平台及滚轮等均为钢质构件。

3. 潜水员舷梯

潜水员舷梯是专供各类救助打捞船用作运载潜水员上下水面的升降装置。其与前述的钢质舷梯和铝制舷梯的不同之处在于潜水员舷梯下端伸到水面以下,是潜水平台,即通常舷梯的下平台在水面以下1.8 m,以保证潜水员从潜水平台上进入水中或登上潜水平台出水。

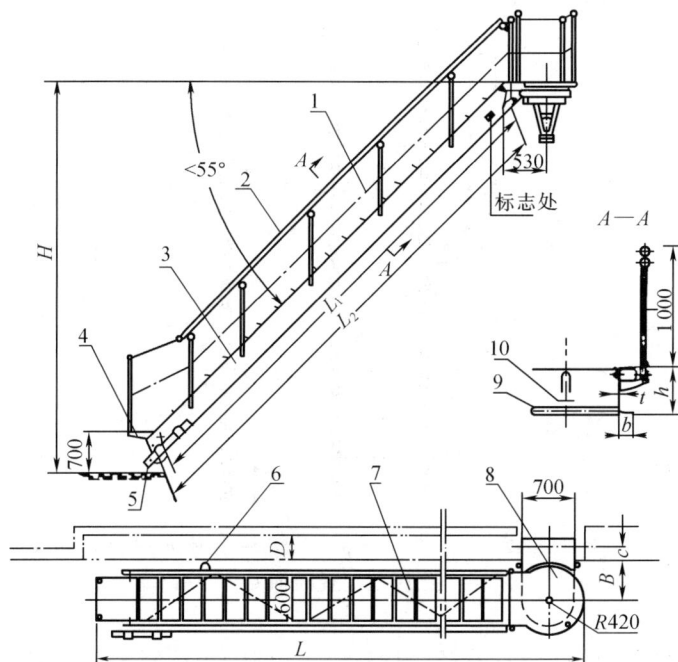

1—栏索;2—扶手;3—梯架;4—下平台;5—护木;6—侧向渡轮;7—踏步;
8—上平台;9—斜撑杆(仅26级以上舷梯设置);10—传动杆。

图 10-1 活动踏步钢质舷梯

潜水员舷梯有两种类型:A 型带有可翻倒伸出舷外的辅助平台,B 型则在舷边设置登梯平台,两者舷梯部分不论是 A 型或 B 型,最大干舷的选择条件均为潜水平台下1.8 m 水深,梯架高出甲板 220 m,最大倾角为60°。

二、登乘绳梯

登乘绳梯是救生艇筏的登乘装置,在船舶发生海难事故弃船时挂在舷外,供人员登乘救生艇筏使用。

登乘绳梯的形式如图 10-2 所示,踏板级数为 10~60 级,梯长(L)为 3.1~18.5 m。踏板可为铝制或木制,但绳梯的最下端 4 级均采用橡胶踏板。边索直径为 22 mm(周长 69 mm),应采用白棕绳或剑麻绳,不得采用合成纤维绳制作。

三、登乘跳板

登乘跳板是船舶停靠码头时的对外通道设施,尤其是小型船舶,因其干舷小,不宜设置舷梯,通常设置登船跳板供人员上下使用。

登船跳板按其主要结构的材料分为木质、钢质和铝质三种,也可采用钢质构架铺木板的结构。

钢质带滚轮的跳板如图 10-3 所示,目前常用的规格为长度(L)4 m 和 6 m 两种。这种跳板结构坚固,设有栏杆,但不宜制作太长,否则由于质量大,搬移很不方便,以至于必须借助起重机才能搬移。

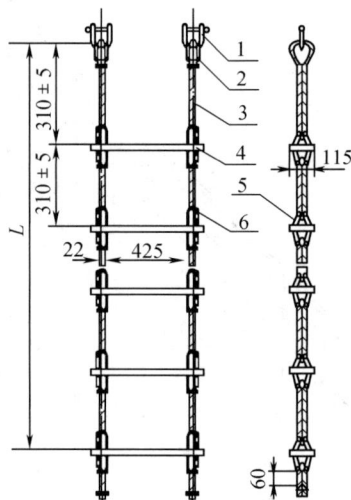

1—卸扣;2—套环;3—边索;4—踏板;5—嵌环;6—扎索。

图 10-2　登乘绳梯

铝质登船跳板的优点是质量轻、耐腐蚀。常用的铝质跳板有整体式和可拆式,后者梯架可从中间拆分为两节,便于收藏。铝质跳板的长度为 8~15 m。

四、舷墙梯

舷墙梯也是船舶对外通道设施。当船舶靠码头后,舷墙梯的支撑架同舷墙顶板或栏杆扶手连接固定,从而与登船跳板配合使用,供人员上下。舷墙梯也可同引航员梯配合使用,作为引航员登、离船舶的安全通道。

舷墙梯按其材料可分为钢质和铝质,结构形式大同小异。如图 10-4 所示为铝制舷墙梯,适合的舷墙或栏杆高度(H)为 1.1 m 或 1.2 m,相应的梯长(L)为 1.34 m 和 1.47 m。

五、引航员梯

引航员梯(图 10-5)是专供引航员从引航船上安全登、离被引航船舶的通道设施。登船口距水面的高度在 1.5~9 m 时,仅需设置引航员软梯。当登船口距水面的高度超过 9 m 时,除设置引航员软梯外,还应设置引航员舷梯或引航员升降器。

引航员软梯的主要结构同登乘软梯相似,两者的主要区别在于引航员软梯设有防扭板(止扭踏板),并配有将软梯系固于船舶上用的辅助索。常用的引航员软梯踏步级数为 6~30 级(级距 31 mm),梯长(L)为 1.86~9.3 m。防扭板的长度不小于 1.8 m,应安置在一定的间隔处,最低的防扭板应装在从梯底倒数第 5 块踏板上,两条防扭板的间隔不超过 9 块踏板。如果设置有两条以上的防扭板时,最上面的一条防扭板通常设置于从上向下第 3 个踏板处。

引航员舷梯的构造同普通舷梯相似,但使用时的倾斜角度保持不变(不超过 55°),舷梯的下平台在使用时应处于水平状态,舷梯及平台两边均应装设支柱和坚固的扶手或扶索。

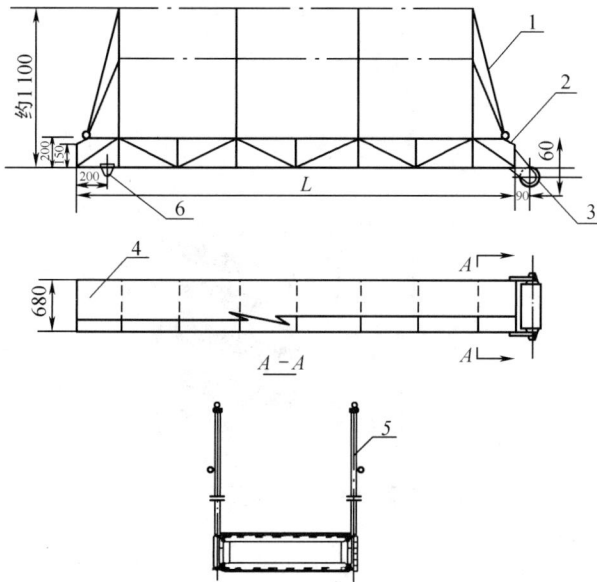

1—缆绳;2—梯架;3—滚轮;4—钢板网;5—栏杆;6—搁板。

图 10-3 钢质带滚轮的跳板

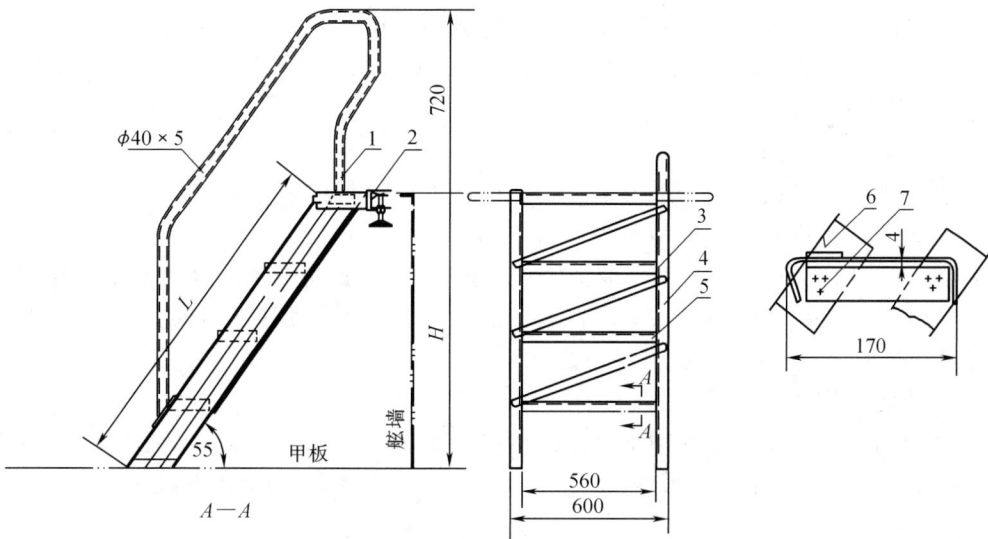

1—扶手;2—支撑架;3—连接板;4—梯架;5—踏步;6—螺钉;7—铆钉。

图 10-4 铝制舷墙梯

图 10-5　引航员梯

任务二　船　内　梯

一、斜梯

斜梯是船舶内各层甲板间最常用的垂向通道设施。斜梯按其制造材料可分为钢质斜梯和铝质斜梯,民用船舶通常应使用钢质斜梯;按其使用处所可分为普通钢质斜梯、货舱斜梯和机舱斜梯等。

1. 普通钢质斜梯

普通钢质斜梯通常用于露天甲板及除居住处所以外的舱室内部各层甲板。标准的普通钢质斜梯按其梯架类型分为 A 型(图 10-6)和 B 型。A 型的梯架为角钢组合结构,B 型的梯架为球扁钢,踏步板采用花纹钢板,并设置防滑条。普通钢质斜梯的斜度为 45°、50°、55°、60°、65°和 70°。在人员经常上下的处所使用的斜梯,其斜度应不大于 55°,65°和 70°仅用于人员很少的处所。

2. 货舱斜梯

货舱斜梯为货舱专用的钢质斜梯,斜度为 60°和 65°。货舱斜梯为钢质结构,通常在梯子的一侧设置活动扶手或固定扶手,踏步由树根角端向上的方钢组成,梯高为 2.5~6.7 m。

3. 机舱斜梯

机舱斜梯适用于机器处所,常用的机舱斜梯,其斜度为 55°~60°,梯宽为 450 mm和 600 mm。扁钢梯架适用于梯高为 750~2850 mm 的斜梯,其梯架强度较高,适用于梯高 3 000~4 050 mm 的斜梯。机舱斜梯的踏步采用花钢板或钢板网制作,有一定的防滑性能。

二、直梯

直梯是船舶内部另一种常用的垂向通道设施,通常用于液体舱、空舱以及某些人员不经常出入的处所。直梯按其制造材料可分为钢质直梯和铝质直梯,民用船舶使用钢质直梯。按其使用处所又可分为普通钢质直梯及货、油直梯等。

普通钢质直梯的踏步间距为 300 mm,其中 A 型及 B 型直梯梯架为扁钢,C 型直梯的梯架为钢管结构。图 10-7 为 A 型普通钢质直梯。直梯安装时离开该处的舱板的距离应不小于 150 mm,梯长大于 2 500 mm,梯架中部应加固定眼板。

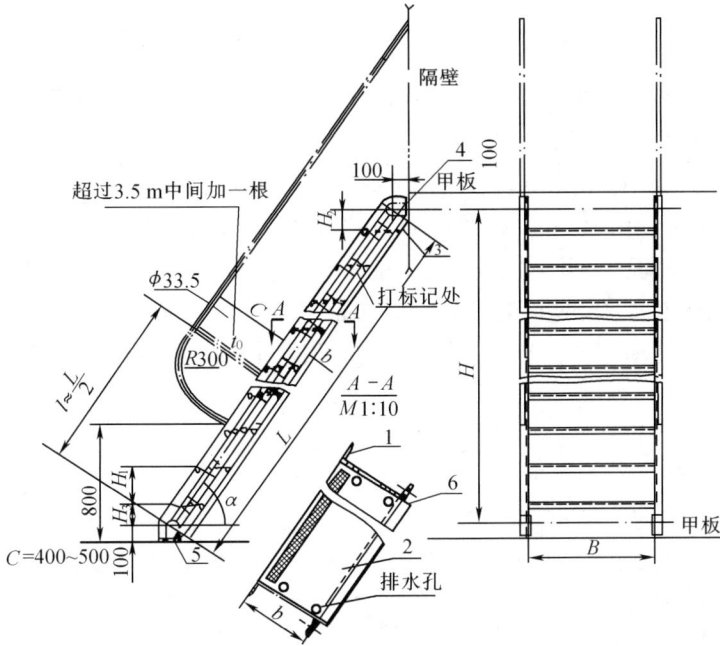

1—梯架;2—踏步板;3—宽踏步板;4—上耳板;5—下耳板;6—防尘板。

图 10-6 A 型普通钢质斜梯

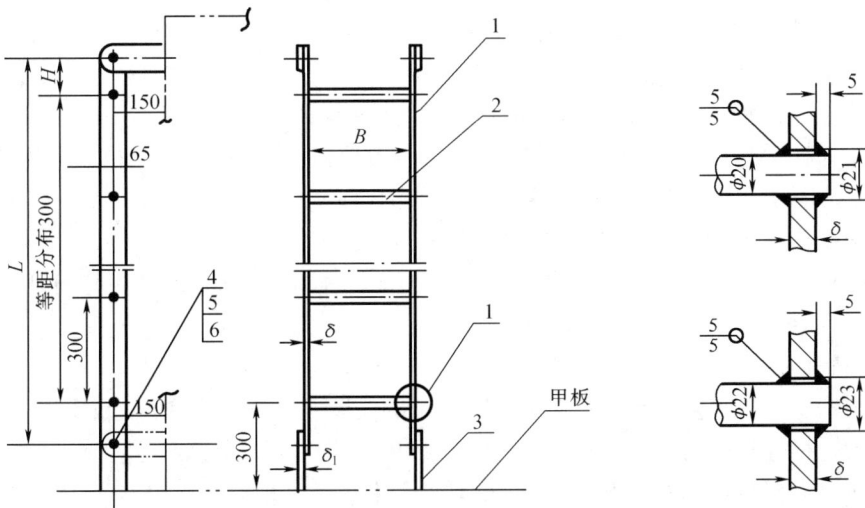

1—扁钢梯架;2—圆钢踏步;3—固定眼板;4—螺栓;5—螺母;6—垫圈。

图 10-7 A 型普通钢质直梯

任务三　船用梯的安装与检验

一、船内梯安装检验

对固定钢质梯的安装检验,应符合以下要求。

1. 室内斜梯

(1)梯架、踏步

①梯架的宽度公差为±5 mm;

②梯架边梁的平直度公差为±2 mm;

③梯架扭曲度(对角线中间点距离)公差不大于 5 mm;

④踏步平面间距 250 mm,每档公差为±2 mm,累积偏差不超过±5 mm;

⑤钢板踏步平面的不平衡度为±2 mm;

⑥如为方钢踏步,方钢间距不大于 70 mm,公差为±2 mm;

⑦梯架安装的垂直度(上下支撑点上与理论对称中心线距离之差)公差不大于 2 mm;

⑧斜梯倾斜度公差为±2°。

(2)扶手栏杆

①扶手栏杆应符合图纸的要求;

②固定在围壁上的扶手支座应焊接或用螺栓固定在钢质围壁上。支座应成 L 型,不影响手扶时上下滑动;

③扶手与围壁装饰后的外边面最小距离不小于 60 mm。

2. 露天甲板斜梯

(1)梯架、踏步

①对由方钢组成踏步板的斜梯,其装配和焊接按图纸要求进行;

②梯架、踏步的公差按室内斜梯执行。

(2)扶手栏杆

①扶手栏杆钢管的加工、装配和焊接应符合图纸要求;

②斜梯扶手栏杆上端与甲板栏杆连接应光顺平整,不应有对接错位。与围壁或舷墙的连接应有 L 型弯头,连接处钢管轴线应与围壁或舷墙面垂直。

③扶手栏杆钢管直线度公差为不大于 5 mm。

④斜梯两侧扶手栏杆平面间距公差为±5 mm,本公差也可解释为栏杆平面的垂直度。

(3)固定眼板

①斜梯上、下固定眼板的定位应保证梯架的安装尺寸在公差要求范围内;

②用螺栓连接的梯架,每块眼板上的螺旋孔不应少于 2 个;

③在铺有模板或敷料的甲板上的眼板螺栓孔位置要相应提高,以便于拆、装螺栓。

3. 货舱斜梯

(1)A 型货舱斜梯

①梯架、踏步:货舱斜梯的踏步均应为方钢结构。其修理和换新的技术要求按室

内斜梯公差要求执行。

②中转平台:中转平台可以为一块大型踏步。因其承受上、下梯架的负荷,在货舱壁上均应有加强肘板或立柱支撑。中转平台的修理和安装公差如下所述。

a. 中转平台平面度偏差不大于 6 mm。

b. 平台上方钢间距、栏杆扶手和眼板定位公差按露天甲板斜梯的相关要求执行。

③斜梯扶手栏杆,包括经过中转平台与上、下斜梯扶手的连接按露天甲板斜梯的相关要求执行。

④固定眼板按露天甲板斜梯的固定眼板相关要求执行。

(2)B 型货舱斜梯

①梯架、踏步:B 型货舱斜梯的梯架是一根满足强度要求的大型立柱,踏步为型材和方钢组成的扇形小平台。其公差要求如下。

a. 梯架立柱的轴线直线度公差不大于 5 mm;

b. 梯架立柱的轴线安装垂直度公差不大于 10 mm;

c. 梯架立柱对接时两根轴线(亦即柱面)同心度公差不大于 2 mm;

d. 扇形踏步的外弧可以是圆周线,也可以其弦线为边,具体按原设计图纸规定,立柱外周至扇形踏步的最大径向尺寸即为梯宽;

e. 梯宽公差为±5 mm;

f. 踏步平面的水平度公差为±2 mm;

g. 踏步方钢间距不大于 70 mm,公差为±2 mm;

h. 踏步平面间距为 250 mm,每档公差为±2 mm,累积偏差不超过±5 mm。

②扶手栏杆装焊技术要求

a. 扶手栏杆线形、材料、规格、加工、安装和焊接应按图纸规定;

b. 螺旋状扶手的加工应使用弯管机,加工后轴线上理论螺旋线公差为 5 mm;

c. 扶手管对接处的同心度公差不大于 1 mm,对接焊缝应磨平;

d. 栏杆立柱高度公差为±5 mm;

e. 栏杆立柱安装垂直度公差不大于 3 mm。

4. 直梯

(1)本书所指的直梯为型材(扁钢、角钢、槽钢或球扁钢等)梯架和方钢踏步组成的结构件,用耳攀或眼板固定在舱壁上。其也适用于直立通道上或有安全护栏的其他直梯。

(2)直梯装焊的技术要求:

①直梯的规格、材料应符合图纸给出;

②直梯梯架的直线度公差不大于 5 mm;

③直梯扭曲度(梯架对角线中点距离)公差不大于 4 mm;

④直梯安装垂直度公差不大于 2 mm;

⑤方钢踏步间距公差为±3 mm;

⑥方钢踏步水平度公差为±2 mm。

(3)上、下直梯间有中转平台时,中转平台的修理技术要求按 A 型货舱斜梯的中转平台要求执行。用绳索作为扶手、栏杆的斜梯,不应使用化纤绳索,而应使用外套塑料管的钢丝绳。协议的栏杆若为活动栏杆,活动栏杆柱固定时应牢固,转动时应灵活。

斜梯倾角为 60°时,栏杆柱长度应不小于 520 mm;斜梯倾角为 65°时,栏杆柱长度应不小于 420 mm。固定钢质梯修理后,所有金属结构和零件应按船方的要求进行涂漆,或镀锌处理。镀锌零件上船安装时,因施焊导致镀层破坏处,重新涂以富锌底漆。所有金属结构、零件表面应无毛刺、尖角、裂纹及其他影响美观和强度的缺陷。室内斜梯硬木扶手应无缺损、开裂及裂缝等缺陷;塑料扶手不应有裂纹、毛刺等缺陷。

二、舷梯装置安装及效用试验

1. 安装前准备
(1)船上安装的舷梯必须具有制造厂合格证书和船级社证书。
(2)吊索和牵引索的钢丝绳必须有船级社证书。
2. 翻转式舷梯装置安装要求
(1)上平台的安装
①上平台安装时应保持水平,安装偏差为±20 mm,如图 10-8 所示

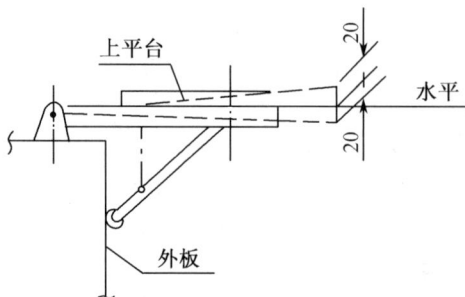

图 10-8 上平台的安装一

②上平台转轴中心距舷侧的距离偏差为+5 mm,如图 10-9 所示。

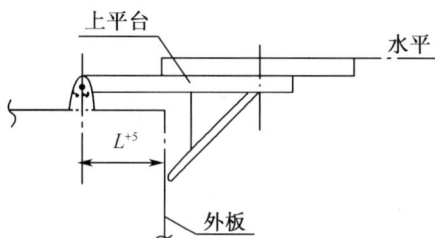

图 10-9 上平台的安装二

(2)栏杆扶手的安装
①栏杆扶手安装时应平直,活动栏杆收放应灵活,竖起后应能牢固地与梯架连成一体。
②中间栏杆索从下平台贯穿至上平台后,缆索两端应拉紧,并牢固地固定在舷墙的眼环上。

（3）翻梯装置的安装

①翻梯装置中的吊臂安装应保持水平，安装偏差为±20 mm，如图10-10所示。

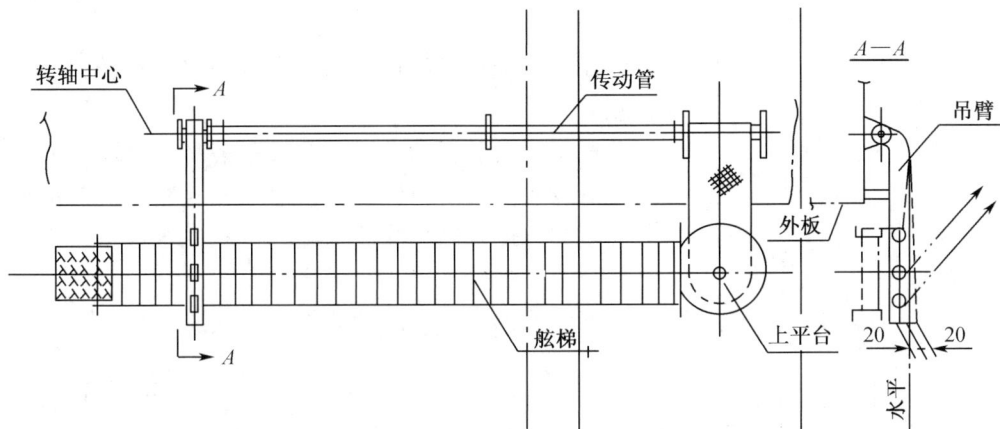

图 10-10　翻梯装置的安装

②翻梯转轴中心与上平台转轴中心应保持在同一轴线上，吊臂上的滑轮中心应对准梯架上的滑轮中心，保证舷梯翻转灵活。

③传动轴及传动管安装后不准有扭曲、歪斜等缺陷，上平台与吊臂之间的连接应牢固，不允许有任何松动。

（4）翻转式舷梯紧固装置的安装

①舷梯翻起后，托架的木垫要紧贴梯架，以防舷梯存放时变形，托架的安装位置应能使舷梯自动倒出。

②舷梯翻起后紧固钩的螺母要拧紧，以确保舷梯紧固的可靠性和安全性。

3. 平移式舷梯装置安装要求

（1）轨道的安装

①平移轨道的安装与船体纵中心线垂直，垂直度偏差不超过5 mm、轨道内侧之间尺寸偏差和两轨道高度偏差均不超过5 mm。

②滚轮在轨道内应滚动灵活，不允许有任何卡住现象。

（2）上平台与吊架的安装

①上平台与吊架安装后应保持垂直，不允许有歪斜，安装偏差为±15 mm，如图10-10所示。

②上平台与吊架轨道内的限位块应定位准确，焊接牢固。

③甲板上的导向轮必须实地拉线确定准确位置和斜度。

（3）平移式舷梯紧固装置的安装

舷梯平移至舷内存放处后，要使舷梯能紧贴在支架的木垫上，并将绑扎索扎紧，以防舷梯损坏或变形。

（4）舷梯绞车与吊索的安装

①舷梯绞车滚筒的中心，安装时必须对准舷梯的吊索，以保证钢索在滚筒上排列整齐，防止钢索损坏。

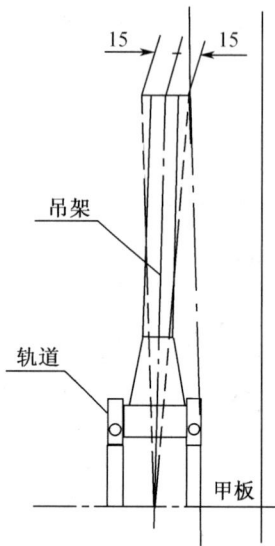

图 10-11 上平台与
吊架的安装

②绞车应安装在水平(或垂直)的基座上,与基座间的连接必须牢固。

③绞车应配置联锁开关,以便自动切断电源或气源。

④绞车上钢丝绳最后最少保留 5 圈(翻转式、平移式相同)。

⑤平移式装置的牵引索在绞车滚筒上缠绕 3 圈。

⑥绞车安装时应注意操作手柄回转范围内无障碍,并能观察到舷外舷梯收放状况。

(5)润滑

安装后的滑轮及滚轮油嘴内必须注滴润滑脂。

(6)焊接

各部件的焊接必须严格按照图样要求的焊脚尺寸进行焊接,部件四周必须全部封住,不允许有漏焊、焊穿等缺陷。

4. 舷梯装置的效用试验

(1)试验前检查

检查舷梯装置安装的完整性以及有关连接构件的安装和焊接质量。

(2)翻转式舷梯装置的效用试验

①强度试验

试验时,将舷梯放至最大使用角度 55°(或 60°)下平台呈水平位置,在每一个踏板上施加 735 N 上网负荷(压载铁),上平台和下平台分别施加 4 000 N 和 1 470 N 的负荷,持续 15 min 后卸去负荷,检查舷梯的各旋转部分是否灵活,不得有卡住现象,上平台及各零件不得有损坏的迹象和永久变形,强度试验的同时检验绞车刹车的可靠性,如果发现卡住或变形应消除后重新试验。

征得验船师的同意后,可以将舷梯放置水平状态进行压重试验。

在进行强度试验的过程中不允许有升降舷梯的操作,以免发生危险。

②收放(升降)试验

舷梯装置的收放试验应在无负荷的情况下进行。

试验时将舷梯提升至水平位置,然后再放下至最大使用角度,连续起落 3 次,以检查舷梯起落的灵活性和绞车制动的可靠性。

③翻转试验

试验时将紧固舷梯的紧固钩拧开,启动绞车使舷梯自动翻转至水平位置,然后再将舷梯收回到原来固定的位置上,往返 3 次,以检查翻转装置转动的灵活性和可靠性。

舷梯翻起固定后,舷梯的任何部分不得超出舷外。

(3)平移式舷梯装置的效用试验

①平移式舷梯装置的强度试验按翻转式舷梯强度试验要求执行。

②平移式舷梯装置的收放(升降)试验按翻转式舷梯收放(升降)试验要求执行。

③平移试验

试验时将舷梯吊至舷外呈水平位置,然后开启甲板上的绞车,把舷外的舷梯拉进到舷内固定的位置上后,再将舷梯拉出至舷外,往返 3 次,以检查舷梯平移时的灵活性和可靠性。

（4）舷梯绞车的测试

绞车测试应与翻转式舷梯装置的效用试验同时进行,试验时测量并记录绞车电机转速、电流、绝缘电阻(油压或空气压力)以及舷梯升降时间,热态绝缘电阻不低于 1 MΩ。

试验绞车联锁开关时,将手摇把手插入绞车内,电源或气源应自动切断,此时摇动把手能使舷梯顺利收放。

（5）舷梯兼做引水员辅助梯的试验

舷梯兼做引水员辅助梯时,应做舷梯与引水员梯的配合使用试验,以检查整个系统使用的可靠性。

5. 检验规则

（1）每部舷梯装置均需按翻转式舷梯装置的效用试验或平移式舷梯装置的效用试验的要求进行检验。

（2）每部舷梯装置的检验均需有设计部门、技术检查部门、船检部门参加。

三、引航员舷梯装置安装检验

1. 技术要求

（1）舷梯装置的主要材料按表 10-1 所示。

表 10-1

零件名称	材料		
	名称	片号	标准号
舷梯	铝合金挤压型材	LF5	GB 6892—2023
上下平台、翻转吊臂、舷梯挡架、托架等	碳素结构钢或船用结构钢	Q235-A A 级	GB/T 700—2006 GB/T 712—2022
紧固钩	不锈钢	2Cr13	GB/T 1220—2007
吊梯索 6×24-8.4-140	圆股钢丝绳		GB/T 8918—2006

（2）舷梯不应有歪斜、扭曲和变形等缺陷

（3）除上平台外,舷梯上的所有钢质零件均进行热浸锌,铝质零件均进行氧化处理。

（4）舷梯的强度应能承受 1 479 N 的负荷,而不产生永久性变形。

（5）舷梯装置各部件应能灵活转动,不得有卡住现象。

（6）舷梯装置完工后在舷梯明显处安装标有"只限 2 人"的铭牌。

2. 试验方法

（1）舷梯的强度试验

将舷梯放平,两支点分别位于下平台转轴中心及上平台转轴中心处,如图 10-12

所示。在舷梯中部施加 1 470 N 的负荷,停留 15 min,测量舷梯的最大扰度 y_{max},其值不应超过 $L/75$,卸去负荷后不得有永久性变形。

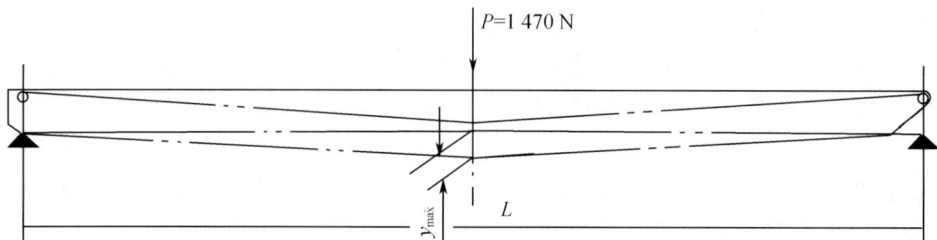

图 10-12 舷梯的强度试验

（2）栏杆及扶手的强度试验

栏杆及扶手安装完后,将舷梯翻转 90°,然后在栏杆扶手上挂 500 N/m 的负荷,停留 15 min,卸去负荷后不得有永久性变形。

（3）舷梯装置的性能试验

①将舷梯放置到使用角度为 55°（在征得验船师同意后,也可将舷梯放置成水平位置进行压重试验）,上平台与下平台呈水平状态,然后分别在舷梯中部和上平台各施加 1 470 N 的负荷,停留 15 min,卸去负荷后,应能满足 1.5 的要求。

②进行空梯的翻梯、放下和吊起的试验,连续试验三次,以检查舷梯翻转装置收放的灵活性和舷梯绞车制动的可靠性。

3. 检验规则

（1）每部舷梯装置均需按舷梯的强度试验和舷梯装置的性能试验进行各项试验。

（2）首制舷梯需按栏杆及扶手的强度试验进行栏杆及扶手的强度试验

（3）舷梯装置试验合格后,由制造厂技术检验部门出具合格证书并由验船部门验收,出具认可证书

4. 标志、包装、运输、贮存

（1）经检验合格的引航员舷梯装置在标志处印下列内容:

①制造厂名称和商标;

②产品标记;

③生产年月;

④合格印章。

（2）经检验合格的舷梯及其附件用塑料布包装后装入木格板箱内,并附有产品合格证书或船检认可证书。

（3）包装好的舷梯在运输时要尽量放平绑紧,避免互相碰撞。

（4）包装好的舷梯应贮存在仓库内,周围不得有酸性和碱性的腐蚀性液体或气体。

项目十一 栏杆、风暴扶手

◆ **项目描述**

栏杆、风暴扶手的作用都是保障人员安全。栏杆设置在船上的露天甲板,包括上层建筑及甲板室的各层甲板的边缘,或是干舷甲板不设舷墙的部位;梯口、舱口及各类工作平台的开敞边缘处,均应设置。

风暴扶手是为了船舶在恶劣海况时人员行走的安全,在通道两侧壁上设置的扶手。

◆ **教学目标**

1. 思政目标

通过本项目的学习,学生应了解,即使栏杆、风暴扶手看起来无关轻重,但是在船舶营运中发挥着重要的作用。同理,每一个人都是独特、唯一的个体,相信自己的才能一定会发挥作用,要充满自信。

2. 知识目标

了解栏杆、扶手的作用;掌握其种类、选型和布置要求;熟悉栏杆、扶手在船上的选用原则。

3. 能力目标

学生应达到能按照生产资料,对栏杆、风暴扶手进行选型、安装,并编制施工工艺。

4. 素质目标

通过本项目的学习,使学生具有理论联系实际、实事求是的工作作风和科学严谨的工作态度。

【思政课堂】 科技创新:我国首款搜集型无人潜航器——HS-880-6000型水下航行器

相比公众相对熟悉的无人机和无人车,无人船和无人潜航器的知名度略低,但2022年中国珠海航展上展出的相关装备已经具备相当高的水平。

自主式水下航行器(AUV)是水下无人航行器(UUV)的一种。经过多年的努力,国内对AUV的研究虽然已取得长足进展,然而仍存在可靠性差、智能水平低等问题,难以应对复杂的海底环境,无法满足高效率作业和长期自主性的迫切需求。

为解决上述关键问题,中国致力于研发面向长航程深海观测任务的具有数据驱动能力的新一代AUV系统。在结合自主的北斗导航系统精确定位与高性能的运动控制基础上,根据AUV调查任务需求,通过对海量高维观测数据的关键特征实行快速分析,赋予AUV系统对航行路径的智能决策能力,极大提升了海洋调查任务实施的质量与效率。

AUV属于新型水下无人平台,可携带多种传感器和任务模块,具有自主性、隐蔽性、环境适应性、可部署性和高效费比等优点。21世纪以来,AUV发展迅速,在民用、军用和商用等领域被广泛应用。民用领域在海底勘探、水下救援、海底打捞、海洋科考等发挥着越来越重要的作用,军用领域可用于水下执行潜艇战和反潜战、反水雷战、海洋侦察和监视、情报搜集、信息通信、目标攻击等，极大拓展了水面和水下作战系统的作战空间，是当今世界主要海军国家重点发展的水下作战装备。

HS-880-6000 型水下航行器就是国内首款搜集型无人潜航器。它的最大工作深度达 6 000 m，能以 3 kn 的速度连续航行 24 h，配备有深水遇险目标高分辨低照度照明系统、声信标定向引导声呐、水声探测侧扫声呐等，具备工作水深范围宽、载荷能力大、续航力长、搜寻探测能力强等特点，可对深海目标全自主精细搜寻、探测、定位，执行深海水下目标搜寻探测和海洋科学研究任务。

航展现场的 HS-880-6000 型水下航行器

在民用市场方面，未来 5 年，AUV 年需求量有望获得 5~10 倍的增长，集中在海洋渔业、港口安防、近海能源设施无人值守、海洋工程服务、海洋观测网等。在军用市场方面，随着新式作战模式的确立，AUV 或有爆发式发展，未来海上战争逐渐走向无人化，各种海洋机器人武器系统将大量装备，谁拥有先进的技术平台，将会获得先机。

性能优越化、功能完善化和模块智能化是 AUV 的主要发展方向。高智能化 AUV 能够完成更复杂的任务，具备更广泛的作业范围以及更高的任务可靠性。HS-880-6000 型水下航行器是国产首个搜集型无人机潜航器，在探索星辰大海的征途上，中国深潜，永不止步。

来源：光明网（原文有删改）

任务一　栏　杆

船上的露天甲板，包括上层建筑及甲板室的各层甲板的边缘，若为开敞部分应设置栏杆；干舷甲板不设舷墙的部位亦应设置栏杆。梯口、舱口及各类工作平台的开敞边缘处，考虑对人员的保护，均应设置栏杆。

栏杆可分为固定式和活动式两大类。活动式又可分为可拆式和可倒式。可拆式栏杆在工作需要时，可将栏杆拆下，另外安防。可倒式栏杆则就地倒下便可以工作，省却搬运的麻烦。组成栏杆的主要零件为栏杆柱、栏杆扶手、横档和栏杆支撑。

对栏杆设置的高度及横档的间距，有关的公约、规则和规范都有明确的规定。

《国际船舶载重线公约》规定,在干舷甲板及上层建筑甲板所有开敞部分,应装设牢固的栏杆或舷墙,舷墙或栏杆的高度应至少离甲板 1.0 m。当此高度妨碍船舶正常工作时,可准许采用较小的高度,但需提供经主管机关认可的适当防护措施。栏杆的最低一档以下的开口,应不超过 230 mm。其他各档的间隙,应不超过 380 mm。

CCS《海船规范》以及 ZC《国际航行海船法定检验技术规则》的规定与《国际船舶载重线公约》相同。

一、固定式栏杆

常用的固定式栏杆按其栏杆柱的形式可分为扁钢栏杆和钢管栏杆。图 11-1 所示为扁钢栏杆。其中 A 型和 B 型的扶手为钢管,C 型和 D 型的扶手为扁钢外包塑料或为水平扁钢上设长圆形硬木扶手。这四种形式栏杆的横档均为圆钢。表 11-1 为扁钢栏杆的主要尺寸。

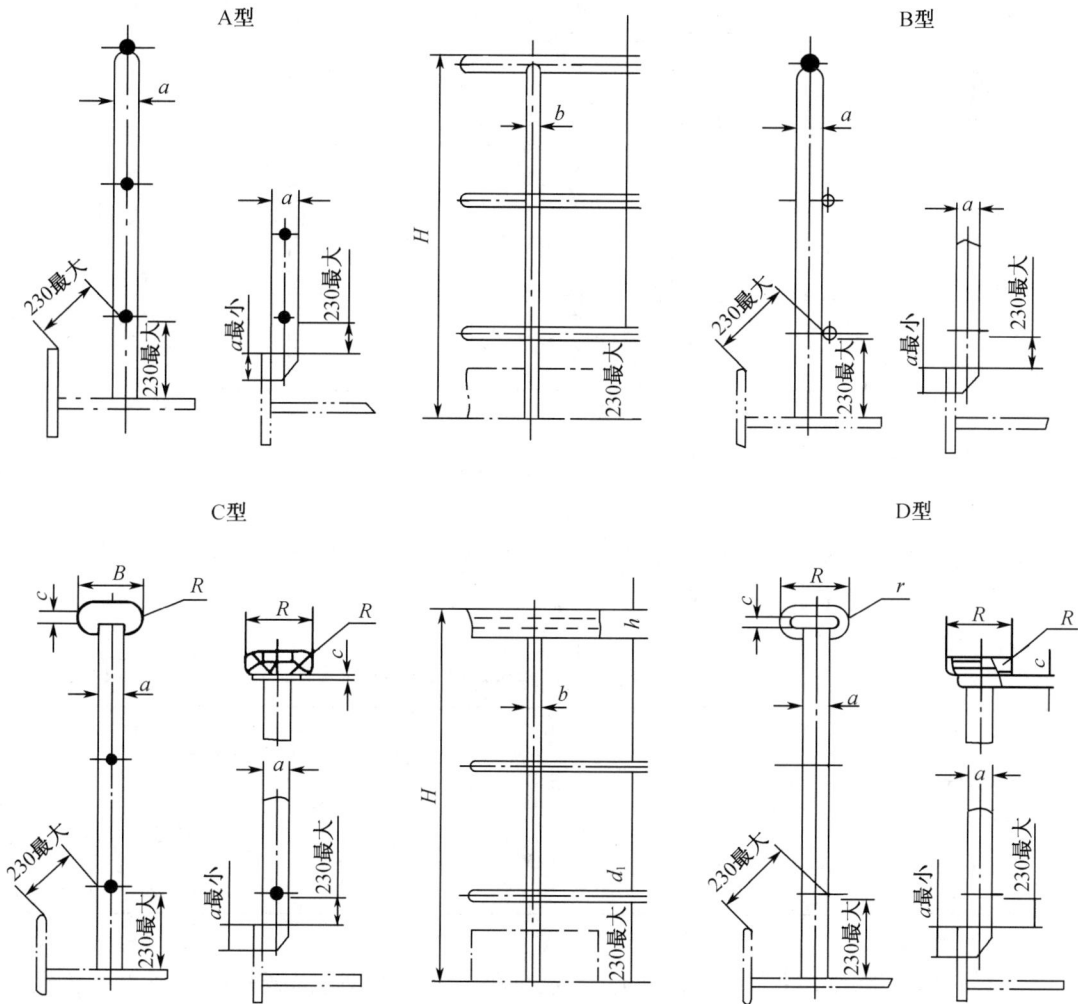

图 11-1 固定式扁钢栏杆

表 11-1　固定式扁钢栏杆的主要尺寸　　　　　　　　单位:mm

H	d	d_1	a	b	C	B	r	R	h	
900	φ42.25×4	φ20	50	16	9	125	12.5	22.5	塑料	25
			60							
			65						木质	55
1 050	φ42.25×4	φ20	60	16	9	180	12.5	30	塑料	25
			65	20						
			80						木质	60

图 11-2 所示为钢管栏杆,其栏杆柱与扶手均为钢管,栏杆柱底部设置垫板,横档为圆钢。

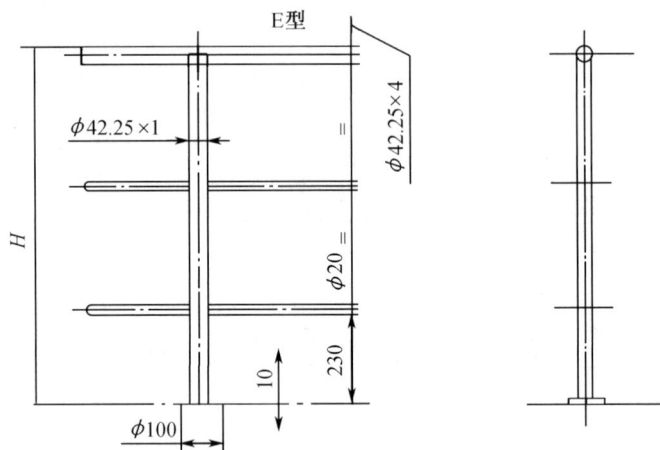

图 11-2　钢管栏杆

图 11-3 所示为固定式栏杆支撑,其主要尺寸如表 11-2 所示。其中扁钢支撑用于扁钢栏杆柱,钢管支撑用于钢管栏杆柱。

表 11-2　固定式栏杆支撑的主要尺寸　　　　　　　　单位:mm

H	H_1	L	C	D
900	480	540	16	
1 050	575	625	16	φ33.5×3.25
			20	

栏杆门一般用于固定式栏杆的开口处,如舷边出入口处,围蔽救生艇或工作艇栏杆的出入口等。图 11-4 所示为单扇栏杆门,图 11-5 所示为双扇栏杆门。栏杆门的宽度 L 根据需要确定,高度 H 则按该处栏杆的高度确定。

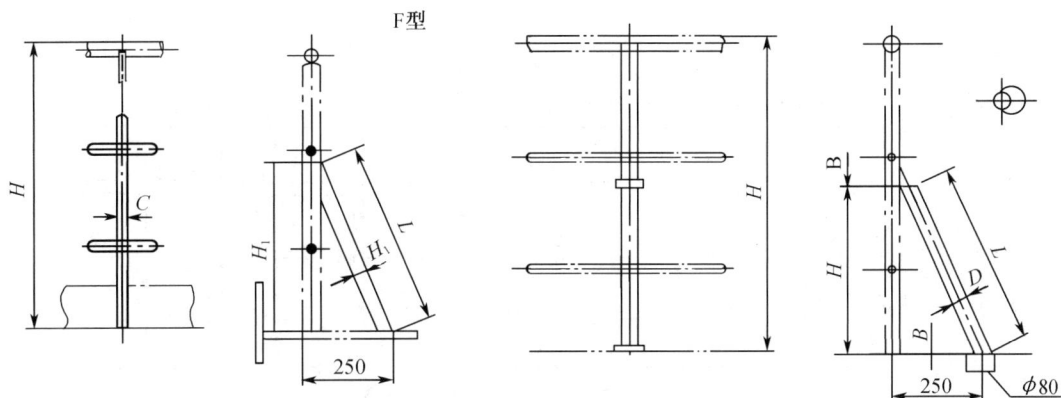

图 11-3　固定式栏杆支撑

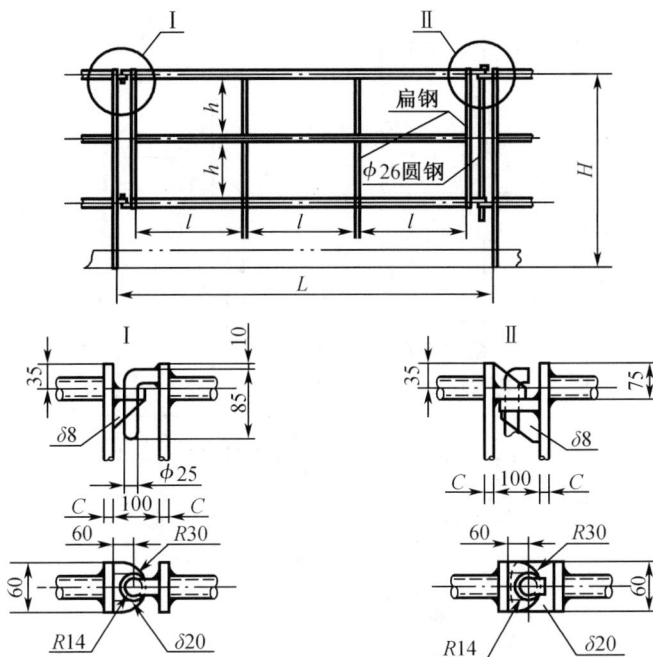

图 11-4　单扇栏杆门

注：$l=(L-200-4C)/3$

二、活动栏杆

活动栏杆的栏杆柱常用扁钢或钢管，其扶手和横档一般使用链条或钢丝绳。图 11-6 所示为可拆式栏杆，其栏杆柱为扁钢，下端削斜，插入固定在甲板上的栏杆座内，用带舌插销固定。扁钢栏杆柱内侧设有眼圈，供链条或钢丝绳穿过。

图 11-7 所示为可倒式栏杆，其栏杆柱为扁钢或钢管，根部用螺栓和带舌插销固定。拔去插销后，栏杆柱可绕螺栓转动倒下（一般应向船的首尾方向倾倒）。栏杆柱内侧配有眼圈，可供链条或钢丝绳穿过。

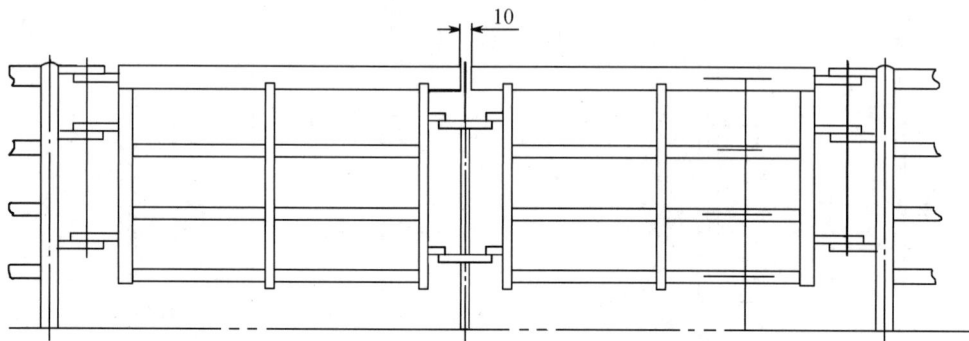

图 11-5 双扇栏杆门

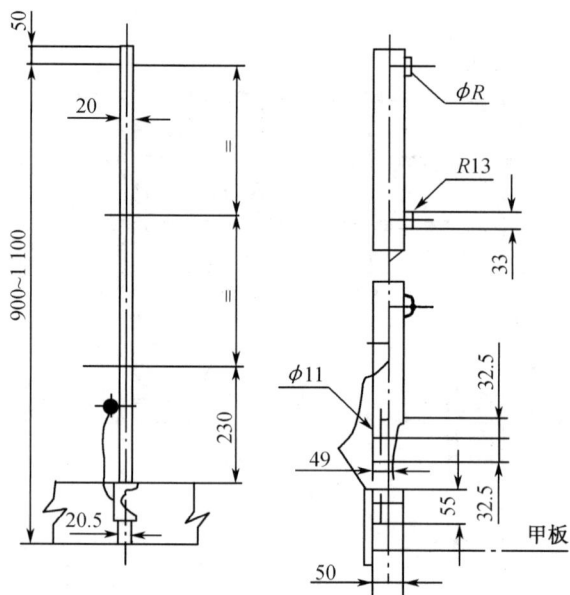

图 11-6 可拆式栏杆

三、栏杆的选择和布置

钢质固定式栏杆由于其安全可靠、结构简单、施工方便,在民用船舶中得到广泛的使用。其中尤以配置扁钢栏杆柱的栏杆使用更广。栏杆的高度按照其安装位置,根据有关规范的规定而确定。栏杆柱间距一般不大于 1.5 m,但在栏杆转角处应适当增加栏杆柱,使得栏杆扶手及横档的悬空部分尽量减小(一般为 200~300 mm)。当栏杆柱设置处的甲板板厚度太小时,应在栏杆柱底部设置三角形垫板,其厚度约 10 mm(图 11-8)。栏杆扶手或横档在上层建筑或甲板室的外围壁上固定时,也应设置垫板,其厚度不小于 5 mm,直径不小于扶手或横档直径的两倍。

当固定式栏杆在遇到舷边导缆钳或导缆孔时,应全部或部分切断。其处理方式如图 11-9 及图 11-10 所示。

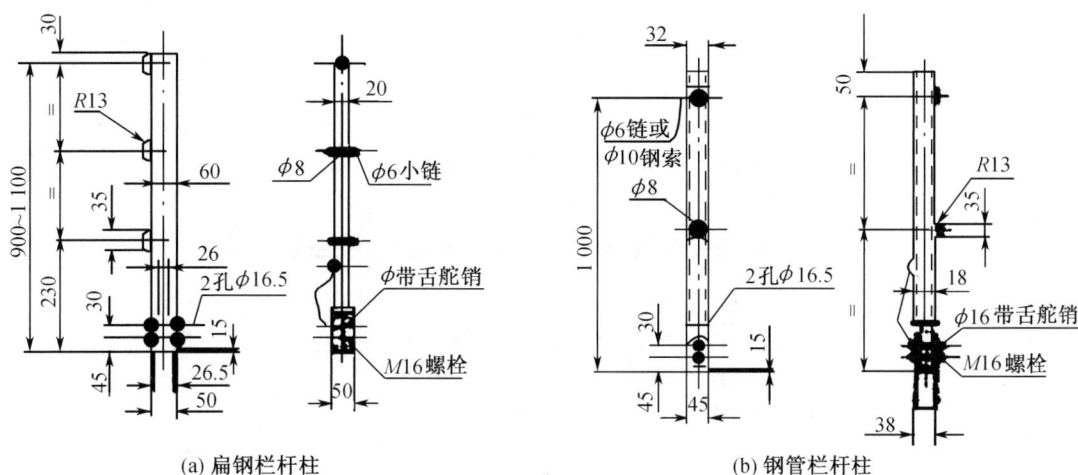

(a) 扁钢栏杆柱　　　　　　　(b) 钢管栏杆柱

图 11-7　可倒式栏杆

在遇到救生筏时,可从内侧围绕救生筏设置栏杆,如图 11-11 所示。

围绕救生艇或工作艇设置的栏杆,应配置栏杆门,其出入口宽度应不小于 0.8 m。

甲板梯口周围,除登梯一侧外,应在其余无保护的边缘处设置固定栏杆,栏杆的扶手同斜梯扶手连续(图 11-12)。上层建筑或甲板室的各层甲板的外部梯道(斜梯或直梯)处,栏杆扶手均应与梯子扶手连接,此时栏杆柱的设置,应保持安装扶手后的出入口有足够的宽度。对于直梯这一宽度约为 500 mm。

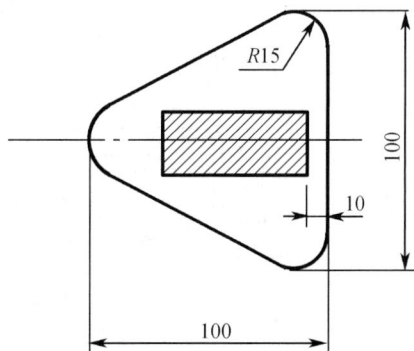

图 11-8　栏杆柱垫板

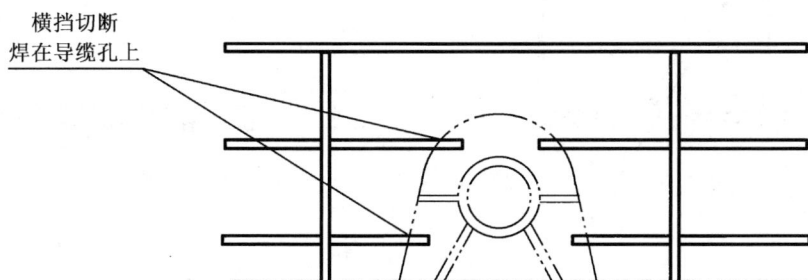

图 11-9　巴拿马导缆孔的栏杆

安装于舷边出入口处的栏杆门的宽度,应使得登船跳板或登船梯的安装方便。

船舶在一般情况下很少使用活动栏杆,但有时因为作业要求,在局部区域仍需设置活动栏杆。如救生艇或工作艇艇架范围的舷边;在某些海洋调查船上供吊放试验设备的舷边开口处;起重船、航标敷设船、打捞船等船舶作业甲板的舷边等。由于活动栏杆使用链条或钢丝绳代替刚性扶手和横档,为便于拆卸,应在链条或钢丝绳的端部配置卸扣、挂钩及松紧螺旋扣。

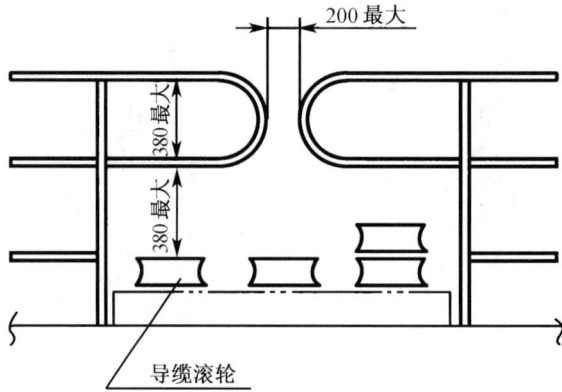

图 11-10　导缆器处的栏杆

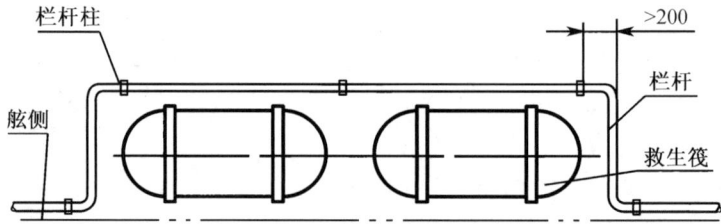

图 11-11　救生筏处的栏杆

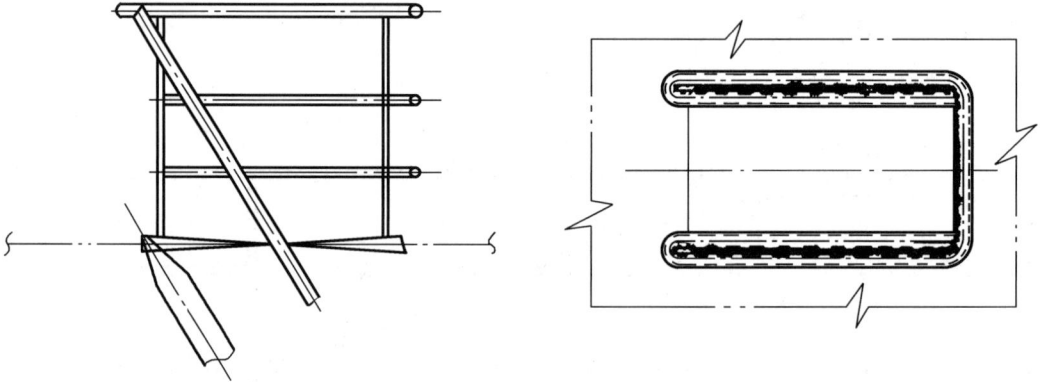

图 11-12　栏杆扶手与斜梯扶手的连接

任务二　风暴扶手

风暴扶手是保证船舶在摇摆时，人员能有所依靠的装置。其装设在上层建筑或甲板室的外围壁上，以及舱内走道围壁上。风暴扶手由支架与扶手组成。

一、风暴扶手的选型

室外风暴扶手通常采用镀锌钢管，其外径为 33.5 mm 或 42.25 mm，并用圆钢或钢板作支架，焊接固定在甲板室外围壁上，如图 11-13 和图 11-14 所示。

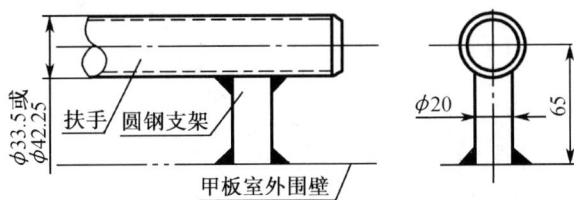

图 11-13　圆钢支架室外扶手

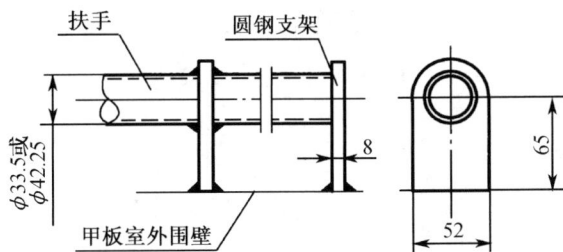

图 11-14　钢板支架室外扶手形式

室内风暴扶手常用的有扁钢外包塑料扶手和管状扶手。后者，通常采用硬质塑料管、铝合金管、表面抛光的不锈钢装饰管及硬木等。其支架形式如图 11-15 所示，材料为钢或不锈钢。这些形式的室内风暴扶手，也可在客船的游步甲板上作为室外风暴扶手使用。

二、风暴扶手的布置

风暴扶手的支架间距一般为 1 000～1 400 mm，高度为扶手中心至甲板 900～1 000 mm。支架与围壁的固定，可以是焊接，亦可以用沉头螺钉(以防止伤手)。安装在支架内的扶手亦需用螺钉固定。

不论是室内还是室外，在布置风暴扶手时，应注意不要影响门的启闭。如图 11-16 所示为在门启处的风暴扶手布置。

风暴扶手不论布置在室内还是室外，只需设置在通道的一侧壁上。另外，在室外还有一种风暴扶索，主要设置在艏楼甲板中间，以便在风暴中人员能安全行走。此扶索只需在两端设立固定点,扶索用钢丝绳或麻绳(或化纤绳),在遇到风暴时扣上即可使用。

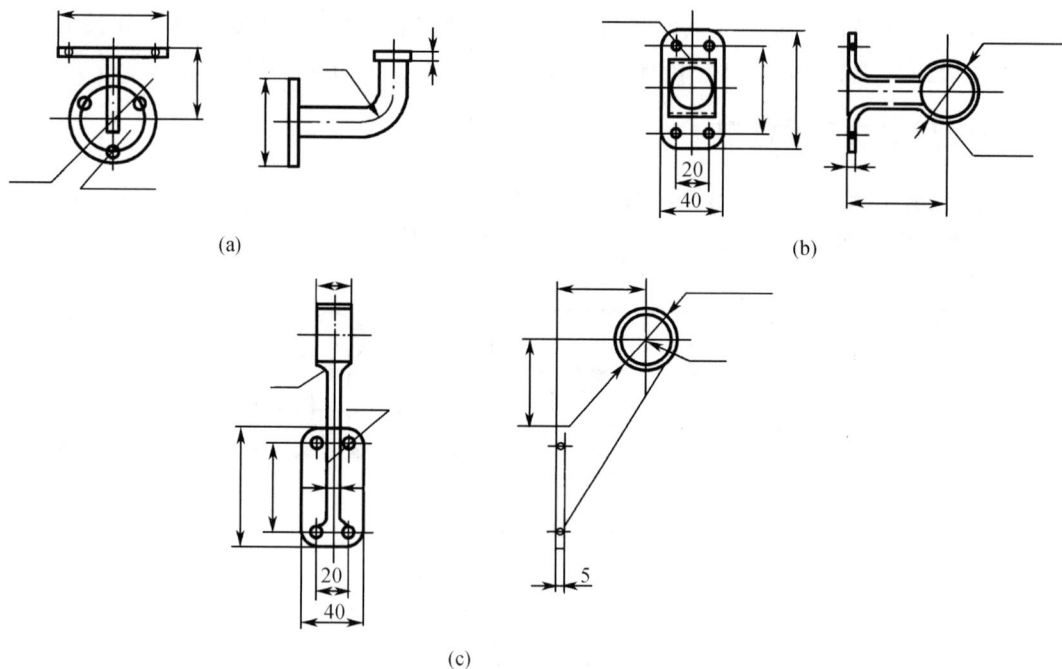

(a)

(b)

(c)

图 11-15　室内扶手支架形式

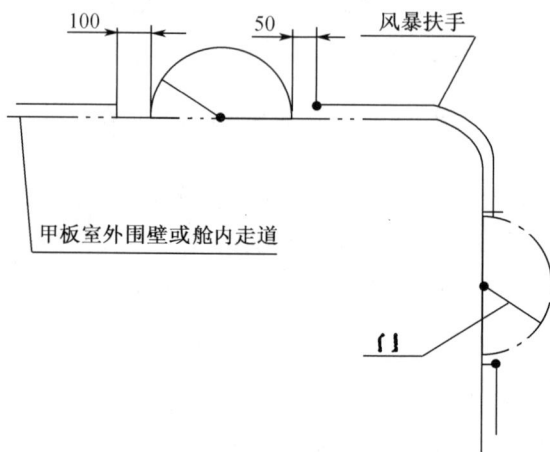

100　　50　　风暴扶手

甲板室外围壁或舱内走道

图 11-16　在门启处的风暴扶手布置

项目十二　舱室设备

◆ **项目描述**

船舶舱室设备是指设置在船舶起居处所、公共处所、服务处所以及某些控制站(如驾驶室)等处所的生活设备及设施,包括家具、厨房设备、卫生设备、医疗设备以及文化娱乐设施等。船舶舱室设备的配置同船舶的类型、用途、人员数量以及舱室布置情况有密切的关系。在现代船舶上,舱室设备的配置不仅应满足人们生活的基本需要,还应考虑各种文化娱乐的需要。

◆ **教学目标**

1. 思政目标

通过本项目的学习,学生应了解,无论是舱室设备尺寸的确定,还是舱室设备的选择及布置,都应该遵守行业规范的要求,培养学生履行岗位职责、职业道德、提升职业素质。

2. 知识目标

熟悉舱室设备的种类;掌握船用家具的特点及种类;了解船用厨房和餐饮设备的种类及功能。

3. 能力目标

学生应具有能根据船舶的类型及特点,选择和布置舱室设备的能力。

4. 素质目标

通过本项目的学习,培养学生追求卓越和刻苦务实的精神,立足学科与行业领域,从而成为具有使命担当的社会主义接班人。

【思政课堂】　科技创新:载人航天,三十而立

"孩子,我要出趟远门,为你摘颗星星回来。"这是 2016 年 10 月 17 日,航天员刘洋在欢送战友景海鹏和陈冬乘坐"神舟十一"号进入太空,现场听到战友孩子问"爸爸去哪"时,想到的一句话,她想用这短短几个字,为孩子编织一个可以实现的梦想。

从神话、幻想,到理解、观测,直至成为人类太空探测领域的竞技场,摘星星的梦想正在一步一步成为现实。11 月 29 日深夜,神舟十五号载人飞船发射取得圆满成功,空间站关键技术验证和建造阶段 12 次发射任务全部完成,中国空间站建造阶段收官之战圆满完成。按照计划,2022 年底之前,我国将完成"三步走"发展战略的最后一步,把中国载人航天工程推向高潮。未来,中国载人航天将从近地空间走向地月空间,进而迈向深空。

载人飞船的抉择

我国进行载人航天研究的历史可以追溯到 20 世纪 70 年代初。

1966 年,我国制定了第一个"载人宇宙航行规划",设想在 1973 年—1975 年发射我国第一艘载人宇宙飞船,并开始了我国载人飞船的总体方案论证工作。在 1968 年1 月召开的载人飞船总体方案设想论证会上,我国第一艘载人飞船被命名为"曙光"1号。但是,在进行一段时间的工作以后,鉴于各方面的条件尚不成熟,这个计划被迫

搁浅。

进入 80 年代后,伴随着我国空间技术的快速发展,在已经具备返回式卫星、气象卫星、资源卫星、通信卫星等各种应用卫星的颜值和发射能力之后,我国成为世界上第三个掌握卫星回收技术的国家,这为我国开展载人航天技术的研究打下了坚实基础。于是,载人航天的问题又一次被提了出来。

1986 年,我国开始实施"863"计划,即发展高技术,其中包括发展载人航天技术,中国载人航天终于再次迎来了难得的发展机遇。

在载人航天器中,空间站具有体积大、寿命长、功能强的特点,适合长期载人航天开展太空科研工作,但不能天地往返。所以在研制、发射空间站之前要先研制可以天地往返且体积小、寿命短的宇宙飞船或航天飞机,主要用于接送航天员和货物。

关于研制哪种天地往返运输器让当时讨论的专家们有很大的分歧。探讨的 5 种方案中有 4 种是研制航天飞机的方案,只有 1 种是研制载人飞船方案。经过几年的深入论证,根据我国的国情和国力,遵照"有限目标、突出重点"的"863"高技术研究发展的指导思想,专家们最后一致同意从载人飞船起步,并且决定不走美苏研制载人飞船的老路,直接研制达到世界第三代载人飞船水平的"神舟"。

1992 年 1 月,中央专门研究发展我国载人航天问题,同年 9 月 21 日,党中央正式批准中国载人航天工程立项启动,因此它又被称为"921"工程。

空间站建造收官战

2022 年是中国载人航天工程立项 30 周年,也是空间站建造决战决胜之年,神舟十五号载人飞船的成功发射意味着空间站建造向终点冲刺。

按照计划,我国载人航天工程分为三步实施。第一步是突破和掌握载人天地往返运输技术,即用载人飞船将航天员安全地送入轨道,并安全返回地面。

"我奉命执行首次载人飞船飞行任务,准备完毕,待命出征,请指示。"2003 年 10 月 15 日,航天员杨利伟等待飞行指令。倒计时、点火、升空……上午 9 时整,杨利伟乘坐神舟五号飞船飞向太空。这一刻,中华民族千年飞天梦圆。中国载人航天工程第一步完成。

第二步是突破航天员空间出舱活动、空间交会对接两项关键技术,并发射空间实验室和货运飞船,这些也都是建造空间站的基础。

2008 年,神舟七号载人航天飞船从中国酒泉卫星发射中心载人航天发射场用长征二号 F 火箭发射升空。航天员翟志刚完成空间出舱活动,实现了中国历史上第一次太空漫步,也使我国突破和掌握了空间出舱活动技术。

随后的几年,通过发射"天宫"1 号目标飞行器,"神舟"8 号、9 号、10 号飞船与之分别对接,我国突破和掌握了自动和手动交会对接技术,并验证了组合体飞行技术,飞船定型。通过发射"天宫"2 号空间实验室,"神舟"11 号载人飞船和"天舟"1 号货运飞船与之分别对接,验证了航天员中期在轨驻留技术、在轨加注技术、货运飞船技术和未来空间站的部分新技术,并进行了较大规模的科学实验和技术试验。由此,"三步走"发展战略中的第二步已经完成。

建造中国空间站、建成国家太空实验室是载人航天工程"三步走"的最后一步,也是建设航天强国、科技强国的重要标志。根据规划,这一步要在 2022 年底前完成。

2022 年 11 月 30 日,中国航天员首次在空间站迎接载人飞船来访。7 时 33 分,在

"T"字基本构型的中国空间站里,翘盼已久的神舟十四号航天员乘组顺利打开"家门",热情欢迎远道而来的亲人入驻"天宫"。"胜利会师"的两个航天员乘组,一起在中国人自己的"太空家园"里留下了一张足以载入史册的太空合影。

中国载人航天工程新闻发言人、中国载人航天工程办公室主任助理季启明表示,神舟十五号载人飞行任务,对于完成空间站建造、开启空间站应用与发展新阶段具有承上启下的重要意义。

在近地轨道建造"太空之家"的同时,中国载人航天已经将目光投向了更远的月球。

"我们已经完成了载人月球探测关键技术攻关和方案深化论证,突破了新一代载人飞船、新一代载人运载火箭、月面着陆器、登月服等关键技术,形成了具有中国特色的载人登月任务实施方案,已经具备开展载人月球探测工程实施的条件。我相信,中国人九天揽月的梦想将在不远的将来成为现实。"季启明说。

来源:北京商报(原文有删改)

任务一　船用家具

船舶家具是船上生活或工作的必备部件,是舱室功能的根本基础;又是表现舱室形式的主要角色。船舶家具设计可为船员、乘客在海上航行中能提供一个舒适、温暖、安全的生活工作环境,同时也给人们带来美的享受。

一、船用家具的分类与特点

1. 船用家具的分类

船用家具可按其使用功能分为坐卧类家具,如凳、椅、沙发、床等;凭倚类家具,如各种几、桌、台等;储存类家具,如橱、柜、架等。按其构造方式分为框架式家具、板式家具、可拆装式家具。按其组成形式分为单体家具、组合家具、固定家具。

2. 船用家具的特点

船用家具与一般陆用家具相比,虽然使用功能大致相同,但有许多不同于陆用家具的要求,这是由船舶的特殊性所决定的。

(1)船用家具除特殊要求外,一般采用固定形式。

(2)家具靠近通道处的角一般采用圆角形,床沿设防浪挡板,椅凳下面设防浪钩。

(3)当家具采用管材制作时,则不可有任何开口存在,以防害虫进入。

(4)当设有上、下铺时,应在上铺的下方设防尘板。

(5)除特殊要求外,家具底脚一般采用围槛式,以防垃圾进入不易清除。

(6)由于一般船舶舱室面积不大,高度较低,因此应十分注意家具尺寸的选择,以使家具的构成与整体空间协调一致。

(7)随着船舶防火要求的不断提高,采用不燃材料制作的船用家具已经得到越来越多的使用,并将成为船用家具的发展方向。

二、船用家具的类型与规格

船用家具的规格、种类很多。下面介绍几种常用船用家具的类型与规格。

1. 床

船用床按形式可分为单人床及双层床。

单人木床基本形式如图 12-1 所示,其长度 L 通常为 2 000 mm;其宽度 B 可按需要确定,常用的有 750 mm、800 mm、900 mm、1 000 mm、1 200 mm、1 400 mm 等。双层木床如图 12-2 所示,常用的规格($L \times B$)为 1 950 mm×750 mm 及 2 000 mm×800 mm 等。

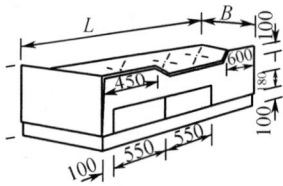

图 12-1 单人木床基本形式

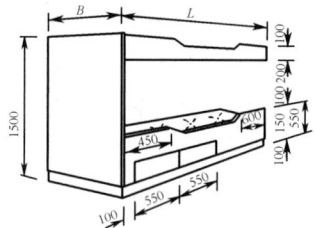

图 12-2 双层木床基本形式

普通的单人金属床的形式如图 12-3 所示,其基本尺寸 $L \times B$ 为 2 000 mm×750 mm。普通的双层金属床的形式如图 12-4 所示,其长度 L 为 2 000 mm;宽度 B 为 750 mm、800 mm 等。

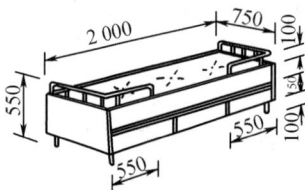

图 12-3 普通单人金属床

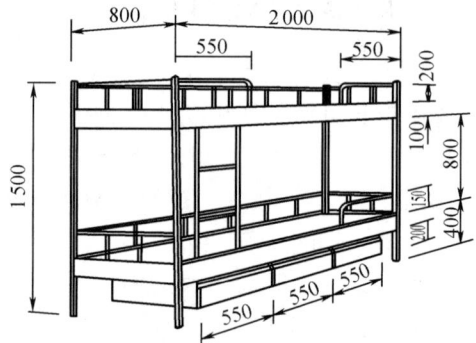

图 12-4 普通双层金属床

2. 几、桌、台

船用的茶几、餐桌、书桌和海图桌的形式很多,图 12-5 至图 12-13 所示为典型的茶几、餐桌、书桌和海图桌。

3. 橱、柜、架

船用的衣橱、床头柜、物品柜、医药柜、文件柜、书架、旗箱、污衣柜等家具的形式繁多,如图 12-14 至图 12-21 所示。

4. 凳、椅、沙发

船用凳、椅和沙发种类很多。但是按其安装方式可分为固定式和移动式。图 12-22 至图 12-25 为典型船用凳、椅和沙发的类型。

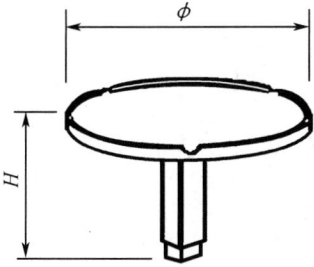

图 12-5　木质圆茶几或圆餐桌

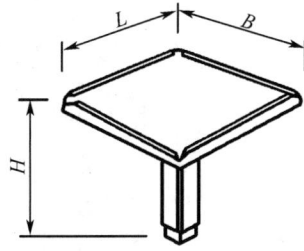

图 12-6　木质方茶几或方餐桌

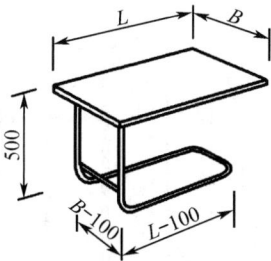

图 12-7　钢质矩形茶几

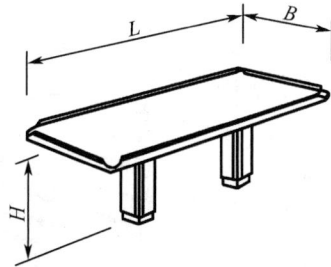

图 12-8　木质双柱矩形茶几或餐桌

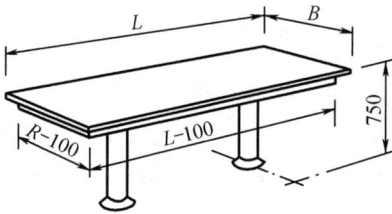

图 12-9　钢质矩形餐桌

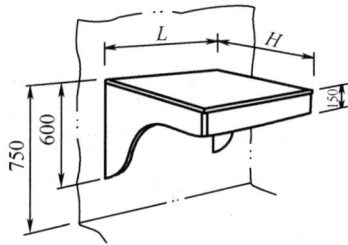

图 12-10　挂壁式书桌

船上的沙发主要用于居住室、报务室、休息室、娱乐室等处所。大多数情况下采用固定沙发，其形式和尺寸依据布置情况确定。常用的有长沙发和转角沙发。一般情况下，沙发的长度应不小于 1 800 mm，宽度为 500~700 mm。图 12-25 所示为典型的靠壁转角沙发。

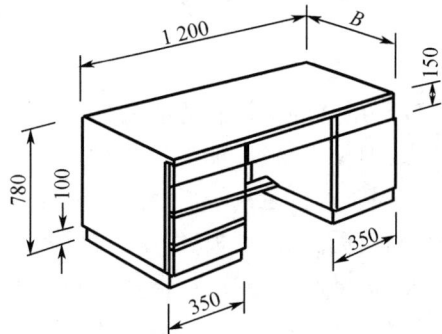

图 12-11　双墩书桌

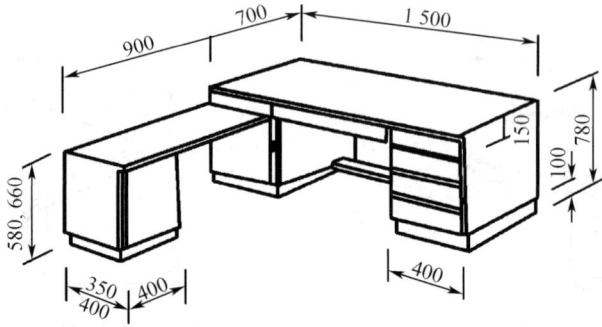

图 12-12　带边柜书桌

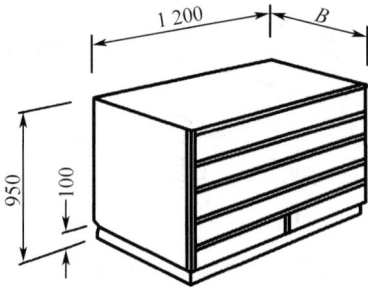

图 12-13　海图桌

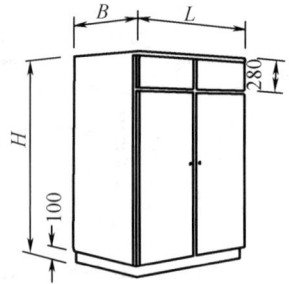

图 12-14　双门衣橱

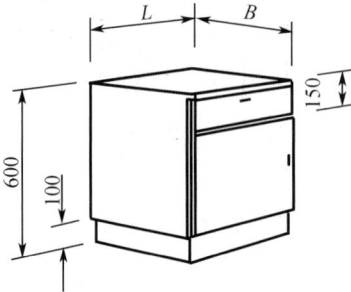

图 12-15　床头柜

三、船用家具的材料

传统的船用家具材料主要以木材为主,由于船舶舱室防火要求不断提高及材料工业的发展,有不少新型材料在船舶上得到了应用。现在船舶家具主要以木材、钢材为主,根据特殊要求也使用一些铝合金材料及复合材料。

1. 木材

用于家具的木材可分为同质木材和非同质木材。

作为同质木材的木料有樟木、柚木、南柳、水曲柳等。用这些木料制造的家具具有质地好、强度高、纹理自然清晰、有较好的装饰性等特点,但价格昂贵、加工工艺复杂。

非同质木材通常指那些用一般性木材通过机械加工制成的板材,即机制板,如胶合板、刨花板、中密度板、细木工板等。用这些木料制造的家具具有成形好、变形小、制作方便、价格便宜等特点,但使用寿命短、材料表面装饰性差。

2. 金属材料

金属材料被广泛应用于船舶舱室是从 20 世纪 70 年代开始,最早应用金属家具的是战斗军舰、钻井平台这类防火要求较高的船舶。用于家具的金属材料主要有钢材、不锈钢和铝合金材料。根据家具造型的不同采用的材料形式可分为板材和管材两种。

（1）钢质家具

钢质家具是目前在船上应用得最多的金属家具，它是用厚度1~1.5 mm的冷轧钢板，经剪冲、滚轧、装配焊接、涂漆等工艺，再配上塑料及五金等零件制作而成的。这类家具包括柜、橱、架、桌及床等。钢材制造家具具有防火性能好、结构强度高、不易损坏等优点，但质量大、装饰性差。

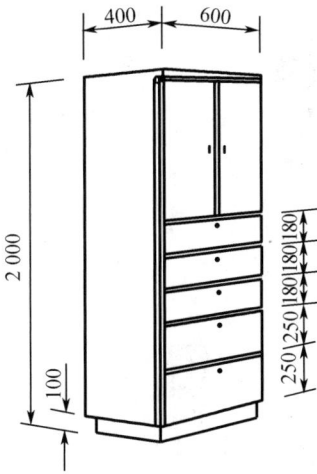

图12-16　物品柜

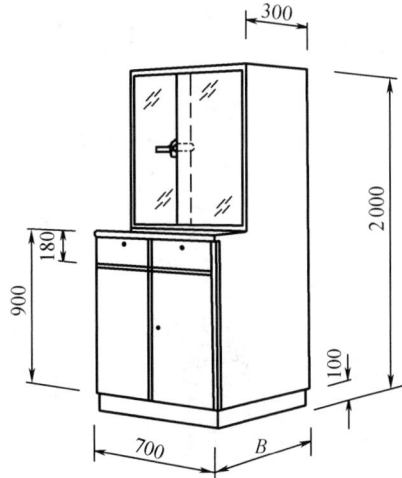

图12-17　医药柜

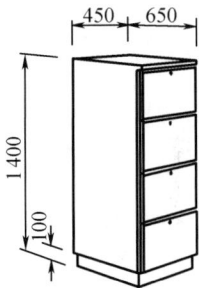

图12-18　四格文件柜

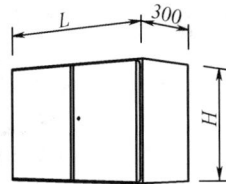

图12-19　吊柜

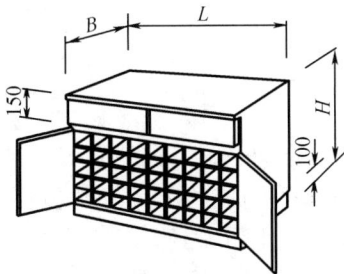

图12-20　木质旗箱

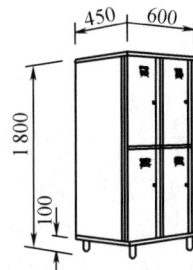

图12-21　钢质四门污衣柜

（2）不锈钢家具

不锈钢家具是使用不锈钢薄板采用与钢质家具相同的工艺制作而成的家具。不锈钢家具表面不需要涂装,常见有镜面抛光和砂光二种。不锈钢家具表面光亮、不会生锈、容易清洁,适宜用在厨房、卫生间、配餐间等经常和水接触的部位,如不锈钢洗槽、不锈钢洗脸盆、不锈钢工作台、不锈钢碗柜等。

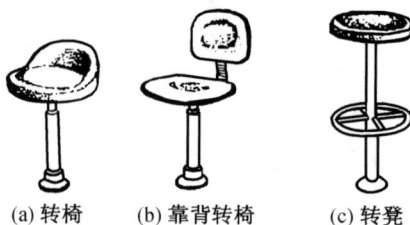

(a) 转椅　　　　(b) 靠背转椅　　　　(c) 转凳

图 12-22　固定式凳、椅

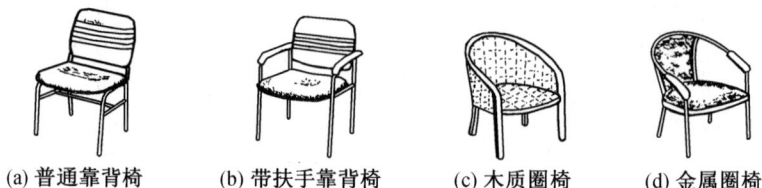

(a) 普通靠背椅　(b) 带扶手靠背椅　(c) 木质圈椅　(d) 金属圈椅

图 12-23　靠背椅

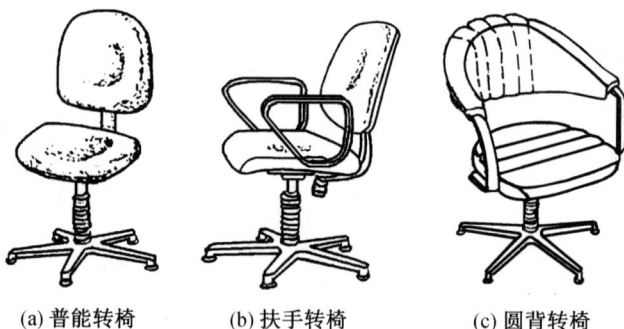

(a) 普能转椅　　　(b) 扶手转椅　　　(c) 圆背转椅

图 12-24　转椅

（3）铝质家具

铝质家具是用铝合金薄板、铝合金管材等,经过加工、弯曲、铆接等各道工艺,或者用模具拉压而成各类型材,再配以塑料、纺织品、家用五金等制成的家具。其包括床、柜、桌、椅等。这种铝质家具造型与钢质家具相仿,但质量比钢质家具要轻一半多。因此,被广泛使用在战斗舰艇上。但铝质家具价格高,加工工艺比钢质复杂,所以在民用船上用得不多。

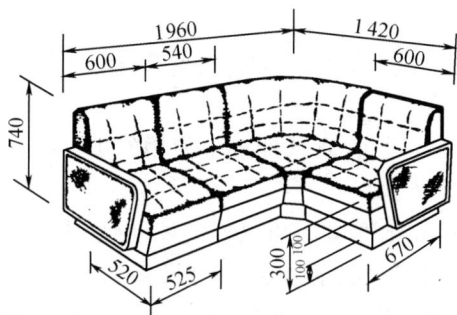

图 12-25　典型的靠壁转角沙发

3. 复合材料

复合材料是指两种或两种以上不同材料通过不同的物理加工形式而复合在一起的材料。常见的复合形式有粘贴和喷涂两种形式,如金属板表面贴塑及喷涂,胶合板表面粘三聚氢胺装饰板。

贴塑钢板、贴塑铝板、彩涂钢板、装饰胶合板都是船用家具常用的复合材料。其特点是提高了基材的装饰性,省去了产品最后一道表面处理的工序,但加工工艺比一般材料复杂。

任务二　船用厨房和餐饮设备

船用厨房设备系指用于食品或餐具的洗涤、加工、烹饪、分配、储存、输送、消毒及废弃物处理的设备的总称。这些设备通常设在厨房内或邻近厨房的工作室内,餐饮设备是指散置于厨房以外各处所(如餐厅、休息室等)的冷、热饮水器,保温桌,制冰机等。

一、食品原料加工设备

食品原料加工设备中最常用的有搅拌机、绞肉机、多用机、和面机等,对于人员较多的船舶还可配置淘米机、切片机、蔬菜加工机以及制作面条、饺子、馒头等食品的专用设备。厨房搅拌机可用于拌面、打蛋及其他类似的加工作业。不同的原料,采用不同的搅拌器。单一的搅拌机功能有限,多用机则是在搅拌机上加设各种可拆装的附件,用于绞肉等其他用途。图 12-26 所示为我国产的船用厨房多用机。

和面机有多种形式。图 12-27 所示为 HWY 型全封闭卧式和面机,其符合食品卫生和安全操作的要求,该机能作顺、倒转运转。

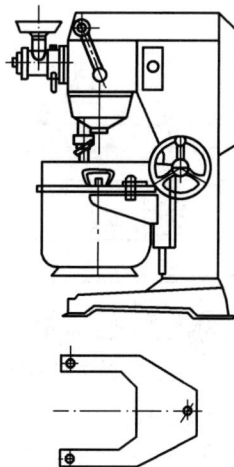

图 12-26　船用厨房多用机

二、烹饪设备

烹饪设备的种类较多,包括炉灶、炒锅、煎锅、饭锅、汤锅、蒸箱、烤箱等。

1. 炉灶

炉灶是船舶必备的烹饪设备,现代船舶上使用的炉灶按其所用能源主要分为燃油炉灶和电灶,此外还有液化气灶。

燃油炉灶是除油船和液化气运输船以外的船舶使用较多的炉灶。老式的油灶如滴油灶,效率低,污染严重。目前,船上使用得最多的是汽化燃油灶,燃料为轻柴油。其特点是燃烧充分,污染少。现今新颖的汽化燃油灶可使柴油完全燃烧,具有热效高、无烟尘、火力强、可调节等特点,且配有电点火装置,使用方便。

国产的汽化燃油灶形式较多,这里介绍两种形式。OHZ 型汽化燃油灶如图 12-28 所示。这种燃油灶需供应高压空气或配置专用的鼓风机。YZC 型汽化燃油灶如图 12-29 所示。这种燃油灶自身配置风机,不需另外供给气源。这两种灶均需设置烟囱。

图 12-27　HWY 型全封闭卧式和面机

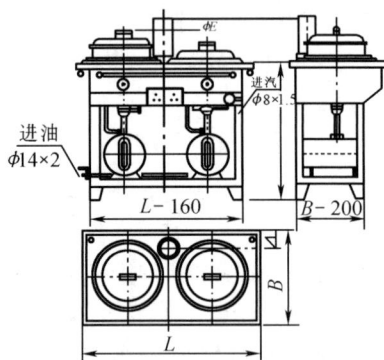

图 12-28　QHZ 型汽化燃油灶

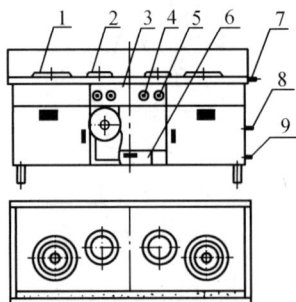

1—主眼;2—副眼;3—风机;4—风门;
5—油阀;6—油盘;7—冷水口(D15)。

图 12-29　YZC 型汽化燃油灶

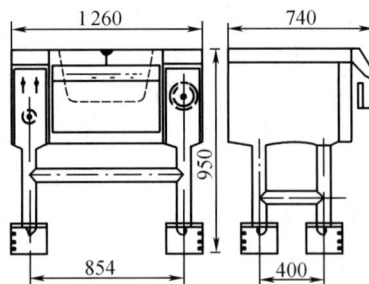

图 12-30　RGC-9 型
可倾式平底电炒锅

电灶的特点是无明火,通常用于油船及液化气船。电灶的加热方式有两种,一种为电加热器直接加热炊具,特别适用于炒菜;另一种为电加热器先加热球面或平面加热板,再加热炊具,球面板用于圆底锅,平面板用于平底锅。有些电灶还配有烤箱。国产电灶的电源均为 220 V、380 V 或 440 V 三相交流电,功率为 4~32 kW。

2. 电炒锅和电煎锅

人数较多的船舶配置专用的电炒锅、电煎锅等设备。图 12-30 所示为 RGC-9 型可倾式平底电炒锅,容量为 48 L,功率为 9 kW,通过操纵手轮可使锅体旋转,并任意锁定。

3. 饭锅

饭锅按热源可分为蒸汽和电加热两种,国产的 GZ 型蒸汽饭锅如图 12-31 所示,RGZ 型电-蒸汽加热两用饭锅如图 12-32 所示。

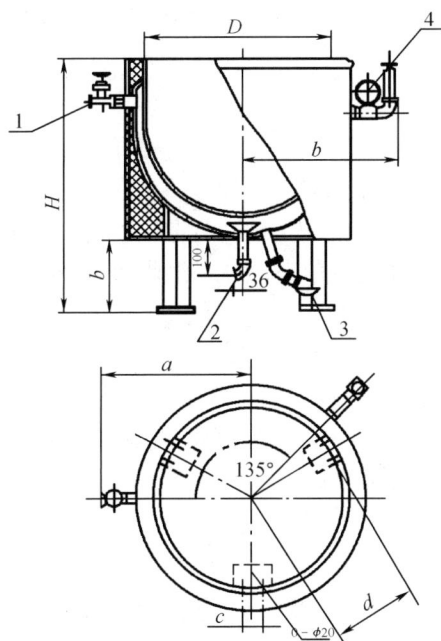

图 12-31　GZ 型蒸汽饭锅

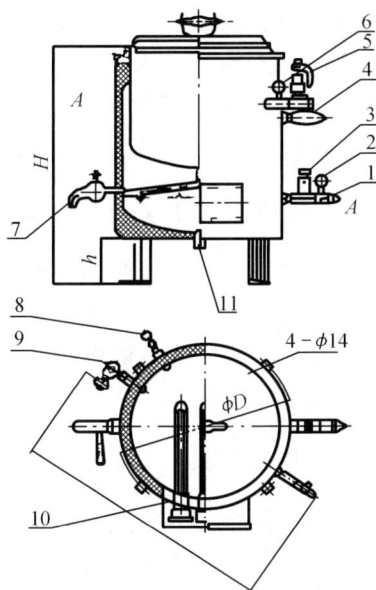

1—进气接头;2—压力表;3—截止阀;
4—出气接头;5—安全阀;6—压力表;
7—热水嘴;8—截止阀;9—液面指示器座;
10—电加热器;11—放泄阀座。

图 12-32　RGZ 型电-
蒸汽加热两用饭锅

4. 蒸箱

目前,常用的蒸箱按热源形式分为蒸汽加热箱、电加热箱及电-蒸汽加热两用箱。蒸汽压力通常为 0.2~0.3 MPa,蒸箱的形式按供餐人数分为 50、75、100、160、200 及 350 人等。

5. 电烤箱

电烤箱通常由预热箱和烤炉组成。国产的电烤箱形式不多,电源为三相交流,电压为 220、380 及 440 V,功率为 4.5~8 kW。

三、餐饮设备

1.保温桌

图 12-33　保温桌

保温桌用于存放已烧煮好的主副食品,并使其保持设定的温度,船上以自助餐方式供餐时,常在餐厅内设置保温桌,保温方式大多为电热式,介质为空气或水,保温盆的数量为 2~5 只。图 12-33 所示为保温桌,电源为 220 V 单相交流电,功率为 1.8 kW,温控范围为 0~100 ℃,外形尺寸($L×B×H$)为 1 800 mm×700 mm×800 mm。

2.沸水器

船上为供应饮用热水通常在餐厅或专用的茶水房等处所设置沸水器(茶桶),其加热方式为蒸汽或电加热。目前用得较多的为全自动电热沸水器(茶桶),容量为 30~50 L,功率为 3~6 kW。

此外,船上还经常配置冷饮水器、电茶壶、咖啡壶、果汁机、制冰机、烤面包切片机等设备,这些设备大多为陆用设备。

四、洗涤、消毒及污物处理设备

这类设备主要有洗碗(盆)机、消毒柜和污物粉碎机等。

洗碗机按洗涤水的加热方式可分为电加热和蒸汽加热两种,消毒柜的消毒方式有蒸汽或红外线消毒。污物粉碎机是将食品的废弃物,如骨头、菜皮、泔脚等粉碎后直接排放入海。

五、厨房家具

厨房家具形式很多,主要有洗池、洗桌、切菜桌、工作桌、配餐桌、壁柜、杯架、碗碟架、刀架、砧墩板架及挂物架等,目前此类家具均采用不锈钢制作。

项目十三 舱室内装

◆ **项目描述**

船舶舱室内装内容十分丰富,它涉及船舶建造学、美学、心理学、生理学、人机工程学等多学科。船舶内装好与否,在许多方面直接关系船舶的安全性、适用性、居住性和经济性。在现代造船业中,船舶内装越来越被业内人士所重视。

船舶舱室内装的研究是对船舶舱室的区划,对舱室内色彩、灯光、家具、陈设、设备等的研究和观察。船舶舱室研究同船舶的类型、用途、人员数量等情况有密切的关系,在现代船舶上,舱室内装不仅应满足人的生活、学习、工作等物质方面的基本需要,还应满足人们心理、生理和审美等精神方面的需要。

近年来,造船技术得到了迅猛发展。造船的新理论、新工艺、新材料也得到了大力发展,舱室内装采用了新的材料、新的结构形式、新的设备,特别是有关的国际公约(规则)、法则、规范、标准不断更新和补充,对舱室内装在防火阻燃、保温隔热、吸声防噪等方面提出了更严格的要求。这些因素也促使船舶内装材料和结构形式的变革。

◆ **教学目标**

1. 思政目标

通过本项目的学习,使学生了解我国船舶内装的发展历程,培养学生追求卓越和刻苦务实的精神;立足学科与行业领域,从而成为具有国际视野,家国情怀,使命担当的大国工匠。

2. 知识目标

理解船舶内装材料及特点;提高对内装材料辨识及应用的能力:重点是舱室围壁和天花板的基本知识和应用;掌握舱室甲板敷料基本知识及敷设方法。

3. 能力目标

使学生具有船舶内装材料的辨识能力,可简单编写舱室围壁天花板和舱室甲板敷料施工工艺。

4. 素质目标

在学习的全过程中,使学生自觉遵守职业道德,形成良好的职业素养,弘扬工匠精神;养成认真细致、实事求是、积极探索的科学态度和工作作风,形成理论联系实际、自主学习和探索创新的良好习惯。

【思政课堂】 刳木为舟,征服江海——追寻七千年中国造船脉络

我国幅员辽阔,内陆江河纵横,湖泽棋布,数千里海岸线绵延围绕。为了征服江海,造福人类,我国古代劳动人民不断创造和发展了造船和航海技术,郑和下西洋举世闻名,当时的造船技术之高被世界公认。其实,中国古代造船业的繁盛,明代并不是起点,据考古发现,目前已知的中国造船史不少于七千年。而从秦汉到明初的千余年间,我国造船水平在世界上一直处于领先的地位。

春秋战国:舟战推高古代造船技术

春秋时期,社会经济的发展使得一些较大的诸侯国有力量以武力兼并他国,开拓

疆土。据《左传》《国语》记载,楚、吴、越等国地处河流湖泊众多的南方,这些区域经常发生水战,这些诸侯国也大规模制造军舟运用于战争。

当时长江流域各国用于水上攻伐的战船图像,被战国初年的人们绘铸在青铜器上并保留下来。这一时期,舟师水军已成为流域各大国显示军事实力的重要武装力量。先进的造船技艺首先被用于军舟的建造之中,大型战舰往往被看作具有威慑力量的战略装备。水战的胜败,也往往与各国航运事业的发展状况及其所掌握的造船技术的先进程度有关。

秦汉时:造船史上第一个高峰期

秦朝至汉朝这段时期,我国古代传统的农、医、天、算等四大学科已形成了自己独特的体系。科学技术的进步,为造船业、航海业的发展和水师的建设提供了有利条件,这时出现了我国造船史上第一个高峰期。

秦汉时期(公元前221年到公元220年),我国的木帆船制造技术已经比较成熟了。那种在甲板上建数重楼的大楼船,船体雄伟坚固,能在海上抗风斗浪;帆、舵、锚等船用设备也已齐全。

这个时候出现了能使前侧风平衡的纵帆。这种我国独创的纵帆,性能优良,操作简便。它的出现,在帆的发展史上是一个很大的突破,使帆从只能顺风时使用的辅助地位,变为能适应不同风向,基本取代人力推进的主导地位,为船舶远航创造了极为有利的条件。

唐宋元明:造船水平世界领先

充分而灵巧地利用风力,是我国古代造船和航海技术高度发展的标志之一。正因为有着高超的造船工艺,唐朝时沿海一带造船业发展迅速,有私营的世代造船的船厂,亦有官营的造船厂,技术工人分工细致,所有用料皆有政府部门组织。唐贞观年间,攻打高句丽,李世民派遣了几百艘战舰,数万士兵,这样规模的海战,没有强大的船舶制造能力是不可能实现的。

到了宋代,中国海船已能横渡大西洋,开辟了直达东非的航线。《宋书》记载了当时"舟舶继路,商使交属"的盛况。南宋时,仅海关税收即达年200万贯,占全国财政收入的21%,可以想象当时航海事业之兴盛。元代,泉州港成为最大的外贸中心,拥有海船达15 000多艘。指引船舶进出港口的六胜塔,至今还屹立在泉州海岸。

明代郑和于1405年首次远航"西洋",比葡萄牙人迪亚士发现好望角(1488年)早83年,比葡萄牙人达·伽马绕好望角到印度(1497年)早92年,比意大利人哥伦布发现美洲新大陆(1492年)早87年,比葡萄牙人麦哲伦环球航行(1519年—1522年)早一百多年。郑和的确是世界大规模航海事业的先驱,他的成功表明,直到15世纪,中国的航海事业仍处于世界领先地位。

近现代:在曲折中发展奋进

为了掠夺殖民地和进行世界贸易,资产阶级大力发展造船和航海事业。19世纪初,北美、西欧出现了蒸汽明轮船,后来西方各国也陆续建造。接着又出现了螺旋桨推进的船。随着冶金工业的发展,19世纪下半叶,用钢铁造船很快代替了木船。

而我国在这一时期却处于封建制度走向衰亡的阶段,腐朽的社会制度阻碍了生产力的发展,造船业也停滞不前。造船技术远远落在西方资本主义国家的后面,到新中国建立前夕已是处于奄奄一息的凋败状况。

经过改革开放几十年的发展,我国船舶工业取得了长足进步。特别是 21 世纪以来,我国船舶工业更实现了跨越式发展,综合实力和国际地位稳步提升,造船完工量、新接订单量和手持订单量连续多年保持快速增长,造船三大指标已进入世界造船大国行列,已具备了向世界造船强国冲刺的基础和条件。

我们坚信,在民族复兴的宏伟目标指引下,我国造船技术也一定能重新进入世界的前列。

来源:中国水运报(原文有删改)

任务一　船舶内装材料及特点

一、船舶内装材料的特点

船用内装材料不同于陆用内装材料,它有以下特点:

(1)船舶是水上运动建筑物,它有振动还有摇摆,因此要求构成船舶舱室的内装材料应该能牢固连在一起并与钢质上层建筑外壳进行方便固定。

(2)船舶是水上运输工具,排水量一定,结构本身的质量越轻,就越能装载更多的货物和客人,因此要求内装材料尽量轻。

(3)船舶是水上移动的建筑物,一旦发生火灾,灭火工作比较困难。因此各国造船“规范”及“海上人命安全公约”对船舶的结构防火非常重视,这就要求内装材料应该是不燃材料或局部使用可燃材料。

(4)随着人们对生活质量的要求逐步提高,要求居住舱室、工作舱室的振动与噪音要低,至少达到“规范”和“公约”的规定,为此内装材料要求具有一定的防振、隔热、隔音性能。

★知识拓展 13-1:结构防火

知识拓展 13-1
结构防火

二、内装材料的分类与发展

船舶内装材料按使用特性可分为结构材料、绝缘材料、装饰材料、家具材料;按可燃性又可分为可燃材料和不可燃材料。

船舶内装材料主要用来分隔舱壁、衬板及天花板,其主要分类如表 13-1 所示。

表 13-1　船用内装材料的分类

基材	木质	天然板材	
		人造板	胶合板
			刨花板
			中密度板
	无机质	硅酸钙板、TC 板	
	复合材料	玻璃钢成型板	

表 13-1（续）

饰面材	涂料	油漆、树脂类涂料
		天然木切片
	塑料饰面	三聚氰胺装饰板
		聚酯饰面
		聚氯乙烯薄膜
复合板材	复合岩棉板	聚氯乙烯薄膜粘面镀锌钢板、复合岩棉板
		三聚氰胺装饰板、复合岩棉板
	蜂窝板	

近年来,随着出口船舶和国内旅游客船的建造,我国内装材料发展很快,不断引进国外先进技术和管理方法,从原来出口船上全部进口内装材料到今天部分或全部依靠国内生产,特别是结构材料及纺织品等的应用也已取得了很大的进步。

下面按使用特性分别介绍内装材料的发展情况。

1. 结构材料

结构材料的发展可分为四个时期,即木材结构时期、塑面材料结构时期、硅酸钙板结构时期和复合岩棉板结构时期。

（1）木材结构时期

我国大型船舶用木材作为内装结构材料,一直延续到 20 世纪 60 年代中期。即天花板、围壁、家具面板用胶合板,舱室内部衬档、家具结构、地板、踏板、扶手、窗盒、门框采用硬木制作。

木质舱室结构形式:围壁,首先将干燥木方(24 mm×50 mm)固定于钢围壁上,形成方格框架,横木方四至五道(视舱室高度定),竖木方间距 400~500 mm(视胶合板尺寸定),外面固定胶合板(厚 6 mm),用木螺钉固定(间距 150~200 mm)。天花板是用横竖木方(24 mm×50 mm)制成吊架,外面同样固定胶合板。

表面装饰有两种,一种是直接在胶合板表面刷油漆;另一种可在胶合板表面贴一层墙纸、墙布或厚度为 0.2~1 mm 的有装饰图形的木皮,表面再刷清漆。

木质材料内装结构特点是结构简单、加工方便、组装容易、有手工艺的艺术效果。但其防火性能差,不符合船舶设计规范要求。现今只限制用在"规范"和"公约"中无防火要求的围壁与天花或不受"规范"和"公约"约束的小型船舶上。

（2）塑面材料结构时期

塑面材料应用于我国船舶内装是从 20 世纪 60 年代中期开始的,即采用三聚氰胺塑面装饰板作舱室和家具面材。因其本身具有阻水、耐热、耐磨且带有彩色或图案,故表面无须进一步加工。装饰板分有光(镜面)和柔光(无光)两种。结构形式仍以木档结构为主,板缝用压条、插条、I 字条连接,压条材料有木质、塑料、金属三种。使用压条可改变木螺钉外露的缺陷。

塑面材料虽然施工方便(表面无须装饰),但易变形,色彩花纹单调,同时也满足不了船舶规范对防火的要求。

（3）硅酸钙板结构时期

硅酸钙板结构材料是美国研制成功的一种高强度不燃材料,20世纪50年代应用于造船业,我国是70年代末开始作为舱室内装材料的,主要用来建立船舶耐火分隔。

该材料是以硅酸钙结晶为主体,由纤维质原料(现多采用云母)、硅酸质粉末、石灰粉加水混合成型,再高温、高压蒸发烘干,然后表面粘贴塑料贴面,能满足《SOLAS公约》对不燃材料及B级防火的要求。

（4）复合岩棉板结构时期

复合岩棉板是20世纪70年代末到80年代发展起来的一种新颖内装材料。由于它具有良好的防火、隔音与绝热性能,并且具有外表美观施工方便等特点,因此被越来越多的造船国家所采用。

复合岩棉板是一种多层材料的复合结构,芯板为密度120~400 kg/m³的岩棉,两面用0.6~0.8 mm镀锌钢板(或不锈钢板)包覆,外表面还有一层彩色的聚氯乙烯薄膜装饰。

目前,复合岩棉板主要生产国家有瑞典、丹麦、德国、挪威、韩国、中国等,他们各有各的特点,并且都建立了各自的一套复合岩棉板舱室系统。

2. 绝缘材料

船用绝缘材料应具有防火、隔热、隔音性能。如报务室、雷达室、集控室要求隔音,冷库要求隔热,油柜、机舱等要求防火,都需要绝缘材料来保证。

20世纪50年代采用软木块作为绝缘材料;60年代用聚氯乙烯和聚苯乙烯泡沫塑料,前者燃烧时会产生有毒气体(氯化物)使人窒息,后者因易燃性而未被大量采用。80年代全新的不燃材料超细玻璃棉、陶瓷棉、岩棉(俗称三棉)等作为绝缘材料被迅速推广应用。

（1）超细玻璃棉

超细玻璃棉主要由原料石英砂或平板碎玻璃、硼砂、酚醛树脂(黏结剂)、硅油(防潮剂)组成,采用火焰喷吹法或离心喷吹法制造。船用保温、隔热超细玻璃棉的主要性能如表13-2所示。

表13-2　船用保温、隔热超细玻璃棉的主要性能

项目	性能
纤维直径(容重20 kg/m³)	3~4 μm
含渣率(粗丝)	0.4%~1%
树脂含量	1%
含湿率	<1%
安全使用温度	300~350 ℃
导热系数	0.031~0.036 W/(m·K)
吸声系数(f=100~2 000)	0.12~0.96

超细玻璃棉抗火焰穿透能力较差,所以A级舱壁或甲板不允许使用其来隔热。容重为16~25 kg/m³的超细玻璃棉用作舱室、风管、冷藏系统的隔热或保冷材料;容

重为 40~60 kg/m³ 的超细玻璃棉用作热水系统、蒸气系统及特殊保冻要求的常温液管的隔热材料;特别在重量控制严格的军用船舶上,超细玻璃棉因其容重特别低而一直被用作主要的舱室隔热材料;还可作为浮动地板的底层隔振材料。

(2)陶瓷棉

陶瓷棉又称硅酸铝纤维,它有干法和湿法两种制造方法。干法:原料→熔融→喷吹成棉和喷吹黏结剂→除渣→烘干固化→整形。湿法:原料→熔融(电弧炉 1 900 ℃)→喷吹成棉→多级漂洗除渣→加黏结剂→真空吸滤成型→烘干→整形。用湿法生产的陶瓷棉含渣率低,但纤维短,抗弯折性差,现多以干法为主。订货时要说明,湿法只能用于平板敷设,遇防挠材需弯包要用干法生产的陶瓷棉。

陶瓷棉的化学组成如表 13-3 所示。普通陶瓷棉的性能如表 13-4 所示。

表 13-3 陶瓷棉的化学组成

化学组成(%)类型	Al_2O_3	$Al_2O_3+SiO_2$	Fe_2O_3	K_2O+Na_2O
标准品	51.8	99.7	0.1	0.2
普通型	45~50	79.5	<0.5	<0.3
高铝型	>64	99.8	0.02	0.04

表 13-4 普通陶瓷棉的性能

项目	制品		
	原棉	干法制品	湿法制品
容量/(kg·m⁻³)	30~100	80、100、120、150	150、170、200
含渣率/%	10 以上	<5	<5
导热系数/[W·(m·K)⁻¹]	0.114/100 ℃	0.03~0.033/20 ℃	0.038~0.04/常温
	0.105/130 ℃	0.028~0.034/57 ℃	0.044~0.045/50 ℃
	0.093/160 ℃	0.034~0.041/97 ℃	0.052/150 ℃
		0.060~0.090/400 ℃	0.079/545 ℃

陶瓷棉毡毯耐高温可达 1 000 ℃ 以上,主要作为耐火分隔中的隔热材料。因为其有优异的防火隔热性能,所以是 A 级耐火结构的优良隔热材料。不同厚度的陶瓷棉吸声系数如表 13-5 所示。

表 13-5 不同厚度的陶瓷棉吸声系数

厚度/mm	F/Hz										
	100	125	250	315	400	500	630	800	1 000	1 250	1 600
30	0.1	0.06	0.10	0.18	0.22	0.38	0.53	0.66	0.70	0.75	0.88
50	0.07	0.07	0.30	0.56	0.60	0.60	0.70	0.75	0.77	0.80	0.81

（3）岩棉

岩棉在三棉中价格最便宜。它是由玄武岩和白云石、焦炭经冲天炉高温熔化，流出来的液体（1 500 ℃）经火焰或蒸气喷成丝，同时经喷酚醛树脂黏结剂固化成形。

岩棉的化学成分：

SiO_2：46%～69%；FeO：6%～8%；MgO：12%～14%；K_2O：0%～1%；Al_2O_3：10%～12%（影响耐高温）；Ca：16%～18%；Na_2O：1%～2%；Ti_2O：0%～1%。

岩棉的技术性能如表13-6所示。

表 13-6　岩棉的技术性能

项目	性能	备注
容量	27～200 kg/m²	国内只能生产 150 kg/m³
导热系数	<0.035 W/(m·K)	—
纤维直径	4～7 μm	粗，对皮肤有刺激
纤维软化温度	900～1 000 ℃	温度高需用容重大的
渣球含量	<4%	—
增水率	98%	—
吸声系数	0.14/125 Hz～0.99/4 000 Hz	—
使用温度	−269～700 ℃	—

从表中使用温度看，岩棉可作冷藏库的绝缘材料。

（4）泡沫塑料

聚氨酯泡沫塑料是采用多羟基化合物在各种助剂作用下与多亚甲基多苯异氰酸酯反应，交联发泡制成的微孔泡沫塑料，容重低，导热系数小，有较好的防潮性和阻燃性。泡沫塑料技术性能如表13-7所示。

表 13-7　泡沫塑料技术性能

项目	性能
导热系数	0.022～0.025 W/(m·K)
容重	50 kg/m³
自熄性	≤1 s
氧指数	≥26（一般>25为不燃材料）
吸水性	≤0.2 kg/m²
使用温度	−100～110 ℃

（5）泡沫玻璃

泡沫玻璃是一种以玻璃为主要原料制成的,具有均匀的独立密闭气隙结构的新型无机隔热材料。其容重低、导热系数小,不透湿、不吸水、不燃烧、不霉变、强度高,能耐除氟化氢以外所有的化学侵蚀。泡沫玻璃技术性能如表13-8所示。

表13-8　泡沫玻璃技术性能

项目	性能
容重	$140\sim180$ kg/m³
导热系数	$0.023\sim0.026(-100\ ℃)$
	$0.042\sim0.052(0\ ℃)$
抗压强度	≥5 kg/cm²
吸水率	$\leq0.2\%$
线膨胀系数	9×10^{-6}/℃
使用范围	$-200\sim400\ ℃$

（6）甲板敷料

甲板表面绝缘材料称为甲板敷料,也就是船舶钢质甲板上覆盖物的总称。其作用是防滑、隔音、隔热、防火,并把甲板上许多焊点、焊缝不平的地方盖掉,装饰房间。

①船用甲板敷料种类繁多,不同的分类方法可以有多种分类。

按胶凝材料和外掺有机物的名称可分为九类,如表13-9所示;按施工方式和使用部位分类如表13-10所示。

表13-9　甲板敷料按胶凝材料和外掺有机物分类

类别	主要组成材料	
	液料	干料
水泥纯浆类	水	水泥、砂、细骨料
水泥纯浆类	水	水泥、粉状填充料
氧镁水泥类	氧镁水泥类	菱苦土（主要含氧化镁）、轻骨料
天然胶乳型	浓缩天然胶乳	水泥、砂或骨料,填充料
丁苯胶乳型	丁苯胶乳	水泥、砂或骨料,填充料
天然-丁苯混合胶乳型	天然胶乳和丁苯胶乳	水泥、砂或骨料,填充料
环氧树脂型	溶剂型或水溶性环氧树脂、固化剂	填料或细骨料
聚氨酯型	聚酯或聚醚树脂、异氰酸盐类	填料或细骨料
氯丁胶乳型	氯丁胶乳	水泥、砂或骨料,填充料

表 13-10　甲板敷料按施工方式和使用部位分类

使用部位	施工方式	常见类型
舱室内	混合型	天然胶乳型、丁苯胶乳型、氯丁胶乳型、天然-丁苯胶乳型、环氧树脂型、聚氨酯型、水泥砂浆型、水泥纯浆型、氧镁水泥型等
	复合型(常在隔热材上施工复合型甲板敷料)	硅酸钙板型、珍珠岩板型、碳酸钙板型、岩棉板、陶瓷棉板
露天甲板	混合型	环氧树脂型、聚氨酯型、氯丁橡胶型等

需要特别说明的是,浮动地板也有人称为浮设地板或浮筑地板,它是 20 世纪 80 年代发展起来的新型甲板敷料。所谓"浮动"是指该地板的底层都是由岩棉或其他矿物棉构成的,具有一定的弹性,地板面层压在底层上好比漂浮在水面上一样。国内生产的浮动地板为现场施工型,现在国外还广泛推广预先制造型的浮动地板,即制造厂预先将浮动地板制造成一块块的地板状结构,船厂只要将这些板块放到船上拼装即可。

浮动地板为 600 mm×600 mm 的方形板块,板块的总厚度为 70 mm,其中面层是厚度为 20 mm 的钢丝增强混凝土,底层是 50 mm 厚、密度为 140 kg/m³ 的岩棉,两层粘接在一起,每块地板的四周有榫头与榫槽,相邻的板块联结在一起时就形成了一个整块的大平面。Fc-6 浮动地板装到钢甲板上之后噪音减少量可达 54 dB,它的防火等级可达 A60 级,每块板重量为 15 kg。

3. 装饰材料

装饰材料包括纺织品材料、木材、塑料、金属等。其中,纺织品材料用作窗帘、幔帘、床铺帘、床罩、沙发、椅子套;塑料用作压条、连接条、地板块、扶手、楼梯止滑条等;金属用作各类小五金等。但要求纺织品应具有不燃性或低播焰性,一般多采用化纤织品,制造时加入阻燃剂,以达到船用要求。

4. 家具材料

船用家具有贴塑木质家具、钢质家具、硅酸钙板家具、复合岩棉板家具。目前,船用的家具主要是木质家具、钢质家具或木质、金属混合型家具。

任务二　舱室围壁和天花板

一、木质结构的舱室围壁和天花板的安装

木质结构舱室系统的基本形式是以木衬档为骨架,表面封木质板材,如图 13-1 所示。

1. 船用木质结构内装板材的类型

船用板材通常有胶合板、刨花板和中密度板,又有素板、复面板和难燃型之分。

船用胶合板按材料可分为阔叶树材和针叶树材两种,按耐水性能可分为耐湿性和耐水性,按阻燃性能又可分为阻燃和非阻燃两种。

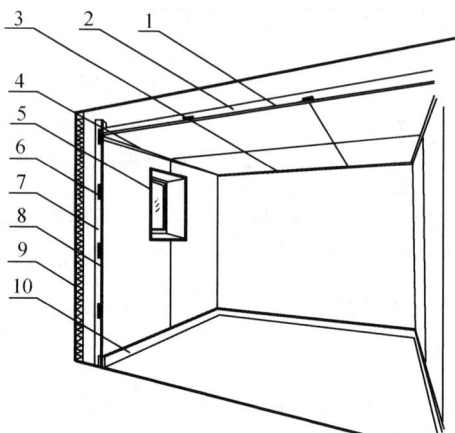

1—天花板;2—天花板垫木;3—火花板衬档;4—顶角线;5—窗斗;
6—围壁衬板横档;7—围壁衬板直档;8—围壁衬板;9—绝缘;10—踢脚板。

图13-1　木质结构内装示意图

2. 木质结构内装的基本形式

（1）以胶合板素板作为内装板材,其常用的结构形式有板缝倒角拼接(图13-2)及板缝脱缝拼接(图13-3)等。

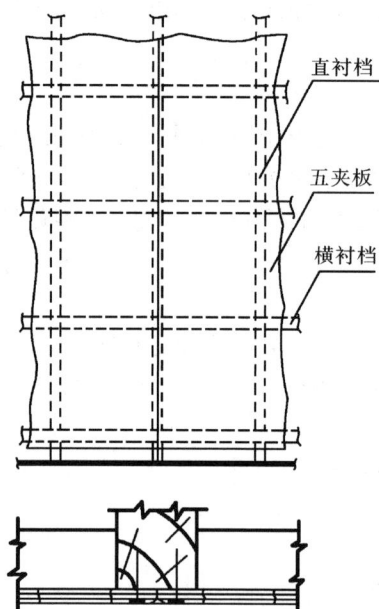

图13-2　五夹板板缝倒角拼接

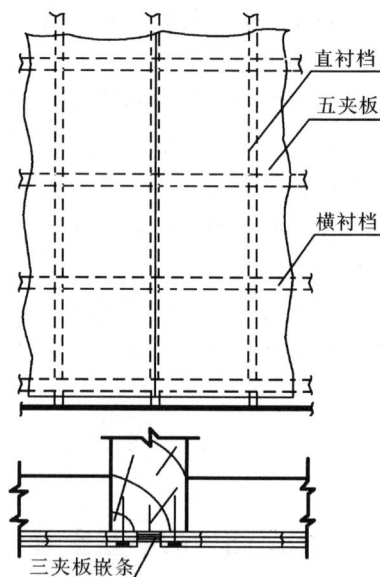

图13-3　五夹板板缝脱缝嵌条拼接

（2）以三聚氰胺装饰板贴面的胶合板作为内装板材常用的结构形式有铲边嵌条固定(图13-4)、抽槽嵌条固定(图13-5)以及用装饰条固定(图13-6)等形式。

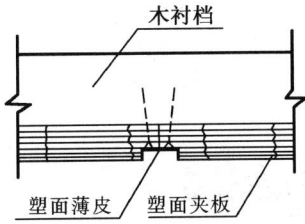

图 13-4 铲边嵌条固定

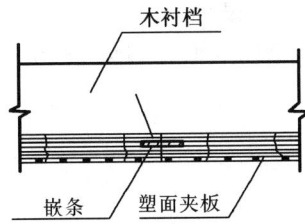

图 13-5 抽槽嵌条固定

3 木衬档构架形式

（1）普通木质衬档

普通木质衬档形式如图 13-7 所示。

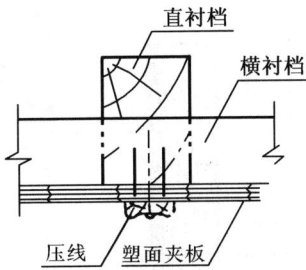

图 13-6 装饰条固定

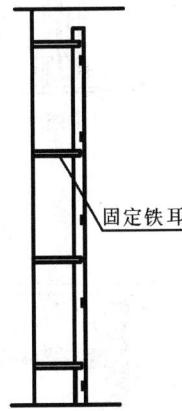

图 13-7 横直档连接图

钢围壁板与衬档连接形式如图 13-8 所示，天花板的安装同围壁衬板相仿。

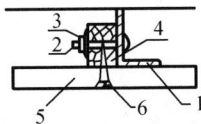

(a) 天花板及衬板内衬档的接合一

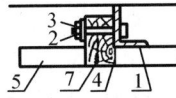

(b) 天花板及衬板内衬档的接合二

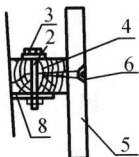

(c) 衬板内衬档连接

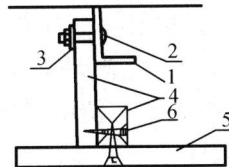

(d) 天花板及衬板内吊档连接

1—角钢；2—螺栓；3—垫圈；4—垫销；5—衬档；6—螺钉；7—圆钉；8—耳板。

图 13-8 各种衬档连接形式

（2）槽档

槽档的形式如图 13-9 所示。

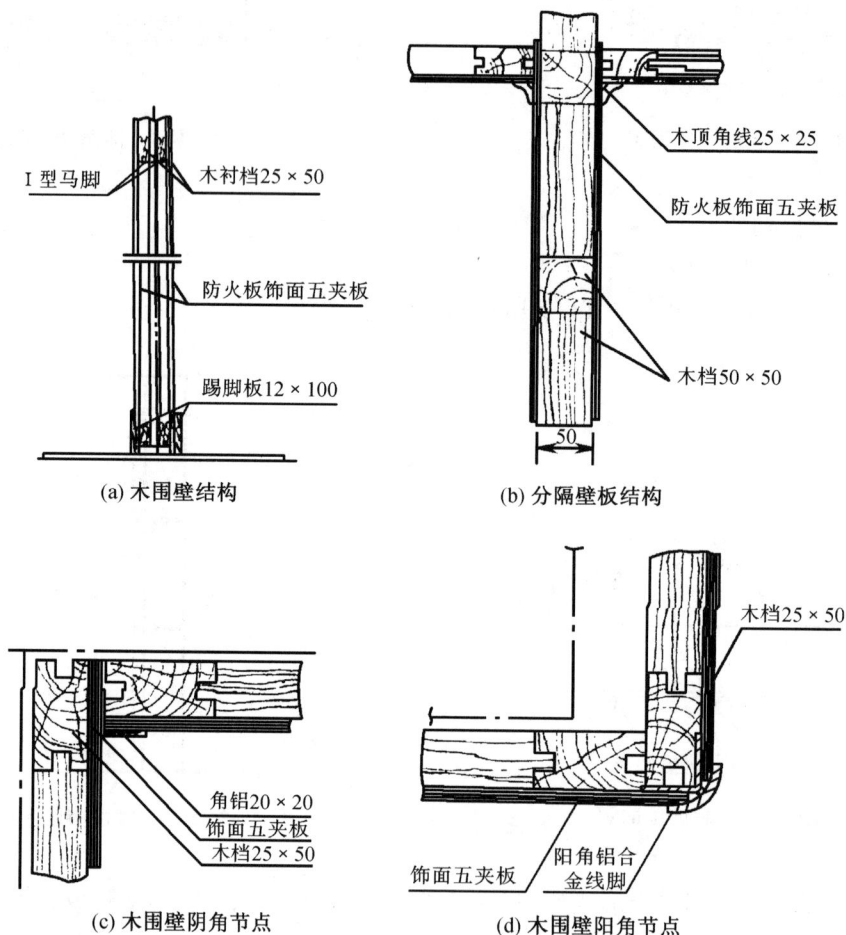

（a）木围壁结构

（b）分隔壁板结构

（c）木围壁阴角节点

（d）木围壁阳角节点

图 13-9　槽形衬档构架节点

二、硅酸钙板结构的舱室围壁和天花板的安装

1. 硅酸钙板

船用硅酸钙板按增强材料可分为石棉型和无石棉型，后者又可分为云母型、耐碱玻璃纤维型、有机纤维型及普通玻璃纤维型；按密度可分为超轻型、轻质型、普通型（中质型）及重质型；按使用部位可分为独立围壁板、衬板和天花板。

2. 钢质构架件

为了有效防止火焰的燃烧和蔓延，安装硅酸钙板的构架件及连接件均应采用钢质材料制作，材质为 A1F 或 A3 钢。构架件和连接件表面应经酸洗镀锌或除锡喷漆，裸露的装饰构件可采用复塑钢板冲压制成。

3. 硅酸钙板安装方式

采用硅酸钙板的内装系统其总体形式如图 13-10 所示。通常应先安装衬板或独立围壁板,然后安装天花板。

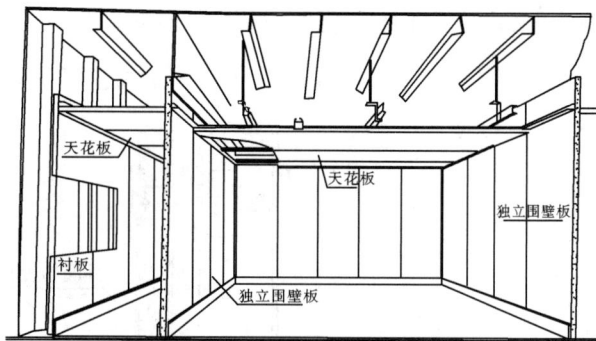

图 13-10　硅酸钙板内装系统示意图

(1)衬板及独立围壁板的安装方式

如图 13-11 所示,在钢围壁上安装衬板时,应设置水平和垂直主衬档,水平主衬档至少设上下两根,上部主衬档应高出天花板约 50 mm,可同时用于安装天花板边缘的连接衬档。走廊衬板在安装风暴扶手时应设置中间衬档,其高度离走廊地板约 900~1 000 mm,以安装风暴扶手的支架。采用厚度较小的衬板时亦应设置中间主衬档,此时衬板用自攻螺钉固定,或在每块衬板背面设置 2~3 个钩板,安装时钩板扣住中间衬档。垂直主衬档的间距根据衬板宽度确定,在每一板缝处设置垂直主衬档,以便用自攻螺钉直接固定衬板或采用欧米茄接头固定衬板。

衬板及独立围壁板在转角处的安装方式如图 13-12、图 13-13 所示。

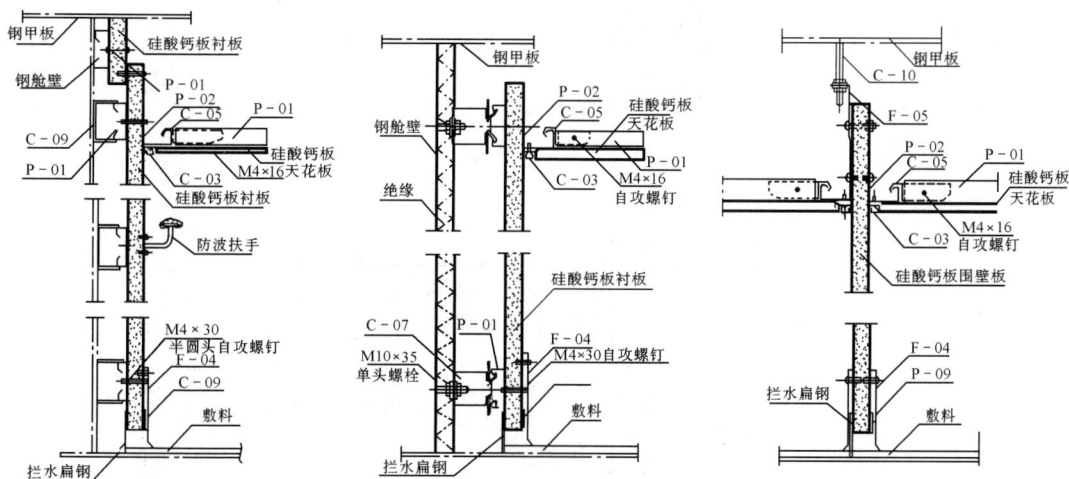

(a) 无扶强材无绝缘钢壁的衬板安装　(b) 有扶强材有绝缘钢壁的衬板安装　(c) 独立围壁板安装

图 13-11　衬板及独立围壁板的典型结构图

(2)天花板的安装

天花板应在周边处同衬板或钢围壁连接,中间部分应根据板材尺寸设置纵向及横向主衬档构成平面构架,除了宽度小于 1 300 mm 的走廊的天花板的主衬档可不设吊顶件外,其余处所天花板的主衬档均应设吊顶件与甲板连接。如图 13-14 所示,吊顶件的间距约 800~1 000 mm。在灯具安装处,衬档应根据灯具尺寸设置,以便安装灯具,如图 13-15 所示。

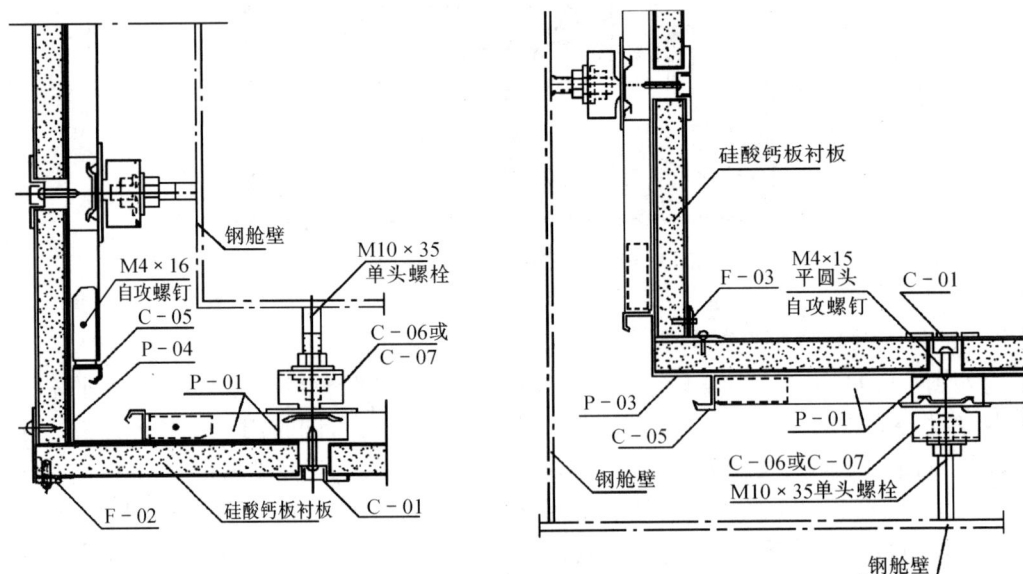

(a) 外转角衬板安装

(b) 内转角衬板安装

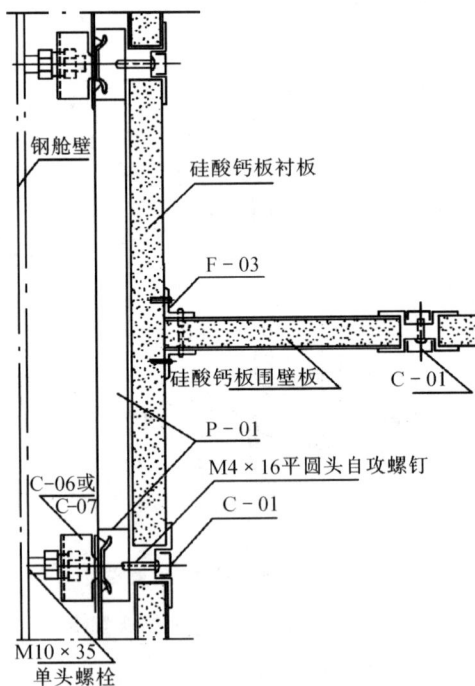

(c) 衬板与独立围壁板交汇处的安装

图 13-12　转角处衬板的安装方式

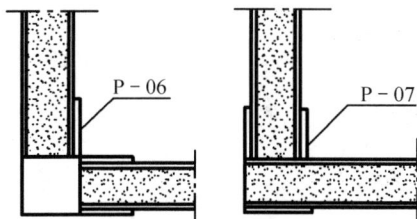

图 13-13 转角处独立围板的安装方式

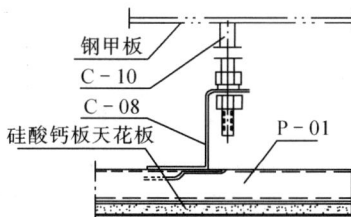

图 13-14 天花板构架件吊顶节点

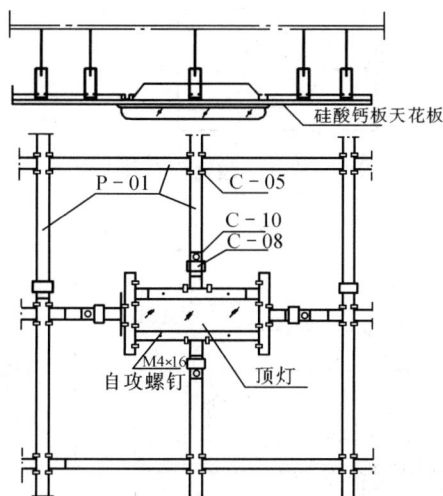

图 13-15 顶灯安装构架图

（3）硅酸钙板的连接

硅酸钙板的连接方式很多，厚度 8 mm 以下的衬板和天花板可直接用自攻螺钉固定在衬档上，但是由于螺钉头露出板外，使用较少。目前常用的方式为设置欧米茄连接件或嵌条连接。嵌条连接的形式如图 13-16 所示。

（4）硅酸钙板的开孔及门窗的安装

由于硅酸钙板材质较脆，开孔不当容易造成裂纹，因

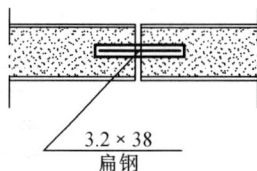

图 13-16 嵌条连接

此在硅酸钙板上开各种安装设备的孔时，在角端处应成圆角，施工时先在角端处钻直径 5~10 mm 的圆孔，然后再切割成所需的孔。开较大的孔时，应避免在整张板的中间，尽可能分于两张板之间，开孔方式如图 13-17 所示。门的安装节点如图 13-18 所示。

三、复合岩棉板结构舱室围壁和天花板的安装

复合岩棉板舱室系统是以复合岩棉板为主体，配套连接型材、部件以及防火门等构件。复合岩棉板舱室系统的特点是：

（1）满足防火要求，达到 B-0、B-15 级；

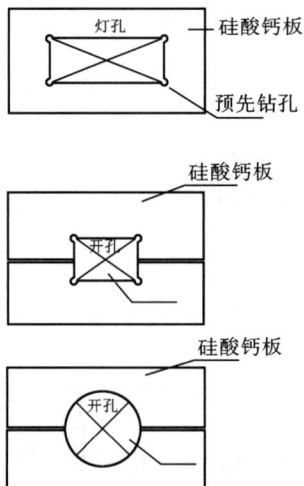

图 13-17 硅酸钙板开孔方式

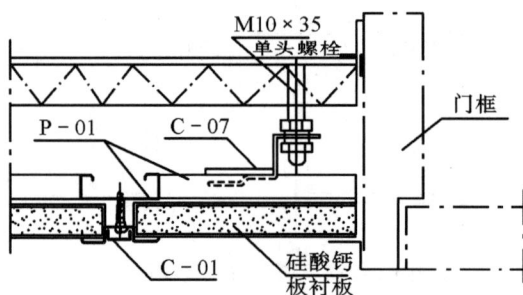

(a) 有绝缘的钢板衬板（平面）

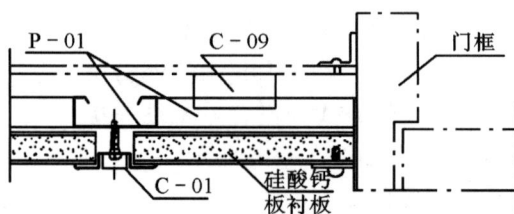

(b) 无绝缘的钢板衬板（平面）

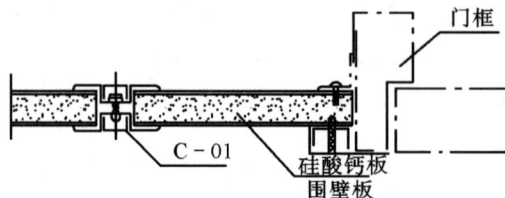

(c) 围壁板（平面）

图 13-18 门的安装节点图

（2）满足隔声标准（隔声值>30 dB）；

（3）尺度模数化；

（4）车间预制、现场组装，有利于缩短造船周期。

1. 复合岩棉板舱室的典型结构

作为舱室基本构件的复合岩棉板是由芯材岩棉（密度为 160 kg/m³、120 kg/m³ 等）及面材镀锌钢板（厚度 0.7 mm）上复贴 PVC 薄膜（0.2 mm）进行胶粘加压复合而成。舱室复合岩棉板系统包括围壁板（独立围壁、衬板）系列、天花板系列，构架系列及防火门系列等。

2. 复合岩棉板的组成

复合岩棉板舱室系统是以围壁板、转角板、天花板等组成。围壁板厚度为 50 mm、30 mm 和 25 mm；天花板厚度为 25 mmm。板长按需要，国产围壁板的长度可达 4 000 mm。复合岩棉板的宽度以 50 mm 的倍数来确定，称为模数板，模数板的宽度为 50~550 mm。

国产复合岩棉板结构形式有 A 型、B 型、C 型等，其主要技术性能指标基本相同，如表 13-11 至表 13-14 所示。

表 13-11 复合岩棉板结构形式及主要技术参数

类别	名称	结构形式	厚度/mm	标准宽度/mm	高度/mm	质量	适用范围
壁板类	A 型壁板		30 50	550	≤3000	19.01 kg/m² 20.86 kg/m²	衬板独立围壁
	双雌板		30 50	550	≤3 000	17.38 kg/m² 20.20 kg/m²	门旁
	可拆板		30 50	550	≤3 000	16.30 kg/m² 19.80 kg/m²	可拆处
	L 型转角板（用于 A 型）		30 50	100×100	≤3 000	1.91 kg/m 3.68 kg/m	转角处
	L 型转角板（用于 C 型）		50	100×100	≤3 000	3.8 kg/m	转角处

表 13-11（续）

类别	名称	结构形式	厚度/mm	标准宽度/mm	高度/mm	质量	适用范围
壁板类	T型转角板（用于A型）		50	150×100	≤3 000	4.7 kg/m	转角处
	C型衬板		25 30	550	≤3 000	15.3 kg/m² 16.4 kg/m²	衬板
	C型壁板		50	550	≤3 000	19.90 kg/m²	独立围壁
	A型卫生板		50	550	≤3 000	39.38 kg/m²	潮湿房间
	A型加强板		30 50	750	≤3 000	24.00 kg/m² 27.10 kg/m²	固定洗面器处
	A型电缆板		50	550	≤3 000	22.1 kg/m²	安装电器开关处
	C型电缆板		50	700	≤3 000	18.00 kg/m²	安装电器开关处
	C型加强板		50	750	≤3 000	29.9 kg/m²	固定洗面器处
天花板类	A型天花板		30 40	550	≤2 400	17.18 kg/m² 18.78 kg/m²	用于舱室顶部
	B型天花板		30	350	≤2 000	11.49 kg/m²	用于舱室顶部
	D型天花板		25	300	≤4 000	9.8 kg/m²	用于舱室顶部

表 13-12　A 型衬板及壁板的主要技术参数

项目		A 型岩棉板		A 型蜂窝板		A 型玻璃棉板	
厚度/mm		50	30	40	30	50	30
标准宽度/mm		550	550	550	550	550	550
耐火级别		B15	B0	C	C	B15	B0
适量/(kg·m^{-2})		20.86	19.01	6.8	6	13.4	12
导热系数 λ /[W·(m·K)$^{-1}$]		0.040		0.098		0.030	
隔音值/dB		33	30	26	22	33	30
面材	材料	镀锌钢板贴 PVC		镀锌钢板或铝板贴 PVC			
	厚度/mm	0.7		镀锌钢板 0.7、0.5；铝板 0.8			
芯材	材料	岩棉		纸蜂窝		超细玻璃棉	
	密度 /(kg·m^{-3})	150		—		80	
用途		用于独立围壁或衬板					

表 13-13　C 型衬板及壁板的主要技术参数

项目		C 型岩棉板			C 型蜂窝板			C 型玻璃棉板		
厚度/mm		50	30	25	50	40	20	50	40	20
标准宽度/mm		550			550			550		
耐火级别		B15	B0		C			C		
质量/(kg·m^{-2})		19.9	16.1	15.3	7	6.8	5.3	6.8~11.1	6.7~10.14	6.2~7.92
导热系数 λ /[W·(m·K)$^{-1}$]		0.040			0.098			0.030		
隔音值/dB		30	28	26	30	28	26	30	28	26
面材	材料	镀锌钢板贴 PVC 膜			铝板贴 PVC 膜			铝板或钢板贴 PVC 膜		
	厚度/mm	0.7			0.8			0.7 或 0.8		

表 13-13(续)

项目		C 型岩棉板	C 型蜂窝板	C 型玻璃棉板
芯材	材料	岩棉	纸蜂窝	超细玻璃棉
	密度 /(kg·m⁻³)	150	—	60~80
	用途	50、40 厚用于壁板,30、25、20 厚用于衬板		

表 13-14　天花板主要技术参数

		A 型岩棉板		B 型蜂窝板	C 型玻璃棉板
厚度/mm		40	30	30	25
标准宽度/mm		550	550	350	300
耐火级别		B15	B0	B0	B0
质量/(kg·m⁻²)		19.5	18	11.49	9.8
导热系数 λ /[W·(m·K)⁻¹]		0.040			
隔音值/dB		32	30	30	25
面材	材料	镀锌钢板贴 PVC 膜			
	厚度/mm	0.7			0.5
芯材	材料	岩棉			
	密度/(kg·m⁻³)	150			80
	用途	用于舱室顶部装饰			

3. 复合岩棉板的安装形式

应根据不同结构形式的板材所使用的配套构架件安装复合岩棉板。由于各国厂家的复合岩棉板自成体系,因此板材的连接形式、连接构件形式、连接构件、吊挂构件及装饰构件均有所不同。复合岩棉板连接和固定构架件为钢质镀锌构件,装饰用构件为复塑或涂塑钢质件。

图 13-19 所示为典型的复合岩棉板连接形式;图 13-20 所示为复合岩棉板衬板及天花板的固定形式;图 13-21 及图 13-22 所示为复合岩棉板的各种节点形式及与之相应的顶型材的连接形式;图 13-23 所示为衬板及独立围壁的固定形式;图 13-24

所示为复合岩棉板板围壁门的安装形式。

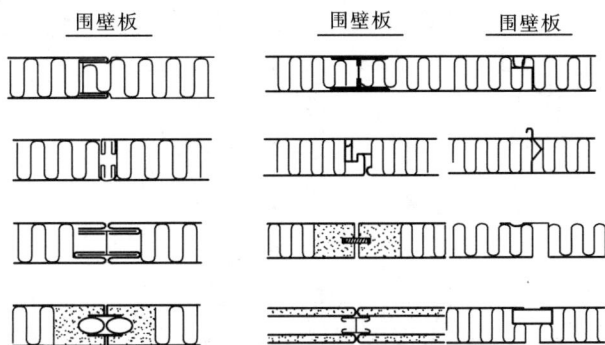

图 13-19　典型的复合岩棉板连接形式

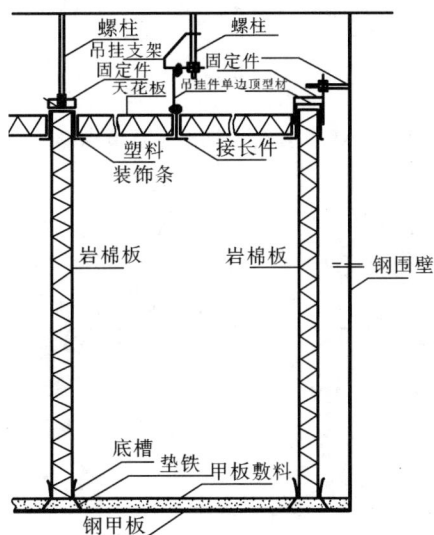

图 13-20　复合岩棉板衬板及天花板的固定

四、蜂窝板结构舱室围壁和天花板安装

★知识拓展 13-2:蜂窝板结构舱室围壁和天花板安装
(此部分内容为选学内容,可根据人才培养需要选择学习)

五、金属条形板的天花板安装

★知识拓展 13-3:金属条形板的天花板安装
(此部分内容为选学内容,可根据人才培养需要选择学习)

知识拓展 13-2
蜂窝板结构舱
室围壁和天花
板安装

知识拓展 13-3
金属条形板的
天花板安装

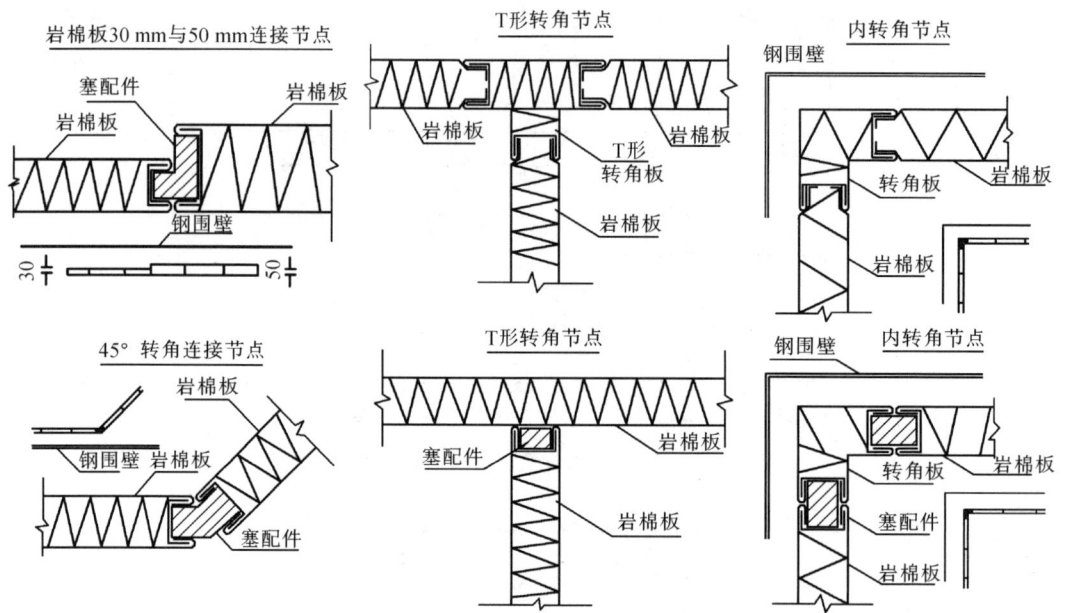

图 13-21　复合岩棉板主要节点形式

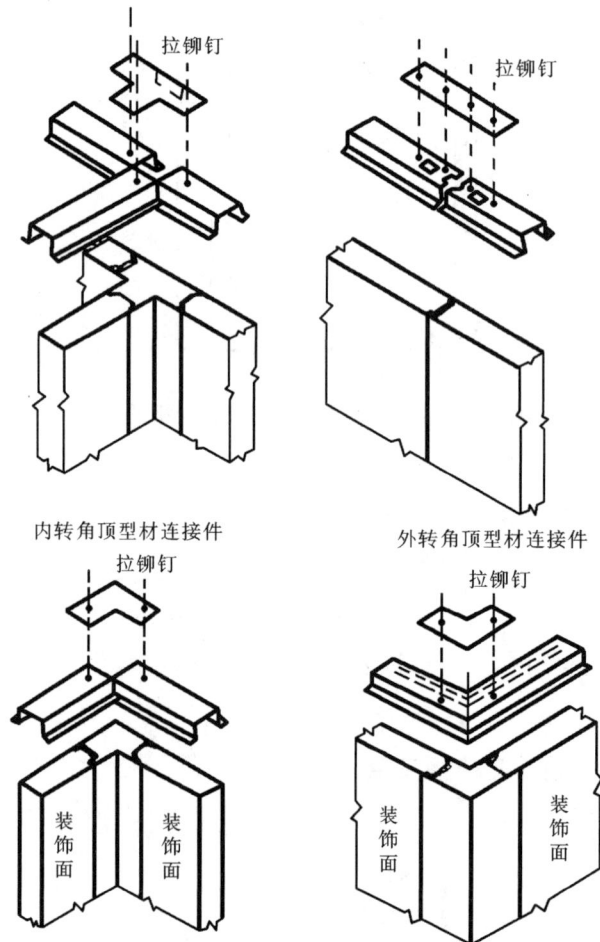

图 13-22　复合岩棉板顶型材的连接形式

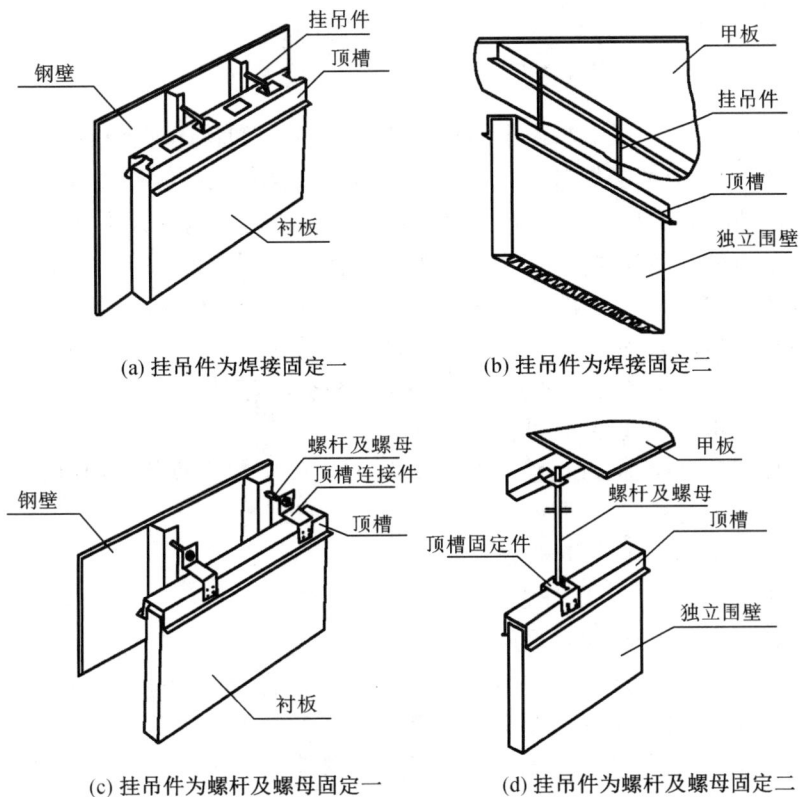

(a) 挂吊件为焊接固定一　　　　(b) 挂吊件为焊接固定二

(c) 挂吊件为螺杆及螺母固定一　　(d) 挂吊件为螺杆及螺母固定二

图 13-23　复合岩棉板衬板及独立围壁的固定形式

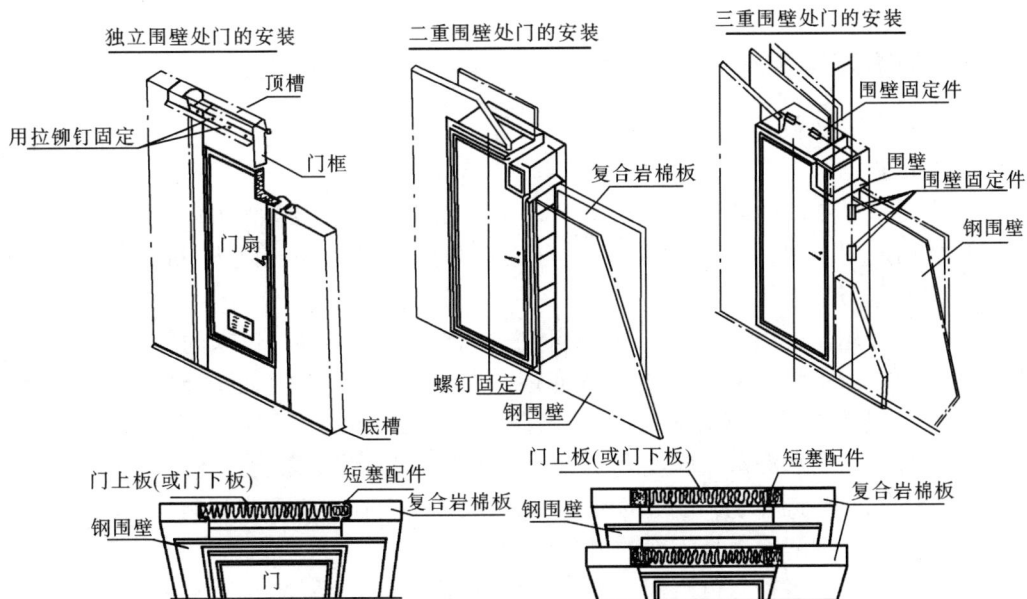

图 13-24　复合岩棉板板围壁门的安装形式

任务三　舱室甲板敷料

在任务一中已对甲板敷料做了简单介绍,本任务我们将详细介绍舱室甲板敷料。

甲板敷料和甲板基层敷料迄今尚无严格的区分方法。一般来说,甲板敷料是一种总称,而甲板基层敷料则是一种特定的称谓。前者泛指在钢甲板上敷设的涂覆层材料,它起着保护甲板、防止甲板腐蚀以及改善甲板的使用条件等作用。在衡量甲板敷料遇到从钢甲板下来的火源的情况的耐火性能时,安全公约提出了甲板基层敷料的概念。现行的《SOLAS 公约》对甲板敷料的要求如下:

(1)与甲板有足够的黏结强度,不腐蚀钢甲板,并起到保护作用;

(2)具有防水渗透性能,长期泡水不松散;

(3)干燥线收缩率小,抗折强度和抗压强度高,不会产生收缩缝和龟裂缝;

(4)敷料面层有一定的硬弹性;

(5)具有一定的隔热、隔声性能;

(6)施工方便,工艺易于掌握;

(7)原材料资源丰富,价格低廉。

除此之外,对于不同种类的船舶和不同的施工部位,还有各自的特殊要求,如露天甲板敷料要求具有耐气候老化和防滑性能;冷藏室则要求底层有保冷性能良好的材料,上层有防寒、防冷等性能;油舱上部或周围的敷料则要求有较高的防油性能,吸油率要小等。

水平防火分隔的甲板应满足 A 级耐火完整性。根据甲板上下处所的性质规定的甲板防火级别(A-60、A-30、A-15、A-0)所敷设的甲板敷料应满足这些相应的耐火分隔要求。

一、甲板基层敷料

1. 甲板基层敷料的种类

(1)水泥

水泥是最基本的传统甲板基层敷料。水泥用作甲板基层敷料的优点是廉价、耐用、抗磨性强、耐水湿、化学性能稳定、易于清洗和消毒,缺点是密度大、抗阻较小、振动下易松碎及龟裂。

水泥主要用作厨房、配餐间、卫生间、浴室、盥洗室、洗衣房、烘衣间等处所的甲板基层敷料,作为铺砌瓷砖、地砖的粘固底层。船用水泥多为含不超过 5% 三铝酸钙和 5%~15% 活性二氧化硅添加料的防酸水泥,为了防水可另增防水性添加剂,标号在 300~500 号之间。水泥敷层厚度大于 35 mm 时,水泥与沙的配比为 1:3;水泥敷层厚度小于 35 mm 时,水泥与沙的配比为 1:2。一般敷层要在甲板上先焊装金属马脚。在敷设水泥前应仔细清除甲板表面的氧化皮和锈层。

近年来出现的一种彩色水泥处理剂,是一种高科技产品,能在原本普通的水泥表层上创造出风格迥异、自然逼真的大理石、花岗岩、陶瓷地砖等效果,具有古朴自然的风格,克服了天然材料价格昂贵、施工麻烦、拼接缝处容易渗水损坏、不易受重压等不足之处。这种新材料的特点是能使普通水泥地坪快速达到多姿多彩的效果,而强度是其他材料无法相比的,且价格适宜。

(2)乳胶类甲板基层敷料

由于普通水泥敷层有种种缺点,所以在水泥中掺拌各种添加物,以改善水泥的技术性能。乳胶类甲板敷料就是在水泥砂浆(水泥+骨料+水)中加入一定比例的乳胶制成的,故俗称乳胶水泥。骨料可以采用普通石英砂,也可用珍珠岩和浮石之类。乳胶一般指高聚物分散在水介质中形成的乳液。

乳胶类甲板敷料中乳胶的含量高则弹性、抗折、抗冲压、耐水性能提高,但耐磨性降低,收缩变形增加。通常乳胶含量控制在10%~20%。

乳胶在加工过程中分子没有受到机械破坏,因此保持高聚物原有优良性能。乳胶类甲板敷料由于掺入了乳胶,改善了水泥原有的性能,其耐压、抗磨、抗折、抗冲击性能极大提高,特别是增强了敷料与甲板的黏结力,省去了原有水泥敷料所需要的金属马脚,可直接涂敷薄层(6~20 mm),不仅简化了施工工序,而且减轻了质量,这对于改善船舶总体性能具有很大的意义。此外,耐水、耐候性也有所改善。

乳胶类甲板敷料中掺入阻燃剂,则成为"不易着火的甲板基层敷料"。

乳胶类甲板敷料中加入适当的稳定剂,便于控制凝固时间。

乳胶类甲板敷料除了可用作甲板基层敷料外,还可直接在钢板上用作薄层敷设。

乳胶类甲板敷料主要用于舱室内甲板,但不适宜蓄电池舱,因为乳胶类甲板敷料耐酸性较差。

常用乳胶类甲板敷料主要性能如表13-15所示。

表13-15　常用乳胶类甲板敷料主要性能

型号	HP-1	HH-2	HQ-1	SD-1	TQ-1
乳胶类型	天然乳胶	—	—	氯丁乳胶	—
密度/(kg·m⁻³)	≤2 000	≤2 000	≤1 300	≤2 100	≤1 300
抗折强度/Mpa	≥3	≥3	≥3	≥4.5	≥3
抗压强度/Mpa	≥10	≥10	≥10	≥10	≥8
吸水率/%	≤10	≤10	≤13	≤10	≤15
吸油率/%	—	≤6.5	≤13	≤6	≤10
导热系数/[(W·(m·k)⁻¹]	—	≤1.3	≤1.3	≤1.2	≤1.2
初凝时间/h	≥1	≥1	≥1	≥1	≥1
终凝时间/h	≤12	≤12	≤12	≤24	≤24
敷设厚度/mm	5~10	8~12	8~12	10~12	10~12
耐火类别	—	不易着火甲板基层敷料			

(3)耐火甲板基层敷料

耐火甲板基层敷料应具有良好的耐火和抗震性能,且能有效地隔热、隔声。按其耐火性能可分为A-60级、A-30级、A-15级。按其结构形式可分为混合型、芯材复合型和浮动板等。

（4）混合型甲板基层敷料

混合型甲板敷料通常由干料和水按一定比例混合制成。干料的主要成分为水泥，掺和适当数量的填充料，因此具有较好的防水性能，特别适用于厨房、盥洗室、浴室及卫生间等潮湿处所。

图13-30为国产的HH-3型A-60级耐火甲板基层敷料，是单层结构的混合型敷料，由干料（改性混凝土、陶粒、助剂等）与水按一定比例混合后直接涂敷于安装马脚的钢甲板上，其主要性能如表13-16所示。

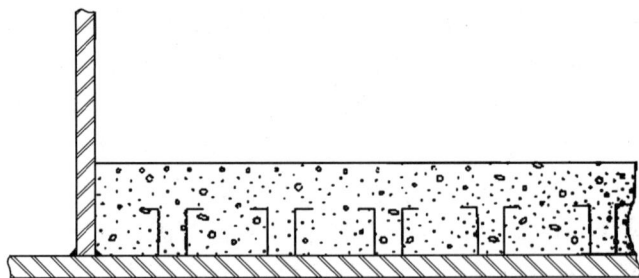

图13-30　HH-3型耐火甲板基层敷料（A-60）

表13-16　HH-3型A-60级耐火甲板基层敷料主要性能

辅料型号	密度/(kg·m^{-3})	抗折强度/Mpa	抗压强度/Mpa	吸水率/%	初凝时间/h	终凝时间/h	加强材敷设厚度/mm	加强材	耐火类别
HH-3	≤1 600	5	≥20	≤10	≥1	≤12	45	马脚	A-60

双层混合型甲板敷料由底层和面层的混合浆分层涂敷而成。底层是由促凝粉剂（改性混凝土）及经高温烧结膨胀的比较轻的膨胀珍珠岩颗粒组成，面层则由促凝粉剂（改性混凝土及填充料）和填充骨粉（如石英砂或陶粒等）组成底，面层敷料均按比例掺水混合成浆，并予以分别涂敷。

混合型甲板敷料敷设以后，根据不同处所的要求，表面可敷设水泥-陶瓷或塑料地板。

（5）浮动地板型甲板基层敷料

浮动地板型甲板基层敷料具有弹性，具有良好的抗振动、隔声、隔热等性能。浮动地板均为多层结构，形式很多。

图13-31为HHF-1型A-60级浮动地板，底层为密度170 kg/m^{3}的陶瓷棉板（硅酸铝纤维毡），其上敷设一层防水薄膜，然后敷设HH-3型耐火甲板基层敷料（在高1/3处设有钢筋网加固）。该浮动地板密度约为50 kg/m^2。

除HHF-1型A-60级浮动地板之外，还有SD-V型及TQ-Ⅱ型A-60级浮动地板，底层均为170 kg/m^{3}的陶瓷棉板，其上敷设一层防水纸，再敷设面料。浮动地板敷设以后，可根据不同处所的要求敷设塑料地板等铺材。

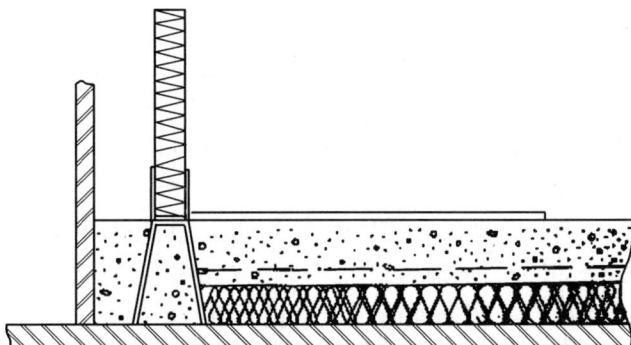

图 13-31　HHF-1 型浮动地板(A-60)

2. 流平甲板敷料

流平甲板敷料是各类甲板基层敷料表面的工艺性平整材料。由于甲板基层敷料在施工时难以达到十分平整的程度,因此在粘接甲板铺材前,若在甲板基层敷料上面涂敷流平甲板敷料予以平整,可大大提高舱室地板的平整度。

国产 HJL-1 型流平甲板敷料是由液料(丁苯乳胶、流平剂)及干固料(石英粉)双组分按比例混合搅匀而成。其敷设厚度不大于 3 mm,密度约为 4.8 kg/m²。施工环境温度为 0~35 ℃,初凝时间超过 1 h,终凝时间不大于 8 h。

3. 甲板铺材种类

(1)橡胶地板

橡胶是一种优质的原材料,而橡胶地板则是近年新发展起来的符合环境保护、完美耐用的新型铺地材料,国外已广泛使用,国内一些厂家也陆续投产。

橡胶地板的主要特性如下:

①耐磨;

②尺寸稳定性好,因为不含增塑剂,所以不会收缩;

③抗烟头烧伤,不会损伤表面;

④抗老化,性能稳定;

⑤抗静电,步行时不产生明显的静电电荷;

⑥耐化学药物,短期接触溶剂、稀酸或稀碱,不会损伤地板;

⑦防火性能好,符合有关规则的要求,具有燃烧时不产生有毒气体的安全性能;

⑧脚步吸声性能改善;

⑨防滑性能好,特别是突粒结构形式的地板,尤佳;

⑩符合环境保护,因不含聚氯乙烯,所以当废弃时易处理。

橡胶地板按其适用场所环境形成众多的系列和不同形式的功能,涵盖了非常大的使用范围,加上不同的结构形式和色彩范畴来满足不同的设计要求,是一种良好的船舶内装新型铺地材料。

目前,用于楼梯的橡胶地板已出现整体式梯道踏步覆面层,它由踏步、加凸沿、竖板和踏步板组成,并可配以专用的楼梯角材及装饰条等配件。

橡胶地板配套使用的热熔焊条可将其接缝黏合,形成整体的地面,防止尘埃和潮气渗入。

（2）陶瓷墙地砖

在舱壁和甲板上铺设陶瓷墙地砖，除了持久耐用、防水湿之外，还极具装饰性。用于舱壁的釉面瓷砖是用磨细的长石、石英、瓷土粉经高温烧制而成，结构细密，气孔少，吸水率低，表面多重印花，上釉后富有装饰性，用于厕所、浴室、盥洗室和洗衣房等处所。

用于甲板敷设的陶瓷地砖除了传统的马赛克、红缸砖外，现在较多采用大块彩色同质砖和釉面地砖，尺寸较大的地砖施工时其接缝加铜条，更加显得华丽大方。

防滑型磨光玻化砖是陶瓷墙地砖中最新的品种，其色彩丰富、天然纹理、质感高雅，性能优于天然石材，是替代天然石材装潢的精品。防滑型磨光玻化砖有纯色、彩点、聚晶、梦幻等各种系列，抛光、亚光等数十个品种，还有采用高新技术水刀切割的艺术型玻化砖拼花。

防滑型磨光玻化砖的产品特性如下：

①地吸水率

防滑型磨光玻化砖吸水率极低，仅为 0.1% 以下，比一般天然石材低 5~30 倍，常年使用，绝无变色，不留痕迹，始终如新。

②高耐磨

防滑型磨光玻化砖经高温烧制而成，莫氏硬度达到 7 级，质地致密坚硬，耐磨度为瓷砖之最。

③高硬度

防滑型磨光玻化砖具有高抗折强度，抗折性极佳，施工和使用都不易破损。

④耐酸碱

防滑型磨光玻化砖耐化学腐蚀性好。

⑤防滑性好

防滑型磨光玻化砖吸水率极低，故表面未加任何透明釉，普通亚光砖摩擦系数高达 0.70，具有极高的止滑效果。

（3）塑料地板

当代各种船舶采用塑料地板作为甲板覆盖饰面层最为广泛。这种材料品种繁多、价廉物美、施工简便、易于保养，具有质轻、耐磨、不吸水、步感舒适、防滑性好的优点，可满足空间灵活运用的要求，是替代木材的新型地板材料。尤其是其花样繁多、色彩丰富，极具装饰功效，更是天然木材所不及。

塑料地板有单色、大理石纹理或水磨石花纹的平板，又有具备各式花纹及凹凸图案的板材，其表面质地都十分致密，因而极易清洁和保养。

塑料地板的分类，按材料类别可分为聚氯乙烯地板、聚丙乙烯地板、聚乙烯地板；按质地的软硬可分为硬质、半硬质和软质；按板材的形式可分为块材和卷材。

①聚氯乙烯地板

聚氯乙烯地板是以聚氯乙烯为基料，加稳定剂、增塑剂等经塑化、热压而制成的，又分为无填充料、有填充料、复合型三种类型。无填充料的纯聚氯乙烯地板质地软、弹性好、耐油、耐水、耐磨、耐酸碱，还具有吸尘和电绝缘之优点，且易着色，花色丰富，可用于公共场所、交通频繁处所，或是豪华舱室和需电绝缘的舱室的甲板饰面层。其缺点是耐热性稍差,不适合于暴晒和温度变化大的场所。这类地板除块材外,还可制成卷材,敷设后接缝以塑胶焊条热熔粘接,可防止尘埃及湿气渗入。

目前,比较普遍使用的是以石英为填充料的半硬质塑料地板,这种石英塑料地板是以聚氯乙烯为基料,加石英砂、增塑剂、稳定剂、着色剂等原辅材料,经塑化、热压而制成的,具有耐磨、耐压、抗腐蚀、阻燃、抗老化及防滑等优点。

半硬质塑料地板主要技术性能如表 13-17 所示。

表 13-17　半硬质塑料地板主要技术性能

热膨胀系数/℃$^{-1}$	≤0.000 1
加热长度变化率/%	≤0.20
吸水长度变化/%	≤0.17
磨耗量/(g·cm^{-2})	≤0.02
藏于凹陷/mm	≤0.15

②复合型聚氯乙烯地板

复合型聚氯乙烯地板又称弹性塑料地板,是由多层材料复合而成。早期的产品如聚氯乙烯阻燃地板革(俗称油地毡),是以聚氯乙烯树脂为原料加入增塑剂、稳定剂以及其他助剂配比而成的混合物覆在基布上,经热熔成型、轧花、冷却等工序连续加工制成的,具有弹性、柔软、防潮、阻燃等性能,表面平整光滑、富有弹性、脚感舒适,适用于舱室、走道的地坪、扶梯踏步的铺盖材料。近年来,复合聚氯乙烯地板已推陈出新,发展成"三明治"形式的弹性地板,底层以玻璃纤维做铺垫,中间为聚氯乙烯球状密闭发泡层,表面为耐磨的聚氯乙烯。

这种地板的弹性和吸音性极佳,又能提供舒适的步行感觉,特别适用于要求降噪和步感良好的处所,目前国内外都已大量生产。该类地板厚约 3 mm 左右,也有厚达 5.5 mm 的供特殊场所选用,大多为卷材型。

(4)木格栅

船舶的某些处所,如储藏室、冷库、粮库和工作舱等需铺设防滑隔湿的木格栅。木格栅经常选用优质松木制作,露天木格栅常需在四周用扁钢或铁耳环焊接固定,以防船舶摇晃时移动。

4.甲板基层敷料的选用

甲板基层敷料由于组成材料及结构形式的不同,性能不同,因此应按不同环境场所的特点选用甲板敷料。

乳胶类甲板基层敷料质地较软,接触感较舒适,但耐油、耐酸碱、耐光、隔声、隔热性能一般,加入阻燃剂后可达到不易着火的要求,通常用于盥洗室以外的起居场所。

混合型耐火甲板基层敷料耐水性较好,可用于潮湿的环境,如厨房、盥洗室、浴室及卫生间等。

浮动地板的隔声、隔热性能远比其他类型的敷料要好,因此特别适用于对防振、隔声等有严格要求的船员舱室、公共处所、集控室等。但浮动地板耐水性很差,施工复杂,必须配合周边的绝缘安装,通常采用纤维材料填充周边缝隙,并用硫化硅橡胶加以表面密封,并要注意固定件及连接件的安装,防止产生声桥和热桥。

聚酯类甲板基层敷料中环氧类和聚氨酯类的性能较接近。其耐压、耐水、耐油、耐磨损等性能均较好,耐光及防滑性能也相当不错,施工较方便。

二、甲板基层敷料的敷设

1. 范围

此施工方法适用于民用船甲板及海上工作平台甲板敷料的安装、施工程序、施工工艺和检查与验收。

2. 人员

施工人员应具有上岗资格证书,并经专门的船舶泥瓦工培训并考试合格。

3. 原材料

甲板基层敷料由乳胶液、促凝粉剂、防水薄膜、填充骨料、钢筋网、珍珠岩等材料组成。

甲板基层敷料应具有出厂合格证书、产品质量保证书、产品说明书,甲板基层敷料进厂时应进行包装、标志等的外观检验和随机质量抽查。

4. 施工环境

(1)环境温度为 5~30 ℃。

(2)照明、通风良好。

5. 设备

应备好各种工具及工装设备,如瓦刀、抹板、长直尺、搅拌机、下水口模具等。

6. 工艺要求

(1)材料组成及配比

①轻质甲板基层敷料适用于不易着火甲板的敷设,材料由乳胶液、促凝粉剂、填充骨料组成。

②轻质浮动耐火甲板基层敷料适用于船舶机器处所减振降噪及达到防火分隔要求的甲板的敷设,材料由面层促凝剂、面层填充骨料、钢筋网、防水薄膜、陶瓷棉板组成。

③轻质复合耐火甲板基层敷料适用于船舶噪声、振动较大的机器处所及潮湿舱室且有防火分隔要求的甲板敷设,材料由面层促凝粉剂、面层充填骨料、钢筋网、底层促凝粉剂、底层珍珠岩组成。

④流平甲板基层敷料适用于改善甲板敷料表面的不平度,作为各类甲板敷料表面的工艺性平整材料,材料由乳胶液、促凝粉剂组成。

⑤混凝土敷料适用于潮湿舱室、有甲板梁拱并需找平的舱室且无防火要求的甲板敷设的找平基层,材料由黄沙、水泥组成。

⑥甲板基层敷料材料配比参见各种甲板基层敷料厂家产品说明书;混凝土敷料材料配比为黄沙:水泥为 2:1(质量比)。

(2)安装前的必备条件

①甲板必须经火工校平,并报验合格。

②复合岩棉板低槽材应安装完毕,且符合相关图样的施工要求。

③甲板上、下两面焊接、气割的有关工程(如穿过甲板的管道,电缆等通舱管件,

焊接马脚、设备底座、水泥爪及各种焊接件等工作)应施工处理完毕。

④处于敷料安装区域的通舱管件及下水口必须临时封堵,下水口应做模具,且用模具封堵。

⑤清除敷设敷料的甲板上的杂物,且必须经二次除锈。安装轻质浮动耐火甲板敷料的甲板表面应按涂装相关施工工艺文件涂漆,并报验结束。

⑥敷设前彻底清扫要施工的甲板表面,要求达到无油渍、无积水、无杂物、无灰尘。

⑦根据施工要求准备好一切施工用的材料、设备及工具。

⑧整个敷设保养期间,敷设区域环境温度宜控制在 5~30 ℃,高于或低于此区间应采取降温或保温措施。

⑨敷设甲板敷料的钢质甲板表面平面度应不大于 5 mm/m²。

(3)注意事项

①各类材料应避免阳光暴晒、雨水浸渍,并在规定气温内保存。

②材料保质期符合产品说明书要求。

③固化后的敷料区域表面应覆盖(纤维板或包装纸箱等)加以保护。

7. 工艺方法

(1)按说明书提供的材料配比和搅拌方法放入搅拌机中搅拌,使之成为均匀稠泥状,准备投入施工。

(2)将搅拌好的敷料敷设在基层甲板上,用泥板将敷料在钢板上来回搓动,使钢板充分接触敷料促凝剂,然后用木质直尺将敷料刮平到图样规定厚度。经 30 min 左右,再用泥板压平,泥实,如果表面稍干,可撒少量乳胶液再泥平。

(3)因乳胶液不宜用高速搅拌机搅拌,搅拌速度最好为 34 r/min,搅拌时间为 3~5 min。

(4)铺设流平层。

参 考 文 献

[1] 刁玉峰. 船舶舾装工程[M]. 哈尔滨:哈尔滨工程大学出版社,2006.

[2] 葛云卿,朱国英,吴洪宝. 船舶设备[M]. 哈尔滨:哈尔滨工程大学出版社,2002.

[3] 中国船舶工业集团公司,中国船舶重工集团公司,中国造船工程学会. 船舶设计实用手册:舾装分册[M]. 3 版. 北京:国防工业出版社,2013.

[4] 中国舰艇研究院《舰艇概论》编辑委员会. 舰艇概论[M]. 北京:北京科学技术出版社,1998.

[5] 金仲达. 船舶设备[M]. 哈尔滨:哈尔滨船舶工程学院出版社,1991.

[6] 李庆宁. 船舶内装工程[M]. 哈尔滨:哈尔滨工程大学出版社,2007.

[7] 陈小剑. 船舶货物布置与系固[M]. 上海:上海交通大学出版社,2011.

[8] 魏莉洁. 船舶常识[M]. 哈尔滨:哈尔滨工程大学出版社,2009.

[9] 《交通大辞典》编辑委员会. 交通大辞典[M]. 上海:上海交通大学出版社,2005.

[10] 马运义,许建. 现代潜艇设计理论与技术[M]. 哈尔滨:哈尔滨工程大学出版社,2019.

[11] 张剑. 船舶维修技术实用手册(第一卷)[M]. 长春:吉林科学技术出版社,2005.

[12] 李成玉. 船舶辅机[M]. 大连:大连海事大学出版社,2006.

[13] 《船舶名词术语》编订组. 船舶名词术语:第 3 册 船体设备 舱室设备[M]. 北京:国防工业出版社,1980.

[14] 杨文林. 修造船质量检验[M]. 哈尔滨:哈尔滨工程大学出版社,2012.

[15] 中国船舶工业集团公司第七〇八研究所,中国船舶工业集团公司第十一研究所. 船舶规则规范参考(2014)[M]. 北京:国防工业出版社,2015.

[16] 白克敏. 航海辞典[M]. 北京:知识出版社,1989.

附录 技能工作页

技能工作页1 舵设备的认知与安装

工作任务	编写舵叶制造作业指导书	学时	
工作任务 描述	教师提供某船的舵叶图纸,学生通过编写作业指导书,了解舵叶制造的作业流程, 掌握胎架制作的基本原则和方法,明确装配工作的基本要求和方式方法		
工作内容	1. 编写作业指导书; 2. 确定胎架类型及装配方法; 3. 密性试验的基本要求		
工作任务 实施	1. 安装材料的准备 (1)舵叶板的材质型号为_____,铸钢件的检验钢印为_____。 (2)舵叶所用材料(包括所用钢板、铸件)其质量及规格如下: 钢板:_____ 铸件:_____		
	2. 放样与切割 (1)垂直隔板的数量为_____,其位置为_____;水平隔板的数量为 _____,结构相似的水平隔板是_____。 (2)样板及零件上绘制的结构线和检验线有_____。 (3)零件边缘表面常出现的缺陷有_____		
	3. 舵叶外板压型加工 舵叶外板采用冷加工		
	4. 胎架制作 (1)胎架的类型为_____,装配的基准面为_____。 (2)绘制胎架示意图。 (3)胎架制作水平误差≤_____mm,垂直度误差≤_____mm		
	5. 装配与焊接 (1)绘制工序流程; (2)焊接要求; (3)焊前准备; (4)装配和焊接工艺		
学习心得			
考核标准	成果评定		
	教师评价		

技能工作页 2　锚设备的认知与操作

工作任务	认知锚设备的组成及结构特点	学时	
工作任务 描述	教师提供某船的总布置图及舾装布置图,学生通过识读图纸,了解该船锚设备的位置、组成、结构形式等内容;通过锚设备的拆装训练,熟悉锚设备系统的功能		
工作内容	1. 识读舾装布置图; 2. 掌握船用锚、锚链的种类及结构特点; 3. 了解锚设备系统的操作		
工作任务 实施	1. 识读图纸,了解锚设备组成(各组成结构的定位尺寸) 2. 船用锚、锚链拆装(锚的类型、锚链连环的类型及特点) 3. 锚索导向装置的拆装 4. 锚链筒及锚链舱制作精度		
学习心得			
考核标准	成果评定		
	教师评价		

技能工作页 3　系泊设备的认知与操作

工作任务	认知系泊设备、模拟演示系泊设备布置		学时	
工作任务描述	教师提供某船的总布置图及舾装布置图,学生通过识读图纸,了解该船系泊设备的位置、组成、结构形式等内容;通过系泊设备的拆装训练,熟悉系泊设备系统的功能			
工作内容	1. 识读舾装布置图; 2. 掌握系泊索、系泊属具的种类及结构特点; 3. 了解系泊设备系统的操作			
工作任务实施	1. 识读图纸,了解系泊设备组成(各组成部位的位置、尺寸)			
	2. 系船索的结构认知(系船索的类型及特点)			
	3. 系泊属具的拆装			
	4. 系泊设备的模拟布置演示			
学习心得				
考核标准	成果评定			
	教师评价			

技能工作页 4　拖带设备的认知与操作

工作任务	认知拖带设备、模拟演示拖带设备布置	学时	
工作任务描述	教师提供某拖船的总布置图及舾装布置图,学生通过识读图纸,了解该专业拖船系拖带设备的位置、组成、结构形式等内容;通过拖带设备的拆装训练,熟悉拖带设备系统的功能		
工作内容	1. 识读舾装布置图; 2. 掌握专业拖船拖索具、固定拖带设备的种类及结构特点; 3. 了解拖带设备的操作		
工作任务实施	1. 识读图纸,了解拖带设备组成(各组成部位的位置、尺寸)		
	2. 一套完整拖索具的结构认知(拖索具的类型及特点)		
	3. 固定拖带设备的拆装		
	4. 拖带设备的模拟布置演示		
学习心得			
考核标准	成果评定		
	教师评价		

技能工作页 5 救生设备的认知与操作

工作任务	认知救生设备结构特征、模拟安装救生载具	学时	
工作任务 描述	教师提供某船的总布置图及舾装布置图,学生通过识读图纸,了解该船救生设备的位置、组成、结构形式等内容;通过救生设备的拆装训练,熟悉救生设备系统的功能		
工作内容	1. 识读舾装布置图; 2. 掌握个人救生设备、救生载具的种类、结构特点及用途; 3. 了解救生载具的操作		
工作任务 实施	1. 识读图纸,了解救生设备组成(各组成部位的位置、尺寸) 2. 个人救生设备的结构认知及使用方法(类型及特点) 3. 救生载具的安装及操作 4. 救生艇降落装置的模拟演示		
学习心得			
考核标准	成果评定		
	教师评价		

技能工作页 6　起货设备的认知与操作

工作任务	认知起货设备的结构组成、模拟安装吊杆起货设备	学时	
工作任务描述	教师提供某船的总布置图及舾装布置图,学生通过识读图纸,了解起货设备在船上的位置,熟悉起货设备的组成、结构形式等内容;通过对吊杆起货设备的拆装训练,熟悉起货设备系统的功能		
工作内容	1. 识读吊杆起货设备布置图; 2. 掌握吊杆起货设备的零件组成、结构特点及用途; 3. 了解起货设备的操作		
工作任务实施	1. 识读图纸,了解吊杆起货设备的组成(各组成部位的位置、尺寸) 2. 吊杆起货设备的安装及操作 3. 船用起重机的模拟演示		
学习心得			
考核标准	成果评定		
	教师评价		

技能工作页 7　关闭设备的认知与操作

工作任务	认知关闭设备的结构组成、模拟安装关闭设备	学时	
工作任务描述	教师提供某船的总布置图、舾装布置图、舾装件结构图等资料,学生通过识读图纸,了解该船关闭设备的位置、组成、结构形式等内容;通过关闭设备的拆装训练,熟悉关闭设备系统的功能		
工作内容	1. 识读舾装件结构图等生产图纸; 2. 掌握关闭设备的种类、结构特点及用途; 3. 了解关闭设备的操作		
工作任务实施	1. 识读图纸,了解舱口盖的结构组成,并模拟演示其启闭 2. 小舱口盖的结构认知及使用方法(类型及特点) 3. 人孔盖的结构认知及模拟安装、操作 4. 船用门、窗的结构认知及模拟安装、启闭操作等		
学习心得			
考核标准	成果评定		
	教师评价		

技能工作页 8　滚装设备的认知与操作

工作任务	认知滚装设备的结构组成、模拟演示设备启闭	学时	
工作任务描述	教师提供某滚装船的总布置图、舾装布置图、舾装件结构图等资料,学生通过识读图纸,了解该船滚装设备的位置、组成、结构形式等内容;通过滚装设备的模拟拆装训练,熟悉滚装设备的功能		
工作内容	1.识读舾装件结构图等生产图纸; 2.掌握滚装设备的种类、结构特点及用途; 3.了解关闭设备的操作		
工作任务实施	1.掌握滚装跳板的类型、结构组成,并模拟演示其启闭		
	2.了解活动汽车甲板的类型、结构组成,并模拟演示其启闭		
	3.知道活动内坡道的类型、结构组成,并模拟演示其启闭		
	4.熟悉大型滚装门的类型、结构组成,并模拟演示其启闭		
学习心得			
考核标准	成果评定		
	教师评价		

技能工作页 9 船舶系固设备的认知与操作

工作任务	认知船舶系固设备的结构及特点、模拟安装系固设备	学时	
工作任务描述	教师提供某集装箱船的总布置图、舾装布置图等资料,学生通过识读图纸,了解该船集装箱系固件的位置、组成、结构形式等内容;通过对系固件的模拟拆装训练,熟悉系固件的功能		
工作内容	1. 识读舾装布置图等生产图纸; 2. 掌握固定式系固设备、便携式系固设备的种类、结构特点及用途; 3. 了解船舶货物系固的操作		
工作任务实施	1. 掌握固定式系固设备的类型、结构组成,并模拟演示其安装、操作		
	2. 掌握便携式系固设备的类型、结构组成,并模拟演示其安装、操作		
	3. 模拟演示集装箱在露天甲板上的堆叠与系固		
	4. 模拟演示集装箱在舱内的堆叠与系固		
学习心得			
考核标准	成果评定		
	教师评价		

技能工作页 10　船用梯的认知与操作

工作任务	认知船用梯的结构、模拟安装船用梯		学时	
工作任务描述	教师提供某船的总布置图、舾装布置图等资料,学生通过识读图纸,了解该船船用梯的位置、组成、结构形式等内容;通过对船用梯的模拟拆装训练,熟悉船用梯的功能			
工作内容	1. 识读舾装布置图等生产图纸; 2. 掌握船用梯的种类、结构特点及用途; 3. 了解船用梯的操作			
工作任务实施	1. 学习舷梯的类型、结构组成,并模拟演示其安装、使用操作			
	2. 学习引航员梯的类型、结构组成,并模拟演示其安装、使用操作			
	3. 掌握斜梯的类型、结构组成,并模拟演示其安装、使用操作			
	4. 了解直梯的类型、结构组成,并模拟演示其安装、使用操作			
学习心得				
考核标准	成果评定			
	教师评价			

技能工作页 11 栏杆、风暴扶手的认知与安装

工作任务	认知并模拟安装栏杆、风暴扶手		学时	
工作任务描述	教师提供某船的总布置图、舾装布置图等资料,学生通过识读图纸,了解该船栏杆、风暴扶手的位置、组成、结构形式等内容;通过对栏杆、风暴扶手的模拟拆装训练,熟悉其功能			
工作内容	1. 识读舾装布置图等生产图纸; 2. 掌握栏杆、风暴扶手的种类、结构特点及用途; 3. 了解栏杆、风暴扶手的安装操作			
工作任务实施	1. 学习栏杆的类型、结构组成,并模拟演示其安装操作 2. 掌握风暴扶手的类型、结构组成,并模拟演示其安装操作			
学习心得				
考核标准	成果评定			
	教师评价			

技能工作页 12 舱室设备的认知与安装

工作任务	认知船用家具的结构特征、模拟安装船用家具	学时	
工作任务描述	教师提供某船的内装布置图、家具安装图等资料,学生通过识读图纸,了解该船用家具的类型、安装位置、要求等内容;通过对船用家具的模拟安装训练,熟悉船用家具的功能及安装要求		
工作内容	1. 识读家具安装图等生产图纸; 2. 掌握船用家具的种类、结构特点及用途; 3. 了解船用家具的安装操作		
工作任务实施	1. 学习船用家具的类型、结构特点及用途		
	2. 掌握钢质家具的安装工艺,并模拟演示其安装操作		
	3. 掌握木质家具的安装工艺,并模拟演示其安装操作		
学习心得			
考核标准	成果评定		
	教师评价		

技能工作页 13　舱室内装的认知与安装

工作任务	认知舱室内装材料,模拟安装舱室围壁、天花板及甲板敷料	学时	
工作任务描述	教师提供某船的内装生产资料,学生通过识读图纸,了解船舶内装材料、防火分割等内容;通过对舱室围壁、天花板、甲板的模拟敷设训练,熟悉舱室内装的作业过程		
工作内容	1.识读船舶内装生产图纸; 2.掌握内装材料的种类、结构特点及用途; 3.了解舱室内装的作业过程		
工作任务实施	1.根据模型,学习船舶内装材料类型、结构特点 2.学习舱室围壁的类型、结构组成,并模拟演示其安装操作 3.掌握天花板的类型、结构组成,并模拟演示其安装操作 4.熟悉舱室甲板敷料的类型、结构组成,并模拟演示其安装操作		
学习心得			
考核标准	成果评定		
	教师评价		

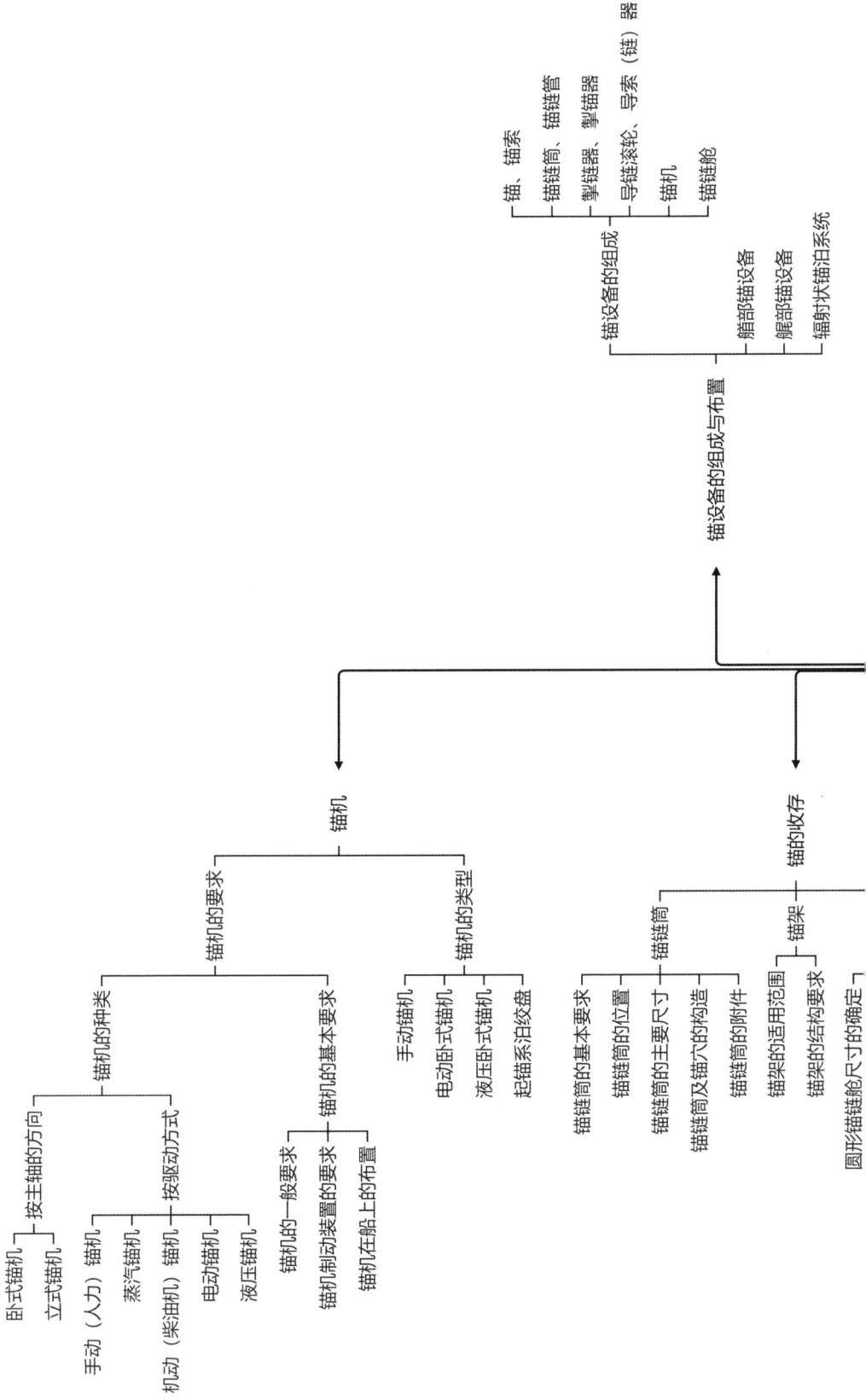

锚设备的组成与布置

- 锚设备的组成
  - 锚、锚索
  - 锚链筒、锚链管
  - 掣链器、掣锚器
  - 导链滚轮、导索（链）器
  - 锚机
  - 锚链舱
- 艏部锚设备
- 艉部锚设备
- 辐射状锚泊系统

锚机

- 锚机的要求
  - 锚机的种类
    - 按主轴的方向
      - 卧式锚机
      - 立式锚机
    - 按驱动方式
      - 手动（人力）锚机
      - 蒸汽锚机
      - 机动（柴油机）锚机
      - 电动锚机
      - 液压锚机
  - 锚机的基本要求
    - 锚机的一般要求
    - 锚机制动装置的要求
    - 锚机在船上的布置
- 锚机的类型
  - 手动锚机
  - 电动卧式锚机
  - 液压卧式锚机
  - 起锚系泊绞盘

锚的收存

- 锚链筒
  - 锚链筒的基本要求
  - 锚链筒的位置
  - 锚链筒的主要尺寸
  - 锚链筒及锚穴的构造
  - 锚链筒的附件
- 锚架
  - 锚架的适用范围
  - 锚架的结构要求
- 圆形锚链舱尺寸的确定